Mag. Doris Rosendorf-Collina

Was nun Koala?

Wege raus aus dem Schlamassel

*Viel Freude Koala u. Auffinden der Schatztruhe!
Doris Rosendorf-Collina*

mit persönlicher Schatzkarte

Juli 2023

Hinweise

Sofern es aus der Formulierung oder dem Kontext nicht anders hervorgeht, sind stets Frauen und Männer gleichermaßen gemeint und angesprochen.

Für die zitierten Quellen sowie im Anhang angeführten Publikationen oder Webseiten und deren Verweise auf Inhalte Dritter übernehmen wir keine Haftung, da wir uns diese nicht zu eigen machen, sondern lediglich auf einzelne Aspekte und Standpunkte zum Zeitpunkt der Erstveröffentlichung verweisen.

Zur leichteren Lesbarkeit wurde bei persönlichen Pronomen die Großschreibung verwendet.

Sofern bei Artikeln verschiedene Geschlechter laut Rechtschreibung möglich sind, wurde die in Österreich übliche gewählt. Typische österreichische Begriffe wurden zum Großteil für die deutschen Leser und Leserinnen angepasst. So finden sich zum Beispiel Wörter wie Tomaten und Kissen (statt Paradeiser und Pölster).

© 2022 Mag. Doris Rosendorf-Collina

Illustrationen: Man Kwan Yee, Mankie, mild.art.of.memoir
Umschlaggestaltung: Michael Collina
Cover-Images: Danny Eastwood (Koala), Rosalyn Peterson (Bush Orange Dreaming)
Lektorat / Korrektorat: Maria Schafler
Weitere Mitwirkende: Koala aus der Traumzeit

Druck und Vertrieb im Auftrag der Autorin: Buchschmiede von Dataform Media GmbH, Wien
www.buchschmiede.at - Folge deinem Buchgefühl!

Besuche uns online

ISBN:
978-3-99139-587-4 (Paperback)
978-3-99139-586-7 (E-Book)

Das Werk, einschließlich seiner Teile, ist urheberrechtlich geschützt. Jede Verwertung ist ohne Zustimmung des Verlages und der Autorin unzulässig. Dies gilt insbesondere für die elektronische oder sonstige Vervielfältigung, Übersetzung, Verbreitung und Öffentliche Zugänglichmachung.

*Mögen Licht und Liebe und Kraft
den Plan auf Erden wieder herstellen.*

*Durch das Zentrum, das wir Menschheit nennen,
entfalte sich der Plan der Liebe und des Lichts
und siegele zu die Tür zum Übel.*

*Auszug aus dem Weltgebet,
1945*

Über die Autorin

Doris Rosendorf-Collina ist Trainerin und Coach von Führungskräften und Menschen in Veränderungssituationen. Sie ist Autorin der Bücher:
- Walkabout für Manager – Führen mit der Lebensphilosophie Australiens
- Mit dem Kopf in den Sternen und den Füßen auf dem Boden

Nach ihrem Studium der Rechtswissenschaften sammelte sie als Projektleiterin und Personalmanagerin ihre Erfahrungen in der Wirtschaft. Zahlreiche Weiterbildungen im In- und Ausland sowie systemische Ausbildungen und Reisen runden ihr Profil als Coach, Trainerin und Autorin ab. Sie unterstützt seit vielen Jahren erfolgreich Menschen dabei, mehr Lebensqualität und umfassenden Erfolg in ihr Leben zu holen. Sie lebt mit Mann und Hund in Wien und Südfrankreich.

Kontakt: https://walkabout-fuer-manager.at

Inhaltsverzeichnis

Prolog 9
TEIL I Wien 2018 11
  Der Koala macht sich auf den Weg 13
  Der Koala bei Charles Darwin 17
  Der Koala taucht in die Geschichte ein 25
  Der Koala bei den Wölfen 33
  Der Koala entdeckt seltsame Gedanken über Gott ... 41
  Der Koala in der Bibliothek 53
  Der Koala und ein verkehrtes System 65
TEIL II Südfrankreich 2022 und zwei Jahre davor ... 75
  Vorwort zum Tagebuch 82
  Wie wir hier gelandet sind 83
  Tag 1: Bienvenue 85
  Tag 2: Glücksmomente wie Pilze sammeln 91
  Tag 4: Paddington Bär 96
  Tag 7: Perspektiven 99
  Tag 9: Lachyoga 103
  Tag 14: Strategien 107
  Nachricht von White Eagle (Hopi Indianer) 113
  Tag 16: Von Orangenbaum zu Orangenbaum 116
  Tag 17: Cabriofahrt 121
  Tag 24: Der Geiger 125
  Tag 27: Angst verhindert Denken 131
  Tag 28: Ostern 139
  Tag 30: Die um die es ging 145
  Tag 34: 99 Luftballons 154
  Tag 37: Ausweg (Saint-Pierre-La-Mer) 160
  Tag 39: Antworten 168
  Tag 41: Das Meer 177
  Tag 46: Der Coronapanik-Jäger 182

Tag 47: Parallelwelten 188
Tag 57: Veränderung 198
Tag 60: Masken 206
Tag 61: Tod... 214
Tag 66: Die Pforte 225

Teil III Südfrankreich, Frühling 2022 229
Zusammenbruch und Kooperation................................. 231
Angst essen Seele auf 263
Kooperation und Liebe... 283
Der Mensch ist Mittelpunkt (nicht Mittel Punkt)............ 317

Schlusswort 355

Nachwort 356

Danksagung... 357

Schatzkarte 359
Aufgaben für die Schatzsuche 362

Anmerkungen 364

Anhang 365

Quellenverzeichnis und weiterführende Literatur........ 367

Prolog

In der Traumzeit, der Schöpfungszeit australischer Ureinwohner, sind Flüsse, Berge und Landschaften entstanden. Es geschah aber einmal, dass eine große Trockenheit das Land heimuchte. Nirgendwo ließ sich Wasser finden, die Wasserläufe und Bäche waren ausgetrocknet. Alle Geschöpfe hatten großen Durst. Doch bald fiel ihnen auf, dass der Koala der Einzige unter ihnen war, der nicht unter dem Wassermangel zu leiden schien.

So entstand der schreckliche Verdacht, dass der Koala einen geheimen Wasservorrat besitzen muss. Die anderen Geschöpfe überredeten den Leierschwanz, der der beste Fährtenleser war, dem Koala zu folgen.

Der Leierschwanz beobachtete den Koala, wie er den hohen Baum hinaufkletterte und sich mit Hilfe seines Schwanzes von einem zum anderen Ast schwang. Zu dieser Zeit hatte der Koala noch einen langen Schwanz. Plötzlich sah der Leierschwanz wie der Koala zu einem großen Astloch kletterte, um daraus Wasser zu trinken. Er hatte tatsächlich einen riesigen Wasservorrat, den er mit niemandem teilte. Der durstige Leierschwanz konnte das Gluckern des Wassers hören. Er wurde wütend und setzte den Baum in Brand. Der Koala flüchtete so schnell er konnte – und verlor dabei seinen Schwanz.

TEIL I

Wien 2018

Der Koala macht sich auf den Weg

Als der Koala seinen Schwanz verloren hatte, war dies sehr schlimm für ihn. Er verstand aber, dass es sein eigenes Verhalten war, welches ihn diesen Schmerz erfahren hat lassen.

So entschloss er sich, auf Walkabout zu gehen, um zu verstehen, was an seinem Verhalten falsch war und wie er es besser machen könne. Mit diesem Wissen will er zurückkehren, um in der Lage zu sein, ein gutes Leben zu führen. Seine Vorbilder sind die australischen Ureinwohner, die Aborigines, die seit Jahrtausenden Land und Spirit ehren.

So macht er sich von der Traumzeit in Australien auf den Weg und landet im Heute, im Jahr 2018 und zwar bei mir in Wien. Versonnen steht er vor meiner Tür als ich sie öffne.

„Das bin ich", sagt er und deutet auf mein großes Firmenlogo an der Tür. „Das bin ich als ich meinen Schwanz verlor", sagt er mit belegter Stimme.

Da steht ein Koala aus der Traumzeit leibhaftig vor mir. Ich aber starre ihn einfach nur an.

„Ich habe mich auf den Weg gemacht, um zu verstehen, wieso ich meinen Schwanz verloren habe. Aber ich brauche dabei Hilfe. Ich weiß einfach nicht, wo ich anfangen soll. Ich bin immer noch ganz verwirrt. Und da hat mich mein Gefühl zu Dir geführt, weil Du ja das Bild von mir hast." Er schaut mich nun erwartungsvoll mit seinen braunen Kulleraugen an, aber ich starre ihn immer noch an, wie einen Geist. „Hallo, kannst Du nicht sprechen?", fragt er und berührt mich sanft mit einer Pfote. Damit bringt er mich in die Realität zurück. „Ich habe gar nicht daran gedacht, dass Ihr vielleicht nicht sprechen könnt", deutet er mein Schweigen.

„Nein, nein, ich kann schon sprechen", stammle ich. „Ich bin nur verwundert, dass ein Koala aus der Traumzeit vor mir steht und mich um Hilfe bittet."

„Du hast ein Bild von mir hier hängen, also kannst Du mir sicher helfen. Hast du vielleicht ein paar Eukalyptusblätter? Ich bin am Verhungern. Während des Reisens kann ich nichts Materielles mitnehmen, auch keinen Reiseproviant."

Ich habe zwar im Moment noch keine Ahnung, woher die Nahrung für einen Koala nehmen, aber das werde ich schon noch herausfinden. „Dann komm einmal herein, mache es Dir bequem und ich setze mich ans Telefon, um das Futter für Dich zu besorgen." Der Koala hopst auf meine Couch, wo normalerweise Coaching-Kunden von mir sitzen. „Das haben wir", kann ich nach einigen Minuten meinem Besucher stolz verkünden. „Ich habe jemanden angerufen, der jemanden kennt, der wieder jemanden kennt, der jemanden kennt, der uns mit Eukalyptus aushelfen kann. Er kommt später vorbei und bringt mir ein paar Zweige."

„Ihr könnt ja doch alle reden, da bin ich aber jetzt erleichtert." Der Koala strahlt als er das sagt.

„Ja, reden können wir schon, manchmal nicht genug oder nicht gut genug, aber wir können es."

Der Koala nickt, er weiß offenbar, was ich meine. „Kannst Du mir helfen?", fragt er nochmals. „Du hast mein Bild mit dem Baum, der brennt. Du weißt, dass ich meinen Schwanz verloren habe." Seine Augen füllen sich mit Tränen. Auch ich schlucke jetzt. Ich würde den putzigen Kerl mit dem grauen Fell so gerne aufmuntern. „Ich möchte verstehen, weshalb. So habe ich mich auf Walkabout begeben. Und ich bin bei Dir gelandet. Bitte sag mir, dass Du mir helfen kannst."

Ich überlege. „Das heißt, dass Du Tipps brauchst, wohin Du auf Deinem Walkabout gehen kannst, damit Dir klar wird, weshalb Du Deinen Schwanz verloren hast?"

Der Koala nickt. „Schon am Weg hierher habe ich erschrocken festgestellt, wie viele Menschen dabei sind, ihren Schwanz zu verlieren. Es scheint der allgemeine Glaube zu sein, dass man sich auf Kosten Anderer durchsetzen muss, um erfolgreich zu sein. So nennt ihr das doch, oder? Ich könnte meinen Walkabout dort fortsetzen, wo die Ursachen für Eure Entwicklung zu finden sind."

„Das klingt nach einer guten Idee", antworte ich ihm, „Du hast, glaube ich, mit Deiner Geschichte eine Menge gemeinsam mit dem, womit sich Menschen das Leben schwer machen."

„Das Gefühl habe ich auch. Mir hat jemand auf meinem Weg gesagt, dass das Wirtschaftssystem und damit auch die Gesellschaft immer mehr vom Neodarwinismus geprägt ist. Ein großer Denker namens Darwin soll dahinterstecken. Das verstehe ich nicht. Ein großer Denker, der die Menschen in einen unglücklichen Zustand bringt?"

„Du kannst an jeden Ort und in jede Zeit reisen, wie Du willst, Koala?", frage ich, um sicher zu gehen, dass ich ihn auch richtig verstanden habe. Der Koala nickt. „Dann mache ich Dir einen Vorschlag: Was hältst Du davon, Charles Darwin selbst zu fragen, während ich hier auf Deinen Eukalyptus warte?"

„Das klingt super", antwortet der Koala begeistert und macht sich schon auf den Weg.

Der Koala bei Charles Darwin

Der Koala trifft wirklich auf einen großen Denker. Charles Darwin ist zuerst etwas verdattert, einen Koala aus der Traumzeit plötzlich vor sich zu sehen. Er ist aber ganz fasziniert, nachdem er sich gefangen hatte. Der Koala löchert ihn mit Fragen und so erfährt er eine ganze Menge über das Leben und das Schaffen des berühmten Charles Darwin.

Nämlich zum Beispiel von seiner bahnbrechenden Entdeckung, dass alle auf der Erde lebenden Lebewesen durch einen Stammbaum verbunden sind. Ein Ergebnis von jahrelangen Forschungen und Naturbeobachtungen, bestätigt Darwin dem Koala, welches die theologische Sichtweise ablöste, dass die Welt in 7 Tagen erschaffen worden ist.

Die Naturbeobachtungen von Alfred Russel Wallace führten zu ähnlichen Ergebnissen. So veröffentlichten die beiden englischen Forscher im Jahr 1859 das Werk: „Über die Entstehung der Arten im Tier- und Pflanzenreich durch natürliche Züchtung und Erhaltung der vervollkommneten Rasse im Kampfe um's Daseyn".[1]

Im Buch „Essay on the Principle of Population" des britischen Nationalökonomen Thomas Malthus (1766-1834), fand Darwin eine Idee, was der Motor der Evolution sein könnte. Malthus vertrat die Meinung, dass in Hungersnöten nur die Tüchtigsten überlebten und dies Ausdruck einer gottgegebenen Ordnung sei, die den Menschen vor Müßiggang bewahren soll. Diese Theorie einer natürlichen Auslese aus der Wirtschaft inspirierte Darwin zu einer seiner drei Erklärungen für die Evolution.[2]

Der Koala fragt ihn nach Psychologie, Molekularbiologie und der Forschung an Genen. Denn davon hatte der Koala schon bald nach Beginn seines Walkabouts gehört. Aber Darwin sieht ihn nur ratlos an. Diese Themen wurden alle nach Darwins Zeit erforscht.

Der Kern der Erklärung zur Entstehung der Arten kam also gar nicht aus den Naturwissenschaften, sondern aus einem Gedanken

---

[1] Originaltitel: „On the Origin of Species by Means of Natural Selection or the Preservation of favoured Races in the struggle for Life"
[2] Diese sind demnach: Natürliche Selektion (nach Malthus), Zufall und Kontinuität

in der Wirtschaft und einem Glauben an ein gottgegebenes System.

Naturwissenschaftlicher Beweis waren für Darwin die Dinosaurier, von denen man zu seiner Zeit glaubte, sie seien aufgrund schlechter Anpassung ausgestorben. Der Koala wird neugierig, was hat denn die heutige Forschung dazu herausgefunden? Als Darwin ihn um eine kurze Pause bittet, nutzt unser Traumreisender die Zeit, um schnell in eine der modernsten Universitätsbibliotheken in Wien zu reisen. So stößt er auf die Ergebnisse der Untersuchungen von sogenannten Erdfriedhöfen[3] und entdeckt Spannendes: Die Dinosaurier sind plötzlich und gleichzeitig mit 95% aller im Meer lebenden Lebewesen vernichtet worden. Wahrscheinlich waren die dafür zugrunde liegenden Katastrophen Meteoriteneinschläge oder eine hohe vulkanische Tätigkeit.[4] Die Evolution passierte also nicht kontinuierlich, sondern in Sprüngen. All das hat man viel später herausgefunden, Darwin hatte auf dieses Wissen noch nicht zugreifen können.

Der Koala entdeckt dabei noch etwas Interessantes: Die meisten Menschen kennen den heute wissenschaftlich fundierten Grund für das Ende der Dinosaurier. Er ist sogar in den meisten Kinderbüchern über Dinosaurier nachzulesen – ohne dabei zu realisieren, dass damit Darwins einziger naturwissenschaftlicher Beweis des ‚struggle for life' flöten gegangen ist.

Schnell reist der Koala zurück zu Charles Darwin, um diese Ergebnisse aus der Zukunft mit ihm zu teilen. Aber er findet Darwin bereits fest schlafend und so will er ihn nicht stören und reist stattdessen wieder in seine mittlerweile Lieblingsbibliothek an einer Universität zum Thema Naturwissenschaften. Der Grund dafür ist die sehr nette, hilfsbereite und gescheite Leiterin. Eine Frage geht ihm nicht mehr aus dem Kopf: „Gibt es andere Beweise für die natürliche Auslese?" Aber je tiefer er in Studien buddelt,

---

[3] Grabungsstellen, deren Tiefe der Sedimente die gesamte biologische Erdgeschichte erforschen lassen
[4] Insgesamt wurden fünf solche Untergangsereignisse entdeckt, die jeweils das Leben auf der Erde fast völlig ausgelöscht haben. Dadurch entstand jeweils ein so genannter „Ecospace", der im Laufe der nächsten zig-Millionen Jahre gefüllt wurde.

desto mehr entdeckt er das stärkste Prinzip in der Evolution, nämlich die Kooperation.

Vor zweieinhalb Milliarden Jahren gab es ein einschneidendes Ereignis auf der Erde. Erstmals wurde Sauerstoff von bestimmten Bakterien produziert.[5] Das brachte die Archaeenzellen[6] in Bedrängnis. Nach Darwins Theorie der natürlichen Selektion hätten diese Zellen aussterben müssen. Doch etwas ganz anderes ist geschehen. Die Zellen nahmen Bakterien in sich auf und diese wurden damit Teil ihres Zellorganismus.[7] Der Zelltyp, der dabei entstand, sollte die Grundlage des Körpers aller Lebewesen in der Pflanzen- und Tierwelt sowie des Menschen werden.

„Aber das ist ja Kooperation und kein Kampf", denkt sich der Koala. Ganz langsam kommt er der Wahrheit, weshalb er seinen Schwanz verloren hat, näher. Er hatte gegen die Natur gehandelt. Die Evolution ist eine Entwicklung von biologischen Systemen und nicht eine Folge von kämpferischen Aktionen von Spezies oder Individuen. Miteinander, nicht gegeneinander handeln, ist die Devise.[8] Die Entwicklung ging in Richtung nachkommensschwacher Säugetiere, auch dies passt nicht in ein System der natürlichen Auslese. Das Artensterben fing erst so richtig mit dem Menschen an, und zwar vor nicht allzu langer Zeit. Was war das Wort, welche den Menschen dazu trieb, das der Koala gelesen hatte? „Ah", fällt es ihm wieder ein, „Profitgier". Hoffentlich stolperte er nicht mehr über dieses Wort. Es klang gar nicht gut, dachte er bei sich.

Der Koala blättert weiter in Büchern. Ihm schwirrt schon der Kopf von den vielen Fachausdrücken. Er entdeckt, dass viele früheren biologischen Behauptungen von der modernen Zoologie widerrufen und richtiggestellt wurden. Eine davon findet der Koala besonders lustig. Die Welt der Paviane ist eine ganz andere

---

[5] Great Oxidation Event
[6] Bezeichnung aus dem Altgriechischen für Urzellen, früher auch Urbakterien genannt
[7] Diesen Vorgang nennt man Endosymbiose
[8] Die Evolution brachte in jedem Entwicklungsschub komplexere Formen hervor. Besonders stark nach der so genannten kambrischen Explosion nach einer besonders heftigen Eiszeit.

als vor vielen Jahrzehnten behauptet wurde.[9] Man fand heraus, dass es nicht die dominantesten Männchen sind, die die besten Futterplätze kennen, sondern die Weibchen und darüber hinaus, dass diese viel lieber die netten Jungs der zweiten Reihe zur Paarung wählen. Die Männchen, die sich immer versuchen durchzusetzen, tun dies nur, wenn sie alleine mit anderen Männchen sind. Die Wissenschaftler sagen dazu, dieses Verhalten dient weder der Fortpflanzung noch der Nahrungssuche und spielt daher für die Evolution keine Rolle. Der Koala blättert in einem anderen Buch um ein Bild von diesen Tieren zu finden. Da muss er laut lachen als er eine alte Zeichnung findet mit Tieren, die ein wenig wie Menschen aussehen und ein rosa, lila Hinterteil haben. Seufzend sieht er, dass diese Affen einen langen Schwanz haben, so wie er – bis vor kurzer Zeit. Er schluckt und widmet sich gleich wieder seinen Recherchen, damit nicht sein Kummer wieder hochkommt.

Da schnappt er sich lieber das nächste Buch und liest: Die darwinistischen Prinzipien Selektion, Zufall und Kontinuität mutierten von einer naturwissenschaftlichen Theorie zu einem Dogma, das sich durch widersprechende naturwissenschaftliche Fakten nicht irritieren lässt. „Was soll das denn schon wieder?", fragt sich der Koala.

Als der Koala sichtlich müde wieder auf meiner Couch sitzt, packe ich gerade die Eukalyptusäste aus. „Ah, da bist Du ja wieder. Schau, was gerade jemand vorbeigebracht hat."

Der Koala bekommt große, leuchtende Augen. „Eukalyptus", ruft er begeistert und stürzt sich gleich auf einen Zweig. „Ich war schon fast verhungert", sagt er mampfend und sichtlich glücklich.

„Und hast Du viel herausgefunden?", frage ich ihn als es mir scheint, dass er mit dem Essen fertig ist. So fängt er mit dem Erzählen an und endet mit der Frage an mich, was denn ein Dogma sei.

---

[9] Robert M. Sapolsky: Mein Leben als Pavian – Erinnerungen eines Primaten. Hildesheim: Claassen, 2001. Als Biologe und Neurobiologe lebte der Autor 20 Jahre lang mit einer wilden Pavianhorde in Kenia.

„Dogmen sind etwas Festgefahrenes", antworte ich ihm. „Theorien entwickeln sich weiter. Dogmen nicht. Sie werden nicht hinterfragt, sie dürfen sozusagen nicht einmal hinterfragt werden."

„Das heißt, sie haben nichts mit Wissenschaft zu tun. Denn die will ja etwas herausfinden und dann einen Dialog starten. Damit wird ein Thema weiterentwickelt. Richtig?"

„Richtig."

„Das heißt, Dogmen können von Menschen für ihre Zwecke verwendet werden, ohne sich um reale Grundlagen zu kümmern."

Ich nicke wieder.

Der Koala überlegt. „Weißt Du, dass in der Zwischenzeit die moderne Biologie die Prinzipien Selektion, Zufall und Kontinuität nach eindrucksvollen Forschungsergebnissen durch die Prinzipien Kooperation, Kommunikation und Kreativität ersetzt hat? Darwin selbst hat sogar einige seiner Theorien später widerrufen und hat nie von Dogmen gesprochen."

„Willkommen in unserer Welt, Koala." Er lächelt mich freudig an und ich begreife, dass Sarkasmus nicht die Sprache eines Traumzeitkoalas ist. Traurig muss ich mir eingestehen, dass sie mehr die Sprache der Frustration ist. „Ich bekomme das Gefühl, es gibt Menschen, die nicht wollen, dass wir die Wahrheit über den ‚struggle for life' begreifen."

Der Koala fragt nach: „Du meinst, dass es ihn gar nicht gibt."

Ich nicke traurig.

Der Koala unterlegt meine Stimmung dazu mit den Worten: „Ich habe entdeckt, dass Wissenschaftler, deren Ergebnisse irgendjemand nicht haben will, einfach unter den Tisch gekehrt werden, fast so als würden sie in eine finstere Besenkammer gesteckt." Der Koala schüttelt verwundert den Kopf und ist ganz in seiner Gedankenwelt. „Glauben Menschen daran, Gott hat ganz real die Welt in sieben Tagen erschaffen?"

Dazu kann auch ich mit etwas Wissen aufwarten. „Die katholische und protestantische Kirche in Europa sehen die Entstehung der Erde in sieben Tagen als Metapher. In den USA hingegen gibt es religiöse Gruppen, die fanatisch die reale Entstehung der Welt durch Gott in sieben Tagen verteidigen. Sie lehnen die Abstammungslehre Darwins und Wallace' kategorisch ab."

„Verstehe. Also nehmen die dafür die 7-Tages-Theorie über Gott und machen daraus ein Dogma, so wie die Anhänger von Darwin umgekehrt aus der ‚Survival of the fittest'- Theorie ein Dogma gemacht haben. Ihr lebt in einer seltsamen Welt." Der Koala rekapituliert: „Darwin versucht Theorien der Gesetzmäßigkeiten für die Evolution zu finden. Er holt sich dafür die ‚Theorie der gottgegebenen Selektion' des Nationalökonomen Malthus. Für viele heutige Biologen, vor allem Zoologen, ist das nicht mehr haltbar, weil sie die Realität in der Natur nicht widerspiegelt. Dann behauptet der Neodarwinismus, dass man in der Wirtschaft die Leute übervorteilen muss, um als Gewinner dazustehen. Und, dass die Wirtschaft nach dem Vorbild der Natur agiert, obwohl sich Darwin dafür die Idee des Gottgewollten aus einer Wirtschaftstheorie hereingeholt hat."

Ich lasse mir die Worte des Koalas nochmals durch den Kopf gehen. „Du hast Recht, das ist ein Zirkelschluss. Ich packe die Idee des Gottgewollten in die Naturwissenschaft und erkläre das System als naturgegeben. So lande ich wieder beim Gottgewollten, ohne dies laut auszusprechen."

„Weißt Du was", überlegt der Koala weiter, „ich muss mich noch einmal mit Darwin, Malthus oder ich weiß noch gar nicht mit wem, beschäftigen. Ich finde das alles sehr unlogisch. Wenn der Gedanke der natürlichen Auslese von jemandem anderen stammt, nämlich von Malthus, woher kommt dann eigentlich der Begriff Survival-of-the-fittest? Außerdem hat Darwin doch ursprünglich nur über das Pflanzen- und Tierreich geschrieben. Wie kommt da plötzlich die menschliche Gesellschaft ins Spiel?"

Ich sehe seine Verwirrung, kann ihm dabei aber auch nicht weiterhelfen: „Ich fürchte, Koala, das musst Du selbst herausfinden." Eigentlich erwarte ich jetzt, dass der Koala sich gleich auf den Weg macht, aber er kaut noch in Ruhe an einigen Eukalyptusblättern. Dabei schaut er mich an, als würde er etwas aushecken. Und ganz so falsch liege ich da auch nicht, wie ich gleich erfahren sollte.

„Ich habe eine Idee." Gespannt höre ich dem Koala zu. „Du schreibst doch auch Bücher?"

„Ja, zwei habe ich schon geschrieben. Das erste sogar über Deine Heimat."

Die Augen des Koalas leuchten. „Ich hätte gerne, dass Du aufschreibst, was ich herausfinde und auch, was Du und ich so darüber reden."

Kurz bin ich überrumpelt. „Ich soll, sozusagen, über Deinen Walkabout schreiben, oder besser gesagt, Deine Erkenntnisse dokumentieren", bringe ich schließlich heraus.

„Genau! Findest Du nicht, das könnte auch für Andere interessant sein?"

Ich denke nach und lasse mir Für und Wider durch den Kopf gehen. „Warum eigentlich nicht?", überlege ich laut. „Du könntest Recht haben." Ich finde immer mehr Gefallen an dieser Idee, bis ich schließlich ausrufe: „Koala, das ist genial!" Nach ein paar Sekunden des Sickernlassens dieser Idee fällt mir ein, was ich als Erstes dafür machen muss und schaue den Koala fragend an. „Dann musst Du mir aber nochmals sagen, wie haben die Bakterien geheißen, die sich mit anderen zusammengetan haben? Und was waren schnell nochmal Erdfriedhöfe? Uff, ich glaube da haben wir ein schönes Stück Arbeit vor uns."

„Ja, schön", grinst mich der Koala an.

Ich überlege, ob er unsere Sprache noch nicht so gut kann oder er mich mit dem Wort „schön" in diesem Zusammenhang auf den Arm nehmen will. Aber vielleicht wird es ja einfach ein schönes Stück schöner Arbeit. Und so grinse ich einfach zurück. Da winkt er mir aber schon und macht sich auf den Weg, um mehr über ‚survival of the fittest' herauszufinden.

Der Koala taucht in die Geschichte ein

Der Koala ist immer noch verwirrt. Er muss wirklich nochmals zu Darwin und zwar um ihn besser zu verstehen, als Mensch. Er reist also wieder zu ihm und trifft ihn beim Teetrinken. Darwin ist einem Plausch zur Tea-Time nicht abgeneigt und erzählt er frei heraus.

So erfährt der Koala, dass Darwin gegen die Sklaverei war. Andererseits vertrat er klar die Meinung, es gäbe höhere und niedere Rassen, die in einem Kampf Teil der Selektion sein müssten. Aber in seinen späteren Werken hat er geschrieben, dass die biologische Grundmotivation Vitalität durch Wohlergehen und Bindung genährt wird. Weiters vertritt Darwin die Auffassung, alle fühlenden Wesen sind dazu gemacht, in der Regel Glück zu erleben. Schmerzen und Leid aller Art führen auf Dauer zu Depressionen und verringern die Kraft zu handeln. Angenehme Empfindungen dagegen stimulieren das ganze Körpersystem zu gesteigerter Aktivität.[10]

Der Koala vergleicht das Gehörte sofort auf der Universitätsbibliothek mit heutigen Forschungsergebnissen und stößt dabei auf die so genannten Belohnungssysteme. Demnach ist Anerkennung ein Grundbedürfnis des Menschen, das die körpereigenen Motivationssysteme[11] anspringen lässt. Dabei werden Wohlfühlbotenstoffe, wie beispielsweise Dopamin im Körper freigesetzt. Menschen sind daher aus neurobiologischer Sicht auf soziale Resonanz und Kooperation angelegte Wesen.

Außerdem hat Darwin festgestellt, dass der Schmerz anderer einem selbst Schmerzen zufügt. Damit hat er auf geniale Weise der Entdeckung der Spiegelneuronen[12] im Gehirn vorgegriffen. Auch die Wichtigkeit von Bindungen hat Darwin bereits erkannt, was in der modernen Neurobiologie als primärer Motivator des menschlichen Handelns gilt. Das Nichtgelingen von Beziehungen führt zu

---

[10] Darwin schreibt wörtlich: „Man ist jetzt davon überzeugt, dass die meisten oder alle fühlenden Wesen sich [...] dergestalt entwickelt haben, dass sie sich gewöhnlich von angenehmen Empfindungen leiten lassen."
[11] Englisch: reward systems
[12] Oder Spiegelneurone

Aggression wie sowohl Neurobiologen als auch Aggressionsforscher heute immer öfter bestätigen.

Der Koala wundert sich immer mehr. Darwin selbst bezeichnete seine Prinzipien, wie es zur Evolution kommt als Theorie, nicht als Faktum und schon gar nicht als Dogma. Er war ein Mann der Wissenschaft und hat nie behauptet, dass es einen Aggressionstrieb gibt, wie ihn die Soziobiologen[13] heraufbeschwören. Darwin war Theologe und half immer wieder Menschen, zum Beispiel auch Alfred Russel Wallace als dieser in finanziellen Schwierigkeiten war. Auch war er sich psychosomatischer Zusammenhänge bewusst. Das passt für den Koala alles nicht zusammen. Schon gar nicht mit dem, was er bei den Menschen sieht.

Der Koala überlegt: „Darwin war offensichtlich wirklich ein großer Denker. Hatte er doch so vorausschauende Gedanken zu Empathie, Spiegelneuronen oder der Psychosomatik. Sogar dem Glücklichsein und den persönlichen Bindungen hat er viel Beachtung geschenkt. Wieso hat er dann zugleich das gottgewollte System der Selektion von Thomas Malthus von 1798 in seine Arbeit eingebaut?"

Auch wirkt es für den Koala sehr befremdend, wie plötzlich die menschliche Gesellschaft in Darwins Naturbeobachtungen hineinkam. Und so buddelt er weiter in der Geschichte und entdeckt etwas für ihn Unglaubliches: Diese Idee stammt gar nicht von Darwin, sondern von Herbert Spencer, einem englischen Philosophen und Soziologen. Er war es, der die Idee hatte, man könne doch die Gesetze der Natur auf die menschliche Gesellschaft übertragen.

Und dann entdeckt der Koala etwas, das ihn so richtig umhaut: Der Begriff Survival-of-the-fittest stammt auch nicht von Darwin. Den prägte nämlich eben dieser Spencer. Der heutige Darwinismus, wie ihn die Menschen in den Köpfen haben, müsste genau genommen Spencerismus heißen. Der Koala schüttelt immer noch den Kopf als er sich wieder auf den Weg zu mir macht, um mir das alles zu erzählen.

---

[13] Soziobiologie ist die Wissenschaft von der biologischen Angepasstheit des tierischen und menschlichen Sozialverhaltens. Sie wird kontrovers diskutiert und von vielen als Idelogie und nicht als Wissenschaft bezeichnet.

Gerade bin ich dabei unsere bisherigen Erkenntnisse zu Papier zu bringen. Ich schaue auf und sehe einen etwas zerzausten Koala. „Und? Hast Du etwas herausgefunden?", frage ich ihn.

„Ich habe ganz viel herausgefunden – und verstehe jetzt gar nichts mehr. Das passt alles nicht richtig zusammen. Darwin ist für mich sehr verwirrend. Da findet er so tolle Sachen heraus und dann übernimmt er die Gedanken von ganz anderen Leuten."

Jetzt schaue ich ihn verwirrt an. „Malthus?", fällt mir dann ein.

„Auch", antwortet mir der Koala.

„Wer denn noch?", frage ich verdutzt.

Er schaut mich an. „Von wem stammt ‚survival of the fittest' für die menschliche Gesellschaft?"

„Darwin", rate ich, leicht verunsichert.

„Falsch", schreit der Koala, „falsch, falsch, falsch."

Ich lege meine Stirn in Falten. „Aber das ist doch der Darwinismus. Wenn er Darwinismus heißt, muss er doch von Darwin stammen."

„Spencer", ist alles, was mir der Koala darauf antwortet.

„Wer um Gottes Willen ist Spencer?", frage ich ihn verwirrt, „habe ich ja noch nie gehört."

„Herbert Spencer war ein englischer Philosoph und Soziologe, der von 1820 bis 1903 gelebt hat. Der meinte, man könnte doch die Gesetze der Natur, also die Theorien von Darwin auf die menschliche Gesellschaft übertragen. Und jetzt kommt es: Der Begriff Survival-of-the-fittest stammt nicht von Darwin sondern von Spencer und findet sich erst in der 5. Auflage von Darwins Buch.[14]

Was mir der Koala da gerade erklärt hat, muss ich erst mal verdauen. Jetzt verstehe ich auch die Verwirrung des Koalas. Er hat Recht. Irgendwie passt das alles nicht zusammen.

Mir kommt eine Idee: „Manche Dinge versteht man nur im Zusammenhang mit der Zeit, in der Menschen gelebt haben. Auf vieles gibt uns die Geschichte beziehungsweise der Zeitgeist einer

---

[14] Damit erst war die Übertragung der natürlichen Auslese aus dem Pflanzen- und Tierreich auf die menschliche Gesellschaft geboren. Das war im Jahr 1864.

Epoche eine Erklärung. Vielleicht möchtest Du da nachforschen, Koala?"

„Du meinst so wie Malthus, der in einer Zeit gelebt hat, als noch niemand über Sozialgesetze nachgedacht hat?"

„Ja, so meine ich das."

„Also, ich soll schauen, in welcher Zeit Darwin gelebt hat? Verstehe. Ich esse noch kurz etwas, dann mache ich mich auf den Weg." Gerade noch voller Enthusiasmus, schaut der Koala plötzlich genervt drein. „Jetzt war ich bei Darwin zum Tee und habe vergessen, ihm zu sagen, was man in der Zwischenzeit über das Aussterben der Dinosaurier herausgefunden hat. So etwas Dummes. Vielleicht hätte ich ja die Geschichte beeinflussen können."

„Ich habe da so meine Bedenken, ob man dann nicht noch mehr Chaos produziert", wende ich ein, wobei auch ich den Gedanken verlockend gefunden hätte.

„Na gut, dann reise ich jetzt noch einmal in die Zeit Darwins", ist alles, was ich noch von dem kleinen grauen Kerl höre.

Dort angelangt, kommt er aus dem Staunen nicht mehr heraus. Und der Koala wird wirklich fündig, wie diese Verwirrungen geschehen konnten.

Alles fing damit an, dass Darwin seine Theorien sehr überhastet veröffentlicht hat und zwar aus der Angst heraus, sein Kollege Alfred Russel Wallace könne ihn mit seinen Publikationen überholen. Beide sind parallel durch Naturbeobachtungen auf die Verbindung der Arten durch Abstammung gekommen, weshalb die erste Veröffentlichung auch beide als Autoren angab. Der Unterschied in der Interpretation der Ergebnisse der beiden bestand darin, dass Darwin als Erklärung Malthus' gottgegebenes System und damit das Prinzip der natürlichen Auslese angab. Wallace hingegen sagte, es sei egal, ob man der Erste oder Zweite ist, man solle nicht der Letzte sein. Der Letzte müsse sich daher weiterentwickeln. Allerdings kam Darwin aus einer höheren Gesellschaftsschicht als Wallace, was ihm einen höheren Status, auch in den wissenschaftlichen Gilden verschaffte.

„Aha, so weit, so klar", denkt sich der Koala. „Aber warum war die damalige höhere Gesellschaft so glücklich mit der Idee der natürlichen Auslese, wo sie doch gar nicht ‚amused' war, mit dem Affen verwandt zu sein?", geht es ihm durch den Kopf.

Um das zu beantworten schaut sich der Koala nun um, in welcher Zeit Darwin lebte. Darwin war aus England, einem Land, das von einer sehr reichen Oberschicht und einer unsagbar notleidenden Bevölkerung geprägt war. Der Koala stolpert hier über Charles Dickens als sozialkritischen Autor. In London wütete zu seiner Zeit immer noch die Cholera aufgrund von verseuchtem Wasser aus der Themse als selbst die Ärmsten der Wiener Bevölkerung bereits Zugang zu Hochquellwasser hatten. Umstände wie diese in London inspirierten auch Karl Marx zu seinem Werk „Das Kapital". Zur selben Zeit ist man in den Kolonien gegen die ursprünglichen Bevölkerungen vorgegangen, auch in seiner Heimat Australien. Der Koala schüttelt sich schockiert.

In der Zwischenzeit war die Aufklärung[15] so weit fortgeschritten, dass nicht mehr Gott herhalten konnte für all die Gräueltaten, die sich, abspielten, liest er. Die viktorianische Oberschicht, also die Aristokratie und der Geldadel, waren daher auf der dringenden Suche nach einer neuen Legitimierung. Einerseits für das übergroße Ungleichgewicht von Geld und Macht im eigenen Land. Dem englischen Adel steckte noch immer der Schrecken der Französischen Revolution in den Knochen. Andererseits brauchten die Kolonialherren des britischen Empire eine Rechtfertigung für Völkermord. Da kam die Idee der natürlichen Selektion wie gerufen. Man erklärte einfach: „Die weiße Rasse hat ein Recht, Aborigines zu ermorden. Diese haben sich eben nicht gut genug angepasst und werden daher ausradiert." Bis in die 60-er Jahre des 20. Jahrhunderts lernten Australier in der Schule, dass Aborigines keine Menschen wären, sondern zur Fauna Australiens gehörten." Das alles macht den Koala sehr traurig.

Jetzt versteht der Koala. Die Suche nach der Legitimierung von Arm und Reich und von Gräueltaten in den Kolonien hat die Idee

---

[15] Das Zeitalter der Aufklärung, seit circa 1700, hat die Vernunft in den Mittelpunkt gestellt. Der Kampf gegen Vorurteile, Hinwendung zu Naturwissenschaften und religiöse Toleranz spielten dort eine große Rolle, aber auch Bürger- und Menschenrechte.

der natürlichen Auslese so sprießen lassen. „Was für eine schreckliche Zeit", denkt sich der Koala.

„Was schaust Du denn so traurig", frage ich den Koala als er wieder auf meiner Couch sitzt.

So beginnt er zu erzählen. Seine letzten Sätze treffen mich tief im Herzen: „Das ist so schrecklich traurig. Und was die Menschen daraus heute machen, auch. Neodarwinismus, so etwas Dummes. Die Welt ist zum Glücklichsein da und nicht um sich gegenseitig das Leben schwer zu machen und Mutter Erde mit Füßen zu treten. Nur, weil es einigen Wenigen nützt, ein immenses Vermögen anzuhäufen und ihre Macht grenzenlos auszuspielen? ‚Survival of the richest' ist das. Jeder normale Mensch müsste sich doch wehren!"

Der Koala hat es geschafft, unsere Welt vor meinen Augen offen zu legen. Er hat mit all seinen Beobachtungen Recht. Das mit dem Nichtwehren macht mich besonders nachdenklich. „Es stimmt, die meisten Menschen spielen mit. Ich frage mich, warum sie das tun, Koala."

„Ich glaube, dass ich das auch herausgefunden habe."

Jetzt werde ich richtig neugierig als der Koala fortfährt. „Die Leute würden sich wehren, aber durch die Brille des „Darwinismus" betrachtet, ist alles naturgegeben. Da setzt sich eben der Stärkere, Reichere, Skrupellosere durch, ein Phänomen, das in der Natur nicht zu finden ist. Es ist die künstlich am Leben erhaltene Darwinismus-Brille, die die Menschen zahnlos macht. Ihr verhaltet Euch wie in Malthus' gottgegebener Ordnung von 1798. Aber nicht, weil sie stimmt, sondern weil die Menschen glauben, dass sie stimmt. Die Leute sollten aufwachen, sonst verlieren sie auch ihren Schwanz."

Ich nicke. Ja, Wahrnehmung ist wohl der Schlüssel. „Ich denke, Du hast Recht, Koala. Aber der Leidensdruck ist offensichtlich noch nicht groß genug. Schau Dich um. Den meisten Menschen hier geht es oberflächlich gesehen, ganz gut – auch, wenn viele im Stress sind und sich wie Getriebene fühlen. Aber daran haben sich die meisten gewöhnt und sind daher nicht offen für Veränderungen. Das ist wie mit dem Frosch, der in einem Topf auf dem Herd sitzt. Das kalte Wasser darin wird langsam erhitzt bis es kocht. Der Frosch verpasst den Sprung aus dem Kochtopf und wird mitgekocht. Das Wasser ist für die Menschen wohl noch nicht heiß genug."

„Hm", der Koala denkt offensichtlich über meine Frosch-Metapher nach und nickt dann. „Ich verstehe, was Du meinst. Aber das System, in dem Ihr lebt, ist sicher nicht naturgegeben." Dann setzt er noch nach. „Naja, mit Fröschen kenne ich mich nicht aus, aber über Eure Welt habe ich schon so einiges erfahren und das ist definitiv nicht im Sinne von Mutter Erde. Und damit auch nicht in Eurem Sinne. Denn Ihr seid ja ein Teil der Natur."

Das sehe ich genauso. Die Herausforderung vieler meiner Coachees ist, mit dieser Welt zurechtzukommen und sich dabei wohl zu fühlen. Ich weiß also ganz genau, was der Koala meint. Ich bin noch in Gedanken versunken, als ich den Koala fragen höre: „Sag einmal, wie ist das mit den Wölfen?"

„Mit den Wölfen?", frage ich ihn verdutzt.

„Ja, mir hat jemand gesagt, dass man das Verhalten von Aggression, Unterwerfung und Rangordnung an den Wölfen sehen kann. Sozusagen als Beweis für all dieses ‚Survival of the fittest'- Zeug. Weißt Du, was ich gar nicht verstehe? Mir haben Leute gesagt, die Wölfe an der Wall Street würden sich genauso verhalten. Aber ich habe nachgeschaut, in der Wall Street in New York sind nur Hochhäuser und kein Wald. Da können doch keine Wölfe leben. Was meinst Du, wo ich hinmuss, um das mit den Wölfen herauszufinden?"

„Ich würde an Deiner Stelle zu Menschen gehen, die sich mit Wölfen auskennen, und zwar mit denen, die im Wald leben." Der Koala ist erleichtert. Mit echten Wölfen wollte er sich lieber nicht treffen, egal ob sie im Wald oder in der Wall Street lebten.

Der Koala bei den Wölfen

Gesagt, getan, der Koala reist zu Zoologen, die ihm etwas über Wölfe erzählen können. Aber was er hier erfährt, hat nichts mit dem zu tun, was er vor seiner Reise hierhergehört hat. Vielmehr begegnet ihm wieder einmal das Prinzip Kooperation, denn bei den Wölfen entdeckt der Koala ein sehr liebevolles Miteinander im Rudel.

„Was war denn da schon wieder passiert? Warum haben denn so viele Menschen dieses komische Wall Street-Bild von den Wölfen?" Der nächste Schritt auf meinem Walkabout wird wieder spannend", denkt er sich und macht mit seiner Pfote auf sich aufmerksam. Nachdem ihm eine Gruppe von Zoologen und Verhaltensforschern das Leben der Wölfe erklärt hat, kommt er aus dem Staunen nicht mehr heraus. Er muss sofort zurück nach Wien, um all das zu erzählen – und zu verdauen.

„Da bist Du ja wieder", begrüße ich ihn erfreut. „Hast Du etwas herausgefunden?"

„Sogar ganz viel und es ist unglaublich!", ruft der Koala ganz aufgeregt.

„Jetzt machst Du mich aber neugierig. Dann erzähl 'mal." Ich mache es mir auf der Couch neben ihm bequem, denn es scheint, er hat eine Menge erfahren.

„Also die Idee, dass Wölfe immer darum kämpfen, andere zu unterwerfen und der einsame, alles bestimmende Leitwolf zu sein, stammt aus Beobachtungen der 60er Jahre. Und zwar nicht aus der freien Wildbahn, sondern aus Gehegen. Wölfe wurden damals unter nicht optimalen Bedingungen gehalten. Nicht in ihrer natürlichen Rudelstruktur, sondern gemeinsam mit fremden Wölfen in viel zu kleinen Gehegen. Dies prägt das Bild für viele noch heute. Denn dort hat man wirklich aggressives Verhalten und die Ausbildung hierarchischer Strukturen beobachtet. Eine Forscherin hat dann auch den Bösen Wolf von der Wall Street erwähnt, etwas das aus diesen alten Beobachtungen abgeleitet wurde. Das Gespräch habe ich dann gleich genutzt, um endlich zu verstehen, was es mit den Wall Street-Wölfen auf sich hat. Und weißt Du, was ich herausgefunden habe?" Der Koala macht eine theatralische Pause. „Der böse Wolf der Wall Street ist ein ganz gewöhnlicher skrupelloser Mensch, der Anderen vormacht, dass sein Verhalten naturgegeben sei. Ein Wolf eben. Aber Wölfe sind gar nicht so, nur die Wölfe in den Gehegen aus den 60er Jahren."

Ich überlege: „Das heißt, dass es eigentlich eine Beleidigung der Wölfe ist, wenn man Wall Street-Typen so nennt."

„Exakt", gibt mir der Koala Recht. „Denn, wie lebt der echte Wolf in freier Wildbahn? Er lebt in einer Familienstruktur, im Gegensatz zu den beobachteten Gehege-Wölfen. Anführer sind das Elternpaar, und zwar gleichberechtigt. Sie leben mit ihren Nachkommen zusammen, die im Frühling geboren werden und den Welpen, die ein Jahr später geboren werden. Erst im Jahr danach gehen die älteren Geschwister ihre eigenen Wege und gründen wieder ein Rudel. Dabei ist der Begriff irreführend, denn sie leben in Familien. Sie lehren ihren Jungen alles, was sie brauchen, um zu jagen und im Rudel sozialisiert zu leben. Dabei sind sie sehr liebevoll im Umgang mit den Kleinen. Wenn ein Welpe ungeschickt ist beim Jagen, braucht er nicht von den Eltern bestraft zu werden. Danach hungern zu müssen ist Strafe genug, damit die Kleinen sich merken, wie man es besser macht. Ein Rudel markiert sein Revier, damit ein fremder Wolf nicht eindringt. Das Markieren gibt Klarheit, es ist das Grenzen setzen, das nötig ist, um sich zu schützen, in diesem Fall die Familie und ihren Nahrungsbedarf. Wie konnte es aber dazu kommen, dass Wölfe als Inbegriff der Dominanz stehen?"

So wie der Koala dreinschaut, gehe ich davon aus, dass das eine rhetorische Frage ist und er mir gleich die Antwort darauf geben wird. Und da kommt sie schon.

„Dieses Bild vom Wolf, obwohl naturwissenschaftlich völlig überholt, ist immer noch in den Köpfen. Dafür verantwortlich waren die Mönche von New Skete, USA im Jahr 1970 mit der Veröffentlichung eines Hundetrainingsbuches auf Basis der Beobachtung der Gehege-Wölfe der 60er Jahre." [16]

---

[16] Darauf gründend, haben die Mönche empfohlen, die so genannte Alpharolle einem Haushund gegenüber einzunehmen um unerwünschtes Verhalten seines Hundes, auch mit physischem Maßregeln zu unterbinden. Das heißt, was immer jemandem am Verhalten seines Hundes nicht gefällt, wird als Dominanz bezeichnet. Vom „auf der Couch sitzen" bis zum Liegen im Türbereich wird alles als Dominanz bezeichnet.

„Das mit der Hundeerziehung kenne ich."

„Woher kennst Du das?", fragt mich der Koala verwundert.

„Ich hatte früher Hunde und ich überlege, ob wir uns nicht wieder einen nehmen. Ich habe das Gefühl, er ist schon ganz nah." Der Koala dreht sich erschrocken um. „Nein, nicht nahe in diesem Sinne. Ich habe gemeint, es gibt für alles den richtigen Zeitpunkt und ich habe das Gefühl, dass wir bald dem richtigen Hund begegnen werden."

„Hm", ist alles, was der Koala sagt.

„Aber es wird sicher ein ganz lieber Hund werden, so wie mein früherer Hund, ein Englisch-Setter."

„Hm", ist noch immer das Einzige, was der Koala dazu sagt. Hunde sind für Koalas in Australien eine Gefahr, was auch meinem kuscheligen Traumzeitfreund offenbar ein mulmiges Gefühl macht.

Ich überlege gerade, wie ich den Koala von meinen Hundeplänen ablenken kann, als er weiterspricht: „Irgendwie kommt es mir so vor, als wäre es gar nicht gewollt, dass die Menschen verstehen, wie die Natur wirklich tickt. Gesund wäre es doch, das Prinzip der Kooperation zu leben und nach gelingenden Beziehungen zu streben. Wer sich nicht daran hält, dem werden klare Grenzen gesetzt. Der Wall Street-Wolf ist also nicht naturgegeben, sondern ein skrupelloser Mensch, der sich die Legitimation für sein Handeln aus dem falschen, alten Bild über Wölfe holt", rekapituliert der Koala.

Ich nicke. „Solche Menschen hat es immer schon gegeben und wird es immer geben", füge ich hinzu.

„Aber bei Euch werden sie auch noch gefeiert. Ich habe sie auf Hochglanzpapier gedruckt, gesehen."

Ich seufze. Wo der Koala Recht hat, hat er Recht.

Er stellt traurig fest: „Durch das Missverständnis eines Kampfes ums Dasein geht es Mutter Erde nicht gut. Die Wirtschaft ist steckengeblieben in Malthus' Ökonomischem System, Individuen sind zum Großteil nicht glücklich und die Gesellschaft der Menschen hat sich rückentwickelt. Ist es nicht an der Zeit, diesen Irrtum aus der Welt zu schaffen?"

Halbherzig versuche ich, meine Spezies zu verteidigen. „Natürlich gibt es Menschen, die gegen die Idee des Neodarwinismus kämpfen. Immer mehr wehren sich dagegen. Zum Beispiel unterschreiben viele Menschen gegen geplante Abkommen, meist solche von Konzernen, die gegen Interessen von Staat und Bürger sind. Diese Bewegung wird immer stärker. Und viele Menschen, denke ich, wünschen sich menschlichere Bedingungen um aus dem Druck Höher-schneller-weiter zu entkommen."

„Warum glauben so viele Menschen, dass dieses System naturgegeben ist und man deshalb nichts dagegen tun kann?", fragt der Koala.

Ich hebe meine Schultern. „Ich schätze, der Leidensdruck ist nicht groß genug, um sich damit zu beschäftigen."

Der Koala entwickelt wohl gerade seine eigenen Theorien. „Ich habe das Gefühl, dass viele Menschen gar nicht wahrnehmen, wie es anderen geht. Vielleicht, weil sie so beschäftigt sind mit ihrem eigenen Leben. Außerdem finde ich es gefährlich, die Dogmen nicht zu hinterfragen, wie zum Beispiel natürliche Auslese, ständiges Wirtschaftswachstum oder die überdimensionierte Wichtigkeit des Geldes. Findest Du nicht auch? Wo ist die Grenze für das Streben nach Geld und Macht?"

„Gute Frage", ist alles, was mir dazu einfällt.

Der Koala nickt nur. Auch er hat keine Antwort darauf. „Ich habe noch etwas entdeckt, nämlich, dass viele Menschen die natürliche Auslese als Motor der Weiterentwicklung der Arten oft mit der Nahrungskette verwechseln. Der langsamste Pinguin wird von der Robbe gefressen, die langsamste Robbe vom Hai. Kranke oder verletzte Tiere werden schneller zu Opfern. So ist das im Rahmen der Nahrungskette. Und selbst hier gibt es höher entwickelte Tiere, die ihre verletzten, schwachen Artgenossen beschützen, wie zum Beispiel die Afrikanischen Wildhunde."

„Was hast Du denn noch alles bei den Zoologen herausgefunden?", werfe ich beeindruckt ein.

„Noch eine ganze Menge", strahlt mich der Koala an. „Die Natur ist wirklich sehr kreativ, beispielsweise ist es bei den Walen so, dass, in einer Gruppe alle erwachsenen Männchen ein Junges beschützen.[17] Aber von diesen Beispielen hören nur wenige Menschen."

„Ich habe den Eindruck, die Idee, dass nur die Tüchtigen durchkommen, findet allgemeinen Gefallen, weil es befriedigend ist, sich selbst dazu zählen zu können", überlege ich laut.

Worauf der Koala gleich kontert: „Geht es hier überhaupt noch um Leistung? Ein Konzernmanager hat mir auf meinem Walkabout erzählt, er habe begriffen, dass es überhaupt nicht auf seine Leistung ankommt, ob er erfolgreich ist oder verabschiedet wird. Er hat gesagt, es gebe irgendwelche Strategien in der Konzernzentrale, womit die Firma sich mehr Gewinn erhofft. Es geht nur mehr um das ganz große Geld. Er hat das Ende der Leistungsgesellschaft erkannt. Mächtig und erfolgreich ist ausschließlich, wer das Kapital hat, beziehungsweise ganz oben ist, wo der gesunde Menschenverstand zumeist nur mit der Lupe zu finden sei."

„Ja, ich weiß. Ich habe im Coaching oft damit zu tun. Aber viele kämpfen noch mit diesem System und akzeptieren nicht, was Dein Manager bereits verstanden hat."

„Das ist traurig", sagt der Koala. „Aber ich habe auch gesehen, dass es diesem Manager ganz gut geht.

Er hat zu mir gesagt: „Weißt Du Koala, ich habe akzeptiert, dass es so ist, ich bin genauso erfolgreich wie jene, die glauben, sie müssten für ihre Karriere rund um die Uhr arbeiten und Familie und Gesundheit opfern. Ich habe ein gutes Verhältnis mit den Leuten, mit denen ich zusammenarbeite. Und am Wochenende bin ich in den Bergen, wo ich die Welt genieße. Traurig bin ich, wenn ich sehe, wie viele Kollegen glauben, sie leben in einem Dschungel und müssten mit der Machete kämpfen, nur damit sie irgendwann an die Wand klatschen. Dann erst werden auch sie begreifen, wie es de facto läuft. Ich habe ja auch einmal so gedacht, bis ich so manchen Kollegen stranden gesehen habe. Man muss nicht jeden Fehler selbst machen."

---

[17] Sie agieren als Väter. Denn die Walkuh wird nicht nur von einem Männchen beglückt, sondern von allen. So fühlen sich alle verantwortlich und als Beschützer der Kleinen.

Der Koala überlegt. „Ich habe bis jetzt schon so manchen Menschen auf meinem Walkabout getroffen, der durch ein schwieriges Elternhaus, Schicksalsschläge oder Krankheiten in eine Abseitsposition geraten ist, obwohl intelligent und talentiert. Heißt es nicht, eine Gesellschaft wird daran gemessen, wie sie mit den Schwächsten umgeht? Da sind heutzutage wirklich so manche Tiere besser unterwegs als die Menschen."

Der Koala ist offenbar tief in seine Gedanken versunken, aber das macht nichts. Wenn ich sie aufschreiben soll, wird er mir sie später erzählen, wenn ich mich an meinen Computer setze. Plötzlich grinst er.

„Die Zoologen haben mir etwas Lustiges erzählt. Kennst Du die Bonobos?"

Ich schüttle den Kopf. „Noch nie gehört."

„Die Forscher haben gesagt, sie fragen sich, ob nicht die Bonobos die Menschheit vielleicht schon überholt haben."

Jetzt bin ich neugierig. „Was sind das für Tiere?"

„Die Bonobos sind Menschenaffen, die manche als friedfertige Variante der Schimpansen beschreiben. Sie lösen jeden Konflikt mit Sex – und zwar in allen Varianten."

Jetzt muss auch ich lachen. „Das sind ja dann richtige Lustmolche", pruste ich los.

„Ja", grinst auch der Koala, „aber welche Gesellschaft ist nun weiterentwickelt? Die, die kriegerische Auseinandersetzungen initiiert, Profit mit dem Leid oder auf Kosten Anderer macht oder doch die Bonobos? Vielleicht ist die Lösung der Bonobos noch nicht die beste, aber bei den Menschen ist auf jeden Fall noch viel Luft nach oben, sich weiter zu entwickeln."

„Da gebe ich Dir voll Recht. Sehr viel Luft."

„Da fällt mir ein ganz interessanter Mann ein, dem ich auf meiner Reise in die Geschichte begegnet bin, Sigmund Freud. Hast Du gewusst, dass er einer der ersten Kritiker von Darwins Idee der natürlichen Auslese war?" Ich schüttle den Kopf. „Er hat gesagt, dass diese Theorie zur Verrohung der Menschheit führen wird. Und schau Dich um in Eurer Welt. Voilà, genau was Freud gesagt hat. Die Pinguine oder Robben untereinander bekriegen sich nicht. Und Hirschgeweihkämpfe zwischen Männchen im

Tierreich – die Bonobos tragen das bekanntlich anders aus – klären zumeist nur Revierfragen. Sie nehmen dem anderen nicht die Existenz, wie es die Menschen oft tun, nämlich auch dann, wenn sie selbst bereits Millionen am Konto haben. Tausende Mitarbeiter werden auf die Straße gesetzt, nur damit einige Wenige noch reicher werden. Da stimmt doch ganz gewaltig etwas nicht. Es ist genauso wie Sigmund Freud es gesagt hat. Und der ist aus Deiner Stadt. Ist das nicht genial! Nur, dass keiner da oben auf ihn gehört hat, ist nicht genial." Der Koala nimmt eine richtige Denkerpose ein. „Aber die Reichen und Mächtigen haben logischerweise gar kein Interesse zuzuhören, sie sind es ja, die einen Vorteil aus der darwinistischen Theorie von Spencer haben."

„Verkehrte Welt", denkt der Koala laut. „Ist ja fellsträubend, was sich da in der Welt tut. Weder natur- noch gottgegeben ist das, was da läuft. Dabei finde ich, dass Darwin wirklich ein großer Denker war. Das ist mir beim Teetrinken mit ihm klar geworden. Er hat nur im Übernehmen von Theorien anderer etwas danebengegriffen", sagt der Koala etwas flapsig.

Ich schaue den Koala an. Irgendwie hat er sich in den letzten Tagen vom verletzten, hilfesuchenden Wesen zu einem kleinen Naseweis entwickelt. Oder auch einem großen. Allerdings einem genialen Naseweis, bei dessen Erkenntnissen sich bei mir ein ziemlicher „Wow-Effekt" breit macht.

„Koala, das mit Freud finde ich sehr interessant. Kein Wunder, dass sich immer mehr Menschen auf die Suche heraus aus dem Schlamassel begeben. Sie spüren, dass Gegeneinander-Handeln unglücklich macht."

Wehmütig denkt der Koala zurück an die Wölfe. „Weißt Du", fährt er fort, „es wäre großartig, wenn die Menschen wie die Wölfe leben würden, wie die in der Natur, nicht die in den zu kleinen Gehegen mit den fremden Wölfen." Er überlegt weiter. „Es bleibt mir wohl nichts anderes übrig als in die USA zu reisen, um dort hinter das Geheimnis der Wall Street-Wölfe zu kommen. Mir hat allerdings jemand gesagt, dass ich am besten in Genf meine Nachforschungen dazu starte."

Ich schaue erstaunt.

„Ja, ins 16. Jahrhundert zu Johannes Calvin, denn dort fing es eigentlich an."

„Was heißt hier ‚*es*'", frage ich den Koala.

„Das habe ich auch gefragt und als Antwort habe ich nur bekommen, dass ich das dann schon sehen werde, wenn ich mich bei ihm und in den USA schlau mache."

„Das klingt kryptisch", sage ich zweifelnd.

„Aber es hat mich neugierig gemacht."

Ich pflichte ihm bei. Mich auch. „Möchtest Du noch zur Stärkung etwas essen? Ich könnte mir vorstellen, dass Du etwas länger für Deine nächste Walkabout-Station brauchst. Immerhin überquerst Du einmal den Arlberg und einmal den Atlantik. Der Koala fängt zu lachen an, was sich für mich eher wie eine Mischung aus Grunzen und Darauflosprusten anhört. Dabei stößt er mich mit der Pfote an und meint, ich sei lustig.

Ich habe den Verdacht, dass ich das mit den Traumzeitreisen doch noch nicht so ganz verstanden habe. Den Eukalyptus-Imbiss nimmt der Koala aber trotzdem von mir an.

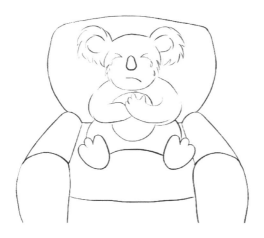

Der Koala entdeckt seltsame Gedanken über Gott

Der Koala begann seinen Walkabout um besser zu verstehen, weshalb er seinen Schwanz verloren hat und wie er es besser machen kann, um ein glückliches Leben zu führen. Er begab sich auf naturwissenschaftliche, ökonomische und historische Spuren. Nun führt ihn sein Weg zu Johannes Calvin, einen Theologen, wundert sich der Koala.

Auf seinem bisherigen Walkabout waren ihm schon öfters Konzepte über Gott begegnet. Darwin verbannte Gott aus den Naturwissenschaften, obwohl er selbst Theologe war. Die „Synthetic-Theories"-Neodarwinisten wollen Menschen davon überzeugen, dass es keinen Gott gibt. Das findet der Koala schon seltsam. Sollte Gott nicht etwas sein, das jeder mit sich selbst ausmachen sollte? Hat in dieser verrückten Welt Gott vielleicht gar nichts mit Spiritualität zu tun und wird genauso benutzt wie die Wissenschaft?

Der Koala ist nach diesem Resümee nicht klüger als zuvor. Warum begegnet ihm das Thema Gott immer wieder auf seinem Walkabout? Dann fällt er „fast vom Baum"[18] als er herausfindet, weshalb er zu Johannes Calvin reisen sollte, um das Geheimnis der Wall Street Wölfe zu lüften. Er soll nämlich der Begründer des

---

[18] Koala-Sprichwort

Kapitalismus sein, heißt es. Ein Theologe? Dem Koala wird ganz schwindelig. Gut, dass er einfach durch Zeit und Raum reisen kann.

Angekommen in Genf des 16. Jahrhunderts tritt er nach leisem Klopfen – Koalas sind sehr zurückhaltend – in die gute Stube ein. Calvin lebt eher in ärmlichen Verhältnissen und wirkt so gar nicht wie jemand der die Wall Street-Wölfe gut finden könnte. Aber Calvin wäre nicht der erste Mensch, der den Koala verwundert. Nun ist er also bei dem Theologen, der etwas verdutzt dreinschaut als ein Koala aus der Traumzeit plötzlich vor ihm sitzt.

„Was bietet man einem Koala an?", fragt er sich und beschließt einfach gar nichts zu sagen.

Aber das ist auch gar nicht nötig, denn der Koala plaudert einfach schon so drauf los. Er erzählt ihm von Wölfen und geldgierigen Menschen und, dass er hierhergeschickt worden ist, weil Calvin doch der Begründer des Kapitalismus sei. Und, dass sich dabei alles ums Geld dreht, wenn Menschen von Kapitalismus sprechen.

Calvin sieht den Koala verwirrt an. „Wovon spricht der pelzige Kerl da?", denkt er sich und fragt daher vorsichtig nach: „Du möchtest wissen, was ich zum Ablasshandel zu sagen habe und wie ich das mit den Sünden, dem Himmelreich und der ewigen Verdammnis sehe?" Jetzt ist es der Koala, der verwirrt ist. „Gott hat für jedes einzelne Individuum bereits lange vor dessen Geburt beschlossen, ob auf jemanden der Himmel oder die ewige Verdammnis wartet", erklärt Calvin. „Der Mensch kann auf der Erde machen, was er will, vom guten Samariter bis zum Mörder, völlig egal, Gott hat das vorher schon beschlossen."

Der Koala stutzt, „Was ist denn das für ein Konzept? Ich kann alles Böse tun und trotzdem in den Himmel kommen, ein guter Mensch – oder Koala – sein und in der Hölle landen? Sein Schicksal nach dem Tod ist bereits vor der Geburt besiegelt? Ich kann Reichtümer anhäufen oder auch nicht? Andere unterstützen oder auch nicht?", fragt der Koala ungläubig nach.

Das Fell des Koalas sträubt sich. „Weshalb, Calvin?", fragt der Koala verdattert.

Darauf erzählt ihm Calvin etwas aus der Geschichte: „Siehst Du, wie die katholischen Amtsträger für Geld, viel Geld, ihre

Schäfchen von ihren Sünden freisprechen? Das ist schrecklich, es ist schockierend! Da hilft nur eines: Sünden sollten überhaupt keine Bedeutung haben, um das ewige Leben zu erlangen oder in der ewigen Verdammnis zu landen. Dann braucht man sich auch nicht von seinen Sünden freikaufen und damit die katholischen Amtsinhaber reich machen."

„Aber da schneidet man ja den Baum samt Koala um"[19], ruft der Koala verwundert. Glücklicherweise sitzt er gerade nicht auf einem Baum, sonst würde es ihn glatt herunterschmeißen. „Sollte nicht Beichten sowieso nur mit echter Reue funktionieren?", überlegt er. Aber vielleicht hat er da etwas verwechselt. Der Koala wird irgendwie immer verwirrter. Und dann stutzt er, „Das heißt aber, dass genauso gut jemand, der arm ist, das ewige Leben bekommen kann."

Calvin nickt.

„Warum nennen die Leute dann Dich als Begründer des Kapitalismus?"

Calvin hebt die Schultern und schüttelt leicht den Kopf um auszudrücken, dass er keine Antwort darauf hat.

Auch, wenn der Koala die Sache mit der Vorherbestimmung etwas befremdlich findet, ob arm oder reich, ist für diese Lehre einerlei. Die Hauptpunkte dabei haben eher etwas mit Selbstverantwortung und der Bibel in der eigenen Sprache zu tun. Wohl deshalb hat Calvin viele Anhänger gefunden. Jedenfalls denkt das der Koala.

Der Besuch bei Calvin hat ihn eher verwirrt, als ihm Klarheit zu bringen. Bevor er sich auf den Weg über den Atlantik macht, muss er jetzt doch noch einen Zwischenstopp in Wien einlegen. Denn er weiß jetzt gar nicht wo und wann in Amerika er nach Antworten suchen soll.

„Du bist schon wieder da, Koala?", frage ich verwundert. „Hast du bei Calvin befriedigende Antworten gefunden?"

Der Koala beginnt zu erzählen, ja, es sprudelt nur so aus ihm heraus und endet mit dem Satz: „Findest Du das logisch?"

---

[19] Noch ein Koala-Sprichwort

Ich überlege. „Das mit dem Ablasshandel war wirklich ein besonders finsteres Kapitel in der Kirchen-Geschichte. Insofern verstehe ich Reaktionen, wie die Sünden abzuschaffen. Aber das klingt mir danach, das Kinde mit dem Bade auszuschütten." Der Koala schaut mich verwundert an: „Welches Kind?"

„Das sagt man nur so. Gemeint ist, nicht nur das Störende, sondern zugleich das Wichtige mit zu entfernen", erkläre ich.

„Ah, den Baum samt Koala umschneiden. Verstehe." Er überlegt weiter: „Nur, was ist es, dieses Wichtige im Leben? Halt im Leben zu haben? Ein guter Mensch oder Koala zu sein? Spüren, was einem gut tut, was für Mutter Erde und die Gemeinschaft passt? Eine innere Führung zu spüren?", hakt der Koala nach.

„Ja, so in etwa", antworte ich vage.

„Was mache ich jetzt?", fragt mich der Koala ganz praktisch. „Wo finde ich jetzt meine Antworten? In Amerika?"

Ich überlege und setze ein weiteres „Hm" unserem heutigen Gespräch hinzu. „Was hältst Du denn davon, bei Calvins Anhängern nachzufragen? Am besten bei denen, die relativ bald nach ihm gelebt haben? Und ja,", überlege ich weiter, „wahrscheinlich findest Du Antworten am ehesten bei jenen in Amerika. Denn nirgendwo wird der Kapitalismus so stark gelebt wie dort. Da wolltest Du doch sowieso hin." Meine Gedanken sind dabei auch nicht ganz klar, denn auch mir geht durch den Kopf, weshalb Calvin als Begründer des Kapitalismus gilt, wo doch auch Arme in den Himmel kommen können.

Aber mein putziger Freund macht sich schon startklar und winkt mir fröhlich zu.

Der Koala ist noch gar nicht lange unterwegs, da findet er schon etwas heraus. Und zwar wirklich bei Calvins späteren Anhängern. Der calvinistische Gedanke fand nämlich einerseits Anklang, andererseits stürzte er viele Menschen in tiefste Verzweiflung: Denn sie waren im Unklaren, ob auf sie das ewige Leben oder die ewige Verdammnis wartete. Um diesem Gefühl zu entkommen, wurde ein Hilfskonzept geschaffen. Um bereits im Leben herauszufinden, ob man von Gott für ein ewiges Leben ausgewählt wurde, müsste es doch Zeichen geben. Gott würde jemanden doch nicht in Armut leben lassen, wenn er ihn für das ewige Leben auserwählt hat. Reichtum zu scheffeln hatte Calvin nicht verboten, ja nicht einmal, Andere zu übervorteilen.

Um das ganze Ausmaß des Calvinismus auf die Weltwirtschaft zu überschauen, muss der Koala nun aber wirklich über das Meer. Nicht über den Indischen Ozean nach Hause, sondern über den Atlantik. Die Ursprünge finden sich bei den Pilgervätern und ihren Nachkommen. Sie waren es, die auf der Mayflower mitsamt des calvinistischen Gedankenguts im 17. Jahrhundert nach Amerika gesegelt sind. „Das ist lange her", denkt sich der Koala und dringt tiefer ein in das Geheimnis der USA bei seinen Nachforschungen.

Er stößt dabei auf etwas Interessantes: Am Ende des 18. Jahrhunderts, zu Beginn der Industrialisierung, hakten sich die calvinistisch geprägten Evangelikalen, das sind 25% der heutigen US-Bevölkerung, bei den Kapitalisten unter. „Was soll unterhaken heißen?", fragt sich der Koala. Die Antwort darauf findet er bald. Freiwillige Armut galt nicht mehr als ehrenvoll, sondern wurde zum moralischen Versagen. Vielen amerikanischen Christen gilt bis heute Reichtum als Beweis, dass Gott einem wohlgesonnen ist. Der Koala hat auf seinem Walkabout die Bibel gelesen. Aber so sehr er sich anstrengt, erinnert er sich darin an keinen Text, der davon spricht, dass Reichtum ein positives Zeichen Gottes sei. Wieder einmal versteht er die Welt nicht. „Gott ist ein wichtiger Teil in der Politik Amerikas", liest der Koala verwundert.

Der Koala findet Religion und Politik eine seltsame Kombination. Als eines der besonders befremdlichen Beispiele findet er die Aussage einer ehemaligen Vizepräsidentschaftskandidatin[20]: „Gottes Wille muss befolgt werden, um Menschen und Firmen zu vereinen, so dass die Pipeline gebaut werden kann."

„Was hat denn Gott mit einer Pipeline zu tun?", fragt sich der Koala verwundert.

Nach all diesen seltsamen Dingen muss er bei der nächsten Sache schmunzeln. Er entdeckt nämlich Folgendes: Einer der führenden Prediger der evangelikalen Christen, Jim Bakker machte die Aussage: „Warum sollte ich mich entschuldigen, wenn Gott mir Kristallluster und Mahagoniparkett gibt?" Erst während

---

[20] US-amerikanische Politikerin: Sarah Palin

eines fünfjährigen Gefängnisaufenthaltes wegen Steuerhinterziehung hat Bakker die Bibel komplett gelesen und daraus den für ihn neuen Schluss gezogen, dass die Heilige Schrift nicht unbedingt für Reiche ist.

Auf seinem Weg durch die USA entdeckt der Koala: Sehr viele christliche Amerikaner haben gar kein Problem mit ihrer selektiven Wahrnehmung des Christentums. Ihnen ist gar nicht bewusst, woran sie eigentlich glauben. Und dieses Halbwissen spielt in den USA eine immense Rolle in Politik und Wirtschaft.

Der Koala rekapituliert. Die Evangelikalen in den USA meinen, Darwins Theorie der Selektion passt sehr gut, um zu sehen, wer das ewige Leben bekommt und wer in ewiger Verdammnis schmoren wird. Dann sind die Erfolgreichen und Profitstärkeren, also die an das Wirtschaftssystem mehr Angepassten, die von Gott Auserkorenen. Hauptsache reich, denn warum sollte Gott einen Auserwählten ein Leben in Armut erleiden lassen?

Um reich zu sein, ist für viele US-Bürger alles erlaubt. Damit spielt die Idee des Kampfes um das Dasein in den USA eine große Rolle, besonders in der Wirtschaft, im Außenhandel und in der Weltpolitik. Der Koala entdeckt noch etwas, das mit dem „Struggle of life" wunderbar zusammenpasst, nämlich den Shareholder Value[21]. Der fokussiert ausschließlich auf das Wachstum des Unternehmens, sowie die Steigerung von Gewinn und Umsatz. Das ist allerdings weder hilfreich ein Unternehmen längerfristig erfolgreich zu führen[22], noch stimmt es mit den wahren Werten eines Unternehmens überein. Da steigen beispielsweise Aktien, wenn Personal abgebaut wird. Real ist es aber so, dass ein Unternehmen, dem es gut geht, Personal aufbaut und in schlechteren Zeiten Personal abbaut. Selbst Jack Welsh, der ehemalige CEO von GE[23], einer der stärksten Kämpfer für die Shareholder Value Idee in den 80er und 90er Jahren wetterte später

---

[21] Shareholder Value bezeichnet den Wert eines Unternehmens aus Sicht der Anteilseigner

[22] Einsparungen wie beispielsweise von ganzen Abteilungen, Abbau von Knowhow, Streichen von Forschungsbudgets und andere Kostenreduzierungen erhöhen kurzfristig den Gewinn und damit den Aktienwert, nehmen aber dem Unternehmn die Basis.

[23] US-amerikanischer Konzern: General Electric

an den Eliteuniversitäten dagegen. Aber sein Gesinnungswandel in späteren Jahren schien nicht besonders wirksam zu sein. Zu viele Mächtige und Reiche profitieren von diesem System bereits. Dem Koala brummt der Schädel. Er schüttelt den Kopf. Verstehen die Menschen auf dieser Welt eigentlich, was sich da abspielt?

Er muss dringend zurück nach Wien. Und Hunger hat er auch.

Neugierig, was der Koala herausgefunden hat, löchere ich ihn gleich mit Fragen, die er nach einem kleinen Imbiss auch gerne beantwortet. Jetzt schüttle auch ich den Kopf. „Auf all diesen Halbwahrheiten beruht die US- und Weltwirtschaft? Das darf doch nicht wahr sein! Aber zumindest hast Du die Antwort darauf, warum Calvin als Begründer der Kapitalismus gilt, obwohl er selbst davon nichts wusste."

„Weißt Du, was ich mich frage?", fährt der Koala fort. „Glauben wirklich noch so viele Menschen, dass sich die Gnade Gottes bei den Reichen findet? Dass Reichtum ein Zeichen dafür ist, das ewige Leben zu erhalten und damit der ewigen Verdammnis zu entkommen?"

Ich überlege. „Mir fällt etwas dazu ein." Der Koala ist ganz Ohr und schaut mich neugierig an. „Wir haben doch in unserem Unterbewusstsein Muster und Glaubenssätze gespeichert, die einen großen Teil des Lebens bestimmen. Jemand muss also gar nicht zu diesem Viertel der Christen gehören und kann dennoch das System unbewusst übernommen haben, dass es wichtig ist, reich zu sein."

„Was für ein Schlamassel", denkt sich der Koala. Laut sagt er: „Das US- und Welt-Wirtschaftssystem beruht auf solchen Gedanken? Na, Prost Mahlzeit, wie Ihr so schön sagt! Fragt sich, wie das dicke Ende aussieht?"

„Das System kollabiert immer wieder", streue ich ein.

„Ja, darüber bin ich auch gestolpert", bekräftigt der Koala. „Dann wird ganz viel Geld gedruckt und irgendetwas mit den Zinsen gemacht. Ein paar Jahre lang geht es gut, und dann beginnt das Spiel wieder von vorne. Es geht um Werte, die es gar nicht gibt. Und darum, dass Geschäfte in US-Dollar abgewickelt werden, damit Geld an der Wall Street hängen bleibt und Einfluß auf Welthandel und Geldpolitik genommen werden kann."

Ich nicke. „Ja, so ungefähr."

Der Koala weiß jetzt, wie es einem Detektiv geht. „Das ist gar nicht so einfach, all diese Puzzleteile zusammenzusetzen. Und ich denke, mir fehlen auch noch welche. Aber, weißt Du, ich glaube nicht, dass viele Menschen diese ganzen Zusammenhänge kennen. Dann kommt noch dazu, dass Darwins Theorie der Selektion zum Dogma erklärt worden ist und neuere naturwissenschaftliche Erkenntnisse dazu gar nicht so richtig publik gemacht werden." Er macht eine kurze Denkpause. „Aber es gibt eben diejenigen, die immens profitieren von der darwinistischen Idee der natürlichen Auslese. All das hat nichts mit Biologie zu tun und auch nicht mit Gott. Das ist alles menschengemacht, um eine Erklärung abzugeben, warum man der Gewinner des Systems der natürlichen Auslese ist, wenn man andere über den Tisch zieht. Da sind wir dann wieder bei den Wall Street-Wölfen, um ein Beispiel zu nennen."

„Das ist eine gute Zusammenfassung", sage ich bewundernd.

Der Koala muss plötzlich lächeln. „Weißt Du, was ich gefunden habe? Je höher Lebewesen entwickelt sind, desto mehr greift das System der so genannten Stabilität. Das heißt, die Menschen als komplexe Wesen, können sich gar nicht so schnell verändern, dass sie in moderne Arbeitssysteme passen. Menschen brauchen zum Beispiel ihre Ruhezeit, so wie alle Säugetiere, und können nicht E-Mails rund um die Uhr beantworten. Es geht auch nicht, dass ihnen bei der Arbeit ein dritter Arm wächst, oder?"

„Stimmt", sage ich und stelle mir das bildhaft vor. Aber da redet der Koala schon weiter: „Und schon gar nicht führt Kampf zum Erfolg. Denn das widerspricht der heutigen Gehirnforschung. Kooperation ist der Motor in der Evolution und auch im Menschen selbst. Nur dann, wenn gelingende Beziehungen nicht funktionieren, kommt Aggression und Kampf ins Spiel."

Ich nicke. „Ja, das haben wir bereits herausgefunden."

„Nun", überlegt der Koala, „wenn gelingende Beziehungen der Hauptmotivator sind, frage ich mich, wo diese Motivation in diesem Schlamassel steckt? Denn irgendwo muss ich sie ja finden, wenn sie biologisch in Wirklichkeit existiert."

Ich überlege. Der Koala hat Recht.

„Weißt Du was", reißt mich der Koala aus meinen Gedanken. „Ich ziehe nochmals los, um das herauszufinden."

„Und wo möchtest Du danach suchen?", frage ich ihn interessiert.

„Ich probiere es wieder in Amerika. Da habe ich schon so viel gefunden." Ich nicke und winke ihm zum Abschied. Da ist er auch schon weg.

Der Koala bemerkt seinen Fehler sofort. All diese Gedanken haben ihn dermaßen beschäftigt, dass er vergessen hat etwas zu essen. Er muss sich also beim Finden von Antworten sehr beeilen.

Er taucht daher gleich ein in dieses aufschlussreiche Land und findet bald das Gesuchte. Viele Menschen in den USA ziehen mehrmals um, beispielsweise wegen besserer Jobs. Persönliche Beziehungen gehen dabei verloren, worauf aber Körper, Geist und Seele angewiesen sind. Wer gibt diesen Menschen Nestwärme und – Trommelwirbel – gelingende Beziehungen? Die vielen Kirchen. Und die behaupten zu einem guten Teil, man müsse reich sein. Man darf doch nicht arme Menschen unterstützen, die offensichtlich von Gott ausgesucht wurden, um in der ewigen Verdammnis zu schmoren – und schon gar nicht, will man selbst zu ihnen gehören.

„De facto sind es also doch die gelingenden Beziehungen, die dazu führen, dass in den USA Kirchen einen extremen Zuspruch finden", rekapituliert der Koala. Sehr viele propagieren das darwinistische Prinzip der Auslese, weil das zu Calvins Lehre passt, besser gesagt zu jenem Weltbild, das, sich seine Nachfolger zusammengezimmert haben."

Daraus ergibt sich für den Koala folgende kuriose Situation:
- Darwins Lehren dürfen in keiner Weise kritisiert werden[24]
- Das Dogma der natürlichen Auslese wird zum Motor des (vermeintlich calvinistischen) Kapitalismus
- Ökonomie und darwinistische Naturwissenschaft erklären sich jeweils gegenseitig
- Der Wunsch nach gelingenden Beziehungen verschafft in den USA jenen Gehör, die behaupten, dass Reiche und

---

[24] Ansonsten gibt man den Gegnern der Abstammungslehre (versehentlich) Munition beziehungsweise stellt jene in Frage, die aufgrund dieses Systems Geld und Macht anhäufen.

Machthaber auch dann toll sind, wenn sie über Leichen gehen[25]
- Einige wenige Mächtige dieser Welt berufen sich auf Darwin, um ein menschenfeindliches System zu rechtfertigen, so wie es der Adel schon in der viktorianischen Zeit gemacht hat[26]
- Viele Menschen in den USA glauben, dass Reichtum ein Zeichen Gottes wäre, um in den Himmel zu kommen

Zurück in Wien, erzählt mir der Koala schon beim Kauen seiner geliebten Eukalyptusblätter, was er herausgefunden hat. Damit ich das alles anschließend verständlich aufschreiben kann, meint er. „Mach eine Art Liste aus meinem Resümee, dann wird es übersichtlicher."

Ich nicke. In der Zwischenzeit hat der Koala so viel zusammengetragen, dass eine Übersicht ganz gut wäre. Da stimme ich ihm voll und ganz zu.

Gerade als mein Laptop hochgefahren ist, redet er weiter: „In Europa oder Australien herrscht aber gar keine calvinistische Überzeugung, jedenfalls nicht in der amerikanischen Weise. Wie konnten diese Lehren, die dort Gefallen finden, Einzug halten in andere Teile der Welt?"

„Hm", sage ich wieder einmal, weil mir nichts anderes einfällt. „Vielleicht mit dem Shareholder Value?"

Der Koala überlegt. „Über den bin ich auch schon gestolpert. Das würde Sinn machen. ‚Shareholder Value' ist eine seltsame Denkweise. Fällt Dir noch etwas ein?"

Ich überlege. „Die Globalisierung?", mache ich einen weiteren Vorschlag.

„Ja", pflichtet mir der Koala bei. Da geht es ja auch darum, wie Konzerne am besten und effektivsten Geld machen, oder?"

„Ja, so kann man das durchaus ausdrücken", stimme ich zu.

---

[25] Zum Beispiel, wenn sie die Demokratie mit Füßen treten oder auf sozial Schwache keine Rücksicht nehmen.
[26] Soziale Ungerechtigkeit, Umweltsünden durch Konzerne, die auf dem Rücken von Steuerzahlern ausgetragen werden, menschenverachtende Politik und der Glaube so vieler Menschen, einfach nicht gut genug zu sein, weil sie in einem menschenfeindlichen System nicht zurechtkommen.

„Und damit", setzt der Koala seinen Gedanken fort, „verlieren zum Beispiel kleine, regionale Unternehmen ihre Existenz. Bürger können gesundheitliche Schäden erleiden durch erlaubte gefährliche Stoffe in Landwirtschaft, Lebensmittel- oder Pharmaindustrie. Das ist ein System, in dem es ausschließlich um Geld geht." Der Koala wird immer nachdenklicher und sagt am Ende unseres Gespräches frustriert: „Da wird mir jetzt vieles klar. Aber es ist echt kompliziert bei Euch. So leicht blickt man nicht durch diese Vermankelung von Biologie, Religion, Wirtschaft und Politik. Noch dazu lässt sie diese Welt immer kranker und ungerechter werden."

„Heißt das, Du hast Deine Antworten, die Du gesucht hast?", frage ich den Koala.

„Noch nicht ganz. Ich muss unbedingt in eine ganz große Bibliothek, um noch ein paar Zusammenhänge für mich zu finden."

Erfreut antworte ich: „Was für eine tolle Idee. Ich liebe Bibliotheken."

„Ich brauche jetzt einfach einen Platz zum Nachlesen und Nachdenken."

„Das verstehe ich, Koala. Was hältst Du davon, vorher noch etwas zu essen? Sonst knurrt Dein Magen noch ganz laut, wenn Du so zwischen den Bücherregalen sitzt."

Das lässt er sich nicht zweimal sagen und huscht in die Küche.

Der Koala in der Bibliothek

Ergriffen sieht sich der Koala um. „Was für Wissen die Menschheit da angesammelt hat!" Zuerst braucht er etwas Lustiges, um von den schweren Gedanken der letzten Tage weg zu kommen. „Ach, das sieht ja nett aus", denkt er sich und steuert auf die Comicabteilung zu. „Obelix Hinkelstein GmbH & Co. KG". Menschen, die witzig aussehen, schauen ihm vom Cover entgegen. Er setzt sich in eine Ecke, um zu lesen. Wollte er nicht auf andere Gedanken kommen? Da entdeckt er schon wieder das Thema, das ihn gerade beschäftigt.

Er blättert nach hinten. „Sesterz[27]-nichts-mehr-wert-sein", mit diesen Worten und einem Festbankett endet diese Asterix-Geschichte. Die Gallier des aufständischen Dorfes erkennen, dass die Gier nach Geld zu Zwietracht führt, und weit weg von den Dingen, die glücklich machen. Dabei war Cäsars Plan in diesem Comic so durchdacht: Er wollte aus den in Eintracht gegen das Römische Reich lebenden Dorfbewohnern die Art von Männern kreieren, wie er sie um sich hat – träge, missgünstig und streitbar. Damit hätte er das Dorf endlich dem Römischen Reich einverleiben können. Doch der Autor René Goscinny, ließ die Geschichte glücklich enden, wie all seine Asterix und Obelix-Geschichten. Das freut den Koala.

Er geht weiter und findet ein Buch mit dem Titel „Confessions of an Economic Hit Man". Darin erklärt der frühere Wirtschaftsberater John Perkins, wie Kredite an Dritte Welt Länder ausgegeben wurden. Nämlich mit dem Wissen, dass diese Länder die ausgeliehenen Summen und Zinsen nie zurückzahlen können. So kam man kostengünstig an die Ressourcen des jeweiligen Landes. Bei nicht willigen Amtsträgern half der CIA nach.

Es wundert den Koala nicht mehr, was er zu solchen Themen hier noch findet. Kriege werden fast immer aus wirtschaftlichen Gründen geführt wie beispielsweise im Jahr 1954 in Guatemala: Der sozialdemokratische Präsident Jacobo Árbenz Guzmán wurde demokratisch gewählt. Er wollte eine Landreform durchführen,

---

[27] Altrömische Münze und Haupttrecheneinheit

die ein faireres System für Kleinbauern vorsah. Der damalige CIA-Direktor Allen Welsh Dulles war gleichzeitig Rechtsanwalt und Lobbyist für den US-Lebensmittelkonzern United Fruit Company[28]. Das Unternehmen besaß ausgedehnten Grundbesitz in Guatemala und sah durch die vom Präsidenten geplante Landreform seine Interessen gefährdet. Auf Bitte des Konzerns sowie weil Allen Welsh Dulles seinen Aktienwert bei United Fruit in Gefahr sah, stürzte eine vom CIA eigens ins Leben gerufene Söldnertruppe den neu gewählten Präsidenten mit der Erklärung, es handle sich um Kommunismus. Mit dieser rein egoistischen Verfahrensweise sicherte Dulles seine Interessen, die seiner Auftraggeber und sein Vermögen ab, wie aus mittlerweile freigegebenen CIA-Akten hervorgeht. Er stürzte damit Guatemala und seine Bevölkerung für Jahrzehnte in Chaos und Armut.

Der Koala findet hier in dieser wunderschönen Bibliothek wirklich eine Menge an Informationen. Zum Beispiel hat die Universität in St. Gallen eine Studie veröffentlicht, wonach die amerikanischen Ratingagenturen schuld an der europäischen Wirtschaftskrise 2008 waren. Darin sind die Maßstäbe unter die Lupe genommen worden, wonach Ratingagenturen entscheiden. Dabei wurde nachgewiesen, dass die Ratingagenturen die Wirtschaftsindikatoren anders als bei außereuropäischen Staaten angewendet haben.[29] Keine der Herabstufungen entsprach der realen Verschlechterung der jeweiligen Wirtschaftslage. Die Auswirkungen waren horrend für die jeweilige Wirtschaft[30] wie der Koala herausfindet.

Mein pelziger Freund entdeckt aber auch beispielgebende Errungenschaften, wie die vom 10.12.1948 stammende „Allgemeine Erklärung der Menschenrechte"[31].

Laut *Artikel 2* gilt die Erklärung für alle Menschen ungeachtet ihrer Rasse, ihres Geschlechts oder ihrer Nationalität, weil – so

---

[28] Seit 1990 Chiquita Brands International
[29] Spanien hätte zum Beispiel um eine halbe Klasse abgestuft werden müssen, verlor aber tatsächlich drei Klassen. Ähnliche Beispiele finden sich für Portugal, Irland und Griechenland.
[30] Insbesondere die Erhöhung des Zinssatzes für Staatsverschuldungen
[31] Sie ist von den meisten Staaten ratifiziert worden. Einige Bestimmungen daraus sind inzwischen bindendes Völkergewohnheitsrecht und teilweise sogar zwingendes Völkerrecht: „ius cogens"

Artikel 1 – alle Menschen frei und an Würde und Rechten gleich geboren sind.

Nach *Artikel 28* hat jede und jeder Anspruch auf eine gesellschaftliche und internationale Ordnung, in der diese Menschenrechte verwirklicht werden können.

Artikel 12 besagt: „Niemand darf willkürlich Eingriffen in sein Privatleben, seine Familie, seine Wohnung und seinen Schriftverkehr oder Beeinträchtigungen seiner Ehre und seines Rufes ausgesetzt werden."

„Wow", denkt sich der Koala. „Aber", überlegt er weiter, „warum sieht dann diese Welt so aus, wie sie sich zeigt?" „Hm", setzt er in Gedanken dazu.

Bald findet er traurige Antworten. Die Technologie macht es möglich, all das auszuhebeln. „Die Fortschreitung der Verletzung der Privatsphäre steuert direkt auf eine lückenlose soziale Kontrolle und kommerzielle Verfügbarkeit aller Individuen zu", liest er auf der Homepage von Big Brother Award. Jedes Jahr werden Personen oder Organisationen vorgeschlagen, die einen besonderen Beitrag zur Abschaffung der Privatsphäre geleistet haben. Eine unabhängige Jury erkannte zum Beispiel 2011 dem Unternehmen Facebook den „Big Brother Award" zu für übelste Datenschutzverletzungen.

Stolz sind die Geheimdienste darauf, inzwischen flächendeckend E-Mails in vielen Ländern lesen zu können. Das bedeutet natürlich auch, dass bestimmte Propaganda zugelassen wird und unbequeme Wahrheiten unterdrückt werden können. Das prosperierende China konnte sich zum Beispiel gegenüber dem Global Player Google durchsetzen: Google durfte in China nur online gehen, wenn Webseiten zu oder über Tibet gesperrt würden. Zwei Starke einigten sich zu Lasten Dritter! Der Koala schüttelt sich. „Was führen die Menschen da bloß auf?", erkennt er traurig. „Genug", denkt er sich. „Ich suche mir eine andere Abteilung."

Er schreitet einige Regale ab und findet sich plötzlich inmitten von interessanten Büchern zum Thema Gehirnforschung. Neurobiologie nennen das die Menschen. So findet er vieles zum Thema Glaubenssätze, von denen er in Wien erstmals gehört hat. In der Bibliothek kann er dazu sein Wissen erweitern. Sie entstehen dadurch, dass zwei Gegebenheiten aufeinandertreffen und das Gehirn diese miteinander verbindet. Ein gutes Beispiel dafür ist „Herdplatte und heiß". Kinder lernen durch eigene schmerzliche Erfahrung oder durch Vorbilder. Hinterfragen ist nicht mehr nötig.

Menschen, Koalas und andere Tiere lernen dadurch sehr schnell. Leider bleiben im Gehirn aber nicht nur Lerninhalte hängen, sondern auch solche Glaubenssaätze, die die Weiterentwicklung blockieren. Der Koala findet dazu auch einige Beispiele: „Ich bin nur etwas wert, wenn ich brav mache, was mir gesagt wird", „Autoritäten wollen mir immer Gutes tun", „ich bin nichts wert, weil ich …" Sie sind genauso tief verankert wie die „heiße Herdplatte". Er liest weiter. Das Gehirn macht keinen Unterschied, ob Glaubenssätze hilfreich sind oder nicht. Es speichert Erfahrungen, Beobachtungen und Handlungen von Vorbildern. Brauchbares wie weniger Brauchbares. Spätere Situationen werden mit diesen Erfahrungen abgeglichen.

Darauf beruht zum Beispiel, weshalb mächtige, starke Elefanten an Baumstämmen angebunden, stehen bleiben, obwohl sie die Ketten leicht mit ihrer Kraft sprengen könnten. Der Glaubenssatz, dass sie nicht davonlaufen können, hat sich als Babyelefant entwickelt. Noch so klein, hatten sie nicht die Kraft die Ketten zu zerreißen. Ihre Mühen haben sie letztlich aufgegeben. Geblieben ist der Glaubenssatz.

Exakt das gleiche System steuert Menschen zu Erfolg, Zufriedenheit, Glück oder Leid. „Wow", denkt sich der Koala. „Dann sorgen also diejenigen, die davon profitieren und viel Einfluss haben dafür, dass bestimmte längst überholte, wissenschaftliche Erkenntnisse zu Dogmen werden. Diese werden dann nicht mehr hinterfragt und mutieren zu Glaubenssätzen der einzelnen Individuen. ‚Survival of the fittest', ‚natürliche Auslese', die Angst nicht gut genug zu sein. Bilder über Macht, Geld, Autoritäten, Beziehungen, Job werden verinnerlicht. Den meisten Menschen ist gar nicht bewusst, welche Bürde sie da mit sich tragen." Der Koala schaut sich um. „Sollten hier nicht viel mehr Menschen sitzen und über solche Erkenntnisse lesen?", denkt er.

Menschen geben von Generation zu Generation Wissen weiter, das nach der jeweiligen subjektiven Einschätzung brauchbar ist, um gut zu (über-) leben. Nachkommen übernehmen damit bewusst und unbewusst Verhaltensweisen der Generationen davor. Nun ändern sich aber die äußeren Umstände von Generation zu Generation sowie auch innerhalb eines Lebens. Viele der in den Zellen gespeicherten „Weisheiten" sind damit jetzt nicht mehr so brauchbar, wie in vorangegangenen Zeiten. Zum Beispiel war es in bestimmten Zeiten vielleicht sehr wichtig, seine Meinung nicht öffentlich zu äußern, sonst hieß es „Rübe ab". In einer anderen Epoche kann das Schweigen zu Nachteilen führen. Das Unterbewusstsein greift unreflektiert auf diese (oft versehentlich) übernommenen „Wahrheiten".

Ich tippe gerade fleißig an Koalas letzten Walkabout-Erlebnissen, da sitzt er plötzlich wieder auf meiner Couch. „Na, wie war's in der National-Bibliothek?", frage ich ihn neugierig.

„Super", antwortet er. „Wahnsinn, was man da alles findet. Aber ich wollte kurz zu Dir, um Dich etwas zu fragen."

„Was denn?", wundere ich mich.

„Du hast erzählt, dass in Deinen Walkabout-Coachings Kunden oft Blockaden auflösen, die sie von Vorfahren übernommen hatten. Glaubenssätze, die zum Beispiel für ihre Großeltern in ihrer Zeit hilfreich waren, hindern sie selbst im 21. Jahrhundert am Weiterkommen."

Ich nicke. „Genau."

„Es macht mich traurig", erzählt der Koala, „dass viele dieser Prägungen kulturbestimmend sind, sei es in Europa, in Pionierländern oder auch zum Beispiel in Staaten, deren Bevölkerung über Jahrhunderte geknebelt wurde."

„Ja, das stimmt. Ein ganz einfaches Beispiel ist, dass man in Österreich immer den Teller leer essen muss. Das kommt aus der Zeit als die Menschen hier zu wenig zum Essen gehabt haben."

„Weißt Du, was mir so durch den Kopf geht?" Ich schaue den Koala erwartungsvoll an, als er weiterspricht. „Was haben die Menschen alles aus ihrem Umfeld übernommen, das sie klein hält? So können sie leichter gesteuert werden. Damit haben es andere leichter, sich über sie zu stellen, also Macht über sie auszuüben, oder?"

Ich überlege. „Da ist etwas Wahres dran. In verschiedenen Ländern lassen sich Menschen Verschiedenes gefallen, je nach

Mentalität. Aber hier in Europa haben wir Demokratien und Verfassungen, da kann uns nicht so leicht etwas passieren."

„Ach ja, Du hast ja Juristerei studiert", erinnert sich nun der Koala.

„Ja, unsere Verfassung schützt uns vor Ungleichbehandlung und vor Übergriffen des Staates. Wir sind also hier sicher in unserem Land in einem stabilen Rechtsstaat. Ich kann mir nicht vorstellen, wie man uns das wegnehmen sollte. Wir können unseren Lebensunterhalt verdienen, Ausbildungen machen, zusammensein wann und mit wem wir wollen."

„Und Eure Politiker und Wirtschaftsbosse nutzen diese Glaubenssätze, die so viele Menschen klein halten, nicht aus?"

„Doch, Korruption gibt es leider schon. Manchmal werden jene, die sich illegalerweise Vorteile verschaffen, auch erwischt. Aber zumeist passiert nicht mehr als, dass ein Untersuchungsausschuss gebildet wird, der in politischem Hickhack und letztendlich im Nebel endet. Um den Schaden zu kitten, wird Steuergeld verwendet. Das ist leider Realität. Manchmal landen gerechterweise sogar Leute im Gefängnis, aber das kommt sehr selten vor. Persönliche Verantwortung wird in der Politik leider nicht großgeschrieben. Wir sind hier in Europa trotzdem noch besser dran als in manch anderen Teilen der Welt. Wie gesagt: Wir haben unsere Freiheit, zu tun, wovon wir überzeugt sind."

Der Koala nickt. Irgendetwas beschäftigt ihn noch zu dem Thema. Aber ich bin als Juristin zu stolz auf unsere Verfassung und dem, was wir aus der Geschichte gelernt haben. Also sage ich nichts mehr.

Der Koala spricht aber jetzt ohnehin wieder von Darwin. „Sein Bild ‚Das Leben ist ein Kampf und nur der Stärkste beziehungsweise Angepassteste überlebt' wurde also genauso über Generationen zu einer Prägung, die in den Zellen der meisten Menschen als Wahrheit abgespeichert ist. Und das, obwohl die Neurobiologie klar macht, dass dieses Bild nicht stimmt."

„Das funktioniert genauso wie bei jedem anderen Glaubenssatz oder bei Familienmustern", gebe ich ihm Recht.

Er fährt fort: „Das heißt, selbst wenn der Kopf sagt: ‚Ach, interessant, schön, dass das nicht so stimmt.', ist dieses Konstrukt in den Zellen und im Unterbewusstsein immer noch in Form von Glaubenssätzen abgespeichert."

Ich nicke und er spricht weiter. „Ich habe ein Buch gefunden von einem Wissenschaftler namens Joachim Bauer, das ‚Das Gedächtnis des Körpers' heißt. Darin wird die wissenschaftliche Grundlage dieses Vorgangs anhand einiger Fälle beschrieben. So auch, weshalb Wesen in einer bestimmten Art auf etwas reagieren. Erlebtes wird in Nervenzellen gespeichert, die wiederum durch Nervenzellnetzwerke verbunden sind. Das Wahrgenommene wird mit bereits gespeicherten Informationen und Erfahrungen abgeglichen. Damit geschieht ein unbewusstes Andocken an das Wiedererkannte. Und damit auch an die Glaubenssätze."

„Wow, ich bin beeindruckt, Koala. Was Du so alles herausgefunden hast!"

„Da gibt es noch mehr", spricht er voll Stolz über mein Lob weiter: „Das Wichtigste für Menschen ist es, gelingende Beziehungen zu haben. Stecken sie in der ‚Darwin-Falle', suchen sie die gelingenden Beziehungen fälschlicherweise im ‚Dschungel-Spiel'."

„Was ist denn die Darwin-Falle?"

„Habe ich mir ausgedacht", strahlt der Koala. „Das ist, wenn Menschen glauben, dass sie so ticken müssen, wenn sie als normal gelten wollen. Beispielsweise Handlungen setzen, mit denen sie Anderen schaden und dafür Anerkennung vom Chef bekommen. Damit handelt ein Individuum gegen die eigene Natur. Aber das wissen die meisten Menschen nicht. Damit beginnt eine Abwärtsspirale für ihr Wohlbefinden und ihre Gesundheit."

„Und", setzt der Koala seinen Gedanken fort, „ich habe gelesen, es gibt richtige Machtvampire, die sich vermeintlich als Sieger fühlen, anderen Menschen oder Mutter Erde Energie zu rauben. Dabei machen sie sich selbst auch nicht glücklich."

Ich muss das erst sickern lassen. Und nicke dann. „Ja, das mit den Machtvampiren kenne ich. Unter denen leiden viele Menschen. Ich bin auch davon überzeugt, dass diese Menschen nicht glücklich sind. Aber ich denke, es ist für sie eine Art Kick." Der Koala sieht mich fragend an. „Naja, etwas, wovon ich immer mehr brauche, damit ich so etwas wie Befriedigung spüre", setze ich daher hinzu.

„So etwas wie ein Süchtiger? Warum schauen sie stattdessen nicht darauf, was sie wirklich glücklich macht?", fragt er interessiert.

Ich seufze und antworte: „Darwin-Falle ist ein guter Ausdruck. Es stimmt schon, die Leute stecken dann in einer Art Falle und machen bei Dingen mit, die ihnen nicht guttun. Weder den Tätern noch den Opfern."

Der Koala setzt seinen „Ich resümiere"-Gesichtsausdruck auf. „Ihr habt auf dieser Welt Psychopathen und die können die Menschen zu einem Handeln bringen, das ihnen selbst nutzt und den Leuten schadet, weil sie deren Glaubenssätze bedienen. ‚Survival of the fittest' und ‚natürliche Auslese' braucht es gar nicht real in der Natur zu geben. Es muss nur in den Köpfen der Menschen existieren, um das Gefühl des Versagens bei Nichtentsprechen zu erzeugen. So kann die Angst zu versagen, nicht zu entsprechen oder nicht dazuzugehören getriggert werden." Der Koala setzt sich hin. Er versteht nun immer mehr die verkehrte Welt, in der wir leben. „Das ist die Darwin-Falle."

„Ja stimmt", überlege ich. „Es geht nicht um Realität, sondern nur darum, was sich im Kopf abspielt. Mir fällt dazu ein Partyspiel ein, bei dem man ein vermeintlich rohes Ei auf einem Löffel herumtragen muss. In Wirklichkeit nimmt man dafür ein gekochtes Ei. Es wäre also gar nicht tragisch, wenn es herunterfiele, aber der Nervenkitzel ergibt sich aus dem Glauben, es handle sich um ein rohes Ei."

„Verstehe", sagt der Koala, „es geht um Angst." Ich nicke. „Und um das, was sich im Kopf abspielt." Ich nicke nochmals.

„Kennst Du das Märchen ‚Des Kaisers neue Kleider'?"

„Ja, Koala, das kenne ich."

„Das funktioniert auch nur so lange das Volk mitmacht und sich nicht getraut etwas zu sagen, um nicht als dumm dazustehen. Obwohl jeder sieht, dass der Kaiser nichts anhat." Ich nicke wieder. „Das heißt, Machthaber manipulieren Menschen zu ihrem Vorteil. Und jene Milliarden Menschen, die das System mit ihren Glaubenssätzen erhalten, sind die Machtgeber. Zumeist versehentlich. Dadurch halten sie das System am Laufen, obwohl sie darunter leiden."

Darüber muss ich jetzt nachdenken. Der Koala verblüfft mich immer wieder mit seiner Klarheit. Aber ich finde nichts Unlogisches an dem, was er sagt. Im Gegenteil. Genauso läuft es, fällt es nun auch mir auf.

Der Koala erzählt mir nun auch all das, was er Erschreckendes in der Bibliothek gefunden hat, aber auch von Asterix und Obelix. Die Comics kenne ich, da brauche ich mir keine Notizen zu machen. Zu allem anderen schon, wie zum Beispiel zur Geschichte aus Guatemala oder den Ratingagenturen.

Während ich alles schnell hinkritzle, ruft aber schon der Koala: „Ich bin dann wieder weg. Ich muss noch einmal in die Bibliothek." Und fort ist er.

Der Koala sucht nun nach passenden Büchern zu seinen Gedanken über Propaganda oder wie etwa Märkte manipuliert werden, damit jemand mehr Geld scheffeln kann. Die Zahl der Betrügereien in der Medizin schienen endlos zu sein, entdeckt der Koala. Immer wieder plaudern in Büchern ehemalige Manager aus, wie Krankheiten erfunden oder Normwerte verändert werden, damit mehr Menschen als krank gelten und so zu Kunden der Pharmaindustrie werden.[32] Damit wird ein System gefördert, das den Menschen gar nicht unterstützt, in vielen Fällen sogar krank macht. Im Gegenzug wollte man vieles, was Mensch und Tier von der Natur mitgegeben wurde, totschweigen, wie zum Beispiel die vielzähligen Aufgaben und Vorteile eines gut funktionierenden Immunsystems. Der Koala ist erschüttert. Er steht vor einem riesigen Regal mit Büchern, die über medizinische Manipulationen berichten.

Er findet solche Machenschaften auch in anderen Bereichen. Aber die Medizin hat besondere Möglichkeiten, mit dem Thema Angst zu spielen. Wer wollte schon krank sein? Außerdem hat es wohl in den Köpfen der meisten Menschen keinen Platz, dass Profitgier zumeist an oberster Stelle der Pharmaindustrie steht und nicht die Gesundheit der Menschen. Dieses Machtspiel samt Beweisen kann man detailliert nachlesen. Weshalb tat kaum jemand etwas dagegen? Da waren sie wohl wieder: die

---

[32] Obwohl es keine nachweislichen Auswirkungen auf die Gesundheit gibt, es sogar oft Nachweise gibt, dass der neu geschaffene Wert für gesunde Menschen ganz normal ist.

Glaubenssätze der vielen Menschen, die dadurch zu Machtgebern wurden. Oftmals wollte man es wohl einfach nicht wahrhaben. Das macht den Koala traurig.

Freier, ungebremster Handel, den eigenen Vorteil über das Wohlergehen anderer stellen, sich auf so genannte darwinistische Prinzipien berufen – das waren die Wünsche der zumeist ohnehin schon Reichen. Darüber fand er viele Bücher, was ihn noch trauriger macht. „Welch durch und durch dunkles System!", denkt sich der Koala. „Alles baut auf Angst auf. Der Große frisst die Kleinen und der Schnelle die Langsamen, man muss Karriere machen auf Kosten anderer und seiner eigenen wahren Bedürfnisse."

Als der Koala zurückkommt, wirkt er sehr bedrückt. Ich überlege gerade, wie ich ihn ermutigen kann, sich seinen Kummer von der Seele zu reden. Da fängt er selbst damit an.

„Worum es bei den meisten Menschen seltsamerweise nicht geht, ist die Frage, was sie glücklich macht", sagt er traurig. „Menschen sollten doch das eigene Potenzial in sich spüren und diesem nachgehen und sich für jene Dinge entscheiden, die alle Beteiligten glücklich machen. Einfach weil das Leben auf diese Weise viel interessanter ist und mehr Spaß macht. Also das Erbauliche statt das Geld anstreben. Und genau deswegen Erfolg haben."

Der Koala findet es auch seltsam, was Erfolg für so viele Menschen ist: „Es wird als das gesehen, was die Reichen und Mächtigen vorgeben, anstatt nachzuspüren, was sich als echter Lebens-Erfolg für jeden individuell darstellt. Viele Menschen haben dabei die Verbindung zu sich, zu Mutter Erde und dem, was sie durch das Leben führt, verloren. Die Angst regiert."

„Ja, die Angst findet man überall in unserer Gesellschaft. Die Angst, das neueste Sonderangebot zu verpassen genauso wie nicht dazuzugehören. Die Verbindung zu sich selbst zu spüren, wird in die Weichei- oder Esoterik-Ecke gepackt", stimme ich ihm zu.

„Damit wird aber die eigene Kraft, die jedem Wesen auf Mutter Erde innewohnt, mit Füßen getreten, sowohl von den Machthabern als auch von jenen Milliarden, die ihnen die Macht geben. Wie praktisch für einige Wenige", sagt der Koala traurig. „Und, weißt Du, was ich noch gefunden habe? Bücher über Propaganda, reihenweise. Und die schreiben alle von der Wunderwaffe Angst. ‚Nur", überlegt er weiter, „meine Intuition sagt mir doch, wann wirklich Gefahr droht und wann Angst nur benutzt wird, egal, ob Koala oder Mensch." Gedankenverloren löscht heute er das Licht und trollt sich auf seinen Schlafplatz. Mich lässt er in der Dunkelheit allein mit meinen Gedanken zurück.

Der Koala und ein verkehrtes System

Am nächsten Morgen kommt der Koala spät zum Frühstück. „Weißt Du, ich habe noch sehr lange nachgedacht, was ich in der Bibliothek herausgefunden habe."

Da ich ihn nicht gut verstanden habe, drehe ich mich zu ihm um und sehe ihn gedankenversunken an einem Eukalyptusast kauen. „Ich auch", antworte ich ihm.

Plötzlich springt er auf und läuft zu mir. „Schreibst Du gerade auf, was ich bei meinem Bibliotheks-Walkabout erlebt habe?" fragt er.

„Ja, genau, es ist sehr spannend, unsere Welt aus Deiner Außenperspektive zu sehen."

Der Koala weiß zwar nicht genau, was eine Außenperspektive ist, aber es klingt irgendwie gescheit, findet er. Und so beschließt er, seine ganz frischen Gedanken mit mir zu teilen. „Vielleicht willst Du sie dann auch gleich aufschreiben", meint er.

Er beginnt dabei mit einer Frage: „Sag, kannst Du mir noch Beispiele zu Glaubenssätzen erzählen?"

Ich überlege. „Ich erzähle Dir die Geschichte einer ehemaligen Kundin. Elisabeth heißt sie. Sie war ein Frühchen, also ein Baby, das zu früh geboren worden war und einige Wochen im Brutkasten verbracht hat." Ich zeige dem Koala Bilder und er erschrickt.

„Da drin sieht es nicht lustig aus", sagt der Koala.

„Ja, sie bekam wenig Zuneigung. Immer nur, wenn sie ‚funktionierte', es ihr also besser ging. Dann bekam sie ein Lächeln von der Außenwelt. Denn damit erfüllte sie die Hoffnungen ihrer Umgebung. Das hat sich bei ihr eingeprägt und wurde in ihren ersten zwei Lebensjahren noch verstärkt. Denn es war lange nicht klar, ob sie stark genug war zu überleben. Wenn sie angelächelt wurde, hieß das, es war alles okay. Dann waren ihre Eltern entspannt."

Der Koala hakt ein: „In der Bibliothek habe ich von Experimenten gelesen, die beweisen, dass auch bereits das, was im Mutterleib passiert, in den Zellen abgespeichert wird."

„Wow", ich bin vom Koala mal wieder so richtig beeindruckt. Was er so alles auf seinem Walkabout entdeckt, ist echt großartig.

„Also im Walkabout-Coaching habe ich mit Elisabeth folgendermaßen gearbeitet: Wir haben ihre destruktiven Glaubenssätze bereinigt. Dann hat sie sich von ihren übernommenen Verhaltensmustern von Mutter und Vater getrennt. Es ging ihr dann schon etwas besser. Sie konnte nun Grenzen ziehen. Doch das eigentliche Problem, dass sie Schmerzen ohne Ursache hatte und Ärzte sich nur über sie lustig machten, blieb bestehen. Wir haben dann herausgefunden, dass die Situation den Ursprung bei ihrer eigenen Frühgeburt hatte. Elisabeth hatte ab ihrer Geburt gelernt, es wäre das Wichtigste für sie, zu funktionieren. Dann freuten sich alle und waren erleichtert. Der Glaubenssatz ‚nur mit Leistung ist man wertvoll', den sie von ihren Eltern noch dazu mitbekam, verschlimmerte ihre Ausgangslage. So funktionierte sie eben, und funktionierte und funktionierte und funktionierte. Bis sie zusammenbrach und ihr niemand helfen konnte."

„Konntest Du ihr helfen?"

„Ja, wir haben nämlich Folgendes herausgefunden: Sie bekam Schmerzen, wenn sie nur funktionierte, anstatt glücklich zu sein. Ihr Körper hat sich gewehrt gegen das viele „nur funktionieren."

„Aber wo war dann das Problem?", fragt der Koala entgeistert. „Ihre Mühsam-Glaubenssätze hat sie aufgelöst. Sie spürte jetzt durch ihre Intuition, was ihr guttut. Somit hatte sie nie mehr Schmerzen."

„Ja, wie erkläre ich das nun dem Koala? Genau da saß natürlich der Hase im Pfeffer in unserer Gesellschaft", ging es mir durch den Kopf. „Für sich selbst hat sie das Problem gelöst. Aber ihre Umgebung wollte immer noch, dass sie funktioniert. In der Arbeit, in ihrer Beziehung und in der Gesellschaft blieb die Erwartung, egal ob sie dabei glücklich war oder nicht. Ein Kind würde zu Recht den Kopf schütteln. Aber die Erwachsenen haben dieses System an Glaubensmustern so gut in sich verinnerlicht, dass Leiden für viele der Normalfall ist."

Der Koala überlegt einen Moment und antwortet dann: „Das heißt: Glücklichsein ist zur Ausnahme geworden. Und zwar weil Ihr in einer Welt lebt, wie sie für die Spezies Mensch naturwissenschaftlich gar nicht passend ist. Der Preis, den jeder dafür bezahlt, um in diesem System zu entsprechen und dazuzugehören, ist hoch. Er verlangt ein Verleugnen der natürlichen Bedürfnisse und der eigenen Potenziale."

Ich nicke und er fährt fort: „Du hast auch Bücher gelesen über Neuro- und Zellbiologie?"

„Ja, Koala, das habe ich."

„Das heißt", resümiert Koala, „die Idee des ‚struggle of life' und die dazu gehörigen Glaubenssätze werden von Generation zu Generation weitergegeben. Unterstützt wird das von jenen Menschen, die daraus einen Vorteil für sich generieren."

„Ja, mein lieber australischer Freund. Du hast den Nagel wohl auf den Kopf getroffen", sage ich traurig. Aber der Koala hat noch viel mehr darauf zu sagen und beginnt zu analysieren. Er ist eben ein superschlaues Kerlchen.

„Die meisten Menschen glauben daher, dass das alles ganz normal ist, was hier läuft. Statt zu hinterfragen, versuchen sie, so gut es geht, in diesem System zurechtzukommen. Auch, wenn es gar nicht ihrer Natur entspricht. Wenn sie es nicht schaffen, darin erfolgreich zu sein, dann haben sie eben laut Euren Regeln versagt."

„Exakt", antworte ich.

„Ich habe auch einen Kindergarten und eine Schule besucht."

„Davon hast Du mir ja gar nichts erzählt", wundere ich mich.

„Habe ich Dir, glaube ich, vergessen zu erzählen. Wahrscheinlich, weil ich nach diesen vielen Kinderhänden etwas Ruhe gebraucht habe. Jedenfalls im Kindergarten habe ich gehört, wie eine Kindergärtnerin einem Mädchen sagte, sie solle doch ein Prinzessinnen T-Shirt tragen. Es passe doch gar nicht, wenn auf ihrem Shirt ‚Bob, der Baumeister' lächle. Aber der Kleinen gefiel ihr T-Shirt und sie wurde dann ganz traurig. Da fängt es an, das Entsprechen, oder?"

„Ja, Koala", bestätige ich resigniert.

„Und in der Schule sprechen sie alle von Fehlern. Da mögen die Kinder noch so gut schreiben, singen, zeichnen oder rechnen können. Sie werden selten für das Richtige gelobt. Viel öfters habe ich gehört, was die Kinder falsch machen. Es geht die ganze Zeit ums Versagen. Vermeiden zu versagen, vertuschen zu versagen, Frustration wegen Versagen. Für die meisten Lehrer ist die

Rollenverteilung klar: Sie sind die Gescheiten und die Kinder sind die Doofis. Hast Du die Schule gemocht?", fragt er mich unvermittelt.

„Nein", muss ich zugeben. „Ich habe den Lehrern zu viele Fragen gestellt. Das mögen die meisten nicht. Dann habe ich mich auch noch für Gerechtigkeit eingesetzt. Das mochten sie schon gar nicht. Mit anderen Worten: Ich habe nicht so funktioniert, wie sie wollten. Das, womit ich heute mein Geld verdiene, nämlich zu hinterfragen und klar zu erkennen was läuft, war in der Schule eine echte Bürde für mich. Nur ein paar Lehrer im Gymnasium haben das geschätzt. Darüber war ich schon glücklich."

„Ihr könntet mit Versagen auch ganz anders umgehen und Euch mit einem verständnisvollen Lächeln begegnen. Vielleicht passt ja der Weg, den Ihr gerade geht, nicht. Es könnte ja sein, dass Ihr durch dieses ‚Versagen' einen verhassten Job verliert, den Ihr aus Angst nicht gekündigt habt. Das könnte jemanden schlussendlich glücklich machen, nicht wahr?"

Ich nicke. „Aber bei uns wird meistens Versagen mit dem Gefühl ‚nicht gut genug zu sein' verbunden, sodass das Selbstwertgefühl schrumpft."

„Ist das nicht praktisch für alle, die Euch klein haben wollen?"

„Ja sehr praktisch, Koala. Viele geben es dann auf, ihre echten Bedürfnisse und Wünsche zu verfolgen. Dann regiert nur mehr die Angst, nicht zu entsprechen."

„Ich habe in der Bibliothek gelesen, dass Angst alles lähmt, das eigene Denken, die Intuition, ja sogar Vorgänge im Körper", bringt der Koala ein. Ich nicke, aber da spricht er schon weiter: „Selbst Du nennst es immer noch Versagen, ein Versagen laut Eurer verkehrten Regeln. Ihr könntet ja auch sagen ‚Da bin ich falsch abgebogen und was habe ich daraus gelernt?' Die Aborigines sprechen vom Geschenk des Versagens. Oder etwas war gar kein Fehler, sondern etwas, das Eurer Natur entspricht und nur der Definition von Erfolg in Eurer verkehrten Welt widerspricht."

Ich nicke.

„Wäre es nicht besser, Menschen lernten aus Schmerzen anstatt zu glauben, es sei naturgegeben, Schmerzen zu ertragen?" Mit falschem Abbiegen kann man auch anders umgehen. Zum Beispiel, korrigieren und zurück auf Start gehen anstatt unter einer falschen Entscheidung zu leiden oder sich schuldig zu fühlen", unterbricht der Koala meine traurigen Gedanken. „Es kann doch nicht sein, dass ein Teil der Menschheit den anderen klein hält. Warum akzeptiert Ihr Geld und Macht als höchste Gottheiten und Gier als etwas Normales? Ich sage Dir weshalb: Weil Ihr diese ganze verkehrte Welt für normal haltet!" Der Koala schaut mich an als würde er Widerspruch erwarten.

Aber den bekommt er nicht. Nicht von mir. „Du hast völlig Recht. Aber, dass alle Menschen dieses verdrehte Denken als normal annehmen, glaube ich nicht. Es gibt immer mehr Menschen, die sich gegen dieses System wehren."

„ ... dem Ihr selbst die Macht gebt, indem unzählige Menschen in der Darwin-Falle hängen." Jetzt ist der Koala in Fahrt.

Und mir bleibt nichts anderes übrig, als einfach zu nicken. „Ja, genauso ist es wohl", geht es mir durch den Kopf. Ich versuche es nochmals mit etwas Verteidigung: „Ich zum Beispiel helfe Menschen, ihr eigenes Potenzial zu leben und sich mit dem System zu arrangieren oder sogar Wege hinaus zu finden. Ich selbst lebe auch nicht mehr ganz in diesem System. Ich habe es nie geschafft, zu entsprechen. In der Schule habe ich zu viel gefragt, in den Jobs zu viel hinterfragt. Heute bin ich dort, wo ich mit meinen Fähigkeiten hingehöre."

„Das heißt, auch Du hast probiert, dem System zu entsprechen?"

Erschrocken schaue ich den Koala an. Meine Gedanken überschlagen sich. „Ertappt! Er hat Recht, auch ich habe versucht, mich zu verbiegen, es ist mir nur nicht gelungen. Nie. Erst durch das Aufgeben, habe ich meinen Platz gefunden. Gar nicht auszudenken, wenn ich es geschafft hätte, mich anzupassen!" Der Koala nickt mir zu. „Ob er Telepathie beherrscht?", denke ich.

Er bohrt glücklicherweise nicht in meinen Wunden und sagt stattdessen: „Vielleicht war es Dir wichtiger, Du selbst zu bleiben als anderen."

Ich lächle ihm dankbar zu. „Damit kannst Du Recht haben." Dennoch bin froh, dass der Koala jetzt das Thema wechselt.

„Es ist also ein durchgehendes System", resümiert er. „Von Klein auf müssen Menschen dem entsprechen, was andere ihnen vorgeben. Das ist bei uns nicht anders. Der Unterschied ist nur, wir

Tiere lernen, was unserer Natur entspricht. Ihr nehmt auch das an, was andere Euch als naturgegeben einreden, nur, dass es nicht stimmt. Zuerst lernt Ihr Versagen zu vermeiden. Dafür müsst Ihr das tun, was vorgegeben ist. Dann verliert Ihr den Spaß am Lernen, indem Ihr Euch die meiste Zeit mit Euren Fehlern beschäftigen müsst. Angst nicht zu entsprechen, Angst nicht dazuzugehören, Angst eine schlechte Arbeit abzuliefern, Angst etwas Falsches zu sagen, Angst nicht cool zu sein, Angst ein Looser zu sein. Aber es ist immer die Maßgabe des vorgegebenen Systems, das darüber bestimmt, was Erfolg und was Versagen ist. Und was daher Angst auslöst. So läuft es doch in Eurem Schulsystem. Ich habe auch viele Bücher gefunden, wie Kinder gut lernen können. Aber es scheint, all das, was die Wissenschaft herausfindet, wird kaum angewendet, höchstens in vom System großzügig geduldeten Schulversuchen. Später im Job schlägt dann das Konstrukt an Glaubenssätzen wieder zu, wenn es darum geht, wer welchen Job hat oder als besonders erfolgreich gilt. Das ist ein schlüssiges System."

„Das hast Du schön zusammengefasst. Ja, es ist ein schlüssiges System. Von der Wiege bis zur Bahre, wie man so schön sagt."

„Weißt Du, wir haben doch von diesen Hochglanzmagazinen gesprochen." Ich nicke. „Ich habe sogenannte Erfolgsmenschen darauf gesehen, denen man die Bosheit im Gesicht ansieht und die nicht den Eindruck machen, glücklich zu sein."

Der Koala hat unsere verkehrte Welt gut analysiert, man kann fast sagen, entlarvt. Naja, ehrlicherweise, nicht nur fast. Aber er ist noch nicht fertig, wie ich sehe.

„Dazu passen auch die Betrügereien der Pharmabranche, selbst wenn sie immer wieder zu Milliardenstrafen[33] verurteilt werden.

---

[33] Beispiele: *Pfizer (2009):* 2,3 Mrd. US-Doller Strafe wegen irreführender Vermarktung von Medikamenten. Im Zuge des Verfahrens wurde auch die Bestechung von Ärzten und Entscheidungsträgern im Gesundheitswesen zugegeben. *GlaxoSmithKline (2012):* 3,2 Mrd. US-Dollar wegen irreführender Vermarktung von Medikamenten.
Eli Lilly (2014): 1,4 Mrd. US-Dollar wegen Vermarktung von Medikamenten für andere Krankheiten als zugelassen.
Takeda und Eli Lilly (2014): 9 Mrd. US-Dollar Strafe, weil sie verschwiegen haben, dass ein bestimmtes Medikament krebserregend ist.

Oder Facebook, das Psychologie mit Marketing-Daten verknüpft, Google, das Suchverhalten für direkte Werbung auswertet. Über Amazon heißt es, das Such- und Einkaufsverhalten wird so gut ausgewertet, dass das Unternehmen vor den Frauen von ihrer Schwangerschaft weiß. Das passt alles in Euer Wirtschaftssystem. Und wie geht Ihr damit um?", fragt der Koala rhetorisch. „Kurzer Aufschrei, dann geht es genauso weiter wie vorher. Nichts wird hinterfragt. Das System gilt als naturgegeben für die meisten Menschen und so akzeptieren sie viele dunkle Machenschaften. ‚So ist halt die Welt', glauben ganz viele."

Der Koala scheint jetzt erst richtig loszulegen: „Aber so ist die Welt gar nicht. Warum zählt bei Euch Intuition so wenig, obwohl sie jedes Wesen, auch den Menschen, durchs Leben trägt? 8000 Bits pro Sekunde nehmen Menschen bewusst wahr, unbewusst 400 Milliarden Bits. Das habe ich in einem Deiner Bücher gelesen. Warum gehen Individuen dann durchs Leben und halten sich nur an das, was sie bewusst wahrnehmen? Versuchen sie alles zu kontrollieren, alles zu planen und versäumen damit das wirkliche Leben mit all seinen Möglichkeiten? Ihr habt da ein künstliches Weltbild aufgebaut, das völlig entgegengesetzt dem Eurer Natur ist und nicht den Grundsätzen von Mutter Erde entspricht. Euer Wesen schreit nach gelingenden Beziehungen, Kooperation und danach Eurer Intuition zu folgen. Es geht darum, was Ihr wirklich seid, als einzelne Menschen. Dadurch könnt Ihr lernen, Euch einen guten Platz auf Mutter Erde zu schaffen. Aber stattdessen bewegt Ihr Euch immerzu in diesem seltsamen System."

„Das stimmt leider. Aber es gibt auch schöne Dinge hier," entgegne ich. „Damit kann man sich gut ablenken. Oder auch Energie tanken, durch die Natur oder Menschen, die einem guttun. Dann kann man wieder leichter zurechtkommen in dieser Welt. Viele Menschen leben für die Wochenenden und die Urlaubszeit. Da sind sie im besten Fall sogar sie selbst."

Der Koala schaut mich mit diesem intensiven Blick an, den ich schon an ihm kenne. „Wie würde die Welt aussehen, wenn Ihr Menschen in Liebe verbunden wäret und nicht in der Höher-schneller-weiter-Konkurrenz? Wenn Ihr gemeinsam etwas erreicht, anstatt zu glauben, man müsse dem anderen schaden um einen Vorteil zu haben? Wenn Ihr Eurer Intuition folgen und spüren würdet, wem Ihr vertrauen könnt und wem Ihr Grenzen setzen müsst? Heißt es nicht, dass der Mensch die Krönung der Schöpfung sei? Warum verhaltet Ihr Euch dann wie Krokodile oder Goldfische? Euer System macht Euch zu kleinen Rädchen, die für dieses System passend gemacht werden. Das ist nicht mehr Menschsein. Wie würde eine Welt aussehen, in der jeder von Euch einen Platz hat? Ich habe in einem Buch den Satz gelesen: Gottes Tiergarten ist groß. Ich kann verstehen, es gibt Menschen, die nur auf ihren eigenen Vorteil schauen. Aber warum machen die anderen mit? Dabei habe ich auch in Büchern gelesen, man muss nur der Spur des Geldes folgen, um zu merken, wem eine bestimmte Sache nützt. Cui bono?[34], heißt das auf Latein," freut sich der Koala über sein neu erlangtes Wissen. „Dass die Menschen viel zu wenig tun, damit diese Fieslinge allesamt im Gefängnis landen, hat offensichtlich auch mit diesen falschen Bildern im Kopf der Menschen zu tun. Die lähmen sie, oder?"

Auch hier liegt der Koala meines Erachtens völlig richtig. Bei all diesen dunklen Machenschaften, sind es wohl am meisten jene Menschen, die mit ihren Glaubenssätzen das verkehrte System unterstützen. So können diese Fieslinge, wie sie der Koala nennt, weiterhin ihre Freiheit genießen. Und dabei Ideen ausbrüten, wie sie durch die folgsamen Erdenbürger zu noch mehr Profit kommen.

„Die Menschheit ist irgendwo falsch abgebogen. Das sollten alle begreifen", seufzt der Koala. „Vielleicht haben es sogar schon viele begriffen und machen nur mit, wie in diesem Märchen, ‚Des Kaisers neue Kleider'. Aber wo bleibt da der Mensch?"

Sehr gute Frage, denke ich mir. „Ich glaube, viele Menschen wissen einfach nicht, wie sie aus dem Schlamassel herauskommen."

„Ihr braucht nicht herauszukommen. Ihr braucht es nur nicht mehr festhalten mit Eurem Glauben daran. Und Euren Ängsten, was passieren könnte, wenn es nicht mehr da ist."

„Wie kann nur so viel Weisheit in so einem putzigen Wollknäuel stecken?", frage ich mich wie so oft in letzter Zeit.

---

[34] Lateinisch: Wem nützt es? Erstmals bei Marcus Tullius Cicero, Römischer Redner und Staatsmann, nachzulesen.

Ich denke schon, dass das Gespräch beendet ist, da schaut mir der Koala direkt in die Augen und fährt fort: „Du hilfst Leuten dabei, dass sie glücklicher werden?", fragt er mich.

„Ich unterstütze Menschen dabei, auf gute Lösungen zu kommen. Also aus negativen Situationen herauskommen und neue Wege für sich entdecken. Wie sie Blockaden und Glaubenssätze auflösen können, damit sie bessere Möglichkeiten für sich finden, bestimmte Ziele zu erreichen." Ich überlege kurz. „Also genau betrachtet, ja, ich helfe ihnen glücklicher zu werden."

Der Koala wird ganz still und ich glaube schon, das Thema ist für ihn erledigt. Gerade als ich fragen möchte, ob er Lust auf ein paar Eukalyptusblätter hat, sieht er mich feierlich an.

„Ich gehe jetzt zurück in die Traumzeit nach Australien."

Langsam steigen mir Tränen in die Augen, als ich realisiere, was das heißt. Ich werde den Koala sehr vermissen. Er hat so viel Weisheit mit mir geteilt. Aber da setzt er nochmals diese Miene auf und erklärt:

„Ich weiß jetzt, wieso ich meinen Schwanz verloren habe und auch wie ich in Zukunft ein schönes Leben mit den anderen Tieren haben kann." Der Koala macht eine lange Pause, in der auch ich ihn ein wenig schniefen höre. „Es war die Gier und das Ungleichgewicht, das ich mit meinem Verhalten geschaffen habe, die mich meinen schönen langen Schwanz gekostet haben", sagt er sehr traurig.

„Weil Du Angst hattest, nicht genug zu haben?", frage ich ihn.

Er nickt beschämt. „Ich habe jetzt begriffen, dass immer genug da ist, wenn man im Vertrauen ist. Dann sieht man auch die anderen und das Verbindende."

Nach einer Pause fährt er fort: „Danke für Deine Hilfe." Jetzt schniefen wir beide lautstark. „Ich werde Dich vermissen. Aber Eure seltsame Welt, naja, die weniger."

„Du hast Dich auf Deinem Walkabout viel mit den Dingen beschäftigt, die nicht so gut laufen. Aber die Welt ist auch lebenswert. Die Menschen haben nicht nur alles zubetoniert. Sie haben auch viel Schönes geschaffen. Die gelingenden Beziehungen sind zum Beispiel etwas Erfreuliches. Das einander Zulächeln, das Umarmen, die Energien des Anderen spüren, wenn man sich die Hand oder Küsschen gibt. Wir sind soziale Wesen, wir brauchen das Gemeinsame, wie miteinander herzhaft lachen. Auch das gibt es."

„Hm", macht der Koala, „ich weiß, dies alles verursacht Wohlbefinden und stärkt Eure Abwehrkräfte. Aber glaubst Du nicht, dass Ihr davon noch viel mehr braucht?" Ich nicke. „Aber Du hast Recht. Für diese Dinge habe ich mir wohl zu wenig Zeit genommen", überlegt er.

„Das kannst Du ja jederzeit nachholen. Besuchst Du mich halt wieder." Der Koala nickt. „Weißt Du Koala, ich habe in Büchern über Aborigines gelesen, dass sie sich mittels Telepathie verständigen oder zumindest konnten sie das früher. Vielleicht funktioniert das auch zwischen uns", versuche ich mir den Abschied etwas leichter zu machen und muss an unser Gespräch von vorhin denken.

Der Koala nickt. „Gut möglich."

„Weißt Du", sagt er nach längerer Stille, „für mich habe ich den Walkabout abgeschlossen. Doch die Menschheit sollte beginnen, ihn zu gehen. Sie sollte ihren freien Willen zurück erobern, um glücklich zu sein. Sie sollte aufhören zu glauben, es sei normal sich so wie ich zu verhalten wodurch ich meinen Schwanz verlor."

Traurig nicke ich, denn er hat Recht. „Aber ich denke, dafür ist der Leidensdruck noch nicht groß genug." Ich versuche seine Abreise etwas hinauszuzögern: „Möchtest Du noch etwas essen?"

Er schüttelt den Kopf. „Ich bringe im Moment nichts runter."

„Das verstehe ich" und öffne schweren Herzens meine Arme, um noch einmal die Verbindung zwischen uns zu spüren. Wir drücken uns ganz fest und lachen dann beide. „Hoffentlich sehen wir uns wieder." Und er nickt.

„Ich würde ihm so gerne das Schöne unserer Welt zeigen", geht es mir durch den Kopf als wir uns einen letzten Gruß zuwinken.

Seine Worte klingen in mir noch nach als der Koala bereits längst wieder in seinem Eukalyptuswald in der australischen Traumzeit ist. Wenn es ein Koala aus der Traumzeit schafft, muss das doch auch für die Menschen möglich sein, das Alte, Blockierende abzuschütteln.

TEIL II

Südfrankreich 2022
und zwei Jahre davor

2022

Damals, als ich mich vom Koala verabschiedete, hatte ich noch keine Idee wie die Menschheit aus der Darwin-Falle in einen Walkabout oder gar Wandel kommen könnte. Doch es sollte nicht mehr lange dauern, bis etwas Unfassbares auf der Welt geschah – ein Kapitel der Menschheitsgeschichte, das seinen Anfang im März 2020 nahm. Es sollte sowohl die Möglichkeit als auch die Notwendigkeit für beides einläuten – für Walkabout und Wandel.

Für die einen war es ein Schleier der Angst, der sich um alles legte. Für die Anderen wurde es immer mehr zum Vergrößerungsglas auf unsere Welt – unsere verkehrte Welt, wie sie der Koala so treffend beschrieben hatte. Für mich wurde es immer mehr zu Letzterem.

Und so sitze ich heute, vier Jahre nach dem Besuch von Koala, starre auf meinen Computer und überlege, was ich schreiben kann, sodass ich die Menschheit bei diesem Walkabout und Wandel unterstützen kann. Immer wieder kreisen meine Gedanken um den Koala, der unsere Welt mit so viel Weisheit gesehen hat. „Ach, wie sehr sehne ich mich nach der Fortsetzung unseres Gedankenaustausches von damals!"

Eine Idee nimmt Gestalt in mir an. Oder ist es Hoffnung? „Ob das mit der Telepathie doch zwischen uns funktioniert?", geht es mir durch den Kopf. Ach, ich probiere es einfach. Allerdings muss ich aufpassen, dass er nicht in Wien landet. Ich bin nämlich zum Schreiben meines Buches nach Südfrankreich gereist und bin in einem Wirkungsort Molières gelandet, in Pézenas. Was könnte es Inspirierenderes geben? Vielleicht kann ich den Koala hierherlocken, um ihm diesen wunderschönen Ort zu zeigen. Schauen wir einmal.

„Lieber Koala aus der australischen Traumzeit, ich brauche Dich hier in Pézenas, um dein Anliegen umzusetzen, die Menschheit auf Walkabout zu begleiten", denke ich bei mir. Und ich kann es kaum fassen! Der Koala landet mit einem Plumps im Plüschsessel neben mir.

Wir sind beide sichtlich glücklich. „Funktioniert also offensichtlich doch mit der Telepathie", grinst er mich an. „Ich habe Dich ganz deutlich gehört."

„Wow", ich bin begeistert. „Es freut mich riesig, dass Du da bist. Wäre es in Ordnung für Dich, mir beim Schreiben zu helfen?"

„Ja sicher". Da verstummt der Koala plötzlich. Er hat die Mappe mit unseren Aufzeichnungen entdeckt, die vor vier Jahren entstanden sind. „Und wo ist das Buch von damals?", fragt er mich gerade heraus.

Ich stammle ein wenig. „Der Verlag wollte es zu einem Feelgoodbuch machen. Da haben wir nach langen Diskussionen den Vertrag wieder gelöst."

Der Koala sieht mich verwundert an. „Was ist ein Feelgoodbuch?"

„Hm", überlege ich. „Sie wollten, dass man das alles als Leser einfach nett findet und nicht darüber nachdenkt. Ein Buch, das man mit einem Lächeln weglegt und dann wieder vergisst. So wie bei einem Samstagnachmittagfilm auf der Couch." Ich habe das Gefühl, meine Erklärungen werden immer schlechter.

Der Koala sieht mich entgeistert an. „Ich habe meinen Schwanz verloren und das soll ein rosa Kuscheldeckenbuch werden?", fragt er ungläubig. „Ich habe gedacht, Dein Buch könnte Menschen zum Nachdenken anregen, um neue Wege zu gehen und vieles besser zu machen."

Ich nicke beschämt. „Ich weiß. Deshalb habe ich Dich auch gerufen. Denn jetzt möchte ich unbedingt ein Buch dazu schreiben. Die Welt steckt in einem Schlamassel und die Menschen müssen es ausbaden. Das heißt, ich möchte jetzt Deinen Walkabout endlich in einem Buch veröffentlichen. Aber es gehört noch viel mehr dazu."

„Und zwar was?", fragt der Koala, nun etwas besänftigt.

Ich gebe ihm mein Tagebuch vom Frühling 2020 in die Pfoten. „Lies, was auf der Welt seit zwei Jahren los ist. Das ist mein Tagebuch vom Anfang dieser Zeit, vom Frühling 2020."

Nach Beendigung seiner Lektüre sieht mich der Koala verwundert an: „Ich glaube, ich bin im falschen Film."

„Das denken sich die meisten Menschen seit zwei Jahren", antworte ich ihm darauf. „Es gibt dazu ein Zitat von Albert Einstein: ‚Probleme kann man niemals mit derselben Denkweise lösen, durch die sie entstanden sind.' "

Der Koala nickt. „In Eurer Welt klingt mir das eher wie eine ganze Gedankensuppe."

„Da Du aus der Traumzeit kommst, kannst Du mit deiner Art Probleme zu lösen, Menschen dabei unterstützen, aus dem Schlamassel herauszufinden und passende Lösungen zu finden. ‚Die da oben' reiten uns immer mehr ins Chaos. Entweder weil sie es nicht besser können oder weil ihnen das Wohlbefinden der Menschen gar nicht wichtig ist. Ich fürchte mittlerweile Letzteres."

Der Koala überlegt und nickt dann ganz langsam. „Was hältst Du davon, wenn wir mit meinem Walkabout beginnen und dann gemeinsam Kapitel aus Deinem Tagebuch auswählen und damit einen Übergang von meinen damaligen Gedanken zum Heute schaffen?"

„Das klingt gut. Und dann?", frage ich den Koala.

„Das überlegen wir uns nachher, wenn wir damit fertig sind."

Kurz denke ich nach. „Ja, passt."

„Gib mir die Mappe mit Deinem Tagebuch nochmal. Und bevor ich's vergesse. Habe ich das richtig gelesen, Ihr habt einen Hund?", fragt er mich etwas verunsichert.

„Ja, aber schau jetzt einmal mein Tagebuch durch", sage ich ungeduldig und voller Tatendrang. Oder doch eher, um den Koala von unserem vierbeinigen Familienmitglied abzulenken?

Er wirkt immer noch skeptisch, aber er fängt an zu blättern und vertieft sich dann in die eine oder andere Stelle. „Weißt Du, ich finde es sehr mutig von Dir, dass Du einfach ins Auto gesprungen bist um nach Südfrankreich zu fahren. Das ist echtes Vertrauen. Das finde ich beeindruckend. Wenn ich das jetzt genau durchblättere fällt mir auf, wie Du Dich persönlich entwickelt hast in dieser Zeit. Zuerst fokussierst Du auf das Finden des passenden Platzes, dann auf das Schöne um gut durchzukommen. Letztendlich nimmst Du Deine Zweifel am Geschehen ernst und beginnst selbst zu recherchieren. Ich finde es berührend, Deine ganz persönlichen Gedanken und Erlebnisse lesen zu dürfen." Er überlegt kurz. „Ich würde für unser Buch die Tageseinträge nehmen, die diesen Bogen spannen, also einen Einblick in Deine persönliche Geschichte geben."

„Dann brauche ich aber erst recht Deine Sicht von Außen, um die richtigen Kapitel auszusuchen."

Der Koala nickt und blättert nun ganz konzentriert. Obwohl erst so kurz hier, stürzt er sich gleich in seine Aufgabe.

TAGEBUCH

Meine Zeit in einem südfranzösischen Dorf im Frühling 2020

„Das Vorwort brauchen wir, sonst kennt sich keiner aus", stellt der Koala zu Recht fest.

Vorwort zum Tagebuch

Dies ist mein persönliches Tagebuch. Es umfasst sechsundsechzig Tage, begonnen am 16. März 2020, dem Tag unserer Ankunft in einem südfranzösischen Dorf, das wir schon lange kennen. Ich habe inhaltlich an keinem Tagebuch-Eintrag im Nachhinein etwas geändert. Es sollten meine Gedanken an einem bestimmen Tag bleiben. So ist aus meinem Anliegen, Glücksmomente zu teilen, eine Art historisches Dokument entstanden, eine Niederschrift wie man schwere Wochen gut durchhalten kann. Und noch viel mehr.

Im März 2020 begann eine Zeit, die uns Menschen einerseits verbunden hat, aber andererseits auch auseinandergerückt hat. Ich wollte mich zunächst gar nicht mit Politischem oder Wissenschaftlichem beschäftigen. Aber ich bin eben naturwissenschaftlich geprägte Juristin, Unternehmensberaterin, Managementcoach/ -trainerin und Buchautorin. Daher konnte ich nicht umhin, Fake von Fakt unterscheiden zu wollen.

Ich habe mich bei meinen Recherchen nur auf offizielle Dokumente und Interviews gestützt, sowie ein paar Fachmeinungen wiedergegeben, die ich für mein persönliches besseres Verständnis eingeholt habe. Ich habe naturgemäß die Corona-Krise anders erlebt als die meisten meiner österreichischen Landsleute, nämlich am westlichen Mittelmeer in Südfrankreich, nahe der spanischen Grenze. Ich habe mich regelmäßig über das Geschehen informiert und war zumeist im Austausch mit Menschen sowohl in Österreich als auch hier in Frankreich.

Dies ist meine ganz persönliche Perspektive auf das Geschehen und die Entwicklung durch Corona im Frühling 2020.

Doris Rosendorf-Collina, St. Pierre, 31. Mai 2020

„Das hier brauchen wir auch, sonst weiß ja kein Mensch, wieso Du plötzlich in Südfrankreich bist", gibt der Koala mir beim Blättern klar zu verstehen.

Wie wir hier gelandet sind

Am Nachmittag des 15. März 2020 bekam ich eine Nachricht auf mein Handy, dass Deutschland seine Grenzen dicht machen würde. Die Nachricht kam von einem Live-Ticker einer Zeitung, den ich versehentlich (oder war das mein Unterbewusstsein?) ein paar Tage zuvor zugelassen hatte.

Im Moment der Nachricht schrie förmlich meine innere Stimme: „Schnell weg!" Ich gebe zu, mir schlotterten dabei meine Knie, wie ich mich so mutig selbst überholt habe. Das ist auch für mich nicht ohne. Aber in einer engen Wohnung im Zentrum von Wien wollte ich nicht wochenlang ausharren. Von der Vorstellung wurde mir ganz übel. Meinem Mann sagte ich nur: „Sie schließen die Grenzen, wir müssen raus!" und schon holte er unsere Koffer.

Als ich ihn später fragte, wieso er wortlos auf meine Zurufe reagiert hat, meinte er: „Ich weiß doch wie deine Intuition funktioniert." Außerdem fügte er hinzu, dass es auch für ihn unerträglich gewesen wäre, mit mir in einer balkonlosen Wohnung zu sitzen, da ich doch Freiheit und Weite brauchte. Nicht umsonst hatte ich viel Zeit in Australien und am Meer verbracht.

So schnell hatte ich noch nie Koffer gepackt. Eine halbe Stunde später saßen wir im Auto. Es hieß, bis acht Uhr Früh durch alle Grenzen kommen. Denn danach hatten wir keine Chance mehr, in unser südfranzösisches Dorf zu gelangen, wo wir ohnehin Freunde besuchen wollten. Die Möglichkeit der Rückreise bestand für uns immer, da mein Mann nicht nur eine italienische Staatsbürgerschaft, sondern auch eine deutsche hat. Eigene Staatsbürger konnten immer ins Heimatland zurück. Von Deutschland und Italien konnten wir aufgrund meines österreichischen Passes wieder nach Wien reisen.

Meine Frage an mich selbst lautete: Wenn ich die nächsten Wochen festsitze, wo wäre dies angenehmer – in Wien oder in unserem südfranzösischen Dorf? Meine innere Stimme rief mir lautstark die Antwort zu. Da hieß es dann für mich: Augen zu und durch. Ich spürte genau, dass es das Richtige war. Auch wenn ich noch nicht wusste, weshalb.

Schnell buchte ich noch über eine Plattform ein Appartement in der Nähe unserer Freunde für die ersten Tage. Jetzt konnte es losgehen. Koffer im Auto, Hund im Auto und zwei Kisten Sekt, die wir am Tag zuvor gekauft und noch nicht verräumt hatten. Schnell noch das Hundefutter dazu packen (mein Hund ist Südfranzose, also selbstredend Feinschmecker) und den Motor starten.

Wir fuhren die ganze Strecke – etwa 15 Stunden – in einem Stück durch. Zuerst Passau, wo ein gelangweilter deutscher Grenzkontrollposten uns schon von der Ferne durchwinkte. Die ansonsten immer verstopften Autobahnen bei München und Stuttgart waren geisterhaft leer. Es blieb so bis zur französischen Grenze. Dort war weit und breit kein französischer Posten zu sichten, nicht einmal ein gelangweilter oder schlafender.

Als wir den Rhein überquerten, fiel uns ein Stein vom Herzen. Wir hatten es geschafft! Uns trennte keine Grenze mehr von unserem südfranzösischen Dorf und wir wollten noch so weit wie möglich in Richtung Süden weiter. In Lyon landeten wir um sieben Uhr früh mitten im Berufsverkehr. Ich wollte immer schon diese Stadt sehen. Doch wie hieß es so schön: *„Bedenke wohl, was Du Dir wünschst, es könnte in Erfüllung gehen."* Denn es schien als war dieser Wunsch bei unserem Navigationssystem angekommen. Es schickte uns nämlich mitten durch die Stadt.

Zuerst ärgerten wir uns ein bisschen, doch schon heute, drei Tage später, habe ich eine andere Perspektive: Es war wohl für längere Zeit mein letzter Anblick einer lebendigen Stadt. Weiter ging es Richtung Marseille und um die Camargue nach Südwesten, wo unser Ziel lag, in der Nähe von Perpignan, nicht weit von der spanischen Grenze. Dort wählten wir jene Ausfahrt, die wir schon so oft am Beginn schöner, sorgloser Urlaubstage genommen hatten. Es tatgut, am wohlbekannten Ziel anzukommen.

Der Koala bewegt seine Nase hin und her. Das kenne ich schon. Ein Zeichen, dass er nachdenkt. „Der erste Tag ist wichtig. Ich kenne die Gegend nicht, wo Du da gelandet bist. Ich finde es schön, darüber zu lesen. Aber es ist eigentlich kein Buch über einen Hund, sondern über Dich. Und auch nicht über ein Dorf, sondern eigentlich über drei."

„Da hast Du Recht, Koala. Aber das habe ich bei meinem ersten Eintrag noch nicht gewusst. Und ich habe gesagt, dass ich keine Zeile im Nachhinein geändert habe. Zu dem Zeitpunkt als ich das geschrieben habe, habe ich nicht damit gerechnet, dass wir monatelang dortbleiben würden. Erst im Juni wurde alles halbwegs normal. Zumindest für ein paar Monate."

„Verstehe. Es ist Deine ganz persönliche Sichtweise an einem bestimmten Tag." Er liest nochmals über die nächsten Seiten. „Gut, also Tag eins. Und der zweite Tag zeigt, wie Du mit außerordentlichen Situationen umgehst, also welchen Fokus Du persönlich setzt. Da lernt man Dich schon etwas kennen."

"Okay, also Tag 1 und Tag 2", fasse ich zusammen.

Tag 1: Bienvenue

Darf ich vorstellen: Filou, mein Hund, besser gesagt: ein Englisch-Setter, weiß mit schwarzen und braunen Punkten, also für alle, die es ganz genau wissen wollen, ein Englisch-Setter Tricolor. Ist dies hier ein Buch über einen Hund? Auch. Aber vor allem über eine verrückte Zeit, in der Europa Kopf steht. Es ist aber auch ein Buch über ein liebenswertes, südfranzösisches Dorf.

Vielleicht haben Sie, werte Leserinnen und Leser, es ja geschafft, sich meinen Hund richtig vorzustellen. Ich wette bei den Worten „südfranzösisches Dorf" sind Sie in die Provence abgedriftet. Lavendelfelder und Wiesen voller Mohnblumen – vielleicht auch noch ein paar Olivenbäume. Mit den Olivenbäumen liegen Sie auch hier in meinem südfranzösischen Dorf nicht ganz falsch. Die gibt es hier auch. Dazu nehmen Sie bitte ein paar Palmen und vor allem Orangenbäume, Weinreben und orange-rote Fahnen. Ich befinde mich nämlich im katalanischen Teil Frankreichs, einem ganz besonderen Fleckchen Erde in der französischen Provinz Okzitanien.

Historisch gesehen erstreckt sich der Kulturkreis Okzitanien von der südfranzösischen Atlantikküste bis in den Piemont Italiens. Aber so weit ist die französische Regierung in ihrer Gebietsreform 2016 dann doch nicht gegangen. Die Provence war einer der ganz wenigen Regionen, die als Provinz sowohl gebiets- als auch namensmäßig unangetastet blieb. Ansonsten war wild zusammengelegt und neu geordnet worden. Selbst das deutsch geprägte Elsass wurde in die Region Grand Est gepackt. Aber man hat in dieser Gebietsreform der okzitanischen Kultur insofern Rechnung getragen, als man Languedoc-Roussillon sowie Midi-Pyrénées zusammenfasste und zur Provinz Okzitanien gemacht hat. Die Katalanen waren weniger erfreut, findet sich doch kein Zusatz „catalan" im Namen. Französisch Katalanien hat man wieder einmal vergessen. Dennoch erkennt man es sogleich, wenn man hier landet. Denn alle Ortsnamen sind zweisprachig. Die rot-gelben Wimpel und Fahnen begegnen jedem Besucher, wie auch so mancher Einwohner, der noch katalanisch spricht. Wer auf der Autobahn von Marseille Richtung Südwesten fährt, erkennt den Beginn von Katalanisch-Frankreich an der Festung Salses, einstiges Grenz-Bollwerk. Das Ende erkennt man auf selbiger Autobahn am Schild „Espagne".

Die Franzosen agieren nach dem Motto *„leben und leben lassen"*. Sollen die Menschen doch reden, was sie wollen. Nur Amtssprache und Schulen sind französisch. Auch eine Methode. In der Zwischenzeit gibt es allerdings auch einige wenige katalanische Schulen. Dies wurde möglich durch die Hartnäckigkeit der Katalanen und der EU-Idee, „ein Europa der Regionen" zu schaffen. Die Franzosen haben es wahrscheinlich eher Sturheit genannt. Aber das liegt ja bekanntlich im Auge des Betrachters.

Ich schweife ab. Wenn Sie mein Dorf suchen, gehen Sie einfach von der Provence Richtung Westen, bleiben in der Nähe des Mittelmeers und der Stadt Perpignan, einst Sitz der Könige von Mallorca. Voilà – Sie haben mich gefunden. Hier bin ich. Und nicht nur ich, sondern auch Filou und mein Mann Michaele. Er ist zur Hälfte Italiener, das heißt, er hat einen italienischen Vater, einen italienischen Pass und kocht göttliche Pasta. Auch mein Hund hat einige italienische Vorfahren, doch eigentlich ist er Franzose, was man allein an seiner Vorliebe für Käse, Baguette und Tripes sieht. Was Tripes sind? Kuttelfleck, eine französische

Delikatesse – für Menschen versteht sich. Bei uns in Wien kaufe ich sie als Hundefutter beim Fleischer. Filou ist der einzige von uns, der einen französischen Pass hat – einen Hundepass. Und doch – Filou kommt nicht aus diesem Dorf. Er wurde in der Gascogne geboren, im Land von D'Artagnan, dem Mantel und Degen-Helden, der von seinen Musketier-Freunden gehänselt wird, weil er ein Landei sei. Mein Hund ist weniger ein Musketier als ein begeisterter Jäger. Er kommt aus einer Zucht in Okzitanien, die beste Jagdhunde hervorbringt. Da die Jagd allerdings so ganz und gar nicht meine Welt ist, bekommt er von uns jede Möglichkeit geschenkt, seiner zweiten Passion zu folgen, dem Laufen. Aber ich gebe zu, es sieht schon toll aus, wenn er vor einer Ente steht und seine Vorderpfote hebt, um als Vorstehhund zu brillieren (auch ohne jagdlicher Ausbildung). Und wenn ich schon beim Vorstellen bin, so sollte ich auch Catherine und Henri nicht vergessen, unsere Freunde, bei denen wir Unterschlupf gefunden haben, aber dazu später.

Das Wasser kam bindfadenförmig vom Himmel, der seinerseits voller dicker Wolken war. Alles grau in grau, wie man so schön sagt. Gut, dass wir gleich ein ganzes Häuschen gebucht hatten. Da konnten wir es uns so richtig gemütlich machen, so mein Gedanke. Auf mein E-Mail bezüglich Ankunftszeit hatte niemand reagiert und das Haus stand fest verschlossen vor uns. Während Filou mit ein paar Kindern Freundschaft schloss (oder war es eher umgekehrt?), telefonierte mein Mann mit dem Vermieter. Sein „bon" und „merci" stimmte mich fälschlicherweise optimistisch. Der Vermieter hatte kurzfristig seine Meinung geändert und meinte nun, er wollte doch keinen Hund im Haus haben. Mir klang die Geschichte danach, er wollte vielmehr uns nicht mehr im Haus haben.

Nachdem ich immer Backups zu allem habe – oder zumindest vermeintliche, schockte mich unser Erlebnis nicht. Eine Frau mit einem Kind erklärte uns sogar spontan, wir könnten bei ihr schlafen falls wir kein Dach über dem Kopf finden sollten. Sie verbrachte ohnehin die Nächte im Bett ihres Kleinsten. Das Angebot war ehrlich gemeint und sie erklärte auch stolz, dass dies eben katalanische Gastfreundschaft wäre. Ein Blick in das Haus ließ mich trotzdem die himmlischen Kräfte bitten, dass wir hier nicht landen müssten. Mein Backup war eine supernette

Frühstückspension, in der wir vor ein paar Jahren einige Tage verbracht hatten. Das Zimmer und das nette ältere Ehepaar sowie das großartige Frühstück, waren uns gut in Erinnerung geblieben. Besonders sympathisch fand ich, dass die Preise das ganze Jahr über gleich blieben mit der Begründung: „Sie haben ja auch nicht in der Hochsaison mehr Geld in der Börse als sonst", hieß es auf der Homepage.

Also los durch die verwinkelten Gassen, was dieses Mal etwas mühsamer war, da wir uns ein paar Wochen zuvor hundebedingt ein größeres Auto gekauft hatten. Ich wollte mich nicht entscheiden müssen zwischen Koffer und Hund. Mit dem größeren Cabrio ging beides. So mussten wir uns eben durch die engen Gassen mit viel Gefühl schlängeln. Bei der Pension von Claude und Solange angekommen, mussten wir feststellen, dass geschlossen war. „Aus Sorge vor Krankheit", wie uns Solange aus einem Fenster zurief. Die beiden gehörten sicher einer Risikogruppe an und ich freute mich für sie, dass sie vorsichtig waren. Nur blöd für uns. Mein Backup war perdu. „Was jetzt?", fragte mich mein Mann. Ich ging unsere verbleibenden Optionen kurz durch – lange dauerte das nicht, denn dafür waren es zu wenige.

Meine innere Stimme sagte es klar: zu Catherine und Henri. Ich hatte uns ja schon zu Weihnachten für den Frühling angekündigt. Ich hatte ihr nicht einmal geschrieben, dass wir schon im Ort sein würden. Mein Kopf sagte: Augen schließen, durchatmen und los. Drei Minuten später standen wir mit Sack, Pack und Hund bei strömendem Regen vor ihrem Haus. Der Türklopfer übertönte glücklicherweise unser Herzklopfen. Aber nur kurz. Schon streckte Catherine verwundert den Kopf aus dem Fenster im oberen Stock. Nach ein paar Schrecksekunden kam sie heruntergelaufen, öffnete mit großen Augen die Tür und hatte trotz der Überraschung leuchtende Augen als sie uns sah. Unter lautem Lachen begrüßte sie uns. Ein Glücksgefühl durchzuckte mich. Egal wie es weiterginge, wir waren willkommen.

Wir erzählten unsere Geschichte und sie schlug einfach den pragmatischsten Weg ein. Sie führte uns in das verwaiste Zimmer ihres Sohnes, wo wir einfach aufs Bett fielen und einmal richtig ausschliefen. Mich weckte eine Nachricht von Catherine auf meinem Handy: „Die Mieter unseres Gartenhäuschens haben überstürzt das Haus verlassen, da sie dringend zurück nach Toulouse mussten. Ihr könnt sofort einziehen." Manches löste sich also offenbar wirklich im Schlaf.

Filou war schon davor im Garten herumgelaufen und wollte immer wieder in das Häuschen hinein, denn das war schon bei vielen Besuchen sein Zuhause gewesen. Es verwunderte ihn wohl, dass er nicht ins Haus durfte und andere Leute hinter den Glasscheiben saßen. Dementsprechend selbstverständlich betrat er nun das kleine Appartment und marschierte schnüffelnd herum als würde ihm all das gehören. Was wir da oben in diesem kleinen Zimmer gewollt hatten, war ihm wohl immer noch ein Rätsel. Aber nun war die Welt wieder in Ordnung – für Filou und auch für uns. Ich musste an den Spruch an meiner Kühlschranktüre denken: „Sei realistisch, plane ein Wunder." Immer wieder zeigte sich die Wahrheit dieses Satzes in meinem Leben. Der Kopf versteht das natürlich nicht. Aber der kam in dieser verrückten Coronazeit sowieso nicht mit.

Das war meine erste Lektion hier – endgültig den Kampf zwischen Bauchgefühl und Kopf zu beenden und beide für das einzusetzen, wofür wir sie hatten: Die Intuition, also die Summe all unseres unbewussten Wissens und Fühlens einsetzen, um den für uns passenden Weg zu gehen. Und den Kopf für das Umsetzen benutzen. Diese für Europa unvorhersehbare Situation ließ mich erkennen: Das reine bewusste Wissen hatte einfach keine Chance, völlig neue komplexe Situationen in Windeseile zu analysieren.

Mit Bedauern musste ich nun daran denken, dass ich seit Wochen – wenn ich mich entspannte oder meditierte – immer wieder meine innere Stimme sagen hörte, ich solle endlich mein Französisch auf Vordermann bringen. „Wofür jetzt?", meinte leider fälschlicherweise mein Kopf. Heute weiß ich, dass ich meiner inneren Stimme folgen hätte sollen. Erst gerade eben hat uns Catherine mit einem französischen Scherz aufs Glatteis geführt. Unser kleiner „Französisch-Sprachspeicher" und unsere dementsprechende unvermögende Antwort hat sie dazu gebracht, Tränen zu lachen. Das hätten wir uns ersparen können, hätte ich schon vor Wochen auf meine innere Stimme gehört. Naja, für Catherine war die Situation zumindest sehr lustig.

„Seinem Herzen zu folgen", hieß es oft so schön in der Literatur. Das war die gleiche Sache. Nicht zu verwechseln mit

Egoismus. Das Ego entschied sich zumeist nicht für die Dinge, die uns guttaten, sondern für jene Dinge, die wir glaubten zu brauchen, um eine Leere zu füllen. Mit Entscheidungen aus dem Herzen verletzte man nie jemanden, der einem wichtig und dem man selbst wichtig war. Jetzt zum Beispiel war ich mit einigen Freunden, Familie und Coachees in Kontakt. Ich freute mich darüber, wie jeder einzelne seinen Weg gerade fand, um mit der derzeitigen Situation zurecht zu kommen. Und diese Wege sahen vollkommen unterschiedlich aus, passten aber super für jeden Einzelnen, wie ich meinte. So fiel es mir zugegebenermaßen auch leichter, die Verantwortung für mich selbst zu übernehmen – ohne mich dazu verführen zu lassen, dies für andere zu tun und somit ihnen die Chance zur Eigenständigkeit zu nehmen. Ich war auch davon überzeugt, dass die Dinge, die ich hier auf meinem Weg erlebte, auch für andere von Nutzen sein würden.

Tag 2: Glücksmomente wie Pilze sammeln

Am nächsten Morgen packte ich Filou für unser morgndliches französisches Ritual: Baguette kaufen. Die Sonne hatte es leider immer noch nicht geschafft, durch die Wolken zu kommen. Aber zumindest hatte es aufgehört zu regnen. Kalt war es auch nicht. Also eindeutig ein Fortschritt. Ich kaufte in unserem Dorf immer abwechselnd bei zwei Bäckereien ein. An diesem Tag entschied ich mich für die weiter weg gelegene. Denn Filou und ich hatten doch erst kürzlich 15 Stunden im Auto verbracht. Michaele schlief noch. Das Gleiche hätte man auch von den Dorfbewohnern annehmen können. Nur in den Lebensmittelgeschäften regte sich etwas Leben, wenn auch ein – vor allem für südfranzösische Verhältnisse – recht leises. Auf den Straßen selbst sah ich fast nur Menschen, die eines von zwei Accessoires dabeihatten: ein Baguette oder einen Hund. Bald schon hatte ich beides. Obwohl auch hier die Gespräche und das Lachen auf der Straße fehlten, waren die zugesperrten Geschäfte weniger deprimierend als in der Großstadt. Einfach deshalb, weil es nicht so viele waren. Der Anteil an Lebensmittelgeschäften, die ja offen hatten, war ein viel größerer als in Städten mit ihren vielen Boutiquen, Schuhgeschäften, Restaurants, Cafés und was sonst noch zu einer lebendigen Stadt gehörte. Dieses Angebot gab es hier ohnehin nicht in der gleichen Fülle. Wollte man shoppen, fuhr man in eines der Einkaufszentren in der Nähe oder nach Perpignan. Um Großstadtluft zu tanken, fuhr man nach Barcelona.

So entlockte mir das kleine Käsegeschäft ein Glücksgefühl genauso wie der Fleischer. Bei ihm gab es als Zugabe zu den leckeren Pasteten immer dieses Lächeln, das so schön die Augen von Monsieur Roméro erreichte. Er winkte mich samt Hund herein und ich spürte im kühlen Geschäft eine Herzenswärme, die gerade in Zeiten wie diesen so guttat. Nicht dass der Fleischer ansonsten unfreundlich gewesen wäre. Er strahlte immer diese Herzlichkeit aus. Den Unterschied machte ich, besser gesagt meine Wahrnehmung. Den netten Mann hatte ich immer als selbstverständlich genommen. Er war einfach da. Im Normalfall konzentrierte ich mich darauf, dass ich in halbwegs verständlichem Französisch meine Wünsche formulierte. Dieses Mal war das anders. Sein Lächeln war für mich nicht mehr nur etwas Wohltuendes. Ich habe es auch erstmals als etwas Besonderes und Wertvolles wahrgenommen. Da konnten alle von der Regierung vorgegebenen Regeln auch nichts ändern. Ich nahm mir vor, statt alles auf einmal einzukaufen, jeden Tag hierherzukommen.

Am Weg zurück hörte ich Kinder lachen, wie es ansteckender nicht sein hätte können. Es kam aus einem Garten, wo ausgelassen gespielt wurde. Normalerweise wäre ich auch hier sicher in irgendwelche Gedanken vertieft vorbeigegangen. Aber nun war alles anders. Die Welt stand Kopf und so änderte sich auch meine Perspektive. Plötzlich lösten so viele Dinge echte Glücksgefühle aus. Ich spürte vieles als angenehm wohltuend, das ich ansonsten als selbstverständlich, ja manchmal sogar als nervend wahrgenommen hatte. Jetzt, mit all den Verboten – unsere Regierung sprach von Entbehrungen und Verzicht – verspürte ich Glücksmomente wie schon lange nicht mehr. Sogar der hinter den Häusern vorbeifahrende Zug fühlte sich gut an, zeugte er doch von dem Minimum an gebliebener Normalität.

Kurz zuvor hatte ich in einem Führungskräftetraining mit Architektinnen und Architekten eine Übung zum bewussten Eintauchen und Spüren von Momenten des Glücks besprochen. Die dazugehörige „Hausaufgabe" hatten nur zwei Leute durchgeführt. Alle anderen sagten, sie hätten keine Zeit gehabt. Das muss ich mir auf der Zunge zergehen lassen: Sie hätten keine Zeit, um sich Glücksmomente zu holen. Aber so ticken wir. Wir sind zu busy um zu leben. Ich selbst hätte damals auch fast vergessen, die Übung zu machen, weil gerade so viel los war. Glücklicherweise (im wahrsten Sinne des Wortes), nahm ich mir dann doch die Zeit und fand meine Momente des Glücks vor dem nächsten Seminartag. Jetzt, in meinem südfranzösischen Dorf, hatte diese Erfahrung eine viel größere Bedeutung bekommen.

Wir haben die Fähigkeit aus kleinsten Dingen Glücksmomente für uns zu zaubern. Hier also meine Lösung der Seminar-Hausaufgabe von zuvor: Ich fuhr im Auto mit meinem Mann, meinem Neffen und Filou als ein tolles Lied im Radio kam, das so richtig zum lauten Mitsingen einlud. Mein Neffe schlief und Michaele döste vor sich hin. Laut mitsingen hätte die anderen vielleicht gestört. Also sang und tanzte ich in meiner Vorstellung mit. Nach kürzerster Zeit merkte ich, dass ich lächelte und Glück empfand, obwohl sich alles nur in meinem Kopf abgespielt hatte.

Auf die Idee dieser Übung für meine Teilnehmer kam ich übrigens durch ein Werbeplakat der CliniClowns: „Spenden Sie Glücksmomente!", hieß es da. Wenn man sie spenden kann, dann kann man sie sich doch auch selbst schenken, dachte ich mir. Jene beiden, die die Übung gemacht hatten, erzählten mit strahlenden Augen von Augenblicken des bewussten Wahrnehmens erfüllter Momente: Eine Teilnehmerin berichtete von einem herzerwärmenden Erlebnis mit ihrem kleinen Sohn, der andere vom Glücksgefühl bei der Anfertigung einer schönen Skizze von einem Haus. Ich bin mir sicher, auch andere Teilnehmer hatten Ähnliches erlebt – sie hätten nur einen Moment innehalten müssen, um Freude zu empfinden.

Unsere Gedanken sind allzu oft in der Vergangenheit oder in der Zukunft. Wo bleibt die Gegenwart – die englisch so treffend „Present" heißt, also Geschenk? Stattdessen wuseln wir in unseren Hamsterrädern und jagen einem Erfolg nach dem anderen nach, ohne uns dabei über etwas zu freuen. In meinen Trainings zeichne ich gern das Bild mit mehreren Bergen: Wir eilen von einem Gipfel zum anderen. Oben angekommen, gilt die Aufmerksamkeit dem nächsten Gipfel, anstatt uns am Erreichten zu erfreuen und sich eine Ruhepause zu gönnen. Unsere Gesellschaft und unsere Wirtschaft drehen sich immer schneller mit einer Dynamik, die unsere wahren Bedürfnisse als Menschen auf der Strecke lässt.

Hier in diesem kleinen südfranzösischen Dorf auf meinem Hunde- und Einkaufsspaziergang wurde mir klar: Meine Erlebnisse und Gedanken wollte ich mit Lesern und Leserinnen teilen. Denn plötzlich war das Verändern der eigenen Perspektive, das bewusste Wahrnehmen von Schönem und das intensive Gefühl von Glück und Freude nicht mehr Luxus, sondern praktische Notwendigkeit. Denn die Normalität ist uns in diesen Tagen abhandengekommen. Der uns vielerorts angebotene Fokus hieß Verzicht, Entbehrung und Angst. Emotionen, die uns schwächten – auch unsere Abwehrkräfte. Doch sollten wir nicht gerade diese stärken? Ich musste wieder einmal daran denken, dass Krise und Chance durch das gleiche chinesische Zeichen ausgedrückt werden. In den letzten Jahren wurde der Sog immer stärker, der die Erde und seine Bewohner an die Wand fuhr. Das hat nicht nur mein Koala aus der Traumzeit erkannt, sondern auch viele Menschen. Dennoch erhöhten Politiker und Wirtschaftsbosse die Geschwindigkeit, um die Reichen noch reicher und die Armen noch ärmer zu machen. Wir haben zugelassen, dass Gier und Menschenverachtung salonfähig wurden. Die Hamsterräder des täglichen Seins mögen noch so schön glänzen. Es bleiben Hamsterräder.

All diese Gedanken gingen mir wieder einmal durch den Kopf als ich plötzlich spürte, dass die Zeit da war, um Koalas Bitte umzusetzen, Walkabout und Wandel für die Menschen zu entwickeln. Also ihnen zu helfen, unsere verkehrte Welt zu erkennen und zu verändern.

Ich dachte an den Koala und seinen Walkabout. Er würde mir wahrscheinlich jetzt eine Geschichte erzählen:

Da sitzen ein paar Engel und schütteln den Kopf über die Menschheit. Da laufen sie in ihren Hamsterrädern, bemerken weder, dass es andere Menschen gibt, die vielleicht ihre Unterstützung bräuchten noch, dass sie selbst vergessen haben zu leben. Sie haben sich verloren. Und vergessen, dass sie wunderbare Wesen sind. Solange Katastrophen weit weg sind, tangieren sie die Wenigsten. In Brasilien, werden Regenwälder niedergewälzt und Australien brennt. Traurigkeit breitet sich unter den Engeln aus. Einer der Engel hat eine Idee: „Im Zustand eines halbwegs netten Lebens bekommen sie das nie hin. Wenn Menschen den Gedanken hegen, etwas zu ändern, lenken sie sich einfach ab. Viele haben auch bereits resigniert. Sie glauben daran, dass der Starke den Schwachen frisst. Das Gesetz des Dschungels herrscht eben und ich bin nur eine kleine Maus, denken viele. Wir schicken den Menschen eine Katastrophe."

Erschrocken schütteln die anderen Engel die Köpfe. „Die meisten Erdenbewohner sind doch sehr liebenswerte Wesen", wenden sie ein. „Machen wir es nicht ganz so schlimm." So überlegen sie, wie sie die Menschen zum Nachdenken bringen wollten. „Es dürfte nichts Lebensbedrohliches sein, dass sie alle damit beschäftigt sind, am Leben zu bleiben. Die Menschen sollten Zeit zum Nachdenken haben, ihre Werte und ihr Leben überdenken, und herausfinden was ihnen wichtig ist und was nicht. Die Menschen hätten die Chance über die immerzu wachsende

Wirtschaft nachzudenken, die Gier, das immer Höher-schneller-weiter-koste-es-was-es-wolle."

„Ja, das machen wir", antwortet ein anderer Engel, „dieses stetige Mehr-wollen hat den Lebensraum der Menschen beeinflusst und belastet das Wohlbefinden vieler Seelen. Sie sind gerade dabei, ihr strahlendes Wesen zu verlieren."

Egal, ob man sich so eine Geschichte ausdachte oder einfach einen Virus, der eben plötzlich da war, akzeptieren musste. Die Tatsache blieb bestehen, dass unser Geist zwei Möglichkeiten hat: Entweder dazu beitragen, dass sich Dinge verändern – und dieser Weg beginnt bekanntlich mit unseren eigenen Gedanken. Oder, dass wir uns der Angst und Panik hingeben, die den Weg zu Überwachung, Diktatur und menschenverachtendem Egoismus stärken.

So lade ich Sie, werte Leser und Leserin, ein, mir auf meinen Spuren nach Südfrankreich zu folgen, um schöne Momente mit mir zu teilen und Anregungen für ihre eigenen Glücksmomente zu finden. Es tutgut, sich Lachen zurückzuerobern, selbst, wenn es augenscheinlich nichts zu lachen gibt. Mit anderen Worten: Ich sage der Philosophie unseres Bundeskanzlers, der von Verzicht und Entbehrung spricht, den Kampf an und halte dagegen: Finden wir doch, was uns wirklich glücklich macht, stoppen wir den Versuch, eine innere Leere mit Höher-schneller-weiter-koste-es-was-es-wolle zu füllen. Damit helfen wir auch Mutter Erde sich zu regenerieren. Das stellt schon der Dschinni in dem Walt Disney-Film Alladin fest: „Wünscht man sich Geld und Macht, wird es niemals genug sein."

Machen wir das Beste aus dieser Zeit und nutzen wir sie – für uns, unsere Lieben und unsere Welt. Jeder Einzelne hat die Chance, seine Zukunft zu gestalten, wenn auch vorerst nur in Gedanken.

„Gut, was jetzt", frage ich den Koala.

Er überlegt und blättert. „Die Geschichte mit den Marmeladen finde ich nett. Alles ist für etwas gut. Das finde ich einen schönen Gedanken für die Menschen. Um Genuss und Gemeinsames geht es auch. Nimm doch das hinein in Dein Buch."

Ich nicke und kopiere Tag 4 in unser Buch.

Tag 4: Paddington Bär

Ich bin ein absoluter Fan der französischen Küche, abgesehen von Kutteln, Schnecken und Austern, wie ich offen zugebe. Der katalanische Teil Frankreichs ist voll von regionalen Spezialitäten, weshalb man hier überall herzhaften Rohschinken, Wurst, Lucques[35] oder Käse erstehen und sich an vielen weiteren Leckereien erfreuen kann. Nach solch einem wohlschmeckenden Mittagessen bei Catherine und Henri ging ich auf ihre Terrasse und atmete tief ein. Herrlich. Der Orangenbaum hier im Garten verströmte nicht nur einen betörenden Duft durch seine zahlreichen Blüten, er trug auch viele Früchte. Beides gleichzeitig. Catherine trat zu mir und erzählte, dass sie schon eine Menge Orangen geerntet hatten. Heuer war ein ausnehmend gutes Jahr für Orangen. „Na wenigstens für die", dachte ich mir. In der Speisekammer türmten sich bereits die Marmeladegläser zu riesigen Pyramiden auf.

Unsere Freundin erklärte mir, wie sie diese herstellte und ob wir helfen wollten. „Bien sûr", sagten wir im Chor. „Natürlich!" Das ließen wir uns nicht entgehen.

„Maintenant?" fragte Henri.

Warum nicht jetzt? „Avec plaisir", antwortete ich. Henri machte sich sofort auf den Weg in den Garten und pflückte mit der Obststange die Orangen von ganz oben. Catherine wog akribisch ab – da war ganz die Frau Ökonomielehrerin am Werk.

„Parfait" ließ sie sich dann vernehmen.

Perfekt, genau die Menge für zwei Kilo Marmelade. Zwei Kilo also zu alldem, was sich in der Speisekammer stapelte. Paddington

---

[35] Olivensorte, die in der Form einem Croissant ähnelt.

Bär hätte seine Freude! Aber nicht nur der. Los ging es. Zuerst wurde die äußerste Schale dünn abgeschält und in winzige Streifen geschnitten. Die wurden dann getrocknet. Danach schälten wir die Orangen zur Gänze und gaben möglichst viel vom Weißen weg, denn das schmeckte bitter. Das Fleisch wurde in kleine Stücke geschnitten. Ich machte das wohl etwas zu genau, jedenfalls war ich mit Abstand die Langsamste bei dieser Arbeit. Die Kerne landeten in einer Schale. Sie waren notwendig, damit die Marmelade nicht zu dünnflüssig wurde. In einem Leinensäckchen würden sie mit all den vorbereiteten Orangenteilen und Zucker gekocht und danach entsorgt werden.

Ich musste lächeln. Ein paar Tage bevor wir uns auf den Weg in unser südfranzösisches Dorf gemacht haben, hatten wir uns mit meinem Neffen einen Film angeschaut. Dieses Mal fiel meine Wahl auf Paddington Bär, den ich natürlich aus diversen Souvenirgeschäften Londons kannte. Mit der Geschichte des drolligen Bärens hatte ich mich davor weder in Buch- noch in Filmform beschäftigt.

Jetzt wusste ich, dass Paddington ein seltener Bär aus Peru war, der sprechen konnte und seinen Namen von der Familie Brown bekommen hatte, die ihn am Londoner Bahnhof Paddington gefunden hatte. Und dass er Orangenmarmelade liebte. Ein englischer Forscher hatte sie dazumal seinem Onkel und seiner Tante zum Probieren gegeben. Nun machte die Bärenfamilie die Marmelade immer selbst, wenn die Orangen reif waren. Durch ein Erdbeben verlor Paddington seinen Onkel und sollte nun nach London fahren, wo die Bärenfamilie nach Aussage des Forschers immer willkommen sei. Paddington Bär machte sich also auf den Weg – mit sehr viel Proviant: Orangenmarmelade in Hülle und Fülle. Als das Schiff in England ankam, sah man in dem kleinen Rettungsboot, in dem der kleine Bär als blinder Passagier gereist war, sehr, sehr viele leere Marmeladengläser. Dass mich das Bild der vielen Orangenmarmeladegläsern so bald in der Realität einholen würde, hatte ich allerdings nicht gedacht.

Jede Situation war für etwas gut. Davon war ich überzeugt. Diese Marmelade kam mit Sicherheit auf die Liste dieser Dinge: Sowohl das Gemeinsame beim Helfen als auch der wunderbare Duft und natürlich die Marmelade selbst. Also kamen drei Punkte auf die Liste des „Glücksmomente-Sammelns".

Unsere Marmelade, die uns Catherine am ersten Tag geschenkt hatte, war fast schon leer. Und so fragte mich Michaele, der wie der Paddington Bär immer genug Leckereien bei sich haben wollte: „Ob wir von der neuen Marmelade, an deren Produktion wir ja beteiligt waren, wohl ein Glas bekommen würden? Hatte ich nicht zugehört oder haben die beiden nichts dazu gesagt?"

Ich wusste es auch nicht. Mit Schneiden und Riechen war ich zu beschäftigt gewesen. Allein der Gedanke erzeugte den herrlichen Duft von Orangen in meiner Nase. Ja, das Gehirn kennt keine Vergangenheit und keine Zukunft. Alles ist jetzt. Wir können uns in jeder Sekunde Erlebtes wieder herholen. Das Schöne wie auch das weniger Schöne. Die Entscheidung, welches davon, liegt bei uns selbst. Ich antworte Michaele mit „On verra" – man wird sehen – oder wie man in Wien so schön sagt: „Schau' ma mal, dann seh' ma schon." Ein Spruch, der auch für die Gesamtsituation zutreffend war.

„*Ihr habt alle Gläser bekommen.*" *Der Koala grinst mich an.*

„Ja, am nächsten Tag standen neun Gläser Marmelade auf unserem Tisch mit dem Etikett ‚Orange Franco-Italien-Autrichienne Confiture avec Whisky'. Catherine hat uns alle geschenkt."

„Ah, hier steht es im Tag 5. Den brauchen wir aber ansonsten nicht. Tag 7, der gehört ins Buch", erklärt mir der Koala." Um aus diesem verkehrten System auszusteigen, ist es wichtig, dass den Menschen bewusst wird: Man kann alles von verschiedenen Seiten betrachten. Das ist der erste Schritt."

An Koalas Gedanken war etwas dran. Wie sollte ich erkennen, dass ich in einer verkehrten Welt lebte, wenn mir nicht bewusst war, dass ich jederzeit die Perspektive ändern kann? „Passt", sage ich also einfach.

Tag 7: Perspektiven

Heute regnete es. Unser Frühstück unter dem Orangenbaum fiel aus und wir mussten uns mit dem kleinen Küchentisch im Appartement zufriedengeben. Filou hatte offenbar auch nach dem Verzehr des Inhaltes seines Napfes Hunger oder zumindest Lust auf etwas Leckeres vom Tisch. Obwohl wir ihm nie etwas während unseres Essens gaben, saß er nun in vollendeter Haltung vor uns. Stets bereit die Pfote als Ausgleich für ein Stück Baguette oder einer anderen Delikatesse zu geben. Sein Blick glich dem eines Verhungernden, der gerade etwas furchtbar Trauriges erlebt hatte und nun auf Erlösung wartete. Und die konnte nur durch eine milde Gabe vom Tisch erfolgen. Dabei fiel mir auf, dass es ein anderer Winkel war, aus dem er mich ansah, als mein erster Englisch-Setter Fellow, der etwas größer war (Setter aus englischen Züchtungen sind größer als aus französisch/italienischen). So sah auch ich ihn aus einer anderen Perspektive, was die Traurigkeit seines Hundeblicks verstärkte. Verschiedene Blickwinkel konnten also ganz andere Wirkungen entfalten.

Nicht nur Maler oder Architekten arbeiteten mit Perspektiven, sondern auch ich als Coach und Führungskräftetrainerin. Situationen konnten von einer Seite betrachtet ganz anders aussehen als von einer anderen, also zum Beispiel aus der bisherigen, die keine Lösung erkennen ließ. Ich habe in meiner

Arbeit so oft erlebt, dass sich Möglichkeiten für meine Kunden ergaben, nur weil ich ein paar Fragen stellte oder andere Seiten einer Problematik beleuchtet hatte. Man sagte ja auch so treffend, man habe eine Perspektive im Leben oder auch keine. Der Perspektivenwechsel war es, durch den jemand eine Perspektive bekam, die vorher aus seiner Sicht nicht da war.

Gerade jetzt in einer Zeit der Ungewissheit, konnte das Einnehmen einer anderen Perspektive neue persönliche Perspektiven schaffen. Es gab so vieles, was man aus verschiedenen Blickwinkeln betrachten konnte. Eine Freundin schickte mir zum Beispiel folgende Gedanken (VerfasserIn unbekannt):

„Es könnte sein, dass in Italiens Häfen die Schiffe für die nächste Zeit brach liegen, ... es kann aber auch sein, dass sich Delfine und andere Meereslebewesen endlich ihren natürlichen Lebensraum zurückzuholen dürfen. Delfine werden in Italiens Häfen gesichtet, die Fische schwimmen wieder in Venedigs Kanälen!

Es könnte sein, dass sich Menschen in ihren Häusern und Wohnungen eingesperrt fühlen, ... es kann aber auch sein, dass sie endlich wieder miteinander singen, sich gegenseitig helfen und seit langem wieder ein Gemeinschaftsgefühl erleben. Menschen singen miteinander!!!

Es könnte sein, dass die Einschränkung des Flugverkehrs für viele eine Freiheitsberaubung bedeutet und berufliche Einschränkungen mit sich bringt, ... es kann aber auch sein, dass die Erde aufatmet, der Himmel an Farbenkraft gewinnt und Kinder in China zum ersten Mal in ihrem Leben den blauen Himmel erblicken.

Es könnte sein, dass die Schließung von Kindergärten und Schulen für viele Eltern eine immense Herausforderung bedeutet, ... es kann aber auch sein, dass viele Kinder seit langem die Chance bekommen, endlich selbst kreativ zu werden, selbstbestimmter zu handeln und langsamer zu machen. Und auch Eltern ihre Kinder auf einer neuen Ebene kennenlernen dürfen.

Es könnte sein, dass unsere Wirtschaft einen ungeheuren Schaden erleidet, ... es kann aber auch sein, dass wir endlich erkennen, was wirklich wichtig ist in unserem Leben und dass ständiges Wachstum eine absurde Idee der Konsumgesellschaft ist. Wir sind zu Marionetten der Wirtschaft geworden.

Es könnte sein, dass dich das auf irgendeine Art und Weise überfordert, ... es kann aber auch sein, dass du spürst, dass in dieser Krise die Chance für einen längst überfälligen Wandel liegt,
- *der die Erde aufatmen lässt,*
- *die Kinder mit längst vergessenen Werten in Kontakt bringt,*
- *unsere Gesellschaft enorm entschleunigt,*
- *die Geburtsstunde für eine neue Form des Miteinanders sein kann,*
- *der Müllberge zumindest einmal für die nächsten Wochen reduziert,*

und uns zeigt, wie schnell die Erde bereit ist, ihre Regeneration einzuläuten, wenn wir Menschen Rücksicht auf sie nehmen und sie wieder atmen lassen."

Wer immer diese Zeilen geschrieben hat, es ging um den Blick mit verschiedenen Brillen. Wir haben es in der Hand unsere Welt zu gestalten, mit unseren Gedanken, unseren Taten und unserem Wahlverhalten. Was möchten wir im Leben erfahren?

Hier noch ein paar andere Beispiele an positiven Veränderungen, die ich hier gerne teilen möchte: In unserem Grätzel in Wien, wo wir normalerweise leben, gibt es ein kleines Bio-Geschäft. Was am Wochenende im Webshop bestellt wurde, konnte am folgenden Freitag und Samstag dort abgeholt werden. Alles geschah regional in Zusammenarbeit mit kleinen Bauernhöfen, Gärtnereien, Weingütern, Gewürzherstellern und so weiter. Keine undurchsichtigen Produktionsketten, keine langen Transportwege, keine Massentierhaltung und kein Wegwerfen durch Überproduktion. Und der Geschmack war nicht vergleichbar mit der Massenware aus dem Supermarkt. Dieses kleine Geschäft mit seinen engagierten Besitzerinnen erfuhr aufgrund seines Geschäftskonzeptes derzeit eine großartige Hochkonjunktur. Ich war davon überzeugt, dass viele neue Kunden und Kundinnen gewonnen würden. Denn wer einmal den Geschmack von ganz frisch geerntetem Bio-Gemüse oder von Fleisch, das von einem Tier, das artgerechte gehalten wurde, probiert hat, würde nicht so schnell wieder zum Supermarktessen umschwenken. So würde sicher bei einigen Menschen auf diesem Gebiet ein Umdenken stattfinden. Eine zweite Geschichte war hier aus der Gegend und handelte von einem ewigen Junggesellen, der seine Mahlzeiten ausschließlich in Gasthäusern konsumierte. Nun lernte er kochen. Die Fertiggerichte aus dem Supermarkt schmeckten ihm nicht und schon nach einer Woche Pasteten, Wurst und Serranoschinken hatte er von der wohl wochenlang gleichbleibenden „Menükarte" genug. Es packte ihn die Erkenntnis der Abhängigkeit, in der er sein kulinarisches Leben gepackt hatte. Die Perspektive der Bequemlichkeit hatte sich in den Blickwinkel der Abhängigkeit gewandelt. Und die gefiel ihm ganz und gar nicht. Die Tatsache, dass Monsieur Gonzales auch noch Spaß am Kochen hatte, finde ich besonders nett an der Geschichte. Vielleicht findet er ja sogar seine Berufung darin und macht eine Tapas Bar auf.

Kleiner Schwenk zurück nach Wien: Eine meiner Freundinnen hatte gestern Geburtstag. Sie erzählte mir am Telefon, dass sie noch nie so viele Glückwünsche bekommen hatte, weil in „normalen" Zeiten viele zu beschäftigt waren, um an ihren Geburtstag zu denken. Ich schluckte die Bemerkung herunter, dass auch sie aus dem gleichen Grund meistens nicht erreichbar war. Michaele und ich hatten ihr telefonisch ein Geburtstagslied geträllert und als Gesangslehrerin war sie doppelt begeistert. Sie meinte Michaele hätte so perfekt gesungen, das kenne sie gar nicht von ihm. Ob das wohl noch etwas ist, das sich durch die Krise verändert hat? Oder kam das von der guten Orangenmarmelade? Oder lag es einfach daran, dass meine Freundin nicht mehr alle Dinge ganz so kritisch betrachtete, sondern endlich losließ?

Beim Thema Loslassen musste ich an Catherine denken. Als ich sie zum letzten Mal im Juli 2019 gesehen hatte, habe ich ihr im Geiste gewünscht, nicht immer alles unter Kontrolle haben zu wollen. Sie war ein so lieber Mensch mit einem netten Mann und ihrem Musiker- Sohn, der sie stolz machte. Sie hatte allen Grund, das Leben zu genießen. Damals dachte ich, sie könnte viel mehr loslassen und einfach Unfug machen. Ich spürte, dass es in ihr steckte. Wer hätte gedacht, auf welche Weise sie die Kontrolle aufgeben würde und diesen lustigen, in ihrem Inneren versteckten Teil herauslassen würde? Wenn mich diese Krise etwas lehrte, dann war es die Tatsache, nicht alles unter Kontrolle zu haben. Nicht einmal die Basics. Doch ich hatte Vertrauen, dass das Leben weiterging und ich den Fokus auf das Schöne im Leben richten konnte. Dies ist eine Erkenntnis die Perspektiven eröffnet, auch wenn sie noch so unscheinbar und leise scheinen.

„Gut, das mit den Perspektiven habe ich jetzt", sage ich, ganz die professionelle Autorin, zum Koala. Aber der hört mir gar nicht zu, sondern kugelt sich gerade auf dem Boden. „Was machst Du da, Koala?" Aber aus ihm kommen nur Grunzlaute und ein heftiges Deuten auf Tag 9. „Das soll ich auch reinnehmen?", frage ich ihn. Aber er grunzt und kugelt sich nur weiter. Irgendwann entdecke ich in alldem auch ein Nicken. Ich schaue auf das, was ihn so amüsiert und entdecke die Überschrift zu Tag 9. Jetzt muss auch ich lachen. Das war wirklich lustig. Und Lachen war ganz sicher etwas, von dem es nie zuviel gab. Aber in unserer verkehrten Welt sicher zuwenig.

Tag 9: Lachyoga

Die Stille im Dorf ließ mich Dinge hören, die ansonsten im Gewirr aus Stimmen, Motoren- und anderen dem Alltag geschuldeten Geräuschen untergingen. Beispielsweise fiel mir erst jetzt auf, wie viele Menschen hier noch katalanisch sprachen. Aber auch das Zwitschern der Vögel unten am Fluss wirkte lauter. Schöne Nebeneffekte einer etwas aus dem Rahmen gerückten Atmosphäre, fand ich. An manchen Morgen war so wenig los, dass es mehr nach einem Atomkrieg als nach einem Virus aussah, der bei einem Spaziergang alleine nicht übertragen werden konnte. Vor ein paar Tagen kam mir dann ein streitendes Paar entgegen. Es war richtig wohltuend für mich, auch einmal wieder laute Stimmen zu hören. Vor ein paar Wochen hätte ich diesen Gedanken noch als absurd abgetan. Aber nun war er real. Es schien, als glaubten die Menschen, der Virus würde durch Lachen übertragen, auch am offenen Fenster in der eigenen Wohnung.

Kürzlich ließ ich Filou am Fluss laufen und ich sinnierte über die Stille, als es in meiner Tasche ping machte. Ich bekam eine Nachricht von Claudette, jener Freundin auf Guadeloupe, deren Hund und Katze wir zwei Jahre zuvor gehütet hatten. Sie schickte mir ein Bild von einem Hund, der voll geschafft aussah, mit den Worten untertitelt: „Gott sei Dank, endlich zu Hause – nach dem 30. Spaziergang heute." Ich musste lauthals lachen. Plötzlich fiel es mir so richtig auf: An Tagen, an denen wir nicht mit Catherine und Henri zusammen waren, fehlte mir das ausgiebige Lachen.

Ich merkte auch hier in diesem Dorf, dass immer mehr Selbstmotivation bei den Menschen angesagt war. Ein noch fröhlicheres „Bonjour", ein Solidaritätsgruß, wenn sich zwei Hundebesitzer auch in großer Entfernung begegneten oder ein besonders zuvorkommendes Lächeln beim Vorbeigehen. Soziale Gesten von gesellschaftlich verhungernden Menschen. Isolation und Einzelhaft galten im Strafvollzug als schlimmste Bestrafungen. Sie waren in vielen Ländern verboten, da sie schwerste psychische und damit oft auch physische Schäden verursachen konnten. Aber gerade das erlebten die Menschen im ganz großen Stil, überall, auf der ganzen Welt, nicht nur hier in diesem katalanisch-französischen Dorf.

Höchste Zeit für Lachyoga. Lachyoga wurde von Dr. Madan Kataria entwickelt. Der amerikanische Wissenschaftsjournalist Norman Cousins hatte sich mit der Heilwirkung des Lachens zuvor beschäftigt und gilt als Erfinder der Lachtherapie. Der indische Arzt Dr. Kataria war auf dessen Unterlagen gestoßen. 1995 gründete er den ersten Lachclub. Die Mitglieder trafen sich in einem Park in Mumbai und erzählten sich Witze. Sie lachten und lachten mit dem Ergebnis eines allgemeinen Wohlbefindens, auch noch Stunden danach. Nach ein paar Treffen kam es, wozu es kommen musste. Der Gruppe gingen die Witze aus. Die Frau des Arztes hatte als Yogalehrerin eine Lösung parat. Durch spezielle Gesten, Atemübungen und Bewegungen sollte grundloses Lachen praktiziert werden, das dann ganz natürlich in echtes Lachen überging. Nach dem Motto: „Fake it until you make it."

Ich musste an das Lachyoga-Seminar denken, das ich vor Jahren einmal besucht hatte. Wir machten so dümmliche Übungen wie zum Beispiel uns mit einem Strohhalm im Mund, in die Augen zu schauen. Es hatte keine zehn Minuten gedauert bis aus dem grundlosen „Mundwinkel heraufziehen" ein echtes Lachen wurde. Wir konnten gar nicht mehr aufhören zu kudern. Auch ich spürte damals noch Stunden nach diesen Übungen Fröhlichkeit, obwohl ich zu jener Zeit in einer nicht gerade glücklichen Beziehung war.

Interessanterweise war auch beim grundlosen Lachen – bei dem es keinen psychischen Zusammenhang gab und lediglich auf anatomischen Abläufen beruhte– ein positiver Effekt zu spüren. Das hatte die Lachforschung, die Gelotologie, herausgefunden und noch viel mehr. Lachen produziert Glückshormone im Körper.

Entzündungshemmende und schmerzstillende Substanzen werden frei und stärken das Immunsystem. Außerdem wird der Sauerstoffaustausch im Gehirn erhöht, die Atmung verbessert, der Stoffwechsel angeregt und Stress abgebaut. Lachen förderte zudem das kreative Denken. Damit ist mir klar, warum mir nach unseren gemeinsamen lustigen Essen mit Catherine und Henri immer so viele Formulierungen für mein Tagebuch in meinem Kopf tanzen. Nach diesen Forschungsergebnissen war es kein Wunder, dass es bereits im Jahr 1997 über 2000 Lachclubs gab. Die Bewegung hatte es im Jahr 2000 nach Europa geschafft. Heute sind es etwa 7000 Clubs auf der ganzen Welt.

Ich lief durch die leeren Gassen und dachte an all die Verbote, die nicht nur unser Gesellschafts- und Wirtschaftssystem niedersausen ließen sondern auch unser Immunsystem. Die Politiker interessierte das wohl nicht. Wir befanden uns in einer Zeit der Einschränkungen: Liegen in der Sonne – verboten, Strandspaziergänge und gesunde Meeresluft atmen – verboten, Lachen auch in Kleinstgruppen – verboten. Schrecklich!

Experten meldeten sich erstmals etwa nach zehn Tagen „Stillstand" zu Wort und wiesen darauf hin, dass es mehr Tote durch die Maßnahmen der Regierungen als durch den Virus selbst geben könnte. Es lief gerade ein Experiment mit 7,8 Milliarden Teilnehmern, dessen Ausgang vollkommen ungewiss war, folgerte so mancher Forscher. Das Lachen konnte einem derzeit ja auch wirklich leicht abhandenkommen. Also höchste Zeit für Lachyoga.

Ich kaufte im Supermarkt Strohhalme und die Übungen konnten beginnen. Wir stellten uns gemeinsam mit Henri und Catherine in ihr Wohnzimmer und ich leitete die Übungen an. Schon dabei begann sich die Atmosphäre des Lachens zu melden, wahrscheinlich auch unterstützt durch mein holpriges Französisch. Ich begrüßte alle im Land des Lachens, einem Land, in dem man seltsame Dinge machte. Ich gab jedem einen Strohhalm, denn im Land des Lachens ging man sehr gerne mit einem Strohhalm im Mund spazieren und zwar im Kreis und in der Haltung eines Orang-Utans. Zusätzlich schaute man sich noch in die Augen. Es dauerte keine ganze Runde als wir schon so grinsen und lachen mussten, dass wir Schwierigkeiten hatten, den Strohhalm im Mund zu behalten. Bei der nächsten Übung mussten wir aber sowieso den Strohhalm weglegen. Nun wurden wir angerufen und am (imaginären) Handy erzählte uns jemand etwas total Lustiges. Der Orang-Utan telefonierte nun also auch noch. Bald mussten wir uns die Bäuche vor Lachen halten, so dämlich sah jeder Einzelne von uns aus und der Blickkontakt machte alles noch viel schlimmer.

Bald gingen wir ohne Anleitung über, in dieser Haltung blöde Dinge darzustellen. Was alles natürlich noch lustiger machte war, dass nun auch Filou mitmischte. Er sprang herum, rannte von einem zum anderen, wedelte wild mit dem Schwanz und fing sogar zu bellen an, was er höchst selten tat. Das Spiel gefiel ihm. Allmählich wurde aus unserer Lachyoga-Session ein wildes Spiel mit Filou, bei dem wir alle herzlich lachten. Ich musste an die Worte des indischen Begründers von Lachyoga denken: „Wir lachen nicht, weil wir glücklich sind, sondern wir sind glücklich, weil wir lachen."

Irgendwann kamen dann eine Flasche Wein und Oliven auf den Tisch. Was als Übung begonnen hatte wurde allmählich zum Apéro, dem Auftakt zum Abendessen. Richtig außer Atem waren wir gekommen. Filou ließen wir in den Garten, wo er wie so oft schwanzwedelnd vor dem Nachbarszaun stand und gebannt auf die dort ansässige Katze starrte. Für uns gab es katalanische Fleischlaibchen. Mit einem Saumur-Champigny aus dem Weingebiet der Loire prosteten wir uns zu: „La vie est belle – même en temps de Corona." Das Leben ist schön, selbst in Zeiten von Corona.

Nun sieht der Koala mich komisch an, als ich mich vor Lachen nicht mehr einkriege.

„Weißt Du, ich muss so viel lachen, weil ich mich an diesen Tag erinnere. Und Du weißt doch noch, dass das Gehirn keine Vergangenheit und keine Zukunft kennt. Für das Gehirn ist alles, was gespeichert ist, Gegenwart. Man kann sich jederzeit alles wieder herholen. Das Traurige genauso wie das Lustige oder Schöne. Daher war jetzt die Fröhlichkeit dieses Nachmittags bei mir ganz präsent. Beim Lesen war es für mich als wäre ich wieder im Wohnzimmer unserer Freunde."

„Warum macht Ihr dann so viele Sachen, mit denen ihr unglücklich seid?" Der Koala bringt es auf den Punkt, so wie immer.

Und meine Antwort ist genauso einfach: „Weil die Menschen glauben, dass die verkehrte Welt richtig ist und sie falsch liegen, wenn sie daran zweifeln."

Der Koala nickt, das alles weiß er schon längst. „Dann nimm doch Tag 14 in Dein Buch. Da schreibst Du von den verschiedenen Strategien der Leute und auch, dass immer mehr Menschen sich Gedanken machen über das Seltsame, das hier läuft."

Tag 14: Strategien

Dank Internet und Telefon war ich weiterhin mit Freunden, Familie und Kunden verbunden. Zuerst wünschten sich die meisten gegenseitig, man möge gesund bleiben. Dann kam die Phase der Witze, die langsam in Galgenhumor überging. Nun kamen nach zwei Wochen Lockdown immer mehr andere Zahlen in den Fokus. Von Februar auf März war die Zahl der Arbeitslosen in Österreich von 8,1% auf 12,2% gestiegen. Ende März waren es 504.345, am ersten April waren es bereits 562.522 – der höchste Stand seit 1946. Tendenz stark steigend.

Allgemeiner Optimismus bezüglich einer raschen Erholung der Wirtschaft war sehr niedrig. Innerhalb von drei Tagen hatten mehr als 84.000 Klein- und Kleinstunternehmen (mit bis zu neun Mitarbeitern) Hilfe aus dem Härtefallfonds beantragt (wir waren dabei). Nur, was konnte mit einer einmaligen Zahlung von 500 oder 1000 Euro an ein kleines Geschäft, einen Wirt oder eine Firma abgegolten werden? Das war im besten Fall die Miete für einen Monat. Aus Italien erreichten uns Bilder von Menschen, die um 50 Euro für Essen bei ihrer Hausbank bettelten, weil ihr Geschäft zugesperrt war. Immer mehr Betroffene konnten sich in unserem Nachbarland keine Lebensmittel mehr leisten. Wir lasen von Ländern, in denen Kinder nicht mehr regelmäßig zu essen bekamen, weil die Schulen nicht in Betrieb waren, wie beispielsweise in Spanien. Geschlossene Gastronomie bedeutete, dass es kaum Lebensmittelspenden an die Ärmsten der Armen geben konnte. Mitten in Europa drohten Menschen zu verhungern, wenn nicht bald finanzielle Lösungen gefunden wurden. Und der österreichische Bundeskanzler, auf die Maßnahmen angesprochen, schwang Sprüche wie. „Wenn dies ein Marathon wäre, wären wir jetzt bei Kilometer 2." Mit einem Nettogehalt von über 11.700 Euro, 14x im Jahr, konnte man leicht Sprüche klopfen. Noch dazu hatten wir einen Regierungschef, der bereits mit 24 Jahren nach abgebrochenem Studium Staatssekretär war und niemals in einem normalen Job gearbeitet hat. Es sei vielleicht noch erwähnt, dass er vor einigen Jahren bei einer EU-Sitzung Pokemons gejagt hatte.

Die Angst vor einer Ansteckung durch den Virus wich von Tag zu Tag immer mehr dem Bangen um das eigene finanzielle Überleben. In meinem Kreis von Freunden, Verwandten, Kunden und Bekannten konnte ich die verschiedenen Situationen und Strategien gut beobachten. Da waren einmal jene, die in einer beamteten Position waren. Da war selbst nach zwei Wochen die Stimmung gut. Je nach Funktion in ihrem Arbeitsleben war es für manche sogar eine Art bezahlter Urlaub, denn manche Aufgaben waren derzeit nicht nötig oder möglich zu bearbeiten. Für andere war es eine Zeit, in der sie endlich Liegengebliebenes aufarbeiten konnten. Richter kamen endlich dazu, Urteile zu schreiben, Sachbearbeiter konnten sich um Anträge kümmern, die sich auf dem Tisch getürmt hatten. Jene mit Hund waren besonders gut dran, auch psychisch, bemerkte ich. Bei anderen hatte ich das Gefühl, dass Scheidungsanwälte oder Familientherapeuten bald ein gutes Stück Arbeit vor sich hatten.

Dann gab es jene mit Kurzarbeit, die je nach finanziellem Hintergrund und Fokus unterschiedlich mit der Situation umgingen. Von easy bis existenzpanisch. Bei Austrian Airlines, gab es im März 2020 Kurzarbeit, mit gerade nicht rosigen Zukunftsaussichten. Wie schnell konnten sich Fluglinien erholen bei zu erwartenden Massenpleiten und Arbeitslosenrekorden sowie den tausenden Stunden am Boden? Was würde dies für die Angestellten bedeuten?

Menschen, die arbeitslos waren und Firmen, die keine Geschäfte machten, zahlten keine Steuern. Woher nahm der Staat dann das viele Geld für Arbeitslosengeld und Mindestsicherung beispielsweise? Hatte man doch das Hitler-Gold im Toplitzsee gefunden und lagerte dieses nun in einem Keller des Finanzministeriums? Oder gab es Area 51 und man holte einfach durch ein Stargate ein paar Tonnen eines wertvollen Rohstoffs von einem anderen Planeten? Nachdem ich an beides nicht glaubte, scheint mir, dass in politischen Kreisen etwas gewaltig schieflief. Die Toten durch Covid-19 waren eine Tragödie, keine Frage. Derzeit spricht man von etwa 10% Toten der schwerst von der Krankheit Betroffenen. Hunger tötet jeden, nicht nur einen Prozentsatz.

Dann war da die Gruppe der kleinen Selbständigen wie Friseure, Wirte, Dienstleister wie ich und fast alle Geschäfte (ohne Lebensmittelkonzession). Ich kannte einige dieser Menschen. Von ihnen bekam ich immer noch lustige Cartoons – allerdings nun auch gewürzt mit Galgenhumor zu den Themen Existenzverlust und Isolation. Auch Wut, Trauer und Ohnmacht, dem eigenen wirtschaftlichen Untergang gegenüber, kamen öfters hoch als noch vor Tagen. Auch fanden sich immer mehr Artikel im Internet, über die auferlegte Isolation, die von Tag zu Tag die Suizidgefahr erhöhte. Dies betraf vor allem die Alleinlebenden. In Österreich war das ein Drittel der Bevölkerung.

So mancher, der vor den Trümmern seiner Existenz stand, fragte sich, ob es nicht andere Massnahmen geben könnte, um besonders gefährdete Menschen zu schützen und unser Gesundheitssystem zu retten.

Wären wir bei Kilometer zwei bei einem Marathon, wie Politiker sagen, dann wären wir zeitlich gesehen erst in 40 Wochen am Ziel angekommen. Wir hatten ja erst Anfang April. Das würde bedeuten, 40 Wochen ohne oder nur mit sehr geringem Einkommen und ohne soziale Kontakte. Ich fürchte, dass Isolation und Regierungsmaßnahmen vermeidbare gesundheitliche

Schäden und zusätzliche Tote verursachen könnten. Geforscht wurde derzeit in jede Richtung und es gab erste Ergebnisse – je nachdem welche Parameter man annahm.

Ich stolperte dabei immer öfter über mögliche Szenarien, dass es mehr Tote durch die Maßnahmen als durch den Virus selbst geben könnte. Als mögliche Ursachen wurden genannt: verschobene Operationen und ärztliche Untersuchungen, Isolation, Couchpotato-Dasein, Alkohol sowie Mangel an Bewegung, Sauerstoff und Sonne, dazu mögliche Hungersnöte, wenn flächendeckend Lieferketten zusammenbrächen. Isolation und Ausgrenzung machten krank.[36] Alle Experten rieten beispielsweise bei Ausgrenzung durch Mobbing zum Verlassen der Situation zur Rettung der eigenen psychischen und physischen Gesundheit. Auch, wenn es noch so ungerecht war.

Was mir besonders auffiel, war der ausschließliche Fokus auf die Krankheit und nicht auf die Gesundheit. Das Forschungsgebiet der Psychoneuroimmunologie wäre meines Erachtens besonders hilfreich. Was passierte beispielsweise durch Isolation mit unserem Immunsystem, was beispielsweise durch Lachen? Ich erinnerte mich an die Worte eines Apothekers kurz nach dem Shutdown, als ich nach einem Mittel zur Stärkung des Immunsystems fragte. Er gab mir etwas und sagte dazu: „Aber ganz ehrlich: Das Beste, was Sie machen können, ist in die Sonne zu gehen. Das Vitamin D, das der Körper durch Sonnenlicht selbst erzeugt, unterstützt das Immunsystem am besten." Das John Hopkins Institut und die Columbia University haben zudem bereits im Februar herausgefunden, dass starkes UV-Licht dem Virus schadete. Seltsam, diese Informationen waren nun von den Websites verschwunden.

Neulich entdeckte ich die ersten Zeichen von Aggression und Realitätsverlust als Strategie. In einem Supermarkt etwas außerhalb unseres Dorfes. Ein Securitymann forderte bereits 40 Minuten vor dem Zusperren auf, dass man zur Kasse gehen solle. Grund dafür war wohl, dass die Mitarbeiter um Punkt 19 Uhr nach Hause gehen konnten. Nachdem im riesigen Markt nur circa zwanzig Kunden unterwegs waren, war das etwas übertrieben,

---

[36] Siehe beispielsweise Untersuchungen zum Thema Folgen von „Mobbing am Arbeitsplatz"

dachte ich. Aber was sollte es. Wir standen schon brav in der Schlange vor der Kasse als mir einfiel, dass ich etwas vergessen hatte.

Ich verließ meinen Warteplatz, um schnell Kaffee zu holen. Wir hatten sowieso noch mindestens fünf Minuten Wartezeit vor uns. Da stellte sich jener Securitymann mir in den Weg und begann mich verbal zu attackieren.

Die Situation fing an bizarr zu werden. Und das schon nach zwei Wochen. Es war höchste Zeit, dass Experten Möglichkeiten ausarbeiteten, damit die Bevölkerung gesund blieb, unser Wirtschaftssystem nicht völlig zusammenbrach und es keine Toten durch Hunger oder Selbstmord gab. Denn eines habe ich durch meine mehrjährige Supervisions- und Coaching-Ausbildungen sowie Erfahrungen als Managerin gelernt: Es gab immer mehr als eine Lösung. Es sei denn, man wollte keine andere Lösung finden.

Wichtig, dachte ich, war es, aus dieser absurden Situation, in der wir uns befanden, zu lernen. Die meisten hatten ja jetzt genug Zeit, um nachzudenken und konnten spüren, was sie am meisten vermissten und was sie sich wirklich vom Leben wünschten.

In einem Video, das ich zugeschickt bekommen hatte, war der Zeitgeist vor dem Lockdown auf den Punkt gebracht: Viele Menschen machten mit ihrem Handeln unsere Welt und uns kaputt. Wir nahmen uns keine Zeit mehr für uns und unsere Familien. Wir jagten Bildern nach, die oberflächlich waren. Es gab sogar Tote bei Fußballspielen. Sequenzen des Videos warnten vor Dingen, die uns regierten und wir deshalb nicht taten, was uns glücklich machte. Es war genug mit Machtmissbrauch und Gewalt. Wir beschwerten uns zwar, aber änderten nichts. Wir sollten lernen:

- Respekt von Leben auf unserem Planeten und somit auch uns selbst gegenüber
- Das Schätzen einer Umarmung, eines Händedrucks, eines schönen Gespräches, eines Spazierganges, eines Abends mit Freunden, eines Restaurantbesuches
- Die Wiederentdeckung von Liebe, Freude und Vertrauen
- Gier und Neid entlarven und stoppen
- Schaffen eines Gefühls von Nähe und Zusammenhalt
- Die Natur genießen

- Erwerb von Dingen, die uns wirklich mit Freude erfüllen, und nicht (nur) als Prestige- oder Statussymbol dienen
- Gutes tun (das sich im Inneren warm anfühlt)
- Leben, so wie wir es wirklich wollen
- Herzenswünsche erfüllen – eigene und die anderer (geben und nehmen, anstatt oberflächlich handeln)
- Den Fokus auf das Geschenk des Lebens zu richten

Wir werden sehen, was sich verändern wird – in der Welt, aber vor allem in uns – und damit in unserem Umfeld. Denn wir bestimmen, was wir kaufen, wen wir mit unserem Konsum und Geld unterstützen, welche Politiker regieren, wie sehr wir (noch) an das Märchen der natürlichen Auslese in Wirtschaft und Gesellschaft glauben, statt an uns selbst und die wirklich essenziellen Dinge des Lebens.

„*Was weiter?*" *frage ich den Koala.*

„*Du hast in einem Eintrag die Nachricht eines Hopi-Indianers. Die finde ich sehr schön. Da fangen sicher Menschen zum Nachdenken an, wenn sie das lesen.*"

„*Ja, ich kann mich erinnern. Das hat mir jemand geschickt. Auch ich finde sie sehr schön. Das heißt, wir nehmen ausnahmsweise nicht den Tageseintrag, sondern nur diesen Teil daraus. Habe ich Dich da richtig verstanden?*"

„*Genau.*" *Der Koala klatscht mit seinen Pfoten.*

Das ist einmal etwas Neues in seiner Körpersprache. Offensichtlich ist er begeistert, dass ich so schnell begriffen habe. Oder gilt das Klatschen dem Text und nicht mir? Egal. Schnell kopiere ich den Text in unser Manuskript:

Nachricht von White Eagle (Weißer Adler), Hopi Indianer, Nordamerikanischer Stamm

Dieser Moment, durch den die Menschheit gerade geht, kann als Pforte oder Loch betrachtet werden. Die Entscheidung, ins Loch zu fallen oder durch die Pforte zu schreiten, liegt an Dir.

Wenn Du das Problem bedauerst und rund um die Uhr energieraubende Nachrichten konsumierst, ist es einfach in Pessimismus zu verfallen, nervös zu sein und in ein tiefes Loch zu fallen.

Aber wenn Du die Gelegenheit ergreifst, Dich selbst zu betrachten, Leben und Tod zu überdenken, für Dich und andere zu sorgen, dann wirst Du durch das Portal gehen. Schau auf Dein Zuhause, sorge für Deinen Körper. Verbinde Dich mit Deiner spirituellen Heimat in Dir. Wenn Du Dich um Dich selbst kümmerst, kümmerst Du Dich gleichzeitig um alle anderen.

Verliere nicht die spirituelle Dimension dieser Krise. Nimm die Perspektive eines Adlers ein, der von oben das Ganze sieht – mit Weitblick.

Es liegt eine soziale Anforderung in dieser Krise, aber genauso eine spirituelle. Beide gehen Hand in Hand.

Ohne die soziale Dimension fallen wir in Fanatismus. Aber ohne die spirituelle Dimension fallen wir in Pessimismus und Sinnlosigkeit. Du bist vorbereitet, um durch diese Krise zu gehen.

Nimm Deinen Werkzeugkasten und verwende alle Werkzeuge, die Dir zur Verfügung stehen.

Lerne etwas über Widerstand am Vorbild indianischer und afrikanischer Völker:

Wir wurden und werden noch immer ausgerottet. Aber wir haben nie aufgehört zu singen, zu tanzen, ein Feuer anzuzünden und Freude zu haben.

Fühle Dich nicht schuldig Glück zu empfinden während dieser schwierigen Zeiten. Du hilfst überhaupt nicht damit, traurig und energielos zu sein.

Es hilft, wenn jetzt gute Dinge aus dem Universum kommen.

'It is trough joy that one resists!' – es ist die Freude, durch die man Widerstand leistet!

Auch wenn der Sturm vorübergezogen ist, wird jeder einzelne von Euch sehr wichtig sein, um diese neue Welt wiederaufzubauen.

Es muss Euch gut gehen und Ihr müsst stark sein.

Und dafür gibt es keinen anderen Weg, als eine schöne, freud- und lichtvolle Schwingung zu bewahren.

Das hat nichts mit Weltfremdheit zu tun.

Es ist eine Strategie des Widerstands.

Im Schamanismus gibt es ein Ritual des Übergangs, genannt 'die Suche nach Weitsicht'. Du verbringst ein paar Tage allein im Wald, ohne Wasser, ohne Nahrung und ohne Schutz.

Wenn Du durch die Pforte gehst, bekommst Du eine neue Sicht auf die Welt, weil Du Dich Deinen Ängsten und Schwierigkeiten gestellt hast ... das ist es, was nun von Euch gefragt ist.

Erlaube Dir, diese Zeit dafür zu nutzen, Deine Rituale zum Suchen Deiner Visionen zu finden. Welche Welt möchtest Du für Dich erschaffen?

Das ist alles, was Du momentan tun kannst: Gelassenheit im Sturm. Bleib ruhig, bete täglich. Mach es Dir zur Gewohnheit, das Heilige jeden Tag zu treffen. Gute Dinge entstehen daraus. Was jetzt aus Dir kommt, ist das allerwichtigste. Und singe, tanze, zeige

Widerstand durch Kunst, Freude, Vertrauen und Liebe! Widerstehe!

Nachricht vom 16.03.2020"

„Ja, Koala, das war eine gute Idee, diese Passage ins Buch zu nehmen. Er war auch für mich wichtig. Ich entschied mich dazu, durch die Pforte zu gehen und dagegen, ins Loch zu fallen."

„Und sind diese Worte nicht auch jetzt aktuell?"

„Da hast Du Recht. Daher ist es jetzt wichtiger denn je für Walkabout und Wandel. In den letzten zwei Jahren ist alles noch schlimmer geworden in Gesellschaft und Wirtschaft."

Der Koala blättert weiter. "Tag 16, definitiv."

"Warum meinst Du, dass ich den ins Buch nehmen soll?", frage ich den Koala zweifelnd.

"Ihr seid unverhofft in einem Garten Eden gelandet, das finde ich sehr schön. Es zeigt, wie wichtig es ist, sich zu erfreuen an dem was existiert. Alles hat seinen Platz von der Rose bis zu dem, was Ihr Unkraut nennt, welches auch schön sein kann. Durch Euer Erlebnis mit der Polizei kommt wunderbar der Gegensatz heraus von Macht, Verboten, sich unwohl fühlen auf der einen Seite und dem Genießen des Schönen, Erbaulichen auf der anderen Seite. Da können sich die Menschen selbst fragen, in welcher Art Welt sie leben wollen."

Ich lese das Kapitel genau durch. Wie konnte ich das nur übersehen? Natürlich, es ist genauso wie der Koala sagt.

Tag 16: Von Orangenbaum zu Orangenbaum

Gestern mussten wir umziehen. Es war eine etwas seltsame Situation. Noch vor Tagen hatte Catherine davon gesprochen, dass wir gerne im Zimmer ihres Sohnes schlafen könnten, wenn der neue Mieter des Gartenhäuschens einziehen würde. Doch plötzlich war alles ganz anders. Catherine wurde wieder die strenge Lehrerin, die alles unter Kontrolle haben wollte. Der Umschwung war nicht vorauszusehen und wir wussten nicht so recht, was geschehen war. Zufälligerweise bekam ich mit, dass der neue Mieter ihr wohl zusetzte. Es schien, dass der Druck ihr endlich freigelegtes inneres Wesen wieder verschüttet habe.

Die Punkte für den Haustausch, die sie vom neuen Mieter bekam, ließen sie wohl uns vergessen. Sie brauchte diese doch so dringend, um ihrem Sohn im Sommer beim Umzug nach New York zu helfen. Wir hatten bereits einen Austausch mit Big Apple in der Tasche, den hätte ich ihr (schweren Herzens) abgegeben, wenn wir weiterhin bei Catherine und Henri wohnen hätten können.

Ein Buch zu schreiben war meine einzige berufliche Chance für die nächste Zeit. Ich brauchte dafür aber Erlebnisse und Inhalte. Ich war also nun auf der Suche nach einer neuen Bleibe.

Nach langem Suchen fand ich ein Haus, nur drei Kilometer entfernt. Es wurde als Häuschen zwischen Blumenwiesen und Weinbergen angepriesen. Das klang idyllisch, aber woher sollte ich dort meine Inspirationen und Geschichten für mein Buch bekommen? Irgendwann sagte Catherine mir geistesabwesend, ich hätte sicher genug Fantasie, um etwas zu erfinden. Dass ich ein Buch mit meinen authentischen Erlebnissen und Gedanken während der Corona-Krise schrieb und nicht einen Roman, sagte ich anscheinend gegen die Wand, obwohl Catherine neben mir stand. Sie hörte nicht einmal mehr zu. Sie war in ihren Gedanken, in ihrem eigenen „Land" unterwegs, zu dem ich keinen Zugang fand.

Ich hatte bereits die Bestätigung für die Buchung des Häuschens erhalten, als Catherine immer noch bezweifelte, dass es damit klappen würde: „Das ist nur eine automatische Antwort. Ihr werdet vor einer geschlossenen Tür stehen. Ihr habt keine persönliche Antwort erhalten." Obwohl ich auf dieser Plattform noch nie etwas gebucht hatte, war mir klar, dass das nicht stimmen konnte. Soweit hatte ich das System im Überblick. Es wurde immer bizarrer als sie fast hysterisch „das ist eine automatische Antwort" ein ums andere Mal rief. Mehrere Male fragte sie, ob ich sie verstehe, was ich jedes Mal bejahte. Beim dritten Mal erklärte ich ihr, die deutsche Übersetzung von „automatique" war nahezu authentisch. Das hielt sie nicht davon ab, ihre Sätze zu wiederholen. Wo war die lustige, warmherzige Catherine geblieben? Oder war das die Auswirkung, dass Catherine seit vierzehn Tagen das Haus nicht verlassen hatte?

Ich musste an den Cartoon denken, den mir ein Freund zugeschickt hatte: „Tag 17 der Quarantäne: Ich habe eine tote Fliege gefunden, ich nenne sie Fredi. Fredi kann reiten, die Wäsche aufhängen ..." Das zeigte auf tragisch-witzige Weise den aufkeimenden psychischen Zustand von vielen. Was auch immer es war, dass Catherine so reagierte. Wir waren plötzlich froh, das Weite suchen zu können. Doch so einfach war das gar nicht.

Die Situation erforderte Geschick, denn das Häuschen, das wir die nächsten zehn Tage bewohnen würden, lag offiziell bereits im Nachbarort. Das GPS sagte uns, wir würden unser Ziel in fünf Minuten erreichen. In Realität wurden es dreißig. Als wir das Ortsschild passierten, sahen wir neben uns einen großen Friedhof.

Derzeit war auch außerhalb dieser Friedhofsmauern nicht viel Lebendigkeit zu erkennen. Zweihundert Meter weiter kam der Grund unserer folgenden Odyssee in Sicht. Zwei Polizisten mit ihren Motorrädern. „Absurd", dachte ich mir. Von einem fast einsamen Haus ganz sicher ohne Virus zu einem anderen einsamen Haus, wo wir niemanden trafen, ging es nur unter Ausweichen der Polizei. Wie Bonny und Clyde auf der Flucht, nahmen wir gleich die erste Ausfahrt am Kreisverkehr anstatt der richtigen, wo die Ordnungshüter standen. Normalerweise war Filou unser Persilschein. Mit vollbepacktem Auto wären wir wohl aber in Erklärungsnotstände gekommen. Unser GPS führte uns durch Wohnsiedlungen um den Ort herum. Michaele sagte mir den Weg an. Ich saß am Steuer, immer auf der Hut vor eventuellen Polizeiautos. Doch außer dem einen oder anderen Spaziergänger mit Hund war die Luft rein. Wir hatten es geschafft. Wir waren inmitten der Weinberge, wo das Häuschen sein sollte. Die genaue Adresse kannte unser GPS nicht, bestand sie doch nur aus einem Namen. Also weiteres Herumkurven. Irgendwann gaben wir auf. Michaele rief bei unserer Vermieterin an, die uns erklärte: Wir müssten von dort, wo wir gerade waren, etwa vierzig Meter bergab fahren. Dann wären wir bei ihrem blauen Tor. Das kannten wir schon: Wir waren etwa dreimal daran vorbeigefahren.

Hier angekommen, fanden wir, wie ausgemacht, den Schlüssel unter einem Blumentopf. Wo auch sonst? Es war als betraten wir eine andere Welt. Während Michaele unsere Koffer und Lebensmittel ins Haus brachte, machten Filou und ich eine Runde durch den Garten. Hier blühten die wunderschönsten Blumen, sowohl in Beeten als auch auf einer riesigen naturbelassenen Wiese. Eine Buddhastatue strömte Frieden aus. Der Swimmingpool hätte zum Baden eingeladen, wären die Temperaturen schon höher gewesen. Filou schnupperte an der Abdeckung und, so schnell konnte ich gar nicht reagieren, da war er schon auf der Plane. Aufgrund seines Gewichtes spritzte durch kleine Löcher plötzlich das darunterliegende Wasser. Ob es mein Signal „Raus!" oder sein eigener Schrecken war, der ihn dazu brachte, jedenfalls war er schwupps wieder auf festem Boden.

Ich atmete tief durch. Jetzt musste man schon der Polizei ausweichen, um allein zu sein. In welch einer verkehrten Welt wir uns befanden! Aber Frankreich war eben extrem zentralistisch und die Regeln wurden aufgrund von Erfahrungen in Paris – und hauptsächlich für Paris geschaffen. Die Menschen in den Städten mussten sicher besonders leiden.

Doch hier waren wir in einem kleinen Garten Eden. Das alte Steinhaus mit Terrasse mit seinen vielen Blumentöpfen voller bunter Blüten ließ mich unseren chaotischen Umzug vergessen. Direkt neben unserem Eingang stand – ich konnte es kaum glauben – ein wunderschöner Orangenbaum mit Blüten und Früchten, genau wie jener unter dem ich bis jetzt gearbeitet hatte. Der Geruch war genauso betörend und mich durchströmte ein warmes Gefühl, hier willkommen zu sein. Dies sollte sich noch verstärken.

Am Nachmittag ging ich für unser Abendessen Baguette holen. Catherine und Henri hatten uns gesagt, hier im Ort gäbe es das beste Brot der Gegend. Hier angekommen, hatten wir bemerkt, dass jene Bäckerei unsere direkte Nachbarin war. Hätte es ein Tor am hinteren Ende des Gartens gegeben, hätten wir hindurch spazieren können und wären vor dem Eingang gestanden. Wie immer nahm ich Filou mit und hoffte, dass Hunde mit in die Bäckerei durften. Bei den meisten Bäckereien in Frankreich war dies so, aber man konnte ja nie wissen. Hier sollte ich aber eine Überraschung der positiven Art erleben. Genaugenommen zwei. Erstens wurde hier das Brot noch in einem echten Holzofen gebacken, was einen unglaublich tollen Duft ausströmte. Es war die schönste Backstube, die ich je gesehen hatte. Ansonsten sah man solche Öfen nur in den Küchen alter Schlösser.

Die zweite Überraschung betraf Filou. Ich ging in die Bäckerei, den vorgeschriebenen Abstand von einem Meter brav einhaltend. Kaum waren wir durch die Tür, rief die Bäckerin nach ihrem Mann, der beim Backofen saß. Ganz aufgeregt kam er heraus. „Quel souvenir!", riefen beide. „Exactement comme notre chien." Welche Erinnerung! Mit strahlenden Augen drückte der Bäcker Filou an sich und erzählte stolz, dass er fast exakt wie ihr Hund aussah. Er hatte seinen Englisch-Setter immer auf die Jagd mitgenommen. Das Leuchten in den Augen des Mannes war wohl auch Filou nicht entgangen, er wedelte freudig mit dem Schwanz und wollte gar nicht mehr weg von ihm. Das frisch gebackene Brot war uninteressant für meinen Hund geworden, obwohl er doch Weißbrot so liebte. Das hatte ich schon oft bei Filou beobachtet:

Begegnungen waren ihm wichtiger als Leckereien. Was für ein schönes Erlebnis. Ja, hier waren wir willkommen. Mir kam wie so oft in letzter Zeit der Satz in den Sinn: „Es gibt keine Zufälle."

Das Brot schmeckte großartig. Unglaublich. Dieser Duft, diese Kruste. Es war zum Niederknien. Kein Wunder, dass es nach zehn Uhr vormittags kein Baguette mehr gab. Aber auch das Brot, das ich als Ersatz genommen hatte, war eine Offenbarung. Dabei war ich durch das selbst gebackene Brot von Michaele sehr verwöhnt.

Ich hatte gedacht, es gäbe kein besseres als das bei uns zu Hause, vor allem, wenn es frisch aus dem Ofen kam. Ich liebte vor allem das Lavendel-Roggenbrot, das so wunderbar duftete und schmeckte. Aber einen Holzofen hatten wir natürlich nicht. Wie wohl Michaeles Brot aus dem Holzofen schmecken würde? Und ein anderer Gedanke kam hinzu: Wieso hatte uns nie zuvor jemand von dieser Bäckerei erzählt? Bei unseren vorangegangenen acht Aufenthalten hier hatte man uns dieses Juwel vorenthalten. In den nächsten Tagen und auch in Zukunft, wenn wir später einmal wieder in unserem Dorf wären, würden Filou und ich mit Freuden in dieser Bäckerei einkaufen. Ohne Polizeikontrollen war die Bäckerei ja nur fünf Minuten vom Dorfzentrum entfernt. Die Bäckersleute würden sich also sicher noch viele Male an Filou erfreuen dürfen.

„Ich denke, Tag 17 sollten wir hineinnehmen", sage zur Abwechslung einmal ich. „Da geht es um den ältesten Menschen Europas. Und um ein paar Sachen, die seit seiner Zeit seltsam gelaufen sind."

Dieses Mal ist es der Koala, der einfach „passt" sagt. Aber schon möchte ich mit meiner Arbeit beginnen, da legt er noch nach: „Ich glaube, der war der heutigen Menschheit etwas voraus. Wenn damals schon alles so verkehrt gelaufen wäre, wäre die Menschheit schon ausgestorben."

„Auf diesen Schluss bin ich auch gekommen", muss ich ihm Recht geben.

Tag 17: Cabriofahrt

Die Sonne schien, die Frühlingsblumen blühten auf saftigen Wiesen. Wir fuhren auf kleinen Straßen zum Einkaufen in unser südfranzösisches Dorf, das im Moment unser Nachbarsort war. Einkaufen durfte man ja ohne Kilometerbegrenzung. Am Weg zurück, bog ich in den Kreisverkehr, der uns in unsere Straße bringen würde. Plötzlich packte mich solch eine Sehnsucht nach Freiheit und Natur, dass ich in Richtung Weinberge abbog. Ich entdeckte auf einem Wegweiser, dass wir hier nach Tautavel kommen würden. Dort war der älteste Mensch Europas zu Hause gewesen. Die Wiege der Menschheit stand in Afrika. Doch 1971 hat hier, unweit unseres südfranzösischen Dorfes, der Paläoanthropologe[37] Henry de Lumley den ältesten Europäer entdeckt.

Ich hatte das schon in der Schule gelernt und es lustig gefunden, als wir zum ersten Mal in unserem südfranzösischen Dorf Urlaub gemacht hatten, dass ich hier gelandet war – in der Nähe des ersten Menschen Europas. Doch in all den letzten Jahren als wir hier waren, hatten wir kein einziges Mal diese Gegend besucht. Wir waren in Perpignan, in den romanischen Klöstern in den Pyrenäen, in malerischen Orten wie Collioure und an der Côte

---

[37] Die Paläoanthropologie versucht die Verwandschaftslinien der Homo sapiens zu rekonstruieren, basiert auf der Evolutionstheorie und bewegt sich innerhalb der Grenzen der Biologie und der geologischen Wissenschaften.

Vermeille, die nach Spanien führte. Und natürlich am Meer, sehr viel am Meer, eigentlich fast immer am Meer.

Doch gerade jetzt in dieser Zeit, in der alles ver-rückt war, fuhren wir auf einer schmalen idyllischen Bergstraße Richtung „Erster Mensch Europas". Die Cabriofahrt war herrlich. Der Duft der Blumen und Wiesen stieg uns in die Nase. Filou stand aufrecht auf zwei Pfoten, lässig am Fenster gelehnt und genoss die Fahrt in vollen Zügen. Es sah aus, als würde er demnächst seinen Untertanen winken, wie es die englische Königin zu tun pflegt.

Ich überlegte mir, mit welcher Ausrede wir dieses Mal bei der Polizei die Umgehung der Ausgangssperre erklären konnten. Mit dem Hund spazieren gehen, durfte man ja. Wie es wohl angekommen wäre zu sagen: „Mein Hund braucht seine regelmäßigen Cabriofahrten"? Wenn der Gendarm einer jener vielen hundelieben Franzosen war, dann brachte meine Aussage ihn vielleicht zum Lachen und er ließ uns weiterfahren. Einkaufen konnten wir hier wohl kaum angeben in dieser einsamen Gegend. Verfahren? Möglich, aber auch nicht gut. Wir verließen uns wie immer auf unser Glück, das uns seit unserer eiligen Abfahrt aus Wien stets hold war, und auf meine Intuition.

Auf der kurvenreichen Bergstraße in der idyllischen Landschaft waren wir jedenfalls mutterseelenallein. Wir fuhren an Weingütern vorbei, deren Namen mir teilweise bekannt waren. Gab es doch viele kleine Vinotheken und Märkte, wo der Wein von dort zum Verkauf stand. Außer den Reben schaute allerdings im Moment alles tot aus. Im Gegensatz zu anderen Gegenden in Frankreich folgten die meisten dieser Weingüter den Prinzipien des ökologischen Anbaus. Das hatte uns einmal Catherine erzählt. Languedoc-Roussillion – wie es damals noch hieß – war die Region Frankreichs mit dem höchsten Anteil an biologischer Landwirtschaft.

Der Ausflug war zwar nicht legal, aber herrlich. Im Sommer fuhren hier sicher Kolonnen. In Tautavel angekommen, standen wir selbstverständlich vor einem geschlossenen Museum. Das war klar gewesen. Auch den ersten Menschen Europas hatte Covid-19 erwischt oder zumindest seine heutige Wirkstätte. Wir begaben uns auf eine Erkundungstour und entdeckten einen Imkerladen, einige Weingeschäfte und Degustationsorte. Selbstredend alles geschlossen. Die wenigen Einheimischen auf der Straße starrten uns an, als wären wir gerade die lebendig gewordenen Tautavel-Menschen aus dem Museum. So gingen wir nach dem Studieren der Plakate über die Ausstellung, zurück zu unserem Auto. Selbst Filou sprang sofort hinein. Auch ihm war es hier zu gespenstisch.

Wir fuhren hinaus aus dem Dorf und sahen wie auf der anderen Straßenseite Polizisten die Ausgangspapiere kontrollierten. Sie hatten sich zu dritt auf einen Lastwagen gestürzt, das erste Auto, das wir seit einer dreiviertel Stunde gesichtet haben. Die Polizei wahrscheinlich auch. Während wir unsere Cabriofahrt genossen, schauten drei Gendarmen darauf, ob der Mann seine Ausgangspapiere korrekt mit Datum, Uhrzeit und Grund des Ausgangs versehen hatte. Da es sich um das Fahrzeug einer Baufirma handelte, sollte dies dem Fahrer nicht allzu schwerfallen. Denn aus beruflichen Gründen war es erlaubt, Haus und Heim zu verlassen und geschäftliche Fahrten zu unternehmen. Die Polizisten hier mussten auch in eine Sinnkrise kommen. Sie kontrollierten selbst geschriebene Zettel, auf die man letztendlich alles schreiben konnte, wenn es nur irgendwie ins Formular passte. Hunde und Lieferwägen, aber auch Einkaufstaschen waren gute Accessoires, womit man letztendlich immer durchkam. Wir persönlich hatten bis jetzt nur eine Kontrolle erlebt. Das war eine Motorradstreife gewesen, die sehr freundlich zu uns gewesen war, obwohl wir die Papiere aus Unwissenheit falsch ausgefüllt hatten. Filou eröffnete diese Welt für uns. Zumindest in Frankreich. Mit Hund hatten wir alle Freiheiten und Sympathien. Beschimpft oder böse angeschaut zu werden, weil man einen Hund besaß, also einen vermeintlich potenziellen Mörder an der Leine führte (selbst mit Filou, der schön und freundlich war), kannte ich nur aus Wien.

Am Tag vor unserer Abfahrt aus Wien hatte ich dort eine Frau erlebt, die mich hysterisch anschrie, mein Hund dürfe nicht näher zu ihrem kommen. Allerdings begriff ich dann, dass in Wirklichkeit gar nicht Filou, sondern ich gemeint war, die von ihr fernbleiben sollte.

Was war nur in der Welt geschehen, dass sich die Menschen in ihren Handlungen anderen Menschen gegenüber gerade so benahmen und einen regelrechten Schritt zurück in ihrer Entwicklung durchmachten? Die Polizei kontrollierte wie Lehrer selbstgeschriebene Entschuldigungen, Passanten fürchteten sich vor Hunden und ihren Besitzern, auch wenn beide offensichtlich freundlich waren. Den Großteil der Menschen beunruhigte ein Virus, von dem die meisten Infizierten nur Erkältungssymptome oder nicht einmal das bekamen. Die Menschen hatten von einem Tag auf den anderen aufgehört, sich um die Probleme in der Welt zu kümmern wie beispielsweise: die etwa fünf Millionen Kinder, die jedes Jahr an Hunger starben; die Arm- und Reichschere, die immer größer wurde, auch in reichen Ländern wie Österreich; Flüchtlinge, die aus Gründen wie Krieg, Verfolgung und Hunger in Scharen nach Europa kamen; Konzerne, die die Politik steuerten (was Politiker auch immer wieder zugaben, wie etwa Horst Seehofer, der deutsche Innenminister, der dabei explizit die Pharmaindustrie nannte). Der Satz „Du sollst nur an einen Gott glauben" war von unserer Wirtschaft, Politik und Gesellschaft dahingehend verändert worden, dass dieser EINE Gott „Geld" hieß.

Vielleicht sollte ich bald hierher nach Tautavel zurückkehren, wenn das Museum wieder geöffnet hatte. Ich wollte herausfinden, wie der erste Mensch Europas gelebt und was er uns voraushatte. Denn wäre er damals so wie der Mensch heute gewesen, wäre er wohl in der Zwischenzeit längst ausgestorben. Spätestens beim Social Distancing.

Der Koala ist offenbar ganz vertieft in einen meiner Texte. Er hört es nicht einmal als ich ihm ein paar Eukalyptusblätter zum Knabbern anbiete. „Die Geschichte mit dem Geiger ist Wahnsinn", taucht er aus den Tiefen meines Manuskripts auf. Er ist sichtlich beeindruckt, aber auch sehr nachdenklich. Die Eukalyptusblätter nimmt er trotzdem. Intuitiv sozusagen.

Tag 24: Der Geiger

Gestern Abend stolperte ich in einem Buch von Sergio Bambaren[38] über ein Experiment der Washington Post, einer renommierten amerikanischen Tageszeitung. Ich recherchierte nach und fand tatsächlich folgende wahre Begebenheit:

Im Jänner 2007 spielte ein Mann in einer U-Bahnstation in Washington D.C. Geige. Erst nach einigen Minuten nahmen gelegentlich vorbeieilende Menschen Notiz von ihm. Es war Rushhour und es waren über tausend Personen, die an ihm – zumeist am Weg zu ihrer Arbeit – vorbeigingen. Er spielte eine Dreiviertelstunde lang, auch sechs Stücke von Johann Sebastian Bach. Oft ohne überhaupt aufzusehen warfen vereinzelt Menschen im Vorbeigehen eine Münze in den Geigenkasten. Ab und zu verlangsamte jemand seine Schritte oder hörte sogar ein wenig zu, bevor er weitereilte. Wenn ein Kind dem Musiker Aufmerksamkeit schenkte, zwangen es seine Eltern weiterzugehen.

Insgesamt waren in diesen dreiundvierzig Minuten nur sieben Menschen stehengeblieben, um dem Geiger für eine Weile zuzuhören. Er nahm zweiunddreißig Dollar und siebzehn Cent ein. Als er sein Spiel beendete und es wieder still wurde, fiel das keinem auf. Niemand applaudierte oder zollte ihm auf andere Weise Anerkennung. Nur eine einzige Person hatte ihn erkannt: Der „Straßenmusiker" war der weltberühmte Geiger Joshua Bell, der zwei Tage zuvor ein ausverkauftes Konzert in Boston gegeben hatte, für das die Menschen durchschnittlich hundert Dollar für eine Karte ausgegeben hatten. Bell hatte in der U-Bahn mit der Chaconne in d-Moll von Johann Sebastian Bach eines der kompliziertesten Musikstücke gespielt, das je komponiert wurde

---

[38] Sergio Bambaren: Die Stimme des Meeres (2019)

und zwar mit einer Stradivari im Wert von dreieinhalb Millionen Dollar.

Joshua Bells Inkognito-Auftritt im Rahmen des Experiments mit dem Namen „Pearls before Breakfast", das sich mit Wahrnehmung beschäftigte, machte mich sehr nachdenklich. Wie viel versäumten Menschen, die im Hamsterrad unterwegs waren? Wie viel Schönes verpasste man, wenn man ausschließlich auf ein Ziel zuging ohne auch den Weg zu schätzen? Wie viel verpasste man, wenn man die Maßstäbe, die die verkehrte Welt aufstellte, als Wahrheit annahm und nur auf die Etiketten schaute?

Ich sah mich um und war glücklich. Zuerst bei Catherine, wo wir so viele lustige Momente erlebt hatten. Und nun hier in diesem Garten Eden, in dem wir noch Ostern feiern konnten. Gestern war der Schlüssel des Hauses am Meer eingetroffen, wo unsere nächste Etappe hinführte. Wir waren wahrlich vom Schicksal (oder von wem auch immer) gesegnet. Wir konnten in diesem Haus samt Garten nicht länger bleiben, das wussten wir von Anfang an. Maggie, unsere englische „Vermieterin", mit der wir uns französisch unterhielten – mit eingeworfenen englischen Vokabeln, wenn wir einmal beide nicht weiterwussten, was uns immer zum Lachen brachte – war so nett, uns noch Ostern hier verbringen zu lassen.

Ich überlegte, wie ich wohl gehandelt hätte, hätte ich wunderbare Musik in einer U-Bahnstation gehört. Wäre ich auf dem Weg zu einem unaufschiebbarem Geschäftstermin gewesen, wäre ich wahrscheinlich nach kurzem Innehalten und einer Münze wahrscheinlich auch weitergegangen. Wenn nicht, könnte ich mir vorstellen, dass ich zumindest eine Zeitlang geblieben wäre. Am Ende seines Spiels, hätte ich sicher applaudiert. Das machte ich auch bei anderen Straßendarbietungen, die mir gefielen. Denn ich hatte das Glück, einen Beruf zu haben in dem auch ich Applaus bekam – sowohl bei meinen Führungskräftetrainings als auch bei Buchpräsentationen oder Lesungen. Klatschen war Energie, die den Raum erfüllte. Es war eine so schöne Art, Anerkennung zu zeigen und zu spüren. Auch dafür schätzte ich mich sehr glücklich. Dieses Glück teilte ich gerne. Oft waren Straßenkünstler nur nicht am richtigen Platz den richtigen Menschen begegnet, um eine „echte" Karriere zu machen. Dies minderte nichts an einer dargebrachten Leistung.

Es war unsere ver-rückte Welt, die nur das wertvoll machte, was viel kostete. Ich las einmal, dass sich Frauen, wenn sie eine Louis Vuitton-Tasche geschenkt bekamen, geliebter vorkamen, weil ein Mann für sie so viel Geld ausgegeben hatte. Ich fragte mich, wie viele reiche Männer hingegen dies ausnutzten und das Geschenk gar nichts mit Liebe zu tun hatte.

Ich erlebte hier in diesen südfranzösischen Dörfern so viele Dinge, die mich glücklich machten, dass ich aus meiner ganz persönlichen Perspektive „Danke" sagen musste. Entschleunigen ist ein schönes Wort, doch aller Stillstand nutzte nichts, wenn ich nicht in mir selbst innehielt und mich umschaute. Es gab so wunderbare Dinge auf dieser Welt. Ich musste an den Satz des amerikanischen Schriftstellers französisch-kanadisch-italienischer Abstammung, Paul Theroux denken: „Touristen wissen nicht, wo sie waren. Reisende wissen nicht, wohin sie gehen."

Ich hatte das Reisen von meinem Vater gelernt, wobei die Flamme sicher schon immer in mir war. Wäre es nicht mein Vater gewesen, hätte sie jemand anderer zum Lodern gebracht. Als ich noch ganz klein war, kauften meine Eltern einen Wohnwagen. Damit fuhren wir jeden Sommer und in den Osterferien quer durch Europa: Italien, Frankreich, Skandinavien, die Benelux-Staaten, wo auch immer es meinen Vater hinzog. Mit unserem eigenen „Haus" unterwegs, blieben wir, wo es uns gefiel. Die Reiseroute war mehr ein ungefährer Plan als eine strikte Vorgabe. So hielten wir in Dörfern und fanden uns inmitten von Festen der Einheimischen und an magischen Plätzen in der Natur. Wir lernten die Hilfsbereitschaft Fremder kennen, die wir gerne zurückgaben. Ich erlebte, dass es keinen Unterschied machte, woher man kam, wir waren alle Menschen. Es gab solche, denen man vertrauen konnte und jene, um die man besser einen Bogen machte. Bei aller Bildung, die ich genossen habe, glaube ich, dass all die Reisen, die ich sowohl als Kind erleben durfte als auch später als Erwachsene, meine größten Lehrmeister waren.

Ich wusste, dass in Wien, aber auch im restlichen Europa sehr viele Menschen in ihren Wohnungen festsaßen und unglücklich waren. Doch selbst in dieser Situation waren es die Menschen selbst, die entschieden, ob sie sich von der Angst fressen ließen, sich selbst bemitleideten oder innehielten um zu sehen, wofür diese Situation für sie von Nutzen war. Nach dem Motto: Alles ist für etwas gut. Ich wusste von mir, dass ich es nicht ertragen hätte, einfach in einer Stadtwohnung ohne Balkon zu sitzen und meine Highlights am Tag ein paar Spaziergänge um den Block gewesen wären. Selbst mein begonnenes Buch hätte ich nicht beenden können, denn ich wusste, dass ich eine inspirierende Umgebung zum Schreiben brauchte.

Meine ersten zwei Bücher hatte ich zum Großteil in Australien geschrieben. Ich arbeitete aber auch gerne in Wiener Kaffeehäusern oder an der Alten Donau oder auch manchmal in schönen Parks. All dies war im Moment nicht möglich. Meine Intuition hatte mich daher vor dem Schließen der Grenzen hierhergebracht, wo ich wie von einem guten Stern geführt, wunderbaren Menschen begegnete und die Natur mir magische Anblicke schenkte. Wer im Hier und Jetzt lebte, der konnte die wunderbare Musik des Geigers hören, dachte ich mir.

Ich habe vor vielen Jahren gelernt, welche Termine und Zeitvorgaben für mich und andere wirklich wichtig waren und welche nicht, beziehungsweise leicht verschiebbar waren. Eines meiner einschneidensten Erlebnisse zu diesem Thema stammte aus einer Zeit, in der ich nahezu täglich Trainings- und Gruppencoachings für einen großen Konzern hielt. Ich arbeitete sehr viel und holte mir immer nur zwischendurch etwas Auszeit durch Reisen. Als ich in Südafrika eine wunderschöne und sehr lustige Rundreise erlebte, erfuhr ich, dass ich die Fahrt um drei Tage verlängern konnte um die Victoria-Fälle anzusehen. Schweren Herzens hatte ich den Kopf geschüttelt, weil ein Gruppen-Coaching gleich nach meiner Rückkehr anstand. Bis heute bereue ich diese Entscheidung. Nach Beendigung des Projektes hat mir nämlich eine Human Ressources-Mitarbeiterin des Konzerns erzählt, dass ich die einzige Trainerin gewesen war, die akribisch alle Termine eingehalten hatte. Alle anderen am Projekt Beteiligten hatten hin und her verschoben wie es ihnen gerade passte. „Selbstverständlich hättest Du Deine Reise verlängern können. Für Dich hätte ich das gerne umorganisiert." Selbst jetzt, so viele Jahre später, verursacht der Satz in mir immer noch Schmerzen. Verlässlichkeit ist eine Sache, grundloses Entsprechen eine ganz andere.

Ich habe durch diese Begebenheit gelernt nachzufragen und spannenderweise habe ich seitdem nie erlebt, dass ich beispielsweise ein Konzept unbedingt an einem bestimmten Tag verschicken musste. Viel öfters hörte ich Sätze wie: „Ich bin ohnehin in dieser Woche unterwegs" oder „ich komme ohnehin morgen nicht dazu, die Unterlage durchzulesen."

Es hatte mir viel Herzklopfen abverlangt als ich vor drei Wochen Michaele „Koffer packen" zugerufen hatte und wir eine halbe Stunde später auf der Autobahn unterwegs waren. Aber in den letzten Tagen bekam ich schönes Feedback dafür: „Wow, das habt Ihr super gemacht", „toll", „großartig, wie mutig" hörte ich beispielsweise von Kunden und Freunden. Nicht, dass es in Frankreich weniger Restriktionen gab, aber andere. Hier war ich offen für die „Türen", die es mir möglich machten, schöne und fruchtbare Wochen zu verbringen. Ich „musste" nicht entsprechen, wenn es niemandem nützte. Das hatte ich mir vor langer Zeit abgewöhnt. Entsprechen bedeutete, das zu tun, von dem man glaubte, dass man es tun musste. Es war zum Beispiel ein trauriges Faktum, dass sich in vielen Beziehungen Partner so anpassten um vermeintliche Erwartungen des anderen zu erfüllen, dass sie so zu guter Letzt für den anderen uninteressant und langweilig wurden.

Ich fragte vor ein paar Tagen Michaele, was er in der Situation der Grenzschließung getan hätte, wenn es mich nicht gegeben hätte. Er antwortete etwas für mich sehr Interessantes: „Das brauche ich mir hypothetisch nicht überlegen. Ich habe Dich geheiratet, weil das Leben auch für mich passt, wenn Du Deiner Intuition folgst. Sie stimmt auch immer für mich. Ich leide nur, wenn Du Deinem Kopf folgst, obwohl Dir Dein Bauch etwas ganz anderes sagt. Ich kann mich einstellen auf die Situationen. Dann habe ich eben die Buchhaltungssachen eingepackt anstatt im Büro zu arbeiten. Ich bewundere Dich, in welcher Geschwindigkeit Du begriffen hast, was es hieß, in dieser Zeit in einer Stadtwohnung zu sitzen. Ich hätte eben nachher versucht, das Beste daraus zu machen. Das wäre mir nicht gelungen, weil ich dann eine unglückliche Frau an meiner Seite gehabt hätte, die nach Freiheit lechzte und den Polizisten auf der Straße die Grund- und Freiheitsrechte aufgesagt hätte."

Ich glaube, ich wäre eine langweilige Führungskräfte-Trainerin, hätte ich nicht immer so viele Beispiele und

Geschichten auf Lager, über die ich andauernd stolperte oder die ich selbst erlebte. Ich musste an Paulo Coelho denken, der einmal gesagt hatte, dass jeder Mensch zumindest ein Buch in seinem Leben schreiben konnte, nämlich über sein eigenes Leben. Um es nicht eine traurige, frustrierende Geschichte werden zu lassen, überlegte ich, müsste der Autor oder die Autorin aber den Mut haben, sein eigenes Leben zu leben anstatt Trends, Vorgaben oder Erwartungen zu erfüllen. Sich von diesen zu lösen, war momentan eine große Chance.

Das Reisen als Kind hatte mich gelehrt, mit offenen Augen durchs Leben zu gehen. Ein paar Monate nachdem ich Michaele kennen gelernt hatte und ihn zwei oder dreimal bei verschiedenen beruflichen Gelegenheiten gesehen hatte, beschloss ich nach einer Zeit des Single-Daseins, meinen Wunsch, Mr. Right zu treffen, auf später zu verschieben. Erstmals in meinem Leben strebte ich einen One-Night-Stand an. Allerdings entwickelte sich aus einem romantischen Abend und einer aufregenden Nacht eine wunderbare Beziehung samt Hochzeit und glücklicher Ehe. Gerade das Loslassen meines Wunsches hat mir Mr. Right in mein Leben gebracht. Man konnte eben die Dinge nicht unter Kontrolle haben – das zeigte mir auch die Corona-Krise ganz deutlich. Aber wie bei Michaele und mir oder auch dem Geiger in der U-Bahn-Station: Es waren oft ganz wunderbare Dinge, die unverhofft am Weg warteten.

„Es ist wichtig, dass den Leuten klar wird, dass Angst die Menschen in ihrer verkehrten Welt hält. Und sie sich dadurch nicht trauen, Mensch zu sein, also ihrer wahren Natur zu folgen", sinniert der Koala. *Da passt Tag 27 gut in das Buch."*
Finde ich auch.

Tag 27: Angst verhindert Denken

Das war für mich Hardcore, was ich da gestern recherchiert hatte bezüglich Bill Gates und tödlicher Impfkampagnen. Und um wieviel Geld es da ging! Mich schauderte. Ich wollte lieber in den Garten gehen und die Natur genießen. Aber wie konnte ich das? Diese Entdeckung beschäftigte mich so sehr, dass ich Fakten zur Erklärung der Situation finden wollte. Also setzte ich nochmals die Unternehmensberater-Brille auf und machte mich weiter ans Werk zur Recherche der aktuellen Situation. Ich hoffte, dass die Korruption und Lobbyarbeit nicht so schlimm war wie ich seit gestern befürchtete.

Am 31. Dezember 2019 tauchte die unbekannte Krankheit offiziell auf. In manchen Medien wurde der Zeitpunkt in Frage gestellt. Begründet wurde das mit der angeblich schnellen Verbreitung des Virus in China, die aber nicht mit dem Ansteckungsfaktor korrelierte. Vielleicht hatte es ja wirklich einen Labor-Unfall gegeben, der vielleicht bereits im Oktober 2019 stattgefunden hatte, also Monate vorher, zu einem Zeitpunkt, wo in Italien ebenfalls Lungenerkrankungen unbekannter Art gehäuft auftraten. Bestätigte Belege über einen Zusammenhang habe ich nicht gefunden. Immerhin hat Bill Gates am 27.4.2018 vor einer Pandemie mit 30 Millionen Toten weltweit gewarnt: Die Welt müsste sich auf Pandemien vorbereiten, so wie sich das Militär auf den Krieg vorbereitete. Dies beinhaltete Simulationen und andere Vorbereitungsübungen.

Wahrscheinlich war das aber damals auch nichts weiter als Teil seiner Lobbyarbeit. Bill Gates als Todesengel, der absichtlich ein Virus freisetzte, damit er Milliarden scheffelte, war mir zu extrem. Das wollte ich nicht glauben. Wir waren ja eher in einer „Des Kaisers neue Kleider" - Geschichte gelandet, in der ein Virus, der vergleichbar war mit anderen mutierten Corona- oder Grippeviren, medial und politisch zu einem „sehr gefährlichen" („absolut tödlichen") Virus gemacht wurde. Das sah mehr nach Nutzen einer fast alljährlichen Situation aus, die Menschen normalerweise gar nicht bewusst wahrnahmen. Weder von Medien noch von der Politik wurde üblicherweise ein Fokus daraufgelegt, egal wie viele Todesopfer zu beklagen waren.

Ich stolperte oft über das Robert Koch Institut, das RKI. Ich hatte immer gedacht, dieses wäre eine wissenschaftliche Einrichtung außerhalb der Politik. Aber wie ich zu meinem Schrecken herausfand war es eine – wie es offiziell hieß – selbständige deutsche Bundesoberbehörde für Infektions- und nicht übertragbare Krankheiten mit einer Aufsichtsbehörde und zwar dem Bundesministerium für Gesundheit. Das hieß, die Politik konnte dort Einfluss nehmen, wie sie wollte. Erst im November 2019 hatte das RKI genau wie die Charité in Berlin mit Prof. Drosten Geldspenden von Bill Gates erhalten. Das RKI hatte im Jahr 2013 einen Katastrophenplan aufgrund eines SARS-Virus-Szenarios mit sechs Millionen Erkrankten in Deutschland dem Bundestag vorgestellt. Als ich diese Zeilen las, musste ich an einen Artikel von Mitte März 2020 denken, über den ich gestolpert war. In dem ging es um die deutschen Bestattungsunternehmen. In wilden Ausführungen wurde ein Szenario von vielen Millionen Toten durch Covid-19 in Deutschland gemalt. Geendet hat der Artikel mit den Worten: „Der Baum zu Deinem Sarg ist längst gepflanzt."

Anfang März 2020 erschreckte das RKI die Öffentlichkeit mit einem Anstieg der Fall-Zahlen in Deutschland von der Kalenderwoche 11 zu 12 um 214,17% der Covid-19 positiv Getesteten. Der reale Anstieg war jedoch nur 0,9%. Es wurden nur vielmehr Personen getestet und nur die absoluten Zahlen der beiden Wochen ins Verhältnis gesetzt. Natürlich ist es schwieriger die Grundrechte bei 0,9% de facto abzuschaffen als bei einem Anstieg der Fallzahlen von 214%. Österreichs Gesundheitsminister folgte seinem deutschen Amtskollegen und zeigte täglich eine Tafel mit Neuinfizierten. Dabei konnte er mit den Zahlen jonglieren wie es ihm gerade passte. Es kam auf die Anzahl der Testungen an, nicht auf die Anzahl der tatsächlich Neuinfizierten. Und Neuinfizierte bedeutete ja noch nicht Kranke. Denn mindestens 50% der Infizierten waren symptomlos. Sie konnten daher, wie Virologen feststellten, auch nicht andere anstecken, weil sie ja niemanden anhusteten. So habe ich es auch aus meinem Bekanntenkreis vernommen, wo jemand infiziert war, niemanden angesteckt hatte – und das in einer Runde von Gästen an einem Abend samt gemeinsamen Essen, Sprechen und Umarmungen. Aber mit Zahlen konnte man alles verkaufen, besonders die Angst.

In einem Bericht einer amerikanischen Ärztin habe ich gelesen, dass sie jeden, der mit Husten oder ähnlichen Symptomen kam, sofort mit einem Code einordnen musste: entweder „wahrscheinlich/ bestätigt" oder „möglich" Corona-infiziert. Wahrscheinlich und bestätigt war derselbe Code und im Zweifel sollte dieser Code eingegeben werden – anstatt der Code für mögliche Infizierung. Außerdem waren die Tests nicht verlässlich. Dazu habe ich heute gelesen, die österreichische Ärztekammer warnte vor den Tests, weil es zu viele Rückmeldungen zu Falschergebnissen gab, in beiden Richtungen. Das RKI empfahl keine Obduktionen zu machen. So bestand keine Chance, zwischen Toten mit Corona-Virus, durch Corona-Virus Verstorbene oder gar an etwas Anderem Verstorbenen zu unterscheiden.

Ich ging der Frage nach, warum so unwissenschaftlich mit Daten umgegangen wurde und selbst in den Medien anerkannten Virologen mit entwarnenden Nachrichten kein Raum gegeben wurde, obwohl deren Zahlen vielfach besser übereinstimmten. Sehr aufschlussreich waren die Hinweise von Prof. Drosten wie man zu den Statistiken ohne gesicherte Daten käme. Er erklärte sinngemäß, man arbeitete in Pandemien mit Modellen. Diese enthielten neben fundierten Zahlen auch einige Stellen für entscheidende Faktoren, die von Experten lediglich geschätzt wurden. Mit diesen geschätzten Zahlen kam er dann zum Schluss, die Situation wäre wirklich schlimm. Bei den meisten Fernsehzusehern kamen allerdings fälschlicherweise die so ermittelten Zahlen als reale Kranke und Tote an.

Aber warum bekamen wir solche Horrorzahlen ohne wissenschaftliche Basis geliefert, die auf Modellen mit Schätzungen beruhten?

Ein Virus kann mutieren. Ließ man sich gegen Grippe impfen, war man gegen circa 30% der Grippestämme geschützt. Bei der besonders starken Grippewelle 2018 hatte die Grippeimpfung sogar nur eine Effizienz von 15%. Viren und Bakterien veränderten sich. Sie waren viel weniger formstabil als wir. Uns wuchs keine dritte Hand, wenn wir viel zu tun hatten. Es war Winter und es kam wieder einmal ein mutierter Virus. Wie schon bei anderen Viren fuhren die Modellrechnungen hoch. Bei der Schweinegrippe 2009 war eine Sterblichkeitsrate von 5% in Umlauf, tatsächlich lag sie dann bei 0,02%. 80 Millionen Tote hatte die WHO in ihren Modellen vorausgesagt, tatsächlich waren es 450, die wirklich daran gestorben waren. Es waren Modelle, Hochrechnungen. Da die meisten Menschen einen kaum wahrnehmbaren Krankheitsverlauf bei Covid-19 hatten, war es naheliegend, dass die Dunkelziffer viel größer war als angenommen. Damit war die Mortalitätsrate wohl viel geringer als angenommen.

Sowohl Michaele als auch ich hatten das Fach Statistik auf der UNI belegt. Dabei hatten wir gelernt, was mit Zahlen möglich war, wenn man sie nur in seinem eigenen Sinne präsentierte und interpretierte. Das geschah hier offenbar im riesengroßen Stil. Die Millionenzahlen von denen die Regierungen und die von Gates gesponserten Einrichtungen sprachen, waren nicht zu finden, wenn man genau hinsah. Auf Druck von Ärzten musste das RKI kürzlich die Empfehlung zurücknehmen, dass keine Obduktionen durchgeführt werden sollen. Seither wurde die Anzahl der wirklich an Covid-19 Verstorbenen stark nach unten korrigiert.

Was ich persönlich nicht glaubte war, dass der Virus von Bill Gates hergestellt worden war. Ich hatte da einen ganz anderen Ansatz: Bei Event 201 war auch einer der führenden PR-Experten der Welt dabei. Warum? Und warum wurde manipuliert, dass sich die Balken bogen? Allein die vom RKI festgelegten Zählvorgaben brachten eine viel höhere Anzahl an Fällen in die Statistik als echte Virusträger. Zahlen konnte man immer drehen wie man wollte. Ich glaubte nicht an die „Bill Gates als Todesengel"-Theorie. Aber ich glaubte an die Macht der Medien, der Zahlenmagie sowie der Gedanken. Und, dass man mit alldem Emotionen erzeugen konnte, wie etwa Angst und Panik.

Auch dazu fand ich Beispiele: In Frankreich starb Ende März eine 16-jährige an Covid-19. So viel ich herausgefunden habe, wurde sie nach ihrem Tod nicht obduziert, sondern sofort verbrannt. Es galt also als Wahrheit, dass sie keine Vorerkrankungen hatte wie die Mutter gesagt hatte. Die Berichte in den verschiedenen Zeitungen weltweit waren (nahezu) wortidentisch und herzergreifend geschildert. Auch dass verschiedene Tests im Krankenhaus nach der Einlieferung verschiedene Ergebnisse gezeigt hatten. Die Mutter sagte: „Warum gerade meine Julie? Das wird man nie wissen." Ich fände die Frage wirklich interessant und wichtig. Waren da bestimmte Menschen gefährdet, die jung waren? Oder waren die positiven Testergebnisse, die sich mit negativen abgewechselt hatten, gar nicht richtig und das Mädchen war an einer anderen Lungenkrankheit gestorben? Aber niemand ging diesen Fragen wissenschaftlich nach. Stattdessen flimmerte auf Millionen Bildschirmen in Frankreich während anderer Sendungen immerzu ein Schriftzug am unteren Bildschirmrand durch, der die Nachricht von Julies Tod brachte. Frankreich war erschüttert. Die Nachrichten hier berichteten von vielen Selbstmorden von positiv Getesteten. Ich dachte an die Warnung unserer Ärztekammer bezüglich der Tests. Aber die Panik war so weit geschürt worden, dass die Illusion herrschte, ein positiver Test sei ein Todesurteil. Die Panik – möglicherweise kombiniert mit der Isolation – brachte Menschen um. Es handelte sich um eine künstlich erzeugte Angst statt wissenschaftlicher Erkenntnisse, die Licht in die Situation gebracht hätten.

In Italien hatte sich eine Krankenschwester umgebracht. Sie konnte nicht damit leben, dass sie Menschen mit Corona angesteckt hatte, die dann gestorben waren. Ob sie sich auch umgebracht hätte, wenn ein grippaler Infekt, den sie hatte, einen alten schwachen Menschen „umgebracht" hätte? Wahrscheinlich nicht. Das war Marketing im ganz großen Stil. Das „in Szene setzen" von tragischen Einzelfällen war wie eine Soloarie in einer Oper von Verdi. Keine Frage, diese Fälle waren tragisch, aber solche Dinge passierten. Aber statt hier weiter zu forschen, wurde verschleiert. Menschen sofort zu verbrennen anstatt sie zu obduzieren wie bei anderen ansteckenden Infektionskrankheiten, war ein Rückschritt der Medizin in das Mittelalter innerhalb weniger Wochen.

Im letzten Sommer fand ich beim Nachhausekommen aus unserem Urlaub vor unserer Wohnungstüre eine Karte zum

Andenken an eine liebe Nachbarin. Wir waren erschüttert. Sie war immer so nett und fröhlich gewesen – und sie war erst siebenundzwanzig Jahre alt. Es stand „nach langem Leiden". Wie konnte man mit siebenundzwanzig an einem langen Leiden sterben, fragten wir uns. Eine Woche später traf ich ihren Lebensgefährten. Ich sprach mein Beileid aus und auch meine Erschütterung. Er erzählte mir, dass seine Freundin eine extrem seltene Art von Lungenkrebs hatte, die nur junge Frauen bekamen, die nicht rauchten. Soweit ich mich erinnern konnte, waren es neunzig Prozent der Erkrankten, wie er mir erzählte, die mittels Medikamenten (ohne Chemotherapie) nach ein paar Monaten wieder gesund waren. Wir befanden uns bei ihr also statistisch gesehen in einem winzigen Promillebereich der Todesrate. Es war unglaublich und schrecklich zugleich. Ihr Tod berührte mich zutiefst.

Diese schrecklichen Dinge passierten. Nur im Normalfall nahm kaum jemand Notiz davon. Aber jetzt wurden all diese tragischen Vorkommnisse medial zelebriert, dass es ein ganzes Land in Panik brachte und Menschen in den Selbstmord trieb. Bill Gates und wohl noch einige andere Drahtzieher hatten saubere Lobbyarbeit gemacht – unethisch und menschenverachtend. Aber was unsere Regierungen mithilfe der Medien mit ihren eigenen Bürgern PR-mäßig veranstalteten, nahm mir die Luft. Eine Biologin erklärte mir, das gleiche Schauspiel konnte man in jeder x-beliebigen Grippesaison veranstalten. Sie wiederholte auch, dass Angst und Panik zu einer Schwächung des Immunsystems führten. Außerdem erzählte sie mir von einigen Forschungsergebnissen, die deutlich den Einfluss der Gedanken auf die Gesundheit zeigten. Bildete ich mir ein zu sterben, schwächte ich meinen Körper, sodass er sich ganz real schlechter gegen Viren und Bakterien schützen konnte.

Ich musste an jene 95-jährige Großmutter aus Modena denken, die wieder genesen war. Oder an die 106-jährige aus Birmingham, die nach wochenlanger Krankheit wieder genesen war. Auch an meinen Vater, der sich als 80jähriger so schnell von einem Herzinfarkt erholt hatte, weil er sich um seine Frau kümmern „musste". Noch mit sechsundachtzig hielt ihn das gut am Leben. Erst als knapp nach seinem siebenundachtzigsten Geburtstag meine Mutter gestorben war, verließ ihn der Lebenswille und er starb vierzehn Tage nach ihr. Wahrscheinlich hielten die 106-jährige Britin auch Beziehungen wie zu Enkeln oder Urenkeln am Leben. Vielleicht hielt die 95-jährige Italienerin ihr Mann am Leben, der darauf wartete, dass sie als gute italienische Mamma ihm die Pasta wieder kochte.

Unsere Gedanken sind unglaublich stark, ich kannte das gut aus der Zielarbeit. Fester Glaube und die Lösung innerer Blockaden macht Unmögliches möglich. Ich könnte über dieses Thema ein ganzes Buch an Erfahrungen und wahren Geschichten füllen. Leider war das Prinzip auch in der anderen Richtung möglich. Menschen starben in dieser Krise nicht nur an nicht behandelten Krankheiten, sondern auch aus Angst vor dem Tod.

Wie tragisch war das! Es erinnerte mich an die Geschichte, des Wanderers, der die Pest am Weg nach Bagdad traf. *Er fragt, wie viele sie mitnehmen würde.*

Die Pest antwortet: „Fünftausend".

Am Rückweg trifft der Mann wieder die Pest und sagt: „Du hast mich belogen, Du hast fünfzigtausend mitgenommen."

Und die Pest antwortet: „Nein, ich habe fünftausend mitgenommen. Die anderen fünfundvierzig Tausend sind vor Angst gestorben."

Nun sah ich die lächelnden Jogger und die grüßenden Hundebesitzer nochmals mit anderen Augen. Ja, es war Konspiration. Das Lächeln, das maskenlose auf der Straße Gehen, die Boulespieler: Sie alle zeigten, sie ließen sich nicht durch Propaganda einlullen oder in die Flucht schlagen. Es war kein Krieg gegen einen Virus. Es war der Kampf gegen die eigenen Bürger, damit die Pharmaindustrie ihre schnellen Impfzulassungs-verfahren bekam – mit Hilfe unserer Regierungen, die sie ja in Davos Ende Jänner 2020 kurz zuvor zugesagt hatten. War das wirklich der Weisheit letzter Schluss? Ich konnte es nicht fassen.

Nein, es waren keine Verschwörungstheorien! Es war ganz gewöhnliches Lobbying, wie es auch die Autoindustrie machte, um mehr Autos zu verkaufen. Unsere Regierungen quälten uns vielleicht, weil sie dachten, dass es für eine gute Sache wäre. Als psychologisch geschulter Mensch fürchtete ich, dass es so manchem Politiker im Machtrausch einen Kick gab, Diktator zu spielen

Wusste unser Bundeskanzler was echte (Selbst-) Liebe und Humor waren? Ich glaube nicht.

Österreich und Deutschland hatten Manipulationen, Einschränkungen und Ausgrenzungen schon früher erlebt. Vielleicht waren es daher gerade wir, die Bürger dieser Länder, die auf Grund unserer Geschichte besonders sensibilisiert waren? Oder waren es jene Menschen, die immer noch besonders anfällig für Manipulation waren und nichts aus der Geschichte gelernt haben?

Ich hoffte von ganzem Herzen Ersteres. Trotzdem hatte ich das Gefühl, es steckte noch etwas anderes dahinter. Warum sollten Regierungen ihre Länder an die Wand fahren, nur um die Pharmaindustrie reicher zu machen? Glaubten sie noch immer an einen tödlichen Virus, obwohl alle vorhandenen Studien und Zahlen bereits etwas anderes sagten? So naiv konnten die Politiker nicht sein. Ich fürchtete, die Frage würde mich noch eine Weile beschäftigen.

„Wieso möchtest Du denn den Text über Ostern im Buch haben?"
frage ich den Koala.
  „Weil ich ihn schön finde." *Das war ein Argument, das musste ich zugeben.*
  „Außerdem sind gute Gedanken darin. Und ich glaube, dass es Leser spannend und nett finden, zu lesen, wie man in Frankreich Ostern feiert."
  Na, bei so vielen Argumenten kann ich wohl nicht „nein" sagen.

Tag 28: Ostern

Ostern in Frankreich sah anders aus als bei uns in Österreich. Hier gab es keine bemalten Eier, nicht einmal Eierfarben für Exoten wie uns zum Selbstbemalen. Vielleicht gab es so etwas im Elsass. Hier im katalanischen Teil von Frankreich gab es ausschließlich Schokolade. Schokoladeneier, Schokoladenhasen, Schokoladenbären, Schokoladenhunde, Schokoladenfische und alle anderen möglichen Tiere in Schokoladenguss. Von überall her in Frankreich bekamen wir Warnungen vor einem jetzt ganz stark grassierenden Virus – dem Schokoladenvirus. Zurecht. Unser Tisch bog sich von der Last. Denn Michaele war ein Schokotiger, der besonders anfällig war für dunkle Schokolade.

Hier gab es sie in allen Varianten, mit Kakao aus Guatemala, der Dominikanischen Republik, Kuba, Brasilien, Madagaskar und so weiter. Ich liebte es, Michaele all diese zartbitteren Versuchungen zu kaufen, auch wenn ich selbst keine Schokolade aß. Das war immer schon so, egal ob weiße, Milch- oder dunkle Schokolade. Vielleicht hatte es damit zu tun, dass ich als Kind extrem dünn war. Meine Mutter hatte die Strategie, mir überall Schokolade hinzulegen, damit ich mehr aß. Weil ich sie liegen ließ, hatte sie diese aber dann wahrscheinlich aus Frust letztendlich selbst gegessen. Ich hatte Schokolade als Kind daher eher als Bedrohung als als Versuchung erlebt.

Eine der wenigen Ausnahmen, die ich geschmacklich als gut empfand, war zum Beispiel eine belgische Chocolat Noir mit Lavendel (80g), die ich letztes Jahr in einem Geschäft bei uns in

Wien gefunden hatte. Sie hielt in unserem Küchenschrank etwa sechs Wochen bis ich sie aufgegessen hatte, weil ich nur ab und zu am Abend ein Stück davon aß. Natürlich nur unter der Voraussetzung, dass sie Michaele nicht in die Hände fiel. Dann war sie nämlich innerhalb von zwei Tagen aufgefuttert.

Wir verbrachten also Ostern im Schokoladenparadies. Ein süßer Hase (in jeglichem Sinne) schmolz am Frühstückstisch in der Sonne sofort dahin und machte den Eindruck eines Schneemanns im Frühling. Dennoch wollte ich ein Stück heimatlicher Tradition in dieses katalanische Dorf bringen.

So kochte ich Eier und beklebte sie mit bunten Punkten, glitzernden Herzen und fantasievollen Schmetterlingen. Als ich ein solches hartes Ei aß, bemerkte ich, es schmeckte nicht wie ein Osterei. Lag es daran, dass sie normalerweise nicht frisch aus dem Kochtopf kamen, sondern zumeist wochenlang in den Regalen der Geschäfte lagen bevor sie am Ostersonntag verspeist wurden? Oder vielleicht daran, dass dieses Etwas für mein Gehirn kein richtiges Osterei war?

„Magst Du nicht mit mir Eierpecken?" fragte mich Michaele plötzlich. Er hatte Recht, darauf hatte ich vollkommen vergessen. Schon spannend, irgendwie waren diese Eier trotz meines Bemühens für mich nicht zu Ostereiern geworden. Der einzige, der sich daran erfreute war Filou: Er hatte sich eines aus dem Blumentopf geschnappt. Filou spielte damit herum wie er das auch mit Steinen, Baguettestücken oder Orangen tat. Die Steine aß er nicht, das Baguette schon, bei den Eiern war ich mir nicht sicher. So nahm ich es ihm besser weg. Wahrscheinlich wäre aber das Einzige, was er nicht vertragen hätte, der Kleber der Sticker gewesen.

In Frankreich war Ostern ein Fest des Essens, genauso wie Weihnachten, wo drei Tage lang aufgetischt wurde. Je nach Blickwinkel konnte man es genießen, schlemmen oder auch fressen bis zum Umfallen nennen. Wir blieben beim Genuss. Ein ausgedehntes Osterfrühstück stand auf dem Tisch, mit Pasteten und frischem Land-Baguette aus dem Holzofen unserer Nachbarin, der Boulangerie, sowie ein paar kleinen Karamell- und Schokoladeneiern.

Traditionellerweise schenkten Michaele und ich einander eine nicht verzehrbare Kleinigkeit zu Ostern. Wahrscheinlich, weil das Genießbare zu 90% in Michaeles Geschmackslinie fiel und nicht in meine. Ich bekam dieses Jahr eine total nette Teetasse mit einem Bären, der knurrte, weil es frühmorgens war. Mein Mann bekam von mir einen Bären, der aussah als wäre er aus Schokolade. Es war aber ein Schlüsselanhänger aus Gummi. Natürlich alles im Schokoladengeschäft erstanden. Die Nicht-Lebensmittelgeschäfte hatten ja wegen der Covid-19-Maßnahmen geschlossen.

Nach den Mengen an Waren, die Kunden beim Fleischer kauften, gab es nicht nur bei uns am Osterwochenende Fleisch. Ich habe mir für Sonntag etwas ganz Besonderes ausgedacht: Wiener Schnitzel, ein echtes, also vom Kalb. Waren die Schweineschnitzel von unserem Fleischer schon delikat, so waren die Kalbsschnitzel ein Gedicht. Die Tiere hatten zuvor artgerecht in den nahen Pyrenäen gelebt. Wir feierten Auferstehung auf unsere Art. Mit dem Fasten davor hat es hier weniger geklappt. Am Karfreitag gab es zwar Fisch, allerdings in einer Fischpfanne mit Melanzane, Zwiebeln, Knoblauch, Tomaten, Artischocken, Wein, Pesto und etwas Crème fraîche, dazu kleine Stücke von angebratenem Fischfilet und Crevetten. Eine Freundin und ich hatten dieses Rezept kreiert als wir vor vielen Jahren gemeinsam auf Sylt waren. Der Vorteil, den ich hier beim Kochen hatte, war das großartige Olivenöl. Unseres stammte von einem Bauern, ein paar Dörfer entfernt.

Wenn man es genau nahm, konnte man also auch dieses Karfreitag-Essen nicht als Fasten bezeichnen, obwohl ich den ganzen Tag kein Fleisch gegessen hatte. Mit Verzicht hatte das nichts zu tun. Ich musste daran denken, dass sich die katholische Kirche aufregte, dass der Aschermittwoch mit seinem Heringsschmaus zu einer Art verlängertem Fasching geworden war. Ich konnte den Standpunkt verstehen. Aber es war eben so, dass bei uns Fisch teurer und exquisiter als das alltägliche Fleisch geworden war. Aber egal, was wir als Fleischloses gegessen hatten am Karfreitag: Die Fischpfanne, die Käseplatte, das in Olivenöl angebratene Gemüse – man konnte es einfach nicht zum Fasten zählen. Dafür war es einfach zu gut. Selbst bei Wasser und Brot wären wir bei Baguette aus dem Holzofen nicht als echte „Verzichter" durchgegangen. Wir hatten uns echt bemüht. Selbst

Filou bekam seine besondere Bio-Hundedose mit Fisch! Aber hier in Südfrankreich war es echt schwer, nicht zu genießen.

Die Sonne schien, die Vögel bauten ihr Nest im Orangenbaum und ich dachte an die vielen Osterfeiertage, die ich mit meiner Familie in Italien oder Frankreich im Wohnwagen verbracht hatte. Da waren diese wunderschönen Spektakel und Prozessionen gewesen, die auf mich als Kind so viel Eindruck gemacht hatten. All das war heuer perdu. Dabei brauchten meines Erachtens gerade jetzt die Menschen Vertrauen und das Gefühl, dass eine schützende Hand über sie wachte. Sie hatten Angst, krank oder in der Quarantäne irre zu werden. Heute bekam ich eine lustige Nachricht auf mein Smartphone: *„Hier ist der deutsche Verband der Psychiater. Wir bekommen derzeit sehr viele Anrufe. Es ist ganz normal, wenn Sie in der Quarantäne mit den Pflanzen, der Wand oder anderen Gegenständen sprechen. Rufen Sie uns bitte nur an, wenn die Dinge Ihnen antworten."* Es war Galgenhumor, aber lustig. Vor allem für uns, die sich dieses Schicksal erspart hatten.

Unsere englische Nachbarin brachte uns Törtchen aus der Patisserie mit Zuckereiern als Dekoration. Michaele nahm das mit Schokolade – wie konnte es anders sein – und ich nahm das helle Törtchen, nichts ahnend, dass ich gleich in ein Stück Erinnerung beißen würde. Es schmeckte nämlich nach Kokos, was mich sofort auf die Seychellen zurückversetzte. Aber auch Bilder von Hawaii und der Südsee, wo wir auf Hochzeitsreise gewesen waren, rief es in mir hervor. Es ist schon spannend, dass unser Gehirn keine Vergangenheit und keine Zukunft kennt. Ein Duft, ein Geschmack, ein Ort oder ein Lied erinnerten uns an etwas und schwupps war das dazugehörige Gefühl da – im Hier und Jetzt, als würden wir gerade in diesem Augenblick die alte Situation erleben.

Dies galt für positive wie für negative Situationen. Sich einem alten Herzschmerz bei einer melancholischen Melodie hingeben konnte durchaus fordernd sein. Genauso ist es aber möglich, ein Lächeln auf die Lippen zu zaubern und in ein Bild der Glückseligkeit zu versinken.

Dieses Faktum konnte man gut im Coaching einsetzen, um Menschen aus negativen Situationen herauszuholen, wie beispielsweise Frustration, Stress oder Ärger. Ich finde die neurobiologische Entdeckung faszinierend, physiologisch tue sich in unserem Gehirn dasselbe, ob wir uns Dinge vorstellten oder wir sie real erlebten, Positives wie Negatives. Das Gehirn wertete nicht. Wer also meine Zeilen über das Essen las und beispielsweise selbst auch schon ein wirklich gutes Schnitzel gegessen hat, konnte das Gefühl des Genusses real spüren, obwohl es bloß eine Erinnerung war.

Ich hatte das Glück, mir hier gerade neue schöne Erinnerungen zu schaffen. Andere saßen alleine in ihren Wohnungen und konnten sich angenehme Osterfeiertage nur aus der Erinnerung holen – die mit Anderen genossenen Leckereien genauso wie das gemeinsame Lachen. Oder sie konnten sich ein zukünftiges Osterfest vorstellen in allen bunten Bildern, welche die Fantasie hergab. Ich habe meinem Neffen, der sonst immer mit uns feiert, gesagt, wir würden Ostern an irgendeinem Sonntag nachholen. Einen dieser Ankündigung entsprechenden Gutschein habe ich auch Michaele geschenkt. Ich liebte es nämlich, Tische zu dekorieren. Es tat mir weh, dass meine Servietten mit dem putzigen Osterhasen daheim waren, genauso wie meine Hasen-Ohrringe und die hübschen Streu-Hasen für das schön hergerichtete Osterfrühstück. Auch mein Osterbaum stand kahl und einsam in unserer Wohnung in Wien. Ich war noch nicht einmal zum Dekorieren gekommen.

Zumindest ein paar Tage bevor dieses Chaos ausgebrochen war, hatten wir noch das Grab meiner Eltern besucht. So thronte zumindest dort ein drolliger Hase unter den Palmkätzchen. Aber schon der Gedanke an mein imaginäres Osterfest, bei dem ich schön dekorierte, Ostergeschenke für meinen Neffen versteckte und Michaele nochmals einen Schwung Schokoladenhasen abstauben konnte, erfüllte mich mit einem inneren Lächeln. Ostern war ein bewegliches Fest. Ich musste es einfach nur noch etwas mehr bewegen.

Gerade als wir weiterlesen wollen, höre ich die Eingangstür. Der Koala starrt zu Filou. „Der Hund!", ruft er erschrocken.

„Koala, das ist Filou, unser Hund, den wir uns in Frankreich geholt haben, knapp nachdem Du damals weg warst." Filou wedelt heftig mit seinem Schwanz und zieht in Richtung Koala. Michaele ließ ihn noch nicht von der Leine. Ganz langsam kommen sich die beiden näher und schauen dann beide fragend zu mir. „Alles okay, sage ich zu unserem Hund", der glücklicherweise über maßloses Vertrauen verfügt.

„Das ist doch ein Jagdhund", wirft der Koala besorgt ein.

„Ja, ein Englisch-Setter. Aber Du bist glücklicherweise kein Rebhuhn oder eine Ente", grinse ich den Koala an, um die Situation zu entspannen. Dabei weiß ich natürlich, dass Hunde ein Problem sind für die Koalas in Australien. Aber ich weiß als Mediatorin auch, wie man Akzeptanz in einer Beziehung schafft. Und der Koala ist ja auch ein ganz besonderer Koala, kommt er doch aus der australischen Traumzeit. Für Filou ist das Begrüßungsritual offensichtlich abgeschlossen. Er trottet müde vom Laufen auf die Couch, seinen Lieblingsplatz. Auch der Koala entspannt sich nun nach und nach.

„Hallo Koala", begrüßt ihn nun auch Michaele. „Freut mich, Dich endlich kennen zu lernen! Magst Du etwas Eukalyptus?"

Der Koala schaut verwirrt. „Wieso weißt Du, dass ich da bin? Telepathie?"

Michaele grinst und hält sein Handy in die Höhe „SMS mit der Bitte, Eukalyptus für Dich zu besorgen".

Der Koala ist nun sogar in einer Art Familie gelandet, woran er sich zwar erst gewöhnen muss, was aber doch Wohlbefinden bei ihm hervorruft. „Der Hund sieht nett aus", sagt der Koala jetzt sogar, wenn auch langsam und immer noch etwas skeptisch. Filou wedelt mit dem Schwanz als der Koala sich zu ihm auf die Couch setzt. Der wiederum freut sich, dass Filou - nach einigem Schnuppern - kein weiteres Interesse an den Eukalyptuszweigen zeigt.

Ich bin noch in Gedanken zu Tag 29 versunken als ich Michaele, „Essen ist fertig", rufen höre. Ich hatte gar nicht bemerkt, dass es schon so spät war. So sehr haben mich meine Erinnerungen beschäftigt, die ich das erste Mal seit zwei Jahren lese. Ich lösche das Licht und wir alle drei folgen Michaeles einladendem Ruf.

„Tag 30 muss rein" erklärt mir der Koala gleich beim ersten Kaffee am nächsten Morgen, also eigentlich meinem Espresso. Er selbst kaut an seinem Eukalyptus.

„Ja, da hast Du Recht. Das Kapitel zeigt die Absurdität von dem, was da gelaufen ist", stelle ich traurig fest.

„Da sieht man Eure verkehrte Welt gut", erwidert der Koala immer noch mampfend.

Tag 30: Die um die es ging

Am Morgen bekam ich von einer Freundin eine sehr berührende Geschichte geschickt:

„Heute habe ich lange mit einer 86-jährigen Dame gesprochen, die allein in ihrer Wohnung lebt, aus meinem Bekanntenkreis ist und mit der ich ein längeres Telefonat geführt habe. Es hat mich so berührt, dass ich es mit euch teilen möchte. Sie sprach sehr offen über die derzeitige Situation sozialer Isolierung und was es für sie bedeutet. Sie sagte, dass sie verstehen würde, wenn junge Politiker und Menschen meinen, es gehe bei alten Menschen um die Quantität der Lebenszeit. Doch genau darum geht es ihr nicht, sondern allein um die Qualität der verbliebenen Lebenszeit. Sie sagte, sie könne natürlich nur für sich selbst und nicht für andere sprechen. Aber für sie sei es sehr schlimm, dass ihrem Leben nun die Qualität genommen werde.

Sie sagte: 'Ich gehe ja bewusst auf mein Lebensende zu, mit Dankbarkeit für alles was ich erleben durfte und eben mit besonderer Dankbarkeit für die Qualität jedes einzelnen Tages.' Sie erzählte mir, dass sie sich allein lebend in ihrer Wohnung noch ganz gut mit ein wenig Hilfe versorgen kann. Auch vor der Coronakrise erledigte ihre Familie ihre Einkäufe und lud sie abwechselnd immer wieder zum Essen und gemütlichen Zusammensein oder einem Ausflug ein. Täglich schaute jemand vorbei, brachte was sie brauchte und nahm sich Zeit für eine Tasse Kaffee und ein Gespräch. Jetzt aber stellten sie die Einkäufe an der Wohnungstür ab und speziell ihre Schwiegertochter traute sich *nicht mehr, den Fuß über die Schwelle zu setzen und ein paar Worte mit ihr zu reden.*

Es ist schrecklich sagte sie, dass das Fernsehen und die Politiker den jungen Menschen so viel Angst machen, älteren Menschen zu begegnen und damit alten Menschen so viel Lebensqualität rauben, die aber gerade dann, wenn die Lebensspanne kürzer wird, so wichtig ist. Viel wichtiger als noch Jahre zu leben sei es ihr, die Tage bewusst mit Leben und Liebe zu ihrer Familie zu füllen. Ich versuchte sie zu trösten und sagte was eben so üblich ist, es ginge ja bald vorbei und sie könne ja mit ihren Liebsten telefonieren. Am Telefon werden meine Enkelkinder zappelig, sagte sie, da wollten sie nicht lange zuhören und wussten auch wenig zu erzählen. Bei Kaffee und Kuchen oder einem gemeinsamen Ausflug würde sich das aber von allein ergeben und sie hätten sie vor Corona gerne besucht. Aber auch den Kindern macht es große Angst und sie begann zu weinen als sie erzählte, dass ihre Tochter gesagt hatte, dass ihr siebenjähriger Enkelsohn mehrfach gefragt hat unter Angst, ob die Oma sterben müsse, wenn er sie besucht."

Dies waren jene Menschen, für die wir angeblich jetzt so viel opferten. Oder war es ausschließlich darum gegangen, nicht zu viele Intensivbetten gleichzeitig zu belegen und damit unser Gesundheitssystem zu überlasten? An sich war für die Politik immer dieser Faktor im Mittelpunkt gestanden, daraus wurde – zumindest am Anfang – nie ein Hehl gemacht. Aber so etwas brachte Menschen nicht dazu, auf ihre Grundrechte zu verzichten und ihre Existenz aufs Spiel zu setzen. Da waren Emotionen gefragt. Man schützte eine neunzigjährige Oma, wenn man auf der Couch saß statt joggen zu gehen – das war der Tenor. Der kam emotional an. Ich habe schon vor Tagen überlegt, dass mein Vater sicher seinen möglichen Tod lieber in Kauf genommen hätte, als seinen Kindern bei ihrem wirtschaftlichen Zugrundegehen zusehen zu müssen. Ich habe mit einigen Freunden über diesen Gedanken gesprochen und alle stimmten mir zu.

Man musste verantwortlich mit den Älteren umgehen, aber sie nicht gegen ihren Willen zu Geretteten machen. Ich sah derzeit hier in Südfrankreich mehr alte Menschen auf der Straße oder einkaufen als früher. Vielleicht, weil sich kaum mehr jemand in ihre Nähe traute. Vielleicht durften sie ja sogar dadurch wieder zu vollwertigen Menschen werden. Das wäre positiv. Meine Mutter hatte für eine kurze Zeit eine Hilfe, die sich nicht wirklich um sie kümmerte. In dieser Zeit duschte meine Mutter wieder ohne Hilfe und konnte auch viele andere Dinge tun, die ihr vorher abgenommen worden waren. Sie konnte trotz Demenz die richtigen Knöpfe vom neuen Treppenlift drücken. Ich hatte das Gefühl, dass sich auch solche Dinge derzeit taten. Schön fand ich hier die vielen Paare von alten Menschen, die Händchen haltend spazierten oder einkaufen gingen, wie es auch meine Eltern gemacht haben. Vielleicht waren diese Paare immer da und nur jetzt fielen sie mir auf, weil so wenige Menschen auf der Straße waren.

Hat irgenein Politiker mit jenen Menschen gesprochen, was sie sich wünschten, also einen Art Ältestenrat einberufen, wie ein bestmöglicher Schutz, ohne zu großem Verlust der Lebensqualität, aussehen konnte? Mir erzählte eine halbseitig gelähmte Nachbarin, dass sie in Wien beim Einkaufen regelmäßig beschimpft wurde. Sie solle doch daheimbleiben. Sonst hätten die anderen nämlich die Schuld zu tragen, wenn sie sterben würde. „Welch absurder Gedanke", erzählte sie mir am Telefon. „Aber das macht wohl die ganze Propaganda, die so sehr auf Schuldgefühle aufbaut. Wenn ich mich nicht genauso verhalte, wie es die Politiker sagen, dann ermorde ich damit jemanden anderen. Was für ein ausgemachter Blödsinn!" Sie erboste sich besonders, da sie selbst aus dem Gesundheitsbereich war und die Situation einschätzen konnte. „Was den Leuten da eingeredet wird, ist haarsträubend", sagte sie immer wieder. Da werden innere Schuldthemen angetriggert, dass die Leute sich wie Zombies an alles halten. Denn wer will schon schuld sein, dass jemand anderer stirbt? Aber dann dürfte sich auch niemand in ein Auto setzen. Die Wahrscheinlichkeit eines tödlichen Unfalls ist wohl etwa gleich hoch, wie jemanden mit Corona anzustecken, der dann stirbt. Wahrscheinlich sogar höher.

Mir fiel ein, wie einer unserer Freunde sich das Rauchen nach vielen gescheiterten Versuchen endlich erfolgreich abgewöhnt hatte. Er besuchte ein Seminar, in dem Situationen, die mit dem Rauchen verknüpft waren, wie etwa nach dem Essen oder beim Telefonieren, so beeinflusst wurden, dass das Gehirn die Verknüpfung löschte. Er erzählte, dass die Methodik super funktioniert hat. Allerdings hatte er im Seminar eine Rauchlust-

Situation vergessen, nämlich, wenn er am Steuer seines Segelbootes stand. Er merkte den Unterschied also von den im Seminar gelöschten Rauch-Situationen zu jener vergessenen. In dieser Situation hatte sich nichts verändert. Beim österreichischen Slogan „Schau auf Dich, schau auf mich" ging es um das gleiche Prinzip, nur gegenteilig angewandt. Dort wurden Emotionen und Situationen zusammengefügt anstatt gelöscht. Konkret wurde das Gefühl „Schuld" mit der Situation „Nichteinhalten von vorgegebenen (vermeintlichen) Regeln" verknüpft. Egal ob jene Vorgaben sinnvoll, kontraproduktiv oder verfassungswidrig sind. Genau wie im Beispiel des Rauchens, wird das Gehirn auf diese Art manipuliert. Der Unterschied besteht darin, dass beim Abgewöhnen von lästigen Angewohnheiten, dieses Prinzip ganz bewusst genutzt wird und zwar aufgrund des freien Willens einer Person. Im Falle des österreichischen Slogans wurde mit dieser Arbeitsweise des Gehirns Manipulation gegen den freien Willen betrieben. Ich hörte von einer Ärztin, dass Menschen dabei sogar so weit gehen, sich selbst wegen der Isolation umzubringen (oder es versucht haben). Dabei hätten sie einfach spazieren gehen oder Freunde besuchen können. Doch die, durch die Manipulation geschaffenen, Schuldgefühle hatten sie davon abgehalten.

Nutzte man solche Methoden freiwillig,[39] wie beim Abgewöhnen des Rauchens, war dagegen nichts einzuwenden. Setzte sie eine Autorität wie zum Beispiel der Staat manipulativ ein, war dies ethisch zutiefst bedenklich. Schuld war einer der destruktivsten Gefühle, die man haben konnte. Sie nutzten niemandem, aber sie hielten die Menschen klein. So hatte es auch jahrhundertelang die Kirche gemacht: Jeder war Sünder (Jesus hatte das nie gesagt!). Sehr viele Menschen haben dies durchschaut und sich von der Kirche als Organisation gelöst. Und nun kommt der Staat als andere Autorität und macht dasselbe. Hat sich ja über Jahrhunderte bewährt. Die Frage war, wann erkannten das jetzt die Menschen? Saß diese Schuld-Verknüpfung im Gehirn, brachte man sie nur los, in dem man, wie unser Ex-Raucher-Freund, die Verknüpfung wieder löschte. Ich hatte zumindest dafür Methoden in meinem Coaching-Repertoire, falls

---

[39] Also dem eigenen freien Willen entsprechend.

dieses Thema Kunden von mir erwischt hatte. Es war ein schönes Gefühl zu wissen, dass ich helfen konnte.

Mir wurde mulmig. Was würde mich in Wien erwarten? Hier in Frankreich wurde mit Todesangst und hohen Strafen gearbeitet. Auch nicht schön. Dies kostete ebenfalls Menschen das Leben. Das Problem an dem österreichischen Slogan war, dass diese Verknüpfung im Gehirn blieb – und zwar ein Leben lang, wenn man sich nicht bewusst davon trennte. Das heißt, bei vielen Menschen blieben die Schuldgefühle, wenn sie ihre Eltern oder Großeltern besuchten. Auch noch Jahre später. Kein Wunder, dass immer mehr Menschen aufschrien, unsere Gesellschaft wäre dabei, die ältere Bevölkerung nachhaltig und endgültig in die Isolation zu schieben.

Wo blieben da Wertschätzung und Respekt? Ein Kolumnist des Journals Focus schrieb vom Tod seines neunzigjährigen Vaters, der schon monatelang abzusehen war.[40] Er durfte in der Stunde seines Todes nicht bei ihm sein. Er war froh, dass es wenigstens seine Mutter gedurft hatte. Oft wurde geschrieben, dass dies die Grausamkeit des Viruses war. Ich fragte mich, ob dies nicht mehr die Grausamkeit und Überforderung der Menschen war. Ich hatte von Italienern gehört, die lieber in kein Krankenhaus gingen (wo sie möglicherweise überlebt hätten), weil es ihnen wichtiger war, im Kreise ihrer Lieben in Würde zu sterben. Ich konnte diese Menschen verstehen. Welcher Schmerz war größer – der körperliche Schmerz durch die Krankheit oder der seelische Schmerz, seine Liebsten nicht mehr gesehen zu haben?

Mein Vater war in meinen Armen gestorben. Er hatte mich dabei noch einmal mit seinen Augen angestrahlt. In diesem Blick und seinem Händedruck, der langsam nachließ, lag so viel Dankbarkeit und Liebe, dass sie die unermessliche Traurigkeit, die ich in diesem Moment spürte, fast aufwog. Es war ein magischer Augenblick, der meinem Vater und mir geschenkt wurde. Eine mütterliche Freundin sagte danach, dass mir niemand je diesen Augenblick nehmen konnte. Und dass es etwas Besonderes war, wenn jemand einem diese Rolle gab. Erst ein paar Monate davor hatte sie dasselbe mit ihrer Mutter erlebt. „Das ist ein Geschenk

---

[40] Er starb nicht an Covid-19 – die meisten Menschen starben weiterhin an anderen Ursachen.

von Deinem Vater", sagte sie zu mir mit einem Lächeln. Es stimmte, so empfand ich dies auch. Selbst beim Schreiben dieser Zeilen kullern mir die Tränen, weil ich ihn noch immer sehr vermisse.

Gerade die ältere Bevölkerung musste durchhalten. Bitte jetzt nicht an einem Herzinfarkt, Schlaganfall, Krebs (oder woran sonst noch) sterben! Das konnten sie derzeit in Würde nur zu Hause tun. Viele Menschen trauten sich daher einfach nicht mehr in ein Krankenhaus aus Angst, sie könnten ihre Liebsten dann nie wiedersehen (oder weil ihnen so viel Angst vor dem Virus gemacht wurde). Dabei fand in den meisten Fällen ohnehin kein wirklicher Schutz statt. Zumeist wurden nur Vorschriften eingehalten, sinnvoll oder nicht sinnvoll. Pflegepersonal kam und ging, fuhr mit öffentlichen Verkehrsmitteln und wurde kaum regelmäßig getestet (abgesehen davon, dass das Ergebnis möglicherweise gar nichts aussagte[41]). Und dann wurde ein paar engsten Familienangehörigen dieser Augenblick des Verabschiedens genommen?

In Kanada war es das Altenheim Herron in Dorval, das zum Inbegriff der Coronakrise wurde. Dabei waren es nur wenige Menschen, die direkt an Covid-19 gestorben waren. Der Rest der Katastrophe war der Panik des Pflegepersonals geschuldet, die davongelaufen waren. Eine Frau, deren Vater dort gestorben war, erzählte, diese Geschichte zeigte den Zustand in den kanadischen Altenheimen.

Dies erinnerte mich an die Abschiebungspraxis in so vielen Ländern. Auch Österreich war ein so genanntes Exklusionsland. Als der Pflegeregress gesetzlich fiel, also, dass nicht auf das Vermögen einer Person im Altenheim zur Abdeckung der Kosten zurückgegriffen werden konnte, stieg innerhalb weniger Monate

---

[41]. Die WHO weist darauf hin, dass jemand weniger infektiös ist, je mehr Vervielfältigungszyklen notwendig sind zum Nachweis der Viren.
Zum Beispiel schreibt die NY Times, dass von 85 bis 90% positiven PCR-Tests mit 40 Zyklen bei nur 30 Zyklen negativ wären. Die Anzahl der Zyklen ist in der Praxis (medizinische Labors) völlig verschieden und ist auch nicht vorgegeben.
Der Nobelpreisträger für Chemie (für die Entwicklung der Polymerase-Kettenreaktion (PCR)) Kary Mullis wies in Vorträgen darauf hin, dass sich das Verfahren nicht für Diagnosezwecke eignete.

die Zahl der Menschen in Heimen um ca. 10%. Es musste ja jetzt nicht mehr auf das Erbe verzichtet werden.

Mein persönlicher Bezug zu diesem Thema war: Meine Eltern wären, nach dem Willen meiner Schwestern, in ein Altenheim gekommen. Dies wollten meine Eltern keinesfalls. Mein Vater war geschockt als er begriffen hatte, dass er versehentlich ungelesen eine Einverständniserklärung unterschrieben hatte, weil er meiner Schwester vertraut hatte. Mein Vater hatte es erst gecheckt, als meine Schwester in einem Streit geschrien hatte, er und Mama würden sowieso bald im Altenheim sein.

Meine Eltern baten mich um Hilfe. Ich bot ihnen als erste Lösung an, zu uns zu ziehen, falls sie dies wollten. Ich habe meine Eltern selten so flink gesehen (meine Mutter war von einem Schlaganfall einseitig gelähmt). Sie schnappten ihre Koffer und packten ihre sieben Sachen, so wie Michaele und ich dies vor ein paar Wochen gemacht hatten.

Wir verbrachten einige Zeit mit meinen Eltern in der Toskana und an der Amalfiküste, sorgten für sie und hatten dabei wirklich tolle Zeiten. Wir haben dabei viel gelacht und ich hatte den Eindruck, dass mir Zeit mit meinen Eltern geschenkt wurde – die ich als Nachzüglerin, die ich war, am Anfang quasi verloren hatte. Wenn ich seit dem Tod meiner Eltern in unserer Küche stand und kochte, wurde ich immer noch traurig. Ich vermisste meinen Vater wie er mit einem Glas Martini neben mir stand und mit mir plauderte. Es waren wunderschöne Gespräche und wir hatten viel Spaß.

Bei der Rücknahme des Antrags auf Betreuungsplätze im Altenheim schickte „Soziales Wien" zwei Mitarbeiterinnen um zu kontrollieren, ob meine Eltern dies wirklich aus freien Stücken so wollten. Sie verstanden gut, dass sie dort nicht hinwollten. Für Paare war das nichts, sagten sie. Meine Eltern hatten noch dazu eine echte Seelenbeziehung. Als die Sozialarbeiterin den Antrag als ungültig kennzeichnete, sprang meine Mutter mit erhobener Faust auf und schrie glücklich: „Ja!" Was für eine großartige Szene! Das hatte sie auch gemacht, wenn ich als Kind etwas besonders Gutes aus der Schule berichten konnte.

Diese beiden letzten Jahre mit meinen Eltern waren auch für uns oft anstrengend gewesen. Aber sie waren so voll schöner

Momente, die ich trotz aller Mühe nicht missen wollte. Ein paar Tage vor seinem Tod hatte sich mein Vater bei mir für zwei Jahre Leben bedankt, die ich meinen Eltern geschenkt hatte. Dieser Satz rührte mich auch heute noch. Sie wollten menschliche Nähe, lachen und Lebendigkeit erleben – und nicht getrennt werden. Ich habe viel über diesen Satz nachgedacht. Mein Vater hatte Recht, sie hätten ein Getrenntsein nicht ertragen. Es hätte sie das Leben gekostet. Spätestens bei ihrem Doppelbegräbnis war mir das klar geworden. Deshalb habe ich dort auch das Lied „Grande Amore"[42] spielen lassen.

Mir tat nur leid, dass meine Eltern Filou nicht mehr kennen lernen konnten, der ja erst Jahre nach ihrem Tod geboren wurde. Daher war es für mich etwas ganz Besonderes als mein Neffe erklärte, dass wir unbedingt unseren süßen Welpen zum Grab mitnehmen mussten, um ihn meinen Eltern vorzustellen. Genau das hatten wir dann getan. Michaele packte Filou, trug ihn zum Grab und mein Neffe stellte seinen geliebten Großeltern unseren neuen Hund vor. Es war eine wunderschöne Szene und mir wurde dabei ganz warm ums Herz. Meine Eltern hätten Filou sicher toll gefunden. Er war ein Hund nach ihrem Geschmack. Mein Vater hatte oft von unserem ersten Englisch-Setter Fellow gesprochen und hatte ihn nach seinem Tod sehr vermisst. Als ich dort am Grab stand musste ich plötzlich schmunzeln. Ich war mir sicher, meine Eltern freuten sich mit uns und schauten von oben gut auf uns. Hatten wir uns doch gemeinsam gegen das Ausgrenzen gestellt.

Abschiebe-Geschichten wie diese waren kein Einzelfall. Auch jetzt hatte ich den Eindruck, es ging nicht wirklich um die alten Menschen. Ich freute mich besonders darüber, dass eine 106-jährige Britin, eine 95-jährige Italienerin und ein 86-jähriger Österreicher wieder gesundet waren von Covid-19. Und ganz sicher gab es viel mehr genesene Senioren, von denen ich aber nichts erfahren hatte. Diese Menschen hatten offensichtlich noch Lebenswillen.

Mir kam der Powwow in den Sinn, den wir in Kanada auf Vancouver Island erleben durften. Kanadische und amerikanische Ureinwohner tanzten und sprachen dort. Nach Altersgruppen

---

[42] Grande Amore 2014: Il Volo (Interpreten), Francesco Boccia und Ciro Esposito (Text und Melodie)

wurde das Kulturgut stolzer und weiser Menschen vorgeführt. Aufhorchen musste ich damals als die Gruppe „Golden Age" auf den Platz kam. Dort waren nicht die Fünfzigjährigen, die man in der Werbung zu einer Kreuzfahrt verführen wollte. Hier waren die Fünfundsiebzig- bis Neunzigjährigen, die sich in ihren traditionellen Gewändern geschmeidig bewegten. Ich werde diesen Anblick nie vergessen.

Freunden vor Ort erzählten wir später davon und berichteten erstaunt, dass kaum ein anderer Tourist oder Einheimischer dort gewesen war, obwohl jeder willkommen war. Sie sagten: „Ja, von jenen, die die Kultur noch leben, könnten wir uns sehr viel abschauen. Den meisten Menschen ist das gar nicht bewusst."

Wir hörten so viel in den Nachrichten – wenn nicht gerade alles voll war mit der Berichterstattung in einer Krise wie jetzt – über das Thema Pflege. Immer wurde betont, das habe damit zu tun, dass die Bevölkerung immer älter wurde. Schaute man aber genau hin und recherchierte etwas, dann war die Ursache für das Problem eine andere. Nicht die höhere Lebenserwartung erzeugte den höheren Pflegebedarf. Grund war vielmehr, dass, die Menschen, die chronisch krank waren oder Pflege brauchten, immer jünger wurden. Das hatte mit unserer Lebensweise und unserer Umwelt zu tun. Ich habe ein sehr spannendes Buch gelesen über Alzheimer und das Altwerden. Dabei waren die wichtigsten Faktoren alt zu werden und dabei gesund zu bleiben: Wertschätzung in der Gesellschaft, Teil der Gesellschaft bleiben, sich selbst nicht als alt sehen und immer Neues planen. Da musste ich wieder an meinen Vater denken, der einmal als 80-jähriger beim Kauf seiner neuen Küche sagte: „Schau Dir den Alten dort an". Der Alte war wahrscheinlich kaum älter, wenn nicht sogar jünger als er. Ich ertappte mich dabei, dass ich ähnlich agierte (auch wenn ich einige Jahrzehnte jünger war). Ich hatte also auch gute Chancen alt zu werden.

„Schau, bei Tag 34 zeigt sich auch die verkehrte Welt ganz gewaltig. Du schreibst, dass es nicht um den Nutzen für die Menschen bei der ganzen Geschichte geht. Das hat man eigentlich schon am Anfang gesehen."

„Ja, ich habe mit vielen Leuten spannende Gespräche geführt. Damals haben das viele gemerkt. Die meisten in meiner Umgebung denken immer noch so. Aber viele Menschen haben das in der Zwischenzeit seltsamerweise vergessen oder vergessen wollen." Ich denke traurig an die Menschen, die sich dadurch aus meinem Freundeskreis quasi herausgeschlichen oder mich hinausgeworfen haben, je nachdem wie man es sehen möchte.

Der Koala reißt mich aus den Gedanken. „Und sie machen brav in einem katastrophalen Gesellschaftssystem mit. Und weshalb? Weil sie glauben, dass das normal ist. Der Stärkere frisst den Schwächeren."

„Ja", sage ich traurig, damals haben viel mehr Menschen gesehen, dass da etwas schiefläuft."

„Gut, also Tag 34. Damit sie sich wieder erinnern, dass da von Anfang an etwas verkehrt gelaufen ist und ganz viele es auch gemerkt haben."

Ich stimme dem Koala wieder einmal voll zu.

Tag 34: 99 Luftballons

Als ich heute morgen die Augen aufschlug, schauten mich zwei braune Hundeaugen an, als hätte Filou mich schon die ganze Zeit liebevoll im Schlaf beobachtet. Seine Schnauze war nur wenige Zentimeter von meiner Nase entfernt. Ich brauchte mir wahrlich keine Sorgen um mein Immunsystem zu machen: In meiner „Quarantäne" fand genug Austausch von Mikroben und Ähnlichem statt. Ich musste an das Gespräch mit einem befreundeten Arzt denken, der mir viel über unser Immunsystem erklärt hatte. Er machte sich von Tag zu Tag mehr Sorgen wegen des Lockdowns. Wenn dieser Zustand sich über weitere Wochen erstreckte, würden nur noch Menschen mit Haustieren ein gutes Abwehrsystem haben. Ebenso waren noch die Menschen ganz gut geschützt, die Gartenarbeit machten oder solche, die viel in der

Sonne waren. Aber um die Leute, die wirklich die ganze Zeit zu Hause saßen, vor allem die Singles, um die machte er sich medizinisch große Sorgen. Auch er bestätigte mir, dass zusätzlich zum mangelnden Austausch der mikrobiellen Welt zwischen Menschen, der für ein gesundes Immunsystem lebensnotwendig war, Angst und Isolation das menschliche Abwehrsystem einknicken ließen.

Ich dachte an die mir zulächelnden und zunickenden Hundebesitzer und schmunzelte plötzlich bei einem kurzen Tagtraum: *„War das Zunicken der geheime Code für das gemeinsame Wissen?"* Aus dem was hier vorging, konnte man wirklich einen Film drehen! Ich überlegte, wann die Situation kippen könnte – offensichtlich würde der Kollateralschaden höher sein als der Schaden, der abgewendet werden sollte. Mein Vater hätte gesagt: *„Lasst mich sterben bevor ich mit ansehen muss, wie meinen Töchtern die Existenz geraubt wird."* Wären meine Eltern noch am Leben, hätte ich es nicht zugelassen, dass sie in der eignen Wohnung eingesperrt wären. Ich hätte sie in Sicherheit gebracht. Wäre doch schön gewesen, gemeinsam hier in Südfrankreich zu sein.

Ich dachte an die 95-jährige Italienerin, die von dieser Krankheit wieder gesundete. Mein Vater wäre wahrscheinlich gar nicht krank geworden, denn er musste sich ja um meine Mutter kümmern. Und da waren wir dann wieder bei der Macht der Gedanken. Franzosen verübten Selbstmord wegen positiver Tests in einer Zeit, in der die österreichische Ärztekammer vor der Fehleranfälligkeit der Tests warnte. Ich bin der Meinung, Präsident Macron mit seiner Angstmache sowie die einseitige Berichterstattung der Medien hatten diese Menschen auf dem Gewissen.

Ich las von Schweden und dem immensen Druck, die Grenzen dicht zu machen. Obwohl die Zahl der Todesopfer durch Corona trotz tödlicher Pannen[43] am Beginn nicht viel höher lag als in anderen Ländern. In Dänemark mehrten sich die offiziellen Stimmen, die den Lockdown als größte Dummheit beklagten. Ich habe gelesen, dass Angela Merkel im kleinen Kreis von der

---

[43] Somalische Taxifahrer verstarben am Corona-Virus, weil sie die Vorsichtsmaßnahmen und Warnungen in schwedischer Sprache nicht verstanden hatten.

Befürchtung sprach, in Deutschland könnte es mehr Selbstmordtote als Corona-Tote geben.

Ärzte beklagten, dass Patienten starben, weil sie nicht behandelt wurden oder sich nicht trauten zu einem Arzt zu gehen. Psychotherapeuten schrien auf wegen Suizidgefahr ihrer Klienten auf Grund fehlender Betreuung und häuslicher Isolation. Als ich in meiner Schulzeit faul auf der Couch lag, hätte ich nicht gedacht, dass eines Tages gerade der Staat dies von mir verlangen würde.

Wahrscheinlich wären schon mehr Couchpotatos, die einsam zu Hause an die Wand starrten, in der Psychiatrie, wenn es nicht dort längst besorgniserregende Engpässe (im Gegensatz zu den Coronastationen in den Krankenhäusern) gäbe. Also nicht einmal diese Tür war offen für gefährdete Menschen. Fokus auf dieses Problem gab es allerdings in den Medien nicht.

Da war Tag und Nacht zu recherchieren und zu schreiben schon besser – und ich hatte ja Michaele und meine Fellnase. Es ging gerade in dieser Zeit verstärkt um das Thema Selbstverantwortung, überlegte ich. Wie konnte jeder Einzelne durchkommen? Je länger der Lockdown blieb, desto höher die Herausforderung.

Mir wurde heute ein Video zugeschickt. Es zeigte ein Bistro, in dem die Kellnerin aus 1,5 Meter Entfernung „servierte". Sie sprach als säßen Gäste an den Tischen. Natürlich gingen dabei alle Gläser zu Bruche. Schon vor Wochen hatte ich ähnliche Bilder bekommen. Aber es hatte sich etwas geändert. Bei allem Lustigen schwang jetzt auch Wut mit. Denn es war bitterer Ernst: All' diese Menschen waren dabei, ihre Existenz zu verlieren und in die Armut zu rutschen.

Unter etwa dreihundert Menschen, die ich entweder persönlich kannte oder zum Freundeskreis jener zählte, gab es keinen einzigen Fall von Corona. Eine Freundin erzählte mir von einem Corona-Toten in Frankreich und ein Freund von zwei Infizierten in Deutschland mit mildem Krankheitsverlauf. Ich startete daher aus Interesse eine Anfrage an ein Nachbarschaftsnetzwerk. Auf meine Bitte hin meldeten sich siebenunddreißig Menschen:

Davon kannten vierunddreißig niemanden, der mit dem Virus infiziert war

Zwei kannten jeweils eine Person, einer drei Personen, die infiziert waren

Davon waren alle bis auf einen wieder genesen.

Zur letztgenannten Person konnte ich nichts herausfinden.

Spannend fand ich die Information, dass einer der Genesenen ein sechsundachtzigjähriger Mann mit Vorerkrankungen war.

Das fand ich großartig. Sofort musste ich wieder an die italienische Großmutter denken. In mir stieg die Wut auf, dass so wenige sachliche Informationen an die Öffentlichkeit kamen. Es gab auch jene Menschen wie diese beiden Hochbetagten. Auch deren Schicksal könnte man über den Bildschirm laufen lassen. Aber das geschah nicht: Es wurde nur Negatives weitergegeben.

Gerade schickte mir ein Teilnehmer von einem Theaterseminar ein Video mit einem Mann, der sich wundert, dass seine Frau laufen geht. *Er sagt: „Und das um sieben Uhr früh" und trinkt dabei aus einer Bierflasche.* Ich musste schmunzeln. Doch es war traurig aber wahr. In Frankreich rechnete man beispielsweise mit mehreren Millionen Alkoholkranken durch den Lockdown.

Es war immer schlimm, wenn Menschen starben, egal woran. Doch dies dürften Politiker aus den Augen verloren haben. Die beiden Fragen, die sich in dieser Situation für mich ergaben: Wie viele Menschen starben an dem Corona-Virus, die nicht ohnehin an etwas gestorben wären (wie zum Beispiel an der Grippe, weil sie durch andere Krankheiten schon so geschwächt waren)? Aktuell hatten wir in Österreich inklusive Corona-Toten eine Untersterblichkeit. Die Zahlen des Nationalen Gesundheitsinstituts in Italien ergaben, dass nur ein Prozent der Verstorbenen keine ernsten chronischen Nebenerkrankungen hatten. Fast die Hälfte hatte sogar drei oder mehr solcher Erkrankungen. Meine zweite Frage: Wie viele Menschen werden als Folge der Maßnahmen sterben?

Gestern habe ich gelesen, dass in Deutschland und der Schweiz viele Ärzte zur Kurzarbeit angemeldet waren. Sie hatten einfach nichts zu tun, weil außer in Notfällen niemand mehr in ein Krankenhaus ging. Die reservierten Corona-Betten waren zum Großteil leer. Auch Ärzte, die ich kannte, erzählten mir von leeren Warteräumen. Wenn ich all diese Dinge im Geiste nochmals durchging, waren wohl die drei tickenden Zeitbomben folgende:

Die körperliche Unversehrtheit – Verlust des Grundrechts auf Schutz des Rechtes auf Leben eines jeden Menschen:

Das betraf Kranke, die im Lockdown aufgrund der verbreiteten Angst und den offiziellen Empfehlungen nicht zum Arzt gingen oder deren Operationen verschoben wurden. Das führte wohl früher oder später zu Toten.

Desgleichen die Schwierigkeiten für Schwangere (und ihre ungeborenen Kinder), weil sie nicht betreut wurden.

Weiters die medizinisch nicht betreuten Menschen in Quarantäne mit positivem Test und Symptomen.

Hinzu kamen Selbstmorde, Autoimmunerkrankungen, Infektionskrankheiten (aufgrund eines nicht mehr gut funktionierenden Immunsystems), häusliche Gewalt, und Alkoholismus durch die Isolation sowie Suizide aufgrund von Panikmache oder mangelnder psychotherapeutischer Begleitung.

Dazu kamen die zu erwartende Krankheiten der Atemwege und Neurologie durch das Tragen von Masken, die auch jetzt noch von unabhängigen Experten immer öfters als Viren- und Bakterienschleudern aufgrund ihrer Handhabe bezeichnet wurden. Bei längerem Tragen stieg auch die Schlaganfall-Wahrscheinlichkeit aufgrund der erhöhten CO_2-Rückatmung und dem damit verminderten Sauerstoffanteils im Gehirn. Letzteres würde, nach Aussagen einiger Neurologen auch zu einer erhöhten Anzahl von Demenzkranken in etwa zehn Jahren führen. Wahrscheinlich würde der eine oder andere sowieso gerne das Jahr 2020 aus seinem Gedächtnis streichen.

Die zweite Zeitbombe war der wirtschaftliche Existenzverlust: Verlust der Grundrechte der Freiheit der Berufswahl und Unverletzlichkeit des Eigentums. Armut führte erfahrungsgemäß zu einer höheren Suizid- und Kriminalitätsrate. Auch Lebenserwartung und Armut korrelierten laut vieler Studien damit.

Die dritte Zeitbombe war der Wirtschaftskollaps oder finanzielle Zusammenbruch der Staaten: Ihnen fehlte der Großteil der Steuereinnahmen und der Wertschöpfung im eigenen Land. Sie hatten hohe Ausgaben für Maßnahmen sowie für Arbeitslosen- oder anderen Unterstützungsgeldern (in Summe viel für den Staat, aber zumeist nur ein Tropfen auf dem heißen Stein für Menschen und Betriebe). Die Kaufkraft sank durch weniger Geld im Geldbörsel. Übergroße Vorsicht beim Ausgeben schwächt ebenfalls die Wirtschaft.

Es war alles eine Frage der Dauer des Lockdowns. Irgendwo würde es knallen, wenn dieser Krieg gegen die Bürger noch lange weiterging. Je mehr ich über die zunehmende Bedrohung durch Kollateralschäden und das Ausbleiben der errechneten Millionen Corona-Toten nach theoretischen Modellen las, desto mehr musste ich bezüglich der Verhältnismäßigkeit (nicht in Bezug auf tatsächlich Verstorbene) an ein Lied denken. Denn unsere Politiker waren dabei, unsere Welt in Trümmer zu legen:

99 Luftballons[44]

Hast Du etwas Zeit für mich
Dann singe ich ein Lied für Dich
Von 99 Luftballons
Auf ihrem Weg zum Horizont

Denkst Du vielleicht grad' an mich
Dann singe ich ein Lied für Dich
Von 99 Luftballons
Und dass sowas von sowas kommt

99 Luftballons
Auf ihrem Weg zum Horizont
Hielt man für UFOs aus dem All
Darum schickte ein General

Eine Fliegerstaffel hinterher
Alarm zu geben, wenn es so war
Dabei war da am Horizont
Nur 99 Luftballons

99 Düsenjäger
Jeder war ein großer Krieger
Hielten sich für Captain Kirk
Das gab ein großes Feuerwerk

Die Nachbarn haben nichts gerafft
Und fühlten sich gleich angemacht
Dabei schoss man am Horizont
Auf 99 Luftballons

99 Kriegsminister
Streichholz und Benzinkanister
Hielten sich für schlaue Leute
Witterten schon fette Beute

Riefen, Krieg und wollten Macht
Mann, wer hätte das gedacht
Dass es einmal soweit kommt
Wegen 99 Luftballons

99 Jahre Krieg
Ließen keinen Platz für Sieger
Kriegsminister gibt es nicht mehr
Und auch keine Düsenflieger

Heute zieh ich meine Runden
Seh die Welt in Trümmern liegen
Hab' nen Luftballon gefunden
Denk' an Dich und lass' ihn fliegen

---

[44] Erschienen 1983, Nena (Interpretin), Carlo Karges (Text), Uwe Fahrenkrog-Petersen (Musik)

"Bei Tag 37 musst Du noch dazu schreiben, dass Ihr da schon längst in dem Haus am Meer wart, das Euch Freunde zur Verfügung gestellt haben. Sie selbst konnten aus ihrem Dorf nicht wegreisen wegen den Beschränkungen."

Ich beginne zu lesen. Der Koala hat Recht. Da schreibe ich plötzlich von einer ganz anderen Bäckerei. Nämlich in dem Ort in Okzitanien, in dem wir bis zum Schluss des Lockdowns geblieben sind, also bis Juni. "Hm", überlege ich. "Irgendwo habe ich geschrieben, dass wir den Schlüssel für das Haus am Meer bekommen haben. Das kriegen sie dann schon mit. Ich schreibe ja auch vom Meer. Ich löse das einfach indem ich Saint Pierre- La-Mer in Klammer schreibe."

"Ja", sinniert der Koala, "da hast Du Recht, das verstehen sie dann schon. Die Menschen sind überhaupt nicht dumm, viele lassen sich nur verblenden von den Leuten, denen die verkehrte Welt nutzt."

"Ja Koala, stimmt. Das macht mich sehr traurig."

"Mich auch", sagt er mit belegter Stimme.

Ob er wieder an seinen verlorenen Schwanz denkt?

Tag 37: Ausweg (Saint-Pierre-La-Mer)

Heute ging ich wie immer mit Filou zum Bäcker. Ein Stück Fußweg, weil wir unser Auto außerhalb des Schrankens stehen hatten, um unseren streitbaren – wie wir jetzt wussten korsischen – Nachbarn, nicht zu reizen. Ich fuhr in das Zentrum des Ortes, genoss den Blick auf das aufgewühlte Meer und suchte dabei einen Parkplatz. Auf der Hauptstraße fand ich wie immer keinen. Nicht, weil so viele Menschen hier wohnten, sondern, weil es keine Parkplätze mehr gab. Sie waren Covid-19 zum Opfer gefallen. Nachdem die Strände gesperrt wurden, waren auch all die Parkplätze für Urlauber einkassiert worden. Ich bog in eine kleine Straße, in der es von Ausfahrten wimmelte. Zwar waren fast alle Häuser derzeit unbewohnt, aber ich wusste nicht, ob das herumfahrende Polizeiauto nur einsame Jogger bestrafte oder auch Falschparker.

Ich war glücklich, als ich eine ganz legale Parklücke gefunden hatte. Ich stellte das Auto zwischen zwei Wagen ab. Ich war zufrieden. Als ich aussteigen wollte, erkannte ich die Herausforderung. Eine Regenrinne ohne Fallrohr produzierte einen mittelgroßen Wasserfall. Kein Wunder, regnete es ja seit Tagen ohne Unterbrechung. Filou machte eine elegante Schlangenbewegung beim Aussteigen, sodass er sich die kalte Dusche sparen konnte. Auch ich zwängte mich zwischen Autotür und Wasser durch, wenn auch ungleich weniger elegant.

Diese Geschichte erinnerte mich daran, was passieren konnte, fokussierte man auf nur eine Sache, wie ich auf eine freie Parklücke. Genau das passierte gerade mit so vielen Menschen. Immer öfter hörte ich sowohl im Freundeskreis[45] als auch von hochdekorierten Fachleuten, dass es nicht der Virus war, der für die Gesamtbevölkerung wirklich gefährlich war, sondern die Angst vor dem Virus. In Frankreich war es eine Welle von Selbstmorden, die davon ausgelöst wurde. In Deutschland erinnerte so manche Vorgehensweise gegen Bürger an das dritte Reich und in Österreich schlug wieder Maria Denunziata zu, wie sie in Torbergs genialer „Tante Jolesch"[46] hieß.

Bill Gates und seinen Kumpanen in dieser Geschichte konnte ich keinen Vorwurf machen. Sie waren einfach skrupellose Geschäftemacher. Bill Gates war der Microsoft Geschäftsmann, bevor er sich mit seinen Unterstützungsprojekten für die Gesundheit zum „Menschenfreund" in der Öffentlichkeit machte. Dass auf Grund seiner medizinischen „Versuche" in Afrika und in Indien hunderttausende Kinder erkrankten oder starben, kümmerte ihn (und die Welt) offenbar nicht. Das entsprach wohl seiner Einstellung als Eugeniker. In einem Interview sagte er lächelnd und mit leuchtenden Augen, dass die Impfstoffe gegen Covid-19 bei etwa 700.000 Menschen schwere Impfschäden hervorrufen würden. Ich dachte mir bei seinem Anblick nur: „Leute aufwachen! Schaut Euch seine Körpersprache an. So spricht doch kein Menschenfreund." Wie gesagt, Bill Gates war für mich nichts weiter als ein extrem gewiefter und fieser Geschäftsmann.

---

[45] unter denen sich einige Experten für diese Situation befanden
[46] Friedrich Torberg: Die Tante Jolesch oder Der Untergang des Abendlandes in Anekdoten. Köln: Anaconda, 2011.

Welche Überraschung. Solche Menschen gab es immer schon. Nur wieso spielten so viele bei seinem Spiel mit? Wie Macron sprach auch Gates von einem Krieg gegen den Virus, den so viele nun mit ihrer Existenz bezahlen mussten, weil daraus ein Krieg gegen die Bürger und Bürgerinnen wurde. Seit Tagen quälte mich schon die Frage, weshalb so viele mitspielten. Es gab dazu für mich zwei Schlüsselwörter, die hießen Davos und Angst. Alles andere waren gruppendynamische Gesetze, wie sie beispielsweise in „Psychologie der Massen" [47] gut beschrieben wurden.

Im Jänner 2020 feierte man in Davos das fünfzigjährige Bestehen des Weltwirtschaftsforums sowie das Zwanzig-Jahr-Jubiläum von GAVI[48]. Die anwesenden Regierungschefs, darunter auch der österreichische Bundeskanzler Kurz und die deutsche Bundeskanzlerin Merkel, sicherten GAVI ihre Unterstützung zu und verpflichteten sich zur Vision, allen Menschen den Zugang zu Impfstoffen zu ermöglichen. In einer hochkarätig besetzten Podiumsdiskussion über GAVI und ihre Projekte richtete Bill Gates per Video Grußworte an die Anwesenden.

Für nationale Entscheidungsträger war das Thema Pandemie nicht neu. Bereits 2009/10 bei der Schweinegrippe, die von der von Bill Gates mitfinanzierten[49] WHO als Pandemie ausgerufen wurde, bestellten die Staaten insgesamt Impfstoffe im Wert von achtzehn Milliarden Euro. Die sogenannte Pandemie forderte allerdings statt der nach Modellen vorausgesagten 250 Millionen schlussendlich nur ein paar hundert Tote weltweit. Die WHO wies ausdrücklich daraufhin, dass die Sterblichkeit nie ein Kriterium war, wann eine Krankheit als Pandemie eingestuft wurde. Es ging nur mehr darum, wie schnell sich ein Virus länder- und regionenübergreifend ausbreitete und nicht wie gefährlich dieser war. Wenn also der Direktor der WHO eine Pandemie ausrief, dann packten die Regierungen ihre Katastrophenpläne aus, egal ob die Maßnahmen der tatsächlichen Gefährlichkeit oder Sinnhaftigkeit entsprachen.

---

[47] Originaltitel: Psychologie des foules, von Gustave Le Bons, Paris: 1895
[48] Englisch: Global Alliance for Vaccines and Immunisationist. GAVI ist eine weltweit tätige öffentlich-private Partnerschaft mit Sitz in Genf.
[49] Zweckgebunden an das Thema Impfungen

Nachdem bei der Schweinegrippe die von der WHO vorausgesagten Millionen Toten ausgeblieben waren, die Pharmaindustrie vom Steuerzahler Milliarden bekommen hatte und die Regierungen blamiert dagestanden waren, erschien unter anderem ein Artikel im Nachrichtenmagazin „Der Spiegel" mit dem Titel „Vier Lehren aus der Schweinegrippehysterie".[50] Im Zusammenhang mit der derzeitigen Situation fand ich die vier Lehren genial. Ihre Befolgung wäre sicher ausreichend gewesen, um die aktuelle menschliche und wirtschaftliche Katastrophe aufzuhalten. Ob außer mir auch noch andere Menschen über diesen alten Artikel gestolpert waren?

Lehre 1

Der nationale Pandemieplan muss überarbeitet werden

Wenn die WHO in Genf eine Pandemie ausgerufen hatte, trat nicht nur in Deutschland automatisch der nationale Pandemieplan in Kraft. Der ging davon aus, dass eine „langanhaltende, länderübergreifende Schadenslage [...] derart nachhaltige Schäden verursacht, dass die Lebensgrundlage zahlreicher Menschen gefährdet oder zerstört wird."

Der Spiegel stellte die Frage, was die WHO macht, wenn sich demnächst ein neues Schnupfenvirus über den Erdball verbreitete. Wird dann auch die Pandemie ausgerufen? Der Katastrophenautomatismus muss unterbrochen werden, forderte der Artikel.

Lehre 2

Die Politik muss sich trauen, auf die Bremse zu treten, wenn sich herausstellt, dass der Virus harmloser als angenommen ist.

Lehre 3

Pharmakonzerne sind die großen Gewinner jeder Pandemie, daran sollte man immer denken.

Lehre 4

Experten und Medien fördern die Hysterie

Damit wird bei vielen Lesern der Eindruck einer großen Gefahr geweckt. In der Bildzeitung prangte beispielsweise in

---

[50] Online gestellt am 12.03.2010 in der Rubrik spiegel.de/Wissenschaft/Medizin

giftgelb eine Aussage eines Professors, der davor warnte, dass es über 35.000 Tote in Deutschland wegen der Schweinegrippe geben würde. Auf Nachfrage gab der Professor zu, Geld von Pharmaunternehmen bekommen zu haben. Medien zitierten lieber Extremmeinungen als abwägende Fachleute. „Es wäre viel häufiger angemessen gewesen zu sagen, was man nicht weiß als schlecht belegte Warnungen zu verbreiten", folgerte „Der Spiegel".

Besonders die Worte des ehemaligen Gesundheitschefs von Ontario (Kanada) Richard Schabas ließen mich innehalten. *Er sagte: „Einige von uns denken, WHO steht für Welt Hysterie Organisation".* Offenbar war schon damals die Hysterie das Auffälligste für Beobachter. Als ich die Punkte durchging, war klar, niemand hatte aus der Schweinegrippe gelernt. Es schien, dass nur dieses Mal darauf geachtet wurde, am Schluss nicht blamiert dazustehen. Die Zahlen der Toten kamen nicht? Einfach erfinden – oder konkret die Zählweise so verändern: Alle mit und an Corona Infizierten/Verstorbenen bis hin zu allen möglichen unbestätigten Verdachtsfällen bei Toten wurden in Summe gezählt.

Waren es bei der Schweinegrippe 18 Milliarden Euro, die durch den Kauf von Impfstoffen, in den Sand gesetzt wurden, waren es bei der Corona-Krise vorausgesagte 15 Billionen (!) Euro, die allein den wirtschaftlichen Schaden ausmachte. In dieser Summe waren noch keine etwaigen Impfstoffe berücksichtigt. Selbstverständlich waren in dieser Summe auch nicht das menschliche Leid enthalten, das durch die Maßnahmen entstand.

Obwohl immer mehr Zahlen zeigten, dass Covid-19 gar nicht so gefährlich war wie angenommen, wurde über Impfung bis zur Zwangsimpfung der Bevölkerung als Maßnahme gesprochen. Und das war ja eigentliches Ziel von Bill Gates, wie er selbst betonte. Impfstoffe sollten in großem Stil bestellt werden. Das Brisante an Gates Spende an die WHO war ja, dass sie zweckgebunden war. Er unterstützte nur, wenn es um das Thema Impfungen ging.

Offenbar hatten GAVI und Bill Gates die Regierungschefs ins Boot holen können. Es war jedenfalls recht auffällig, dass die meisten Staaten die gleiche Strategie in ihren Maßnahmen umsetzten:

- Das Bewusstsein für die Krankheit in alle Köpfe bringen
- Kritiker ausschalten
- Soziale Distanzierung erreichen, einhergehend damit, dass Menschen freiwillig auf ihre Grund- und Freiheitsrechte verzichteten[51]

Ich hatte einen großen Vorteil, weil ich hier keinen Fernseher hatte. Alle Nachrichten schaute ich mir auf meinem kleinen Smartphone an. Mit anderen Worten: Ich bekam alles außer den grauenhaftigen Bildern mit, die den meisten Menschen vor den Augen flimmerten. Damit wurde mein Gehirn nicht manipuliert, ich konnte emotionslos Zahlen lesen und sofort online die Hintergründe der Nachrichten recherchieren. „Bilder erreichen unser Gehirn um ein Vielfaches schneller", das erklärte ich auch in meinen Führungskräfte-Seminaren. In dieser Situation überlief mich ein Schauer, wenn ich an diesen Satz dachte, den ich sicher schon an die hundert Mal erläutert hatte.

Hauptsächlich waren es wohl die Bilder als auch die emotionsgeladenen Worte der Politiker und Journalisten, die die Hysterie erzeugten. Dazu ein paar Beispiele: So erklärt eine amerikanische Ärztin, dass die dargestellten Szenen in den Nachrichten über Norfallmedizin ihrem ganz normalen Alltag im Krankenhaus glichen. Solche Videos konnte man von ihrer Abteilung an den meisten Tagen im Jahr drehen. Eine amerikanische Krankenschwester, die in Internet-Videos hysterisch herumlief und um eine Maske bat, um ihre Familie schützen zu können, war seit Monaten in keinem Krankenhaus mehr beschäftigt gewesen.

Ich fand Berichte über Menschen in den News, die als Corona-Tote in mehreren Ländern gleichzeitig angeführt waren. Ich entdeckte bei renommierten Nachrichtensendern und -agenturen

---

[51] Siehe auch Ergebnis des „Event 201", Oktober 2019: Die Teilnehmer erlebten eine Simulation einer Pandemie (ausgehend von China) mit Millionen Toten und nahmen mit, dass große Unternehmen noch enger mit Regierungen zusammenarbeiten mussten, um erfolgreich zu sein.
Teilnehmer waren unter anderem der Direktor des Chinesischen Zentrums für Krankheitskontrolle und -prävention, die ehemalige stellvertretende Direktorin des CIA, Vizepräsident vom Pharma- und Konsumgüterhersteller Johnson&Johnson und der Leiter des operativen Geschäfts von Edelmann, der größten PR-Agentur der Welt.

identische Fotos mit abstoßenden Szenen überfüllter Krankenhäuser, untertitelt mit Orten in verschiedenen Staaten. Eine Journalistin soll herausgefunden haben, dass die meisten Bilder, die um die Welt gingen, von ein und demselben Krankenhaus stammten. Außerdem soll es sich dabei sogar oft um Archivfotos gehandelt haben, wie von Insidern, aber auch kritischen Journalisten, berichtet wurde.

Eine Freundin erzählte mir schockiert, dass sie Bilder aus Frankreich gesehen hatte, wo schwerkranke Covid-19-Patienten mit Hubschrauber oder Zug quer durch das Land verlegt wurden. Ja, solche Transporte gab es wohl aufgrund eines totgesparten Gesundheitssystems. In einigen Gegenden gab es keine Intensivbetten mehr. Es schien eine Frage des Aufenthaltsortes zu sein, wie hoch die Überlebenschancen bei jenen Menschen waren, denen der Virus schwer zusetzte. Die Situation war in Deutschland, Österreich und in der Schweiz nicht anders. Dort mussten nämlich aufgrund von Verordnungen eine bestimmte Anzahl von Intensivbetten für Corona-Patienten freigehalten werden, die aber nicht kamen. Wer allerdings Hilfe im Spital benötigte, das waren Menschen mit Herzinfarkten, Schlaganfällen und so weiter. Solche Patienten wurden trotz freier Betten abgewiesen. Auch diese wurden dann kreuz und quer durchs Land geschickt, wobei oft wertvolle Zeit verloren ging. Die Bilder aus Frankreich gingen um die Welt, die von den in der DACH[52]-Region abgewiesenen Menschen mit Herzinfarkt, Schlaganfall oder anderen schweren Krankheiten interessierten aber niemanden.

Die Medien stürzten sich erfolgsgeil nur auf Sensationsbilder, die die Verkaufszahlen in die Höhe schnellen ließen. Politiker ließen sich mit ihrer Kriegsrhetorik feiern. Die Füße hatten sie längst nicht mehr auf dem Boden. Die WHO war so sehr mit der Pharmaindustrie verbandelt, dass sie mit dem Ausrufen einer Pandemie den Startschuss zum Gelddrucken für die impfstoffherstellende Pharmaindustrie und Investoren wie Bill Gates gab.

Nur die mutigsten Wissenschaftler wehrten sich. Diskreditierung, Jobverlust und Verlust der Achtung in der Gesellschaft, das waren ihre Risiken, die sie in Kauf nahmen. Was für ein

---

[52] DACH: Abkürzung für Deutschland (D), Österreich (A), die Schweiz (CH)

trauriger Platz war unsere wunderschöne Welt innerhalb von nur wenigen Wochen geworden? Übrigens waren zwei der jetzt am meisten diffamierten Experten, Dr. Bhakdi und Dr. Wodarg bei der angeblichen Schweinegrippe Pandemie besonders gefeiert worden. Im Gegensatz zu den falsch berechneten Modellen (z.B. von Prof. Drosten) waren diese beiden Wissenschaftler richtig gelegen. Warum wurden gerade diese Menschen durch den Schlamm gezogen – und zwar ohne Diskussion? Konnte es sein, dass sie dieses Mal auch Recht hatten und die „Obrigkeit" diese Wirklichkeit nicht wahrhaben wollte? Oder zumindest nicht wollte, dass die Bürger sie erkannten? Aber weshalb?

Machtgeilheit, Dummheit, Geldgier und unendlich viel Angst regierten die Welt. Das machte langsam auch mir ein mulmiges Gefühl. Denn das war ein Cocktail, der zu allem Möglichen führen konnte. „The Sky is the limit", wie man so schön sagte. Aber wo lag dieses Limit für Machtgeilheit, Dummheit, Geldgier und Angst? In uns! Jeder einzelne Bürger hatte die Möglichkeit jenen Menschen, die von Machtgeilheit und Geldgier getrieben waren, Grenzen zu setzen und sich selbst aus der Schreckensstarre und Angst zu befreien.

Im Moment wurden sehr viele Menschen in einem Art Wachkoma gehalten. Sie waren zumeist zu paralysiert oder damit beschäftigt, ihre wirtschaftliche Existenz zu retten. Sie würden sich nicht gegen die Machthaber stellen. Aber ohne sie als Mitläufer, vielleicht sogar als Unterstützer, konnten sich die Macht- und Geldgierigen brausen gehen. Diese brauchten die schweigende und willige Masse. Es wäre schön, diese Menschen zu erreichen, Auswege aufzuzeigen und das künstlich hergestellte Illusions-Dreieck der Angst „Sterben – Impfen – eine neue Normalität" zu zerschlagen. Denn es zeigte sich bereits deutlich, dass es nicht der Realität entspechen wird.

Denn wie sagten die Hopi so schön: „Wir sind die, auf die wir gewartet haben."

„Da ist aber eine Menge reingepackt in Tag 39", sagt der Koala als auch ich das gerade bemerke. „Ich glaube, es ist wichtig für die Leser. Auch wenn viel Information in dieser Eintragung steckt", schließt er seine Überlegungen ab.

Zu beidem muss ich ihm Recht geben: viel, aber wichtig.

Tag 39: Antworten

Im Coronavirus war also angeblich ein Genom[53] vom HIV-Virus zu finden. Das hatten bereits vor Prof. Montagnier[54] ein Forschungsteam in Indien herausgefunden. Es gab auch amerikanische Ärzte, die darauf hinwiesen. Ob sie unabhängig voneinander auf dieses Ergebnis gekommen waren oder sich auf die Forschungsarbeiten der beiden anderen stützten, konnte ich nicht herausfinden. AIDS bekam man nicht von diesem Virus, das konnte ich nachlesen. Das hatten aber weder Luc Montagnier noch das Ärzteteam in Indien je behauptet. Dieser Frage war man nachgegangen. Kurz hatte ich schon den Gedanken, die Politiker verheimlichten uns etwas Gefährliches.

Ich wusste, dass manche Menschen an so eine Art Verschwörung durch unsere Politiker glaubten. Aber das war glücklicherweise vollkommener Blödsinn. Ich war erleichtert. Auch fand ich heraus, dass dies in Regierungskreisen bekannt war und daher nicht Anlass für die Maßnahmen war, die für so viele Menschen langsam zur Hölle wurden.

Was ich aber fand, war ein 2015 erschienener Artikel in „Nature Medicine".[55] 2011 waren Forscher aus Amerika, China und Australien ein Jahr unterwegs gewesen, um in den Höhlen von Kinming in der Provinz Yunnan den Kot von Fledermäusen einzusammeln. Der Artikel belegte, dass an den entdeckten neuartigen Viren gentechnisch gearbeitet wurde. Wenige Tage

---

[53] Das Genom, auch Erbgut eines Lebewesens oder eines Virus, ist die Gesamtheit der materiellen Träger der vererbbaren Informationen einer Zelle oder eines Viruspartikels. (Quelle: Wikipedia)
[54] Virologe und Nobelpreisträger, Entdecker des AIDS-Erregers
[55] Nature Medicine, Ausgabe 21: „A SARS-like cluster of circulating bat coronaviruses shows potential for human emergence" (9. November 2015)

nach Veröffentlichung wurde im selben Wissenschaftsmagazin eine Debatte geführt, ob technische Laborvarianten von Viren mit möglichem Pandemiepotenzial die Risiken wert waren. Bereits 2008 hatte die Forschungsgruppe um Professorin Zhengli Shi, die in Wuhan daran gebastelt hatte, herausgefunden wie man ein Fledermaus-Coronavirus gentechnisch so modifiziert, dass es an den menschlichen ACE2-Rezeptor wie bei einer Wirtszelle andocken kann. Aus diesem Bericht ging hervor, dass dabei mit einem HIV-Pseudovirus gearbeitet wurde. Von diesem Labor hatte ich schon in einem Bericht der Washington Post gelesen.

In dem 2015 erschienen Artikel wurde spannenderweise am 30. März 2020 von der Redaktion der Zusatz angebracht: „Es gibt keinen Beweis, dass das wahr ist". Sie hatten bemerkt, dass dieser Artikel als Basis für (unverifizierte) Theorien über den neuen Corona-Virus benutzt wurde. Nämlich, dass der Virus im Forschungsprojekt von 2011 seinen Ursprung hatte und künstlich hergestellt worden sei. Zwischenzeitlich betonten Pharmazeitschriften und Ärzteblätter, dass die Mechanismen wie der Virus im menschlichen Körper andockt nicht künstlichen Ursprungs sein kann. Es schien, als wollte man den Laien verwirren, sodass er mangels Expertenwissen bei unterschiedlichen Darstellungen den Überblick verlor und der Diskussion nicht mehr folgen konnte.

Was blieb ist die Gewissheit, dass Experten außerhalb des Mainstreams sofort diffamiert wurden und sie selbst und deren Beiträge als „umstritten" gebrandmarkt wurden (in Medien, im World Wide Web, in Social Media, ja selbst auf Wikipedia). Wer zu viele Fragen stellte, auf Alternativen verwies oder Hoffnung gab anhand von Beispielen, wurde „Corona-Leugner" genannt und Kritiker wurden sofort zu „Verschwörungstheoretikern"[56] entwertet. Wo blieb die Suche nach Wahrheit in der Wissenschaft, fragte ich mich wieder einmal.

---

[56] Im hausinternen Dokument 1035-960 der CIA wurde der Begriff „Verschwörungstheoretiker" als Sprachregelung im Umgang mit Kritikern des Warren-Reports zur Ermordung von J.F.Kennedy 1967 (Alleintäter-Theorie) festgelegt.
Laut Umfragen wird die Richtigkeit des Warren Reports von zwei Drittel der US-Bürger bezweifelt. Demnach gelten etwa 220 Millionen Amerikaner als Verschwörungstheoretiker.

Oft zauberte die Pharmaindustrie schnell „Richtigstellungen" herbei, die auf Nebenschauplätze führten. Experten und Persönlichkeiten auch ohne (Ge-) Wissen wurden vorbehaltlos hofiert, egal ob deren Aussagen nachvollziehbar waren oder nicht. Für die Pharma-Unternehmen ging es um Milliarden-Märkte für die nächsten Jahrzehnte und deshalb auch um die „Meinungs-Führerschaft" (im Sinne ihrer Geschäftsinteressen) in der Öffentlichkeit. Das wurde mir immer klarer als ich recherchierte, wessen Meinung „zugelassen" wurde und wessen Meinung verdammt wurde.

Hoffentlich machte man die klugen Köpfe nicht so mundtot, dass sie nicht weiterforschten. Ich war mir sehr sicher, nicht die einzige zu sein, die die Wahrheit interessierte.

Nochmals kamen mir die Maßnahmen in den Sinn: Es schien den Regierenden um das Durchziehen eines auch mit Medien abgestimmten Epidemieplanes zu gehen. Diskussionen waren nicht gewünscht, Kritiker wurden diffamiert. In meinen Führungskräfte-Seminaren sprach ich immer von den verschiedenen Führungsstilen, ganz grob eingeteilt: demokratisch, laissez-faire, autoritär sowie situativ. Autoritär war heute nicht mehr State of the Art, aber bei bestimmten Organisationen wurde er zumindest im Einsatz gelebt, nämlich beispielsweise bei Feuerwehr, Polizei, Rettung und Militär. Grund dafür war die Notwendigkeit schnelle präzise Entscheidungen zu treffen. Der Feuerwehrkommandant konnte nicht erst eine Diskussion starten bevor er entschied, wie ein brennendes Haus zu löschen war. Dort musste es schnell gehen. Offenbar war das auch die Vorgangsweise bei Katastrophenplänen. Bei „Brand aus" freuten sich alle, warum aber nicht bei Corona, wenn die tatsächlichen Zahlen Entwarnung gaben?

In einer Katastrophen-Situation konnte ich das Vorgehen verstehen. Ich hätte einen kurzen zwei-wöchigen Lockdown verstanden, um in dieser Zeitspanne die Datenlage genau zu untersuchen. Eine Freundin, die Biologin ist, wies auf die Wichtigkeit der Ursachenforschung in Italien hin. Wie konnte man einem theoretischen Modell blind vertrauen, das mit jenen entwickelt wurde, die am meisten Profit aus einer Pandemie schlugen? Und sich diese Modelle schon öfters als falsch erwiesen haben (zum Beispiel bei der Schweinegrippe).

Ich musste an meine Zeit als Trainee am Wiener Flughafen denken. Ich wurde damals mit verschiedenen Projekten beauftragt. Eines davon war Lobbyarbeit für Brüssel. Ich konnte mich nicht mehr an Einzelheiten erinnern, aber noch sehr gut an das Eingangsgespräch: „Bitte machen Sie ein Strategiepapier, damit wir Lobbyarbeit in Brüssel machen können und die Gesetze in unsere Richtung gehen." Ich schaute den Manager groß an und erklärte ihm, dass Abgeordnete von den Bürgern gewählt wurden und in ihrem Sinne Gesetze beschließen sollten (ich war erst ein paar Monate zuvor mit meinem Jusstudium fertig geworden). Noch eine Minute nach meinem Satz hielt sich der Mann vor Lachen seinen Bauch. Er schob mir den Zettel zu, was ich recherchieren und aufbereiten sollte und deutete mir nur noch Richtung Tür, weil er immer noch nicht fähig war, zu sprechen.

Damals am Beginn meiner beruflichen Karriere habe ich viele Menschen zum Lachen gebracht, fällt mir gerade auf.

Das gleiche Unternehmen gab auch eine Vorstandsanweisung heraus, dass Bleistifte aus Spargründen bis zur Länge von drei Zentimetern verwendet werden mussten. Das hatte bei allen Mitarbeitern zu riesigem Gelächter geführt.

Eine Menge meines damaligen Idealismus musste ich aufgeben, aber dafür habe ich vieles gelernt und erfahren. Zum Beispiel wie man sich durch Perspektivenwechsel für sich selbst eine bessere Umgebung schaffen konnte. Auch, wenn das momentan nur sehr begrenzt möglich war. Doch war es die eigene Entscheidung, ob man nach dieser Zeit durch die Pforte ging oder ins Loch fiel, um es mit den Worten von White Eagle von den Hopi auszudrücken.

Ich dachte an die Umsetzung eines autoritären Führungsstils. Weder erforderte er eine Rhetorik der Angst noch ein Kaputtmachen und Diffamieren von Kritikern, diese konnten kurzfristig einfach übergangen werden. So wie es beispielsweise bei der Bestellung der Eurofighter gegen viele Expertenmeinungen im Österreichischen Bundesheer gemacht worden war. Auch war es nicht notwendig, Menschen zu entwerten, wie beispielsweise Unternehmer, die nach so vielen Wochen Lockdown logischerweise strauchelten. Für viele Branchen war die Zukunft immer noch ungewiss. Von einer Bereinigung des Marktes zu sprechen, war Hohn. Das wäre so als würde ich ein Zebra an einen Baum binden und dann sagen, es sei selbst schuld, wenn es vom Löwen gefressen wurde. Banken spielten in der Geschichte, wie ich immer mehr hörte, auch eine höchst unrühmliche Rolle.

Eine Unternehmerin aus Linz hat dazu ein Video gemacht und gut auf den Punkt gebracht, was es hieß betroffene Unternehmerin oder betroffener Unternehmer zu sein. Vom Warten auf die Zuschüsse zur Kurzarbeit, der Rhetorik der Politiker, der Reaktion der Hausbank bis hin zur Bedeutung, derartig im Regen stehen gelassen zu werden, sprach sie alles an. Ich musste an die Aussage der Regierungsverantwortlichen in Frankreich denken, die sinngemäß lautete: *„Ein Minus, das derzeit in unserer Wirtschaft klafft, würde einfach nachgeholt werden und am Ende des Jahres war alles wieder in Ordnung."* Als ich diese Aussagen las, überlegte ich mir: „War dies Hochmut, Abgehobenheit, Naivität, Dummheit oder dreistes ins Gesicht lügen?"

Ein Virologe sagte im Rahmen meiner heutigen Recherche: *„Händewaschen, ein Meter Abstand, Husten in die Armbeuge, frische Luft, Sonne und was Du sonst noch machen möchtest, um Dein Immunsystem zu unterstützen. Alles andere, was läuft, ist Politik und hat mit Medizin nichts zu tun. Es gibt medizinisch zum Beispiel keine einzige Studie, die belegt, dass Schulschließungen etwas bringen."*

Dabei fiel mir ein, was ich über den deutschen Bundesgesundheitsminister Jens Spahn gelesen hatte. Er machte die Aussage: *„Wir werden in ein paar Monaten wahrscheinlich viel einander verzeihen müssen."* Damit warb er um Verständnis für schwierige politische Entscheidungen in der Corona-Krise. Ist das zu fassen, fragte ich mich. So sprachen die gewählten Häupter unserer europäischen Demokratien, die eine Menge Geld für ihren Job bekamen? Hat ihnen niemand den Grundsatz vom „Vorher zuhören und denken, nachher handeln" beigebracht? Dazu fielen mir die Worte jener Unternehmerin in ihrem Video ein: *„Vor ein paar Wochen hieß es, koste es was es wolle, jetzt heißt es eher, koste es Euch soviel wie wir wollen."* Ich sah das genauso, wenn ich an die vielen zerstörten Existenzen dachte wie vor allem in Gastronomie, Tourismus und im Veranstaltungsbereich sowie all jener, die von diesen Bereichen abhängig waren. Aber offenbar gab es noch sehr viele andere Branchen, die immens betroffen waren, wie zum Beispiel die Textilbranche.

Es reichte mir, mich mit diesen Dingen zu beschäftigen. Ich machte das Beste aus der Situation, in dem ich hier in Südfrankreich saß und aufs Meer hinausschaute, auch wenn ich nicht auf den Strand gehen durfte. Ich schnappte mir Filous Leine und ging hinaus in die Sonne. Schon seit einiger Zeit stand er bei der Tür und schaute sehnsüchtig hinaus – so wie ich es tagtäglich machte, wenn ich mich an die Absperrung vor dem Strand lehnte. Wir verließen meine „Schreibstube" und gingen entlang der Häuschen, die zur Ferienzeit voller Leben waren. Mir fiel auf, dass manche Menschen mich ganz besonders freundlich grüßten und ein paar nette Worte mit mir wechselten. Einige wenige nur pressten ein erzwungenes „Bonjour" heraus wie auch die Dame, deren Bekanntschaft wir am ersten Tag hier unfreiwillig gemacht hatten. Ich musste schmunzeln als mir auffiel: Die gute Frau war immer in verschiedenen Gärten und tuschelte dort jeweils mit anderen ganz nah. Zu jenen die glaubten, dass sie das nur mit einer Maske durften, gehörte sie dabei nicht – denn sie trug keine. Dass sie uns bei der Ankunft Mörder genannt hatte, aber selbst gegen alle Vorschriften verstieß, brachte mich zum Lachen.

Ich ging weiter und weiter. Bald war ich schon außerhalb des vorgeschriebenen „Ein-Kilometer-Radius". Am Jachthafen des Nachbarortes rief ich daher Michaele an und bat ihn, mit dem Auto zu kommen. Kurzerhand schrieb ich meinen Ausgehschein um von „Spazierengehen mit einem Begleittier" auf „Einkaufen". Denn dafür galt die Kilometerregel nicht. Ich ging schon lange nicht mehr ohne Bleistift und Radierer aus dem Haus. Michaele und ich nutzten nun die Gelegenheit, um wirklich einkaufen zu gehen. Irgendetwas fehlte ja immer. Es war so angenehm, dass in Frankreich keine allgemeine Maskenpflicht herrschte. Es tat so gut, Menschen lächeln zu sehen.

Nachdem es in der Zwischenzeit warm geworden war, konnten wir Filou während des Einkaufs nicht mehr im Auto lassen. Das war mir selbst im Schatten mit offenen Fenstern zu riskant. Ihn alleine im Cabrio warten zu lassen war auch nicht möglich. Filou bellte nämlich dann manchmal. Wir machten Arbeitsteilung. Michaele ging mit Filou spazieren und ich ging einkaufen. Gerade als wir uns trennen wollten, kam ein junger Bursche vorbei. Er ging zu Filou, der freudig mit dem Schwanz wedelte. Die beiden vertieften sich immer mehr in ihr Spiel. Ich sah wie der vormals leere, traurige Blick des jungen Erwachsenen in Glückseligkeit und Freude umschlug. Ich wurde Zeuge einer herzerwärmenden Begegnung.

Ich ließ die drei allein um den Einkauf zu erledigen. Langsam ging auch mir die Puste aus. Die vielen geschlossenen Geschäfte im Einkaufszentrum, der vor sich laut singende Mann mit Einkaufswagen und der alte Mann, der Selbstgespräche in seine Maske murmelte. Ich musste an den oft geteilten Scherz der fiktiven Ansage des deutschen Verbands für Psychiater denken: *„Es ist ganz normal in dieser Situation, wenn Sie mit den Wänden oder Pflanzen reden. Rufen Sie uns nur an, wenn diese zurück sprechen."* Wie der singende Mann, versuchte ich mich selbst zu motivieren. Also beendete ich so schnell wie möglich meinen Einkauf und ging wieder hinaus in die Sonne. Ich schaute auf Palmen und den blauen Himmel. Ich musste dringend meinem katalanischem Dorf einen Besuch abstatten.

Ich vermisste die bekannten Gesichter, das verschmitzte Lächeln des Fleischers, die Musik und Fröhlichkeit in „Les Halles" mit den bunten Marktständen. Ich würde weiter an meinem Plan basteln, bald wieder in diese vertrauten Gesichter zu schauen. Dieser Gedanke zauberte mir dann doch ein Lächeln ins Gesicht. Fröhlich stieg ich in mein Auto, öffnete das Verdeck, legte eine meiner Lieblings-CDs ein und fuhr langsam los. Im Moment hielt mich noch die „Ein-Kilometer-Regel" von diesem Besuch ab, aber irgendwann würde die wohl auch fallen. Hier am Meer war es wunderschön. Mir fehlte nur der Kontakt zu Menschen, besonders zu jenen aus unserem südfranzösichem Dorf.

Michaele und Filou sammelte ich auf einer bunten Blumenwiese ganz in der Nähe des Supermarktes ein. Mein Mann strahlte. Er erzählte mir, wie schön es für ihn war, noch eine Weile länger mitzuerleben, wie der junge Mann aufgeblüht war als er mit Filou spielte. Tiere waren solche Heiler! Das erlebte ich auch stark bei meinem Neffen und Freunden von ihm. Ich machte mit Filou die

Ausbildung zum Therapie-Begleithund oder besser ausgedrückt, er wurde zum Therapie-Begleithund und gemeinsam würden wir eines Tages ein Team sein, das Menschen half. Auch das war ein schöner Gedanke. Und hier kam mir die Krise ganz gelegen, denn Filous praktisches Training benötigte noch etwas Zeit. Er war in allem gut, wo es darum ging, ein sensibler, lustiger und freundlicher Hund zu sein. Beim Ableinen und Signal „bleib", düste er allerdings davon, womit wir leider bei der Vor-Prüfung durchgefallen sind. Ein Vogel, der gerade aufflog war Filou eben wichtiger als mein Signal „bleib". Das alles war mir im November 2019 noch äußerst wichtig gewesen. Heute kann ich darüber nur lächeln. Die Kraft und Energie meines Hundes, mit der er auch den Rest der Hundegruppe mitgerissen hatte, fühlte sich nun viel schöner an als das geforderte Entsprechen.

Es hatten sich so viele Perspektiven verschoben. Ich spürte viel mehr, was mir wirklich wichtig war. Das waren vor allem Menschen – ihre Nähe, ihre Wärme, ihr Lächeln und ihre Lebendigkeit. Bei Social Distancing machte ich ganz bestimmt nicht mit. Und mit den Masken auch nicht. 58% der Kommunikation ging über Körpersprache. Ein Satz ohne Lächeln konnte eine andere Aussage beinhalten als der gleiche Satz mit einem Lächeln. Unser Menschsein würde zum Erliegen kommen. Maskenpflicht ohne medizinischen Mehrwert? 99% der Masken, die man sah, halfen maximal gegen Bakterien und nicht gegen Viren. Die Popularität von Bundeskanzler&Ko[57] rutschte nach unten, wie ich neuerdings las. Es wurde immer wahrscheinlicher, dass mit Kanonen auf Spatzen geschossen worden war und dass dabei vieles in Trümmer gegangen war. Es regte sich Widerstand. Es gab die erste (verbotene) Demonstration gegen die Maßnahmen in Wien. Wieso konnte sie eigentlich verboten werden? Wir hatten eine Verfassung, die sie erlaubte. Ich war neugierig, was der Verfassungsgerichtshof dazu in ein paar Monaten sagen würde. Es schien, dass Widerstand nötig war, um Wissenschaft und Vernunft wieder ein Sprachrohr zu geben. Österreich hatte einen Bundeskanzler, der alles für seine Popularität tat. Seine Zustimmungs-Werte sanken circa im gleichen Ausmaß wie die Zahl der Infizierten, hatte ich vor Kurzem gelesen. Es schien ihm ein

---

[57] Gemeint sind Bundeskanzler Kurz und Vize-Kanzler Kogler.

persönliches Anliegen zu sein, Werte hochzuhalten. Beide. Würde es in ein paar Monaten Tausende von Tests geben, um „gute" Zahlen zu erreichen? Mich schauderte.

Der Koala hält beim Durchblättern inne. Er war bei Tag 41 hängen geblieben.

"Koala, ich bin müde. Ich möchte gerne für heute Schluss machen. Der gestrige Tag war sehr lange und ereignisreich. Im Kühlschrank wartet ein wunderbares Essen auf mich und frische Eukalyptusblätter hat Dir Michaele auch besorgt."

Der Koala antwortet hingegen immer noch voll motiviert:„Komm, das eine machen wir noch heute. Da kann man so schön eintauchen in die Welt des freien Willens des Menschen, und, dass man sich auch für das Schöne entscheiden kann."

"Ja stimmt, aber danach ist es mein freier Wille, gutes französisches Essen zu genießen und morgen weiter zu arbeiten."

"D'accord" sagt der Koala akzentfrei auf Französisch.

"Wo hast Du das denn gelernt, Koala?", frage ich verblüfft.

"Wie sagst Du so schön? Beobachten, Zuhören, mit offenen Augen durch's Leben gehen."

Wo er Recht hat, da hat er Recht. Und so stürzen wir uns mit einem letzten Energieschub auf den letzten Eintrag für heute.

Tag 41: Das Meer

Heute war Markttag. Dieses Mal war es warm und es schien die Sonne. So machte es schon viel mehr Spaß, Erdbeeren, Muscheln und Pasteten zu kaufen. Wir gingen danach ein Stück weiter damit Filou an seiner langen Schleppleine laufen konnte. Vereinzelt wagten sich Menschen verbotenerweise auf den Strand. Wir fanden auf einem Stück der Promenade, nämlich jenem aus Holz, eine hübsche Bank, auf die wir uns niederließen. Von dort aus konnten wir das glitzernde Meer förmlich „einatmen". Die leichte Brise machte das Wetter perfekt. Die Sonne hatte in der Zwischenzeit viel Kraft. Alle Menschen, die vorbeikamen, waren freundlich und nett. Sie wechselten oft ein paar Worte mit uns. Niemand trug eine Maske. Hier waren nur die Entspannten unterwegs. Ein nettes Paar fragte, woher wir seien, nachdem ihnen unser holpriges Französisch aufgefallen war. „Autriche" gefiel ihnen offenbar als Antwort, denn sie schwärmten von unserem schönen Österreich. Ich warf ein, dass wir bei all dieser Schönheit leider kein Meer hatten. „Oui, c'est vrai", stimmten sie mir mit einem mitfühlenden Lächeln zu.

An der Alten Donau in Wien waren wir als „Picknick-Könige" bekannt. Jetzt auf dieser Bank hatten wir zwar keine Decke dabei und Picknick war auch nicht ein erlaubter Grund, das Haus zu verlassen. Aber hier waren wir hinter Hecken geschützt. Die Polizei hätte uns erst nach einem kleinen Fußmarsch ausfindig gemacht. So beschlossen wir, einen Teil unseres Einkaufs mit Blick auf das Meer zu verspeisen. Das Einzige was uns fehlte waren Getränke. Der kleine Supermarkt war gleich um die Ecke und ich machte mich auf den Weg. Ich kaufte letztendlich dort doch nichts, da die Schlange an der Kasse bis zur letzten Ecke ging. Aber ich machte eine interessante Beobachtung. In dieser langen Schlange hatte nahezu jeder nur Alkohol im Einkaufskorb. Eine ältere Frau hob ihre Flasche Wein hoch, um Bekannten ihren Kauf zu zeigen. Diese streckten die Daumen hoch. Frankreich würde wahrscheinlich nicht nur eine Million Alkoholkranker am Ende dieser Maßnahmen haben, sondern auch viele Millionen Euro an Alkoholsteuer in der Staatskasse. Ich verließ die Stätte dieser Erkenntnis kaufte unsere Getränke bei Olivier, dem freundlichen Besitzer der Epicerie.

Mit bretonischem Cidre und Perrier konnte unser Picknick beginnen. Michaele hatte bereits alles schön hergerichtet. Die vorbeikommenden Menschen lächelten und sagten freundlich: „bonjour" und „bon appétit". Juristisch war es derzeit interessant, auf einer Parkbank zu sitzen. Bei den Gründen aus denen man das Haus verlassen durfte, war sich sonnen, das Leben genießen oder gar ein Picknick zu erleben nicht dabei. Andererseits war es in Biarritz verboten, länger als zwei Minuten auf einer Parkbank zu sitzen. Als juristischen Umkehrschluss konnte man sagen, überall sonst wäre ein längeres Sitzen auf Parkbänken erlaubt. Ich hatte hier niemanden je auf einer Bank sitzen gesehen. Ich merkte aber während wir hier entspannt aßen, dass uns bald Nachahmer folgten.

Wir hatten ohnehin eine ganz besondere Argumentation der Polizei gegenüber. Denn unser Hund saß nicht auf der Bank, sondern tollte an seiner langen Schleppleine herum. Ein Spazier- und „Spielgang" mit dem Hund war ja erlaubt. Aber wo stand, dass ich mich als Hundehalter dabei bewegen musste? Unsere

Entspannung schien sich jedenfalls auch auf andere Menschen auszubreiten. Ich sah Kinder, die über die Absperrung zum Strand kletterten und an anderer Stelle hörte ich Menschen lachen. Gut so! Widerstand rührte sich! Egalité, Liberté, Fraternité! Bravo zu Gleichheit, Freiheit und Brüderlichkeit! Vielleicht hatte es sich auch in Frankreich herumgesprochen, dass selbst die WHO das Abklingen und baldige Ende der Pandemie in Europa verlautbart hatte.

Ich hatte gestern meine E-Mails gelesen und war über eine Information meiner Vertretung in der WKO, der Sparte Information und Consulting, gestolpert. Theoretisch durfte ich ab Mai arbeiten, natürlich nicht als Seminarleiterin, aber zumindest als Coach. Die entsprechenden Hygienevorschriften würden verlautbart. Ich stellte mir vor, wie Consultants mit genagelten Schuhen und Nadelstreifanzügen ihre Präsentationen mit dem derzeit so trendigen Maulkorb machten. Murmelnd würden Vorstände antworten. Was sie meinten, würde man ohne Körpersprache der Gesichtspartie leider nicht erkennen. War der andere Freund oder Feind? Denn dafür gab uns die Natur die Mimik. Körpersprache machte, wie gesagt, 58% unserer Kommunikation aus, besonders die Gesichtsmimik. Weitere 34% machte das „Wie wir sprachen" aus. Was mit Maske ebenso eingeschränkt war.

Doch hier auf unserer Bank an der Promenade war die Welt in Ordnung. Ich war immer noch Optimistin, die davon überzeugt war, dass alles für etwas gut war. Mit anderen Worten: Jede Herausforderung führte zu mehr Wissen und Weisheit. Das wusste ich sowohl aus meiner Coachingarbeit als auch aus eigener Erfahrung. Das war die Pforte, von denen die Hopi sprachen. Es war die Entscheidung jedes Einzelnen. Ich rekapitulierte, was ich durch diese Krise verloren hatte: mein Vertrauen in den Rechtsstaat, dass mich unsere Verfassung vor Willkür unserer Obrigkeiten schützte; mein Glaube an eine unabhängige Wissenschaft, die Dialog zuließ; meine Zuversicht in die Vernunft des Menschen. Ja, selbst mein Vertrauen, dass am Schluss jemand die Notbremse zog, bevor die Welt in Trümmern lag. Woran ich aber immer noch glaubte, war die Tatsache, dass jeder Einzelne seinen Beitrag leisten konnte – im Guten wie im Schlechten. Als Menschen haben wir einen freien Willen.

Dieser freie Wille brachte mich dazu, die Menschen anzulächeln und freundlich zu grüßen – statt mit Mundschutz herum zu laufen aus Angst vor einem Virus, von dem manche wohl glaubten, dass er in der Luft lag. Selbst die WHO hat bekannt gegeben, dass eine Übertragung von Covid-19 über die Luft nicht möglich war. Doch es ging gar nicht mehr um diese Krankheit. In der Luft lag ein ganz anderer Virus, der Virus der Angst, der Manipulation und des blinden Glaubens. Andersdenkende wurden von Medien „abgeschlachtet". So wie einst die Inquisition Galileo Galileis Schriften verboten hatte. In denen hatte er beschrieben, dass die Sonne und nicht die Erde der Mittelpunkt unseres Planetensystems war. Ein anderes Beispiel war Johannes Kepler, der mit seinen Erklärungen dazu, im Gefängnis gelandet war. Einige Menschen mussten sogar für dieses Wissen ihr Leben auf dem Scheiterhaufen lassen. Ihr Verbrechen war es, anderer Meinung zu sein als die der Obrigkeit.

So erlebten es jetzt viele Ärzte, Biologen, Juristen und andere Fachexperten. Erst vor ein paar Tagen hatte mir eine Freundin, die als Biologin in der Forschung tätig war, erzählt: „In der Wissenschaft bist Du auf Forschungsgelder angewiesen. Ohne sie bist Du arbeitslos. Im Moment werden alle mundtot gemacht, die herausfanden, dass dieser Virus wohl nicht gefährlicher als ein Grippevirus ist. Oder die Maßnahmen als überzogen kritisieren. Gerade in diesem Fall wäre es so leicht, jene zu schützen, die gefährdet sind. Doris, Du kannst Dir gar nicht vorstellen, wie viele Menschen den Mund halten, weil sie Angst haben, ihren Job zu verlieren oder nie wieder Forschungsgelder zu bekommen. Und ich kann sie verstehen. Ich bin heilfroh, dass ich auf einem ganz anderen Gebiet forsche. Aber, wenn ich mir anschaue, welcher Wahnsinn da gerade läuft …"

Ich musste an den einst gefeierten französischen Nobelpreisträger Prof. Luc Montagnier denken. Ich wusste nicht, ob er Recht hatte. Aber mein Verstand sagte mir, dass man einen Nobelpreisträger zumindest anhören sollte. Fachexperten waren für mich glaubwürdiger als ein Computernerd, der sich zum Retter der Menschheit aufspielte und damit „zufälligerweise" sehr, sehr viel Geld verdienen würde. Da wurden keine Gedanken verschwendet wie: Gab es auch andere Ergebnisse? Wie sah die Argumentation aus? Wie sah es mit Nachweisen aus? Niemand stellte solche

Fragen. Wieso hatte es Warnungen von Ärzten, Biologen, der WHO oder Ministerien zum Tragen von Masken gegeben und jetzt startete Deutschland mit der Produktion von Milliarden davon? Vielleicht stimmt es ja, dass Politikerangehörige damit viel Geld verdienen. So habe ich es jedenfalls in letzter Zeit öfters gelesen. Ob dies der Wahrheit entspricht oder nicht, ähnliche Nachrichten verbreiteten sich über viele Länder. So mancher Entscheidungsträger dürfte dafür sorgen, dass die Freunderlwirtschaft blühte und das Geld dorthin floss, wo es aus persönlichen Gründen gewünscht war. Obwohl vielerorts zu lesen war: Dieser Virus verbreitete sich nicht über die Luft. Und die Masken nutzten nicht gegen Viren.[58]

Meine Theorie zu diesem Thema: Politiker wollten von ihrem eigenen katastrophalen Versagen ablenken. Und zwar indem sie den Mangel an Millionen Toten, den sie vorausgesagt hatten, mit Theatralik wett machten. Vielleicht arbeitete Deutschland auch daran, Arbeitsplätze zu schaffen mit einem Produkt, das gar nicht nötig war. So wie Julius Cäsar mit seinem Hinkelsteinkauf das gallische Dorf von Asterix und Obelix besiegen wollte. Vielleicht war der Maulkorb aber einfach nur ein Symbol für Unfreiheit und „Mund halten".

Hier auf dieser Bank erlebte ich glücklicherweise das Gegenteil: das Lächeln der Menschen, das glitzernde Meer, die spielenden Kinder und meinen herumtollenden Hund. Das war Leben! Das war, was ich schützen wollte! Noch wusste ich nicht wie. Ich war keiner dieser Wissenschaftler oder Ärzte, die derzeit mit ihrem Gewissen ringen mussten, ob sie ihre Kritik aussprechen sollten. Ich war nur jemand, der seine ganz persönlichen Gedanken hatte, der das Leben und die Freiheit liebte – und das Meer.

---

[58] Sondern nur gegen Bakterien

Jetzt möchte ich aber wirklich den heutigen Arbeitstag beenden. Da stoppt mich der Koala schon wieder.

„Hast Du Tag 46 gelesen?"

„Ja, habe ich."

„Das heißt, es ist nicht mehr viel Arbeit, wenn Du das noch in unser Manuskript packst?"

„Nein, ist es nicht", antwortete ich müde.

„Dann mach das doch noch bitte. Da steht viel drin, damit die Menschen ihre verkehrte Welt erkennen."

„Stimmt, Koala, das ist mir auch aufgefallen. Das sollten wir unbedingt in unser Buch packen. Ich kopiere Tag 46 in unser Manuskript und dann aber ab in die Küche."

Drei Minuten später kauen wir endlich genüsslich an unserem Abendessen, das Michaele mit viel Liebe vorbereitet hat.

Tag 46: Der Coronapanik-Jäger

Heute musste ich Quellwasser für Filou nachkaufen. Der Grund dafür: Derzeit war hier das Leitungswasser extrem gechlort. Als Erster hatte es vor zwei Wochen Michaele gemerkt, als er sich Eiswürfel in seinen Apéritif gab. Gleich beim ersten Schluck spuckte er. Filou wurde auf eine andere Weise zum Leidtragenden: Er bekam vom Chlor Durchfall. Damals kaufte ich ihm als erste Hilfe Wasser bei Olivier, bei dem ich unser Baguette täglich kaufe. In der Epicerie gab es allerdings nur Evian. Mein Hund bekam also nicht nur Baguette, sondern auch noch Luxus-Wasser. Ich musste an die Szene im Film „Natürlich Blond"[59] denken: Darin gab die Hauptdarstellerin Reese Witherspoon ihrem Chihuahua in einen aufblasbaren rosa Napf Evian. In der Zwischenzeit waren wir auf fünf Liter Kanister mit Quellwasser aus den Pyrenäen umgestiegen. Es kostete um einiges weniger und unser Hund schlabberte es genauso gerne.

Also fuhren Filou und ich los, um alles für sein und unser Frühstück zu besorgen. Heute war auch der einzige Tag, an dem

---

[59] Originaltitel der amerikanischen Filmkomödie: Legally Blonde (2001)

die Post hier geöffnet war. Schnell erstand ich eine Karte für meinen Neffen mit einem Hund im Piratenlook. Felix hatte sich beschwert, nur eine, durch die österreichische Post ausgedruckte Fotokarte von uns bekommen zu haben. Und nicht eine echte mit unseren gemalten Herzchen, Sonnen und Meereswellen. Beim Postamt angekommen, erwartete uns eine Schlange mit etwa 10 Menschen, die quer über die Straße angestellt waren. Es durfte nur jeweils eine Person in den kleinen Raum. Ich wartete fünfzehn Minuten, ohne dass eine einzige Person das Gebäude verlassen oder betreten hatte. Auf den Postkästen prangte ein Gefahren-Hinweisschild, dass man sich beim Einwurf eines Briefes anstecken konnte. Ich fragte mich, ob Frankreich das einzige Land auf der Welt war, wo auf diese Art Panik gemacht wurde. In Österreich war dies jedenfalls kein Thema. Aber hier wurde Angst ja derartig verbreitet, dass sich sogar Menschen aus Angst vor dem Virus umbrachten. Allerdings hatte ich das Gefühl, die Überschrift „Angst machen" war überall die gleiche. Nur in den Details gab es Abweichungen.

Zum Thema Panik fiel mir ein, was mir gestern eine Geschäftsfreundin erzählt hatte. Ihre Schwägerin war Covid-19 positiv getestet worden und klagte über Fieber und Schnupfen. Am Abend davor hatten sie noch zusammen mit ihren Partnern einen lustigen Abend zu viert verbracht. Die Gastgeberin war meine Geschäftsfreundin, die ihre Schwägerin schon eine Weile nicht gesehen hatte, weil diese in Tirol Schi fahren gewesen war. An diesem Abend hatten sie sich nicht nur umarmt, sondern auch gemeinsam gegessen und geplaudert. Niemand der drei anderen hatte sich angesteckt. Meine Geschäftsfreundin erzählte lachend: Sie hätte sich schon gesehen, wie sie für das Gesundheitsamt eine Liste mit etwa dreihundert Namen von Kontaktpersonen schrieb. Darunter nicht nur mich, sondern auch klingende Namen wie Christoph Waltz. Aber niemand war krank geworden. Sie selbst wurde nach über zwei Wochen vom Gesundheitsamt angerufen und gefragt, ob sie Symptome hätte. Denn ihre infizierte Schwägerin hatte sie als Kontakt angegeben. Sie verneinte. Die Dame am Telefon sagte, jetzt wären ohnehin über zwei Wochen vorbei. Also passte das schon. Meine Geschäftsfreundin hatte Glück gehabt, keine Liste mit 300 Namen schreiben zu müssen. Sie bezweifelte sehr, dass der Virus wirklich so ansteckend war. Niemand ihrer Gäste hat die Krankheit bekommen.

Überhaupt konnte man in Österreich nahezu alle Infizierten-Fälle zu ein paar Schiorten in Tirol, hauptsächlich wohl Ischgl, zurückverfolgen. Eine Clusterbildung, wie Virologen zur Verhinderung der Verbreitung des Virus vorgeschlagen hatten, wäre also gerade in Österreich sehr leicht gewesen. Meine Geschäftsfreundin erzählte weiter, dass sie später einen Anruf einer anderen Abteilung im Gesundheitsamt auf der Mailbox hatte. Bei ihrem Rückruf wurde sie mit einer vollkommen überforderten Dame verbunden. Diese wusste nicht, warum jemand meine Geschäftsfreundin angerufen hatte. Selbst der Hinweis auf die an Covid-19 erkrankte Schwägerin half nicht weiter. Sie veranlasste allerdings, die bereits genesene Schwägerin anzurufen. Und zwar um sie absurderweise zu fragen, ob sie wüsste, dass sie Covid-19 positiv war. Meine Geschäftsfreundin stimmte zu, dass ich diese Geschichte anonymisiert in mein Buch schreiben dürfte. Sie lachte dabei: *„Das darfst Du gerne. Ich bin mir sicher, solche Dinge haben einige andere Menschen auch erlebt. Auf den Gesundheitsämtern hatten sie wohl so viel zu tun, dass sie völlig überforderte Aushilfen dort haben. Es ist echt bizarr, was hier passiert."*

Gestern Abend habe ich ein Video erhalten von und mit dem Psychiater und Neurowissenschaftler Raphael Bonelli, der sich darin mit Augenzwinkern selbst als „Coronapanik-Jäger" bezeichnete. Im letzten Video hatte er davor gewarnt, Andersdenkende zum Fall für die Psychiatrie zu erklären. Dieses Mal ging es um die durchgesickerte Nachricht vom 12. März über die Zusammenarbeit der Politik mit den Medien zur gewünschten Verbreitung von Angst und Panik. Auch ging es um das Bundesministerium für Gesundheit. Das hatte plötzlich mit einem Satz auf der Homepage „klargestellt", dass es „natürlich" immer möglich war, Freunde oder Familie zu besuchen. Ich musste an eine Freundin denken. Sie hatte mir erzählt: Es war nun möglich, dass die Polizei auf reinem Verdacht, eine Wohnung mit mehr als fünf Gästen aufbrechen durfte. Hatte offensichtlich nicht gestimmt. Leider war das allerdings nicht nur bei der Bevölkerung so angekommen, sondern auch bei so manchem Polizisten. Die Justiz würde wohl noch lange mit diversen Verfahren zu tun haben.

Bonelli brachte es zwar witzig 'rüber. Er fragte aber klar und deutlich: *„Verarschen uns die Politiker?"* Humor half gegen Panik, erklärte er außerdem. Er fragte sich, wo die Panik herkam, und zeigte eine Meldung des ORF als Antwort. Aus ihr ging hervor, dass am 12. März 2020 der Bundeskanzler und andere Top-Politiker mit Medienvertretern zusammengesessen waren. Der Kanzler sprach davon, dass Angst vor einer Infektion oder vor dem Tod eines Angehörigen an die Bevölkerung weitergegeben werden musste. Eine drastische Wortwahl wäre dabei nötig.

Dieser Artikel des ORF war ein paar Mal umgeschrieben worden, da diese Nachricht wohl der Regierung nicht angenehm war, so Bonelli. Besonders ins Visier nahm er die Aussage des Kanzlers: *„Jeder wird jemanden kennen, der an Corona gestorben ist."* Er erklärte die Aussage zur totalen Katastrophe für den Kanzler, da die manipulative Absicht hier ganz klar zu erkennen war. Und das war es, was gerade auch weltweit geschah. Manipulation war die Ursache für die Panik.

Die Regierung hatte zwar eine panikmachende Absicht zurückgewiesen, aber plötzlich las man, dass die Ausgangssperren aufgehoben waren. Der Psychiater fragte provokant: *„Müssen jetzt alle geliebten Alten sterben?"* Denn dies war ja immer das Argument für die Ausgangssperren gewesen. Über dreißigtausend Anzeigen durch Ordnungshüter hatte es in den letzten sechs Wochen gegeben. Und weiter fragte er: *„Heißt das, es stimmt alles nicht, was wir gehört haben? Wurden wir kräftig verarscht? Hätte jemand vor drei Tagen gesagt, dass Politik und Medien unter einer Decke steckten, um uns allen Angst zu machen, hätten die Leute gesagt: ‚Das ist schon wieder so ein Verschwörungstheoretiker.'"*

Außerdem nahm Bonelli Bezug auf die Website des Gesundheitsministeriums und der verwendeten Formulierung, dass „natürlich" private Treffen nie verboten waren. Er wies dabei auf die vielen Denunziationen und Strafen in diesem Bereich hin. Und plötzlich hieß es: „Natürlich" war der private Bereich nie gemeint. *„Für wie blöd halten Sie uns eigentlich? [...] Aber vielleicht sind wir ja wirklich so dumm. Mit heute ist die Blase offensichtlich geplatzt. Was ist mit uns da passiert? Da war eine schreckliche Bedrohung. Der Bundeskanzler hat uns mitgeteilt, was die Bedrohung ist und wir haben alles mit uns machen lassen. Was ist die nächste Bedrohung, Herr Bundeskanzler? Die*

Flüchtlinge? Nein, die hatten wir ja schon. Die Sozialdemokraten, die Juden? Das hatten wir alles schon in der Geschichte. Das muss uns jetzt zu denken geben. Die Opposition hatte sich selbst ausgeschaltet, vielleicht aus Angst, sie könnten etwas Falsches sagen. Das Spiel mit der Todesangst war so erfolgreich, dass niemand etwas sagen konnte und wer etwas sagte, war ein Verschwörungstheoretiker oder sonst ein gefährlicher Mann." Bonelli bezweifelte auch die angeblich so hohen Zustimmungszahlen für die Politiker und Politikerinnen.

Im Video hieß es weiter: *„Und das hohe Gut des Lebens und der Gesundheit ist so hoch, dass uns die Wirtschaft egal ist. Weil Gesundheit und Wirtschaft nichts miteinander zu tun haben, so wie der Strom ja aus der Steckdose kommt. Zusammengefasst: Wir sollten auf diese völlig verrückten, psychiatrisch auffälligen Wochen zurückschauen und uns überlegen, was hier passiert ist. Warum haben wir das alles mit uns machen lassen? Wieso hat es so wenig Stimmen gegeben, die sagten: ‚Seid Ihr jetzt alle deppert? Hat es Euch jetzt völlig erwischt?' Ich nehme an, es wird jetzt auch in Deutschland purzeln. Und was ist jetzt mit den Infizierten? Wir müssen auf 70% kommen. Wir sind nicht einmal bei 1%. Was ist jetzt mit alldem, was wir wochenlang gehört haben? Was ist mit den Intensivstationen? Diese sind halb leer, sogar das Personal ist halbiert, die Hälfte sitzt zu Hause."*

Geniales Video dachte ich mir. Das war auf den Punkt gebracht. Ich schickte es an alle Bekannte weiter. Viele meldeten sich und stimmten zu. Von einigen hatte ich keine Antwort bekommen: Entweder, weil es für sie eh schon klar war oder weil sie noch unter Schock und Verwirrung standen. Das Spiel, Angst zu erzeugen, wurde von den Medien und dem Kanzler fortgesetzt. Ich hatte das Gefühl, dass es nun zusätzlich Verwirrung bei den Menschen war, die eine große Rolle spielte. Übrigens auch eine Manipulationstechnik.

Gleich nachdem ich das Video versendet hatte, meldete sich der Werkstättenleiter meines Neffen. Bonelli war ein Jugendfreund von ihm und dessen Eltern wohnten immer noch in seinem Dorf. Das war Österreich wie ich es kannte. Es war ein riesiges Dorf, in dem viele miteinander verbunden waren. Bei der Buchpräsentation meines ersten Buches kannten sich beispielsweise so viele Menschen, dass es richtig spooky war. Da kamen Geschäftsfreunde auf mich zu und fragten Dinge wie: *„Woher kennst Du meinen Nachbarn?"* Und das war das erste, was mir in dieser sogenannten Gesundheitskrise aufgefallen war. Fast niemand kannte jemanden, der infiziert, geschweige gestorben war. Meine Geschäftsfreundin war die erste, die direkt jemanden kannte, der krank wurde, wenn auch nicht schwer.

Ich beschloss die aktuelle Geschichte Österreichs, die sich da gerade vor unseren Augen abgespielt hatte, mit meinen französischen Freunden zu teilen. Vielleicht dämmerte dem einen oder anderen, dass dasselbe in Frankreich geschah. Vielleicht kam meine Nachricht gerade zur rechten Zeit, wo Ohnmacht, Verwirrung und Wut sich auch hier breit machten. Erste Anzeichen hatte ich schon am Morgen bei meinem Spaziergang entdeckt: Jemand hatte das Schild „Access interdit" weggerissen, welches auf das Verbot, den Strand zu betreten, hinwies. An anderer Stelle waren die Gitter weggeschoben worden. Als Filou und ich verbotenerweise auf den Strand traten, sah ich eine Frau im feinen Sand sitzen. Ich kannte sie vom Park und sie grüßte uns immer freundlich. Ich lächelte ihr zu. Ich hatte den Eindruck, dass auch sie eine war, die schreien wollte: *„Seid Ihr alle deppert? Hat es Euch jetzt voll erwischt?"* Wie immer das auf französisch hieß. Ein Vokabel, das ich durch diese Corona-Wochen in Frankreich schon gelernt hatte war „Connerie". Was so viel hieß wie Blödsinn, Schwachsinn. Vielleicht würde ich ja noch lernen, was *„Geht's noch?* Oder *„Hat es Euch jetzt voll erwischt?"* auf Französisch hieß.

Ich esse gerade die Vorspeise als der Koala auf mich zugelaufen kommt.

„Nicht noch etwas", sage ich leicht genervt. Ich bin echt müde.

„Keine Sorge, Du brauchst nichts zu machen. Habe schon ich erledigt."

„Was hast Du schon erledigt?", frage ich etwas beunruhigt und plötzlich sehr munter.

„Irgendwie ist Dein Computer nicht ausgegangen als Du ihn ausgeschaltet hast. Da dachte ich mir, ich schaue, wie der Tag danach aussieht."

„Tag 47?", frage ich.

„Ja, den meine ich. Da sind viele interessante Sachen drin, zum Thema Angst, Wahrnehmung und so. Halte ich für einen guten Text in unserem Buch."

„Das habe ich mir auch gedacht. Wollte ich Dir morgen vorschlagen und dann ins Buch geben."

„Schon erledigt", ruft der Koala stolz. „Jetzt geht's ans Futtern."

Ohne, dass er es bemerkt (das hoffe ich zumindest), schaue ich zu meinem Computer. Der Koala hat alles richtig gemacht, bemerke ich beeindruckt. Es bleibt für mich nur, den Laptop auszuschalten und den Abend zu genießen.

Tag 47: Parallelwelten

Heute entschloss ich mich, vor unserem Spaziergang zum Bäcker zu gehen, da später zumeist das gute Baguette Rustiguette ausverkauft war. Es nieselte leicht, wodurch noch weniger Menschen auf der Straße waren als sonst. Der Besitzer der Epicerie huschte nach hinten als er mich kommen sah, um seine Maske (aus dem Baumarkt) schnell aufzusetzen. Das war in Frankreich glücklicherweise nirgendwo vorgeschrieben. Die vielen Masken waren einzig und allein der verbreiteten Todesangst geschuldet. Und die hatte auch hier glücklicherweise nicht alle erwischt. Ich sagte dem Epiceriebesitzer, dass er für mich die Maske nicht tragen müsse. Woraufer sie herunternahm. Er lächelte mich glücklich an und sagte aus tiefsten Herzen *„Merci, Madame!"* Wir hatten schon wieder jemanden glücklich gemacht.

Normalerweise war das mehr Filous Verdienst, die Menschen auf der Straße zum Lächeln zu bringen. Zum Beispiel, weil es so witzig aussah, wenn er im Cabrio aufrecht stand. Vor ein paar Tagen starrte uns ein Mann beim Einparken beim Supermarkt an. Ich fürchtete schon, dass er deshalb auf uns zukam, weil wir Ausländer waren, die alle Franzosen durch eingeschleppte Viren ermordeten. So wie anfangs unser korsischer Nachbar gemeint hatte. Aber weit gefehlt. Der Mann zückte stattdessen sein Handy und zeigte uns Fotos von seinem Englisch-Setter. Er freute sich sichtlich, Filou kennenzulernen und uns von seinem Hund zu erzählen.

Ein anderes Mal stieg ein alter Mann aus seinem Auto aus und umarmte Filou. Es war ihm anzusehen, wie sehr er durch diese Berührung aufblühte. Filou schleckte seine Ohren, was den Mann zum Strahlen brachte: *„Un grand merci, Madame"*, bedankte sich der Mann beim Weggehen. Filou sollte seine Therapie-Begleithund-Urkunde schon ohne Prüfung bekommen. Seine liebevolle und freundliche Art hat hier schon so vielen Menschen ein glückliches Lächeln ins Gesicht gezaubert, dass mir dabei immer das Herz aufgeht.

Auf der anderen Seite hatte uns Filou gestern einen riesigen Schrecken eingejagt. Wie immer waren wir am Abend in unserer Feriensiedlung spazieren gegangen. Da rundherum Zäune waren – so glaubten wir zumindest – ließen wir ihn von der Leine. Sein GPS war eingestellt, sodass wir am Handy sehen konnten, wo er herumtollte. Plötzlich verschwand er in den dichten Büschen und wir sahen, dass er bereits mehrere Straßen weiter in der Nachbarssiedlung unterwegs war. Michaele versuchte über die Straßen zu ihm zu kommen. Mein Ziel war es, Filou auf seiner ursprünglichen Fährte zu erreichen.

Mit Handytaschenlampe zwängte ich mich durch Hecken, stieg über Kakteen und kleine Felsen. Plötzlich fiel mir ein, dass Schlangen nachtaktive Tiere waren. Ich war mir nicht sicher, ob ich nicht hier einer begegnen konnte. Ich hoffte, dass ihnen noch zu kalt war. Aber in dem dichten Gebüsch, in dem ich gar nichts erkennen konnte, wollte ich dieses Risiko doch nicht eingehen. Außerdem hatte ich bereits entdeckt, wo Filou durchgehuscht war. Der Zaun endete in einem Wirrwarr aus Hecken, Büschen und

Kakteen. Hier war für mich ohnehin kein Weiterkommen mehr möglich. Also kraxelte ich wieder zurück und setzte meine Jagd auf den asphaltierten Wegen fort.

Filou fand ich nicht, aber zumindest Michaele. „Hast Du ihn?", rief ich ihm zu.

„Nein, aber ich weiß, wo er ist. Schnell zum Auto."

„Ist er dort?"

„Nein, aber Du hast doch den Autoschlüssel dabei?", fragte er.

„Wo war nur mein Hund, wenn wir ihn mit dem Auto suchen mussten?", schoss es mir durch den Kopf. Ich hatte den Autoschlüssel bei unseren Abendspaziergängen nie dabei. Nur dieses eine Mal, weil ich einen der Hausschlüssel noch aus dem Auto holen wollte. Ich hatte ihn dort am Morgen vergessen. Vielleicht war es aber auch Filous Schutzengel, der mich den Autoschlüssel mitnehmen hatte lassen. Wer weiß?

Wir liefen zum Auto, machten das Verdeck auf, damit wir Filou besser rufen und entdecken konnten. Ich fuhr, Michaele sagte mir den genauen Weg an, da er auf seinem Handy die Bewegungen unseres Hundes live sah. Bei jeder Quergasse sagte er nur: „Weiter!" Die Straßen waren leer. Plötzlich tauchte aus einer Gasse ein Lieferwagen auf. Mein Herz blieb kurz stehen. Dank Tractive[60] wusste ich, dass wir Filou finden würden. Ich schickte Stoßgebete ab, dass ihm nichts passiert bis wir ihn erreichten. In diesem Moment war ich für die Ausgangssperren in Frankreich sehr dankbar. Der Lieferwagen blieb vor einem Haus stehen, was mich beruhigte. Wir fuhren weiter. Endlich bei einer kleinen Einbahnstraße – entgegen unserer Fahrtrichtung – sagte Michaele endlich: „Hier rein!" und nach etwa fünfzig Metern „Stopp!". Er pfiff und sprang aus dem Auto in einen vollkommen dunklen Weg. Noch einmal riefen wir Filou. Den Stein, der von meinem Herzen fiel, musste man noch bis in den Nachbarsort gehört haben, als freudig schwanzwedelnd ein weißer Hund mit schwarzen und braunen Punkten auf uns zulief. Er legte sich vor Michaele am Boden. Um zu zeigen, dass ihm war klar war, Mist gebaut zun haben? Mein Mann hob ihn liebevoll hoch und setzte ihn ins Auto. Auch Filou war anzusehen, dass er glücklich war, wieder bei uns zu sein.

---

[60] App zur Verfolgung (Tracking) der Bewegungen eines Haustieres mit GPS

Später gingen wir mittels Trackingsystem Filous Strecke durch. Er war in dreiundzwanzig Minuten über vier Kilometer gelaufen. Kreuz und quer. Am Anfang versuchte er zurück zu unseren Häusern zu kommen. Aber er war immer an irgendwelchen Zäunen gescheitert. Seine schnellen Sprints zwischendurch schauten nach dem Jagen von Katzen aus. Michaele war wohl für eine Weile davon geheilt, Filou ohne Leine laufen zu lassen. Der Schrecken saß bei ihm tief. Meine Intuition hatte immer gesagt, dass alles in Ordnung war. Ich hatte es die ganze Zeit tief drinnen gespürt. Nur mein Kopf hatte mir kurz zugeflüstert, Filou könnte etwas passieren. Hätte ich diesem Gedanken nachgegeben, hätte er mich davon abgelenkt, mich auf das Fahren zu konzentrieren. Gespürt habe ich immer, dass wir unseren Hund wohlbehalten finden würden.

Als wir wieder zu Hause waren, nahm ich den Pastis, den berühmten Anisschnaps aus Marseille aus dem Schrank. Ich stellte Gläser, Wasser und Eiswürfel (aus Quellwasser) auf den Tisch und schenkte ein. Als ich Michaele sein Glas in die Hand drückte, sah er mich an und fragte: „Warst Du die ganze Zeit so cool wie es beim Fahren aussah?"

„Du hast Filou die ganze Zeit am Display gesehen", antwortete ich. „Ich habe immer gespürt, dass wir ihn bald wieder bei uns haben werden. Ich wollte ihn nur schnell finden. Filou ist kein Ausreißer, sondern ein Abenteurer. Er ist wie die Kinder, die etwas besonders Mutiges, wenn auch Dummes, getan haben und es stolz ihren Eltern erzählen".

Michaele nickte. Das war die Coolness, die er in Notsituationen von mir kannte und über die ich selbst sehr froh war. Michaele seufzte: „Ich muss damit leben, dass ich mit zwei supercoolen Typen zusammenlebe."

Ich grinste und Filou schaute ihn mit seinen dunkelbraunen Augen an. Er wedelte mit dem Schwanz als hätte er Michaeles Worte verstanden.

Wieso ich in in meinem Inneren ein so tiefes „Gottvertrauen" hatte, wie ich es nenne, wusste ich nicht. Vielleicht waren es die vielen Reisen schon früh in meinem Leben, auf denen ich mit meiner Familie schon damals Abenteuer erlebt hatten – auch manchmal heftigere. Ich hatte dabei immer das Vertrauen und die

Erfahrung daraus mitgenommen, dass am Ende alles gut ausging. Vielleicht war es das, was mich so geprägt hat. Wahrscheinlich konnte ich deshalb monatelang im Outback Australiens leben, obwohl sich dort die gefährlichsten Tiere der Welt bewegten.

Wie auch immer. Ich hatte in mir einen Seismographen entwickelt, der mich Gefahren spüren ließ. So sagte ich auf den Seychellen zum Beispiel beim gemeinsamen Wellenspringen an einem Strand: „Und jetzt raus." Nirgendwo zuvor hatte ich die Strömung so stark erlebt. In Australien war es ein Buschfeuer gewesen, das mich im letzten Moment rennen ließ. Mein Kopf war es gewesen, der zuvor die enorme explosionsartige Entflammbarkeit des Eukalyptusöls in den Bäumen unterschätzt hatte. Innerlich hatte ich auch davor schon die Gefahr gespürt. Von Tieren weiß man, dass sie Gefahren schon im Vorhinein fühlten. Wir Menschen können das auch, wenn wir den „Kopf", also das reine Bewusstsein kurzfristig ausschalteten. Wir nehmen eben nur 8000 Bits pro Sekunde bewusst auf, aber 400 Milliarden Bits pro Sekunde mit unserem Unterbewusstsein. Parallel standen uns Informationen vom Kopf sowie die Rückmeldungen vom Unterbewusstsein als Gefühl, Impuls, Geistesblitz et cetera zur Verfügung. Es war unsere Entscheidung und Fähigkeit, wann wir das eine nutzten und wann das andere.

Angst half jedenfalls niemandem. Wäre ich in die Angst gegangen, hätte ich bei Filous Ausflug nicht ruhig das Auto starten und fahren können. Ich hätte Michaele nicht richtig zuhören und so schnell in die richtige Gasse abbiegen können, wo wir Filou erleichtert gefunden haben. Denn Angst lähmt. Der Lieferwagen hatte mir kurz Angst eingejagt. Aber das kam vom Kopf. Der Wagen hatte übrigens Michaele gar nicht beunruhigt, weil er am Handy-Display sah, dass Filou sich andernorts aufhielt.

„Angst essen Seele auf", dachte ich mir, zitiert nach dem gleichnamigen Film.[61] Das war es, was mit so vielen Menschen derzeit geschah. In Frankreich, wo Masken keine Pflicht waren, trugen sie vor allem jene Menschen, die sich vor einem überall lauernden Feind fürchteten. Sie glaubten, sich damit schützen zu können. Die Bevölkerung bedankte sich bei den Pflegekräften und Ärzten für ihren Einsatz mit abendlichem Applaus. Zugleich aber

---

[61] Von Rainer Werner Fassbinder (1974)

wurden Krankenschwestern und Ärzte bedroht und denunziert. Weil es Nachbarn gab, die sich davor fürchteten, mit ihnen im selben Haus zu wohnen. Angst brachte Menschen dazu, absurd zu handeln. Als wären sie in Parallelwelten unterwegs.

Diese ständig präsente Angst war Gegenstand der Manipulation, die in Österreich vor ein paar Tagen aufgeflogen war. Mit Hilfe der Medien sollte Todesangst und Angst vor Krankheit verbreitet werden. Ich habe das dazugehörige Dokument auch einer Freundin weitergeschickt, die mich daraufhin „Corona-Negierer" geschimpft hat. Spannend dachte ich mir. Da taucht dieses Dokument der Regierung auf, welches auch der ORF[62] gebracht hatte und ich wurde beschimpft? In welch einer verkehrten Welt lebten wir da?

Vor einigen Jahrzehnten hatte einmal ein Mann auf den Stufen des Kapitols[63] in Washington DC die amerikanische Verfassung vorgetragen, erinnerte ich mich, vor vielen Jahren gelesen zu haben. Er wurde daraufhin wegen kommunistischer Umtriebe verhaftet. In Deutschland trugen vor ein paar Tagen Demonstranten das Grundrecht in der Hand und T-Shirts mit dem Bild des Bundesadlers mit dem Schriftzug „Grundrechte". Ihre Personalien wurden polizeilich aufgenommen und die Demonstration aufgelöst. Etwas in diese Richtung passierte auch gerade in Österreich.

Es war als würden zwei Parallelwelten existieren. In der einen erkannten die Menschen, dass sie manipuliert wurden und ihre Rechte massiv eingeschränkt wurden. Sie warteten auf die Rücknahme der Maßnahmen oder – wie eine andere Freundin es ausdrückte – auf eine Revolution. Sie hatte ihren Mann, der in London lebte, seit Februar nicht mehr gesehen. In der anderen Welt schien es, dass ein großer Teil der Bevölkerung in Todesangst lebte und verwirrt war: Weshalb war es jetzt plötzlich erlaubt, hinaus zu gehen sowie Familie und Freunde zu besuchen? Die Regierung jonglierte gerade zwischen beiden Welten und versuchte wohl die Situation für sich zu retten.

Die Spannung zwischen den Welten war groß. Ich hatte das Gefühl, meine Freundin hatte mich aus ihrem eigenen Ärger

---

[62] Österreichischer Rundfunk
[63] Sitz des Kongresses, der Legislative der USA. Hier finden die Sitzungen von Senat und Repräsentantenhaus statt.

heraus beschimpft. Sie war heute am Markt ermahnt worden, eine Maske zu tragen. Sie war– meines Erachtens zu Recht – auf den Gesundheitsminister wütend. Zugleich kämpfte sie damit, wieder als Anwältin arbeiten zu dürfen und das funktionierte auch noch nicht. Ihre Wut habe wohl ich jetzt abbekommen. Ich antwortete ihr auf ihre Nachricht mit folgenden Worten:

Liebe Sylvia,

ich habe niemals Corona negiert, nur immer die Zahlen verglichen und die haben sich nie entwickelt wie es die Politik mit ihren theoretischen Modellen uns Glauben machen wollte – eine bewusste Manipulation unserer Wahrnehmung. Ich habe immer nur auf die Unverhältnismäßigkeit aufmerksam gemacht. Für die Grippetoten fährt man auch kein Land an die Wand. Selbst die WHO rät von diesen Maßnahmen ab und sagt, sie bringen kaum etwas. Sie schaden aber der Wirtschaft und bringen weltweit eine halbe Milliarde Menschen zusätzlich in die Armut. Von Luc Montagnier habe ich Dir geschrieben, weil ich ihn einfach spannend fand, im Sinne, dass man nicht alles glauben sollte, was von ganz oben kommt. Und dass es seltsam war, wie mit kritischen Wissenschaftlern umgegangen wird. Und dass es eine Polit- und Medien-Inszenierung ist, was mit dem aufgetauchten Protokoll über die Zusammenarbeit von Politik und Medien jetzt endgültig sichtbar ist. Mir hat das schon vor Wochen jemand unter der Hand erzählt. Du vergisst, dass ich Supervisorin, Kommunikations- und Führungstrainerin bin und mich mit dem Thema Manipulation sehr viel beschäftigt habe. Und dass das mittels der Medien eine Inszinierung war, um Todesangst zu schüren, war mir (und vielen anderen, mit denen ich darüber seit Wochen kommuniziere) klar. Laut Mainstream-Meinung ist man Corona-Leugner oder – Negierer (so wie du mich auch nennst), wenn solche Argumente ausgesprochen werden. Daher habe ich nie mit Dir darüber gesprochen. Und dazu sagte der Psychiater Raphael Bonelli in seinem ersten Video: „Das ist eine der größten Gemeinheiten, die derzeit passieren." Du kannst dies alles gut nachlesen zum Beispiel im Buch „Manipulation der Massen".

Liebe Grüße, Doris,

P.S. In Frankreich gibt es keine Maskenpflicht.

Es war wirklich wie Raphael Bonelli gesagt hatte, eine unglaubliche Gemeinheit, jemanden an den Kopf zu werfen, dass man Corona negiere. Das spürte ich jetzt auch. Wir waren in unterschiedlichen Welten parallel unterwegs, Sylvia und ich.

Ich brauchte eine Pause, bevor ich am meinem Tagebuch weiterschrieb.

Die Regenwolken hatten sich verzogen und ich schaute vom Fenster auf das glitzernde blaue Meer. Ich fragte Michaele, ob es für ihn in Ordnung war, zum Rechtsbrecher zu werden. Als er nickte, erklärte ich ihm meinen Plan. Er grinste und half mir Besenstiele aus ihrem Gewinde heraus zu drehen Wir fuhren zum Meer, parkten in einer kleinen Seitengasse, zogen gelbe Warnwesten an und gingen mit unseren Stangen Richtung Meer. Filou hatten wir ausnahmsweise im Auto gelassen. Es war heute kühl. Selbstsicher schritten wir auf den Strand in Richtung des Platzes, wo zwei Flugzeuge abgestürzt waren.[64] Der Vorfall war nun schon ein paar Tage her. Die Piloten hatten sich in der Zwischenzeit sicher schon von ihrem Schrecken erholt. Aber hier waren immer wieder noch Leute unterwegs, um geschäftig die Absturzstellen abzuschreiten, zu vermessen oder etwas dergleichen zu tun.

Wir gingen mit unseren Besenstielen herum als wären wir gerade dabei, etwas extrem Wichtiges zu tun. Ich atmete die Meeresluft ein und spürte wie gut dies für meine Lungen war. Menschen gingen an der Promenade an uns vorbei. Entweder schauten sie neugierig oder sie nahmen keine Notiz von uns. Menschen sahen, was sie erwarteten. Hätte jemand später die Leute gefragt, was sie beobachtet haben, hätten sie wohl gesagt: *„Da waren wieder solche Leute, die etwas wegen dem Flugzeugabsturz abgemessen haben."* Korrekt wäre gewesen: *„Da sind zwei Menschen in Warnwesten mit Stöcken am Strand herum gegangen."* Der Rest war Kopfkino der Beobachter.

Ich habe sowohl in meiner Ausbildung zur Juristin als auch zur Supervisorin gelernt, wie man das Essentielle von einer erzählten

---

[64] Zwei kleine Doppeldeckerflugzeuge, die für das Besprühen der Felder mit Insektenschutz eingesetzt waren, sind über den ca. 100 Meter breiten Sandstrand geflogen. Bei der Notlandung auf dem Strand kippte ein Flugzeug nach vorne auf seinen Propeller. Das zweite Flugzeug kam mit noch mehr Schwung rücklings auf dem Strand zum Stillstand.

Geschichte rundherum trennt. Nur so kommt das Kopfkino zum Stillstand und es liegen die Fakten sauber auf dem Tisch. Damit konnte man die Emotionen von der realen Situation, die es galt zu lösen, trennen. Und dann erst konnte ich als Coach gemeinsam mit den Coachees die Lösung erarbeiten und die Emotionen gehen lassen. Ein schönes Beispiel dafür war die Situation eines Kunden, der nahe daran war, einem Rechtsanwalt 1.500 Euro zu überweisen. Für einen weiteren Gerichtstermin wegen eines Bügelbretts und einer Wäscheleine.[65] Im Kopf wurden oft Emotionen und Situationen zu einem Knäuel, das die Sicht auf eine gute Lösung verbarg. Mein Job war es sehr oft, dieses Gewirr zu entflechten.

In meinen Führungskräfte- und Kommunikationsseminaren liebe ich eine Übung, in der ich eine wilde Geschichte über Indiana Jones[66] erzähle. Ein Rundherum, das nur zur Verwirrung dient. Darin steckt eine Rechenaufgabe, die nicht besonders schwer ist. Mit der Geschichte schaffe ich Kopfkino. Im Geiste geht jeder mit und ist mittendrin in einem Abenteuerfilm. Ganz selten kann jemand die dazu gehörige Rechenaufgabe innerhalb von fünf Minuten lösen. Ich schätze diese Gruppe von Teilnehmern auf 1% in fünfzehn Jahren. Genauso selten sind jene, die von vornherein aufgeben und sagen: *„Ich kann nicht rechnen."* Etwa 25% lösen die Aufgabe bis zum Schluss nicht beziehungsweise erst mit sehr viel Hilfe von Anderen. Der überwiegende Teil (73%) braucht zwischen zwanzig und dreißig Minuten.

In einer Gruppe hatte ich einmal einen hohen und sehr gebildeten Manager. Er gehörte zur Gruppe der 25%, die die Aufgabe bis zum Schluss nicht lösen konnte. Am nächsten Tag kam er frustriert zurück in den Workshop. Seine siebenjährige Tochter hatte bereits nach fünf Minuten die Lösung. Ich munterte ihn auf und wies darauf hin, dass Kinder weniger verbildet waren. Daher konnte seine Tochter das Kopfkino ausschalten (wahrscheinlich kannte sie nicht einmal Indiana Jones). So konnte sie – konzentriert auf die Rechenaufgabe – diese bravourös lösen.

---

[65] Statt 1.500 Euro an den Anwalt zu zahlen, kaufte er sich Bügelbrett und Wäscheleine neu um circa fünfzig Euro.
[66] Held der gleichnamigen Filmreihe mit Harrison Ford,
Regie: Steven Spielberg, produziert von George Lucas

Der Zweck dieser Übung ist, Bilder im Kopf zu erschaffen und damit das Grundprinzip der Manipulation zu demonstrieren.

Ich habe bei Catherine und Henri im Fernsehen schreckliche Bilder von Perpignan aus Krankenhäusern, mit Kranken und Särgen gesehen. Aus den Berichten hätte man auf Tausende Tote schließen können. Die Ausgangssperre in dieser Stadt ab acht Uhr am Abend wurde dadurch für die Bevölkerung nachvollziehbar. Ich habe recherchiert und mir gestern die aktuellen Zahlen angeschaut. Im gesamten katalanischen Teil Frankreichs waren dreißig Personen mit (und nicht an) Covid-19 verstorben. Das passte nun wieder gar nicht mit den Fernsehbildern zusammen, die auch hier dazu dienten, ein bestimmtes Kopfkino zu schaffen. Dieses Vorgehen war höchst erfolgreich, wenn ich mir die verschüchterten, mit Maulkorb alleine im Wald herumlaufenden Leute ansah.

Aber jetzt waren die Franzosen mit der Aussage der Regierung beschäftigt, dass auch ab elften Mai die Strände und Gastronomie geschlossen blieben und sich der Bewegungsradius nur von einem auf hundert Kilometer erhöhte. In Erwartung einer Lockerung hatten in der letzten Woche viele Restaurants die Tische schon hergerichtet. Das hatte auch ich hier im Ort beobachtet. Im Moment kämpften viele Menschen mit ihrer eigenen Situation und was für sie persönlich die weiter bestehenden Maßnahmen bedeuteten. War man mit den eigenen Herausforderungen beschäftigt, schaute man nicht auf die großen Zusammenhänge. Und das nutzte der Politik in dieser Situation. Nüchtern, auf Zahlen schauende Bürger wollte sie jetzt offenbar nicht.

Gerade hat mir meine Freundin Sylvia eine Nachricht geschickt, dass sie das mit dem „Negieren" nicht so gemeint hatte. Und, dass sie schrecklich frustriert war, weil sie doch endlich wieder arbeiten wollte. Sie gab mir dann (plötzlich) Recht und schrieb: Auch sie fragte sich die ganze Zeit schon, wer einen Vorteil von der Situation hatte, in der wir steckten. Cui bono, wie das Juristen ausdrückten. Man finge an, darüber nach zu denken.

Auf meine Frage, wer denn „man" ist, habe ich noch keine Antwort bekommen. Ich konnte nur hoffen, dass es viele „mans" waren.

Ich will den Koala wecken um die letzten Texte dieses Teiles mit ihm zu besprechen. Aber er schläft offensichtlich um einiges besser als ich es diese Nacht konnte. Mir gehen immer noch die Gedanken und Texte durch den Kopf, die mir der Koala vor dem Schlafengehen zugeflüstert hat.

Den Tag „Veränderung" musste ich unbedingt hineinnehmen, seines Erachtens.

Während er noch friedlich schlief, fing ich also an zu lesen, um herauszufinden, warum Tag 57 für ihn in unser Buch gehörte. Und wieder einmal hatte der Koala ins Schwarze getroffen.

Tag 57: Veränderung

Gestern Abend konnten wir das erste Mal seit wir in Südfrankreich waren, keinen Abendspaziergang machen. Es stürmte und goss wie aus Kübeln. Es tat uns sehr leid, unser liebgewordenes Ritual aussetzen zu müssen. Der abendliche Blick auf das Meer, die Sterne und die Blumen um uns herum in den Gärten fehlten uns. Ich konnte so viel besser schlafen, wenn die frische Luft meinen Kopf von den vielen Gedanken des Tages frei gemacht hatte. Filou konnte noch einmal (an der Schleppleine) laufen und all seine Geschäfte erledigen. Somit war es für ihn leichter die Nacht zufrieden durchzuschlafen, was wieder uns ruhiger schlafen ließ. Auch dieser Aspekt fiel letzte Nacht aus.

Liebgewonnene Abläufe aussetzen zu müssen, war oft nicht angenehm. Davon konnte im Moment die halbe Welt ein Lied singen. Noch schlimmer war es für die meisten Menschen allerdings, wenn sie sich mit neuen Denkweisen konfrontiert sahen. Denn das bedeutete, sich damit auseinander setzen zu müssen, dass es anderes gab als die eigene Vorstellung. Das war schon so als Wissenschaftler vor fünfhundert Jahren erklärten, die Erde drehte sich um die Sonne und nicht umgekehrt. Was geschah damals? Man kämpfte gegen diese Menschen. Denn ihre Aussagen passten nicht in das gewohnte Weltbild.

Etwas Ähnliches geschah jetzt auch. Seit Jahren gab es in den Naturwissenschaften den Kampf eines alten gegen ein neues Verständnis der Biologie. Aber es schien, dass auch dort eine Art

Kognitive Dissonanz[67] von so manchem. Sowohl die Natur, die Evolution und der Mensch selbst beruhten auf dem Prinzip der Kooperation. Natürliche Auslese, die früher als Grundprinzip angenommen worden war, stellte die Ausnahme dar. Aber in den meisten Köpfen machte sich immer noch das veraltete Wissen breit.

Im Menschen gab es zum Beispiel Reward Systems: Sie belohnten uns mit Freude spendenden Hormonen und stärkten unser Immunsystem, wenn wir anderen halfen. Übervorteilten wir jemanden anderen, belohnte uns unserer Körper nicht mit solchen Hormonen, sondern wir litten auch noch mit dem anderen mit. Dafür sorgten die Spiegelneuronen. Ein weiteres Beispiel: Gene bestimmten nicht unser Leben. Sondern die jeweiligen Lebensumstände brachten sie zum „Klingen". Das haben mehrere Zell- und Genforscher nachgewiesen. Spätestens seit dem Genom-Projekt 2003 wusste die Wissenschaftswelt, dass nicht die Anzahl der Gene, sondern ihre Komplexität von Bedeutung war. Denn der Mensch hatte kaum mehr Gene als ein Fadenwurm, der einen Zentimeter groß war[68]. Ja, sogar die DNA einer Banane stimmte bis zu 50 Prozent mit der menschlichen überein. Ein Schimpanse hatte sogar zu über 98 Prozent die gleiche DNA wie der Mensch. Aus diesem Grund wurde am MIT[69] in den USA der Lehrstuhl für Biologisches Ingenieurwesen eingerichtet. In dem ging es um die Komplexität des Menschen als Gesamtsystem. Keine Überraschung, dass sich Absolventen von dort nun meldeten, um kritisch die aktuelle Situation zu beleuchten.

Auf Basis dieser Fakten verwunderte es mich gar nicht: Der Corona-Test, der eine Sequenz der DNA als Testgrundlage hatte, zeigte zum Beispiel bei Papayas ein positives Ergebnis. So hieß es

---

[67] Ein oft unerträglicher Gefühls-Zustand, der durch die Unvereinbarkeit von Wahrnehmungen entsteht, wie beispielsweise eine Einstellung oder Weltbild, das nicht mit neuen Erkenntnissen übereinstimmt. Vermieden wird dieser unangenehme Zustand durch Abstreiten oder Negieren von neuen Fakten, selbst, wenn diese bereits bewiesen sind.
[68] Anzahl der Gene im Erbgut: Hefe 6.000, Fruchtfliege 10.000, Fadenwurm Caenorhabditis elegans 18.000, Ackerschwalm Arabbidopsis thaliana (Pflanze) 26.000, Mensch 30.000, Musa acuminata (Bananengewächs) 36.000
[69] Massachusetts Institute of Technology, renommierte Universität

aus Tansania[70], deren Präsident Chemiker war und die Testreihen mit fingierten Namen angeordnet hatte.

Es ging in Medizin, Wirtschaft und Gesellschaft immer noch um das veraltete biologische Prinzip von Angst, Kampf und Trennung. Das waren die Grundlagen unseres Wirtschafts- und Gesellschaftssystems. Die meisten empfanden diese schon seit Jahren als unerträglich, weil sie uns als Menschen nicht entsprachen. Der Kampf, der angeblich im Dschungel stattfand und Vorbild für uns sein sollte, war in der Realität die natürliche Nahrungskette. Mit dieser Erkenntnis hatten daher auch als erste die (meisten) Zoologen das darwinistische Prinzip still und heimlich zu Grabe getragen. Und bekanntlich war es der Mensch, der an oberster Stelle in der Nahrungskette stand. Wir hatten also nichts zu befürchten.

Dennoch glaubten Unternehmer und Manager oft, sie müssten immerzu daran arbeiten, besser zu sein als andere. Das war ein von Angst getriebenes Verhalten. Es ging um Kampf. Kein Wunder, dass so viele dieser so agierenden Menschen nur mit Hilfe von Antidepressiva oder Kokain in diesem System leben konnten. Weil auch ihnen dieses – selbst gewählte – System zusetzte. Ich beobachtete seit vielen Jahren, dass jene Führungskräfte und Unternehmen am erfolgreichsten waren, die in Kooperation arbeiteten, sei es mit Lieferanten, Kunden, Mitarbeitern, Behörden oder anderen Unternehmen.

In der Corona-Krise zeigte sich die Spitze des alten, verkehrten Systems. Mediziner mit sehr guten Heilungsquoten bei Covid-19 wurden ausgegrenzt, weil sie anders dachten als der Mainstream. Es fand keinerlei (internationaler) Gedankenaustausch zwischen Wissenschaftlern beziehungsweise Ärzten statt. Die Sterberaten waren nicht nur von der Zahl an Intensivbetten abhängig, sondern auch von den Behandlungsmethoden. Aber es fand kein Best Practice-Austausch zum Vorgehen statt. Es herrschte Trennung und Ausgrenzung, auch wenn dies noch so vielen Menschen das Leben kostete. Medikamente wurden in manchen Ländern vom Markt genommen, die in anderen viele Kranke genesen ließen.

---

[70] Ein Land, das viele Impfopfer von Gates-Kampagnen zu beklagen hatte.

Die Grenzen zwischen den Staaten wurden geschlossen wie einst zwischen dem Westen und dem „Ostblock"[71]. Südafrika wollte aus Angst vor dem Virus eine Mauer zu Simbabwe errichten, habe ich gelesen. Ironischerweise hatte Südafrika tausende mit COVID-19 Infizierte, Simbabwe nur wenige. Politiker fokussierten entweder auf die zu erwartenden Covid-Toten und vernachlässigten dabei die möglichen Verluste durch den Lockdown – oder umgekehrt – anstatt eine Gesamtlösung zu erarbeiten. Dabei gab es dafür schon viele Ansätze[72], ja sogar erfolgreiche Umsetzungen. Es fehlte jedoch der Austausch. Und es schien, dass es gar nicht um die Reduzierung der Toten ging. Weshalb sonst negierte man Heilungserfolge, ja ganze Länder mit erfolgreichen Vorgehensweisen? Gerade die Natur- oder traditionelle Medizin hatte sehr viel höhere Heilungsquoten als die schulmedizinischen Behandlungsmethoden. Aber anstatt sich darüber zu freuen, wurden jene erfolgreichen Mediziner und Medizinerinnen ausgegrenzt und diffamiert. Ich finde das höchst verwunderlich und verstörend. Was passierte gerade in unserer Welt?

Es sollte keinen Kampf Mensch gegen Natur und damit auch dem Menschen gegenüber geben. In vielen Köpfen dürfte noch nicht angekommen sein, dass wir Menschen Teil der Natur sind. Sie sind nicht nur dabei, unserem Planeten zu schaden. Sondern auch uns und sich selbst als Teil der Natur. Doch solche Menschen trieb der bösartigste aller Viren zu diesem Verhalten: Der Gier-Virus, gegen den es leider immer noch keine Impfung gab und der mittlerweile zum Herz des verkehrten Systems geworden war.

Auch die moderne Immunologie sprach von Kooperation. In jedem menschlichen Körper befanden sich Trilliarden von Viren und Bakterien (übrigens auch Corona-Viren). Bei jedem grippalen Infekt meldeten sie sich. Dr. Sucharit Bhakdi hatte das als

---

[71] Abfällige Bezeichnung für die Staaten der ehemaligen UDSSR, die sich aus Sicht des Westens hinter dem „eisernen Vorhang" befanden und mit Grenzanlagen, die zum Westen hin durch Stacheldraht, Mauern, Minenfeldern und bewaffneten Soldaten gesichert wurden.
[72] Beispiele: Clusterbildung der Infizierten, Schutz der Risikogruppen, Hygienestandards, Behandlungsmethoden je nach Zustand, Stärkung des Immunsystems, Förderung der Eigenverantwortung auf Basis von Sachinformationen

ehemaliger Universitätsprofessor und Experte schön erklärt: In unseren Körpern fand ein Zusammenleben mit diesen Viren und Bakterien statt. Auch Viren wollten nicht sterben. Brachten Viren ihren Wirt um, wie zum Beispiel – zumeist[73] – bei Ebola, so war der Virus kein erfolgreicher. Denn er starb gemeinsam mit dem Wirt. Die Corona-Viren waren recht erfolgreiche, wie Prof. Bhakdi sagte. Sie überlebten fast immer in den Körpern. Das bedeutet, sie brachten den Wirten nur selten um.

Die Frage war hier vielmehr: Warum starben manche Menschen und andere nicht? Es hieß, es sei Zufall. Dabei gibt es Studien, die nicht von der Pharmalobby gefördert wurden, die wahrscheinlich weiterhelfen könnten.[74] Die Politik gab diesen Studien allerdings keine Aufmerksamkeit. Am stärksten sah man bei den Menschen in Isolation und Social-distancing, dass Trennung und Ausgrenzung dem Menschen nicht entsprachen.

Damit wurden nicht nur das Wohlbefinden und die Freude am Leben heruntergefahren, sondern auch das menschliche Immunsystem – besonders wenn Sonne und frische Luft „nicht erlaubt waren." All dies brachte das „menschliche Betriebssystem" in größte Gefahr. Ich dachte daran, wie mir vor ein paar Wochen jemand gesagt hatte, in der derzeitigen Situation war das Gesündeste, einen Hund zu haben. Das war nicht nur gut für die Psyche. Es garantierte auch einen mikrobiellen Austausch sowie ein regelmäßiges in die Sonne gehen.

Die Dinge, die gerade liefen, waren der Illusion der Trennung und des Kampfes geschuldet. Wir waren Teil der Natur. Und diese strebte stets nach Ausgleich. In der Wirtschaft ging es jenen Menschen am besten, die in Kooperation arbeiteten. Andere verdienten vielleicht (kurzfristig) mehr Geld. Aber es war auch eine Frage der Politik, weshalb Amazon oder Milliardäre wie Bill Gates so wenig Steuern zahlten. Und damit so mächtig und reich werden konnten. Arme wurden immer ärmer. Auch Österreich hatte in der Arm-Reich-Schere eine sehr traurige Bilanz. Das war nicht Ausgleich. Das war Kampf, Trennung und Angst. Darauf

---

[73] Sterblichkeit (Letalität) von 50-90%
[74] Psychoneuroimmunologie (auch Psychoimmunologie), Erklärungsmodelle verschiedener alternativmedizinischer Richtungen

beruhte unsere verkehrte Welt. Deshalb ging es so vielen Menschen schlecht. Schon vor der Corona-Krise.

Ich dachte an die Zielarbeit, den Wunsch, etwas in die Richtung zu verändern, dass man zufriedener, erfolgreicher, ja glücklicher war. Das ist einer meiner Arbeiten als Coach und es funktioniert so großartig, dass es einem richtig spooky vorkam. Beispiele für erfolgreiche Ziel-/ Wuncharbeiten für mich selbst waren beispielsweise: Wohnung, Büro, mein aktuelles, aber auch frühere Autos, mein Mann, mein Hund oder meine Arbeit mit Theatern.

Die drei Haupt-Grundsätze von Zielarbeit lauten:
- Starker Wunsch/ Ziel mit positiver Emotion/ große Sehnsucht (Emotion!) nach Veränderung
- Keine Blockaden dagegen und
- Loslassen, Vertrauen (keine Angst)

Aus dieser Perspektive betrachte ich jetzt nochmals meine Frage von Tag 24: Wofür ist die Corona-Krise für jeden Einzelnen einerseits und andererseits für die ganze Welt gut? Konnte diese Zeit, in der sich Trennung, Kampf und Angst so extrem zeigten, der Weg zu einem lange ersehnten Ziel sein? Dem Wunsch, die verkehrte Welt gehen zu lassen und ein Leben zu führen, das unserer Natur als Menschen entspricht?

Konkret:
- Kooperation statt Konkurrenz, z. B.: „Sie machen da etwas ganz Spannendes, vielleicht entwickelt sich daraus ein gemeinsames Projekt?"
- Wirtschaftlicher Erfolg durch Ausgleich statt Übervorteilen, dann (über-) leben alle gut
- Respekt in Beziehungen, auch mit der Natur
- Fokus auf das Verbindende statt (wie bisher) auf das Trennende
- Geld ist nicht mehr höchster Wert
- Grenzen gegenüber jenen Menschen und Dingen setzen, die nicht zu diesem System des Verbindenden passen (z. B. jenen, die am GIER-Virus leiden)

In der Zwischenzeit war wohl sehr vielen Experten klar, dass der Lockdown einen Kollateralschaden verursachte, wie ihn sich kaum jemand vorstellen konnte. Ich selbst hatte zum Beispiel nicht an eine Gefährdung der inneren Sicherheit unserer Länder durch einen Zusammenbruch der Infrastruktur gedacht. Erst durch das Gespräch mit einem alten Schulfreund, der Manager bei Siemens war, bekam ich eine reale Vorstellung davon.

Immer mehr Fachleute sagten, dass die wahre Krise erst kommen würde. Und die hatte nichts mit einer Krankheit zu tun. Auch ich beobachtete, wie Politiker nicht nur unsere Länder an die Wand fuhren, sondern auch die Welt wie wir sie gekannt hatten. Dabei wäre es verhinderbar gewesen. Was stand uns bevor? Eine hohe Inflationsrate zum Abbau der Staatsschulden?

Mit meiner Brille als Spezialistin für Zielarbeit sah ich allerdings in jenem Zusammenbruch einen Neuanfang – und zwar den, den wir uns schon so lange gewünscht hatten. Wie heißt so schön der Satz? *„Bedenke wohl, was Du Dir wünschst, es könnte in Erfüllung gehen."* Ich persönlich fand den Wertewandel sehr positiv. Das habe ich schon vor Wochen geschrieben. Aber der Weg dorthin kann für viele eine extreme Herausforderung sein. Ich selbst lebte, so weit wie möglich, bereits nach dieser neuen Werteordnung.

Der Wandel würde sicher für alle praktische Herausforderungen bringen. Denn Loslassen war immer eine Kunst. Auch neue Werte zu entdecken und anzunehmen war eine Herausforderung. Mit anderen Worten, Altes loszulassen und sich dem Unbekannten hinzugeben war für kaum jemanden einfach. Würde sich die Theaterwelt, in der ich so viel gearbeitet habe, wieder ganz erholen? Würden sich die Menschen zusammenraufen oder bliebe Mainstream und Kritisches etwas unüberwindbar Trennendes? Ich wollte Letzteres nicht glauben. Aber das hing natürlich von den Menschen ab. Wo würden sie mitmachen, wo sich weigern? In jeder Not- oder Extremsituation zeigten sich die wahren Charaktereigenschaften. Im Moment spüre ich viel Zusammenhalt und Unterstützung, sei es bei der Suche nach Wohnmöglichkeiten in Frankreich oder dem regen Nachrichtenaustausch in meinem Freundeskreis.

Eine große Veränderung im Denken und Handeln würde eine sehr große Krise in naher Zukunft voraussetzen. Doch genau die sagten Experten bereits voraus. Allerdings hörte die Politik genauso wenig auf sie wie auf jenen Mitarbeiter des deutschen Innenministeriums, der sich verzweifelt mit seiner Analyse über die Gefährdung der nationalen Infrastruktur durch den Lockdown an die Öffentlichkeit gewandt hatte.

Ich musste an die Surfer denken, die ich so oft in Australien beobachtet hatte. So wie sie mit der ungeheuren Kraft des Meeres auf den Wellen ritten, so würden auch wir unseren Weg finden müssen. Mit der Kraft der Veränderung gehen und unseren Platz finden, der uns zu jenen Wesen macht, die wir von Natur aus sind.

Es galt jenen Grenzen zu setzen, die uns schaden anstatt sie (wie bisher) auf die Titelseiten der Hochglanzmagazine zu setzen. Schon ironisch, dachte ich: Gerade jene, die das alte System so hochhielten wie unsere derzeitigen Politiker, brachten es jetzt mit ihrem Handeln zu Fall. Das nannte man Ironie des Schicksals.

Langsam regt sich der Koala. War ich doch zu laut gewesen, als ich mir meinen Tee kochte? Er gähnt ausgiebig. Verschlafen sieht er mich an. Wieder einmal muss ich lächeln bei dem Anblick des Koalas, der für Milliarden Teddybären der Welt Vorbild war. Die Schnauze, die Augen, die Mundpartie, alles wirkte so süß. Das Gesicht eines echten Bären[75] aus Plüsch könnte als weniger freundlich wahrgenommen werden. „Woran hast Du erkannt, Koala, dass ich die Richtige dafür bin, über Deinen Walkabout zu schreiben?", frage ich ihn.

„Dein Lächeln", sagt der Koala, während er sich auf den Weg in die Küche macht. Mit dieser Aussage wurde mir klar, welchen Text wir in diesem Manuskript noch brauchten.

Tag 60: Masken

Wenn ich es richtig im Vorbeigehen am Zeitungsstand gelesen hatte, dann arbeitete Okzitanien daran, die Strände endlich wieder aufzumachen. Ich würde es als erstes in der Früh merken, wenn ich mit Filou am Meer spazieren ging. Das Überleben der Küsten- und Touristenorte stand auf dem Spiel. Heute ging ich wie immer zur Epicerie, um Baguette und das Pain au chocolat, in weiten Teilen Frankreichs auch Chocolatine genannt, für Michaele zu kaufen. Ich sah, dass der kleine Markt wieder geöffnet war. Uns war das Olivenöl ausgegangen und so erstand ich eine kleine Flasche eines ganz besonderen Öls. Nämlich von jenen Lucque-Oliven, die nicht weit von hier entfernt geerntet wurden. Ich ging zu einer Frau, deren Maske am Hals baumelte. Ich war neugierig, wie das Olivenöl schmeckte. Und wenn mich jemand anlächelte, gab ich auch gerne etwas mehr Geld aus.

Nachdem meine mitgebrachte Kappe schon etwas ramponiert aussah, kaufte ich am Markt auch gleich eines dieser bunten Tücher, um meine Haare beim Cabriofahren im Zaum zu halten. Ich kramte fünf Euro heraus. Als ich aufschaute, sah ich in etwas, was ich nicht Gesicht nennen konnte. Da stand eine Frau (von der Stimme her) in einem schwarzen Sweater, die Kapuze tief ins Gesicht gezogen, mit dunkler Pilotenbrille und einer schwarzen

---

[75] Koalas gehören nicht zur Familie der Bären sondern zu den Beutelsäugern.

Maske, die den Rest des Gesichts verbarg. Star Wars ließ grüßen. Wäre ich Verschwörungstheoretikerin, so hätte ich den Verdacht gehabt, Außerirdische hätten sich unseren Planeten geschnappt. Was in der Lage, in die sich die Staaten manövriert hatten, ja nicht einmal schwer gewesen wäre.

Ich drückte ihr die fünf Euro in die Hand, ohne die Frau nochmals anzuschauen, steckte mein neu gekauftes Tuch ein und drehte mich schnell um. Ihr „au revoir" beantwortete ich schon mit dem Rücken zu ihr. Und was hieß hier „auf Wiedersehen"? Ich habe niemanden gesehen. Später erst ging mir durch den Kopf: Manchmal waren ja auf den Märkten auch solche Menschen zu finden, die dort gar nicht legal Waren verkauften. Das war nun eine gute Gelegenheit, sich vor der Polizei verstecken zu können. Dieser Gedanke baute mein Vertrauen zu jener Gestalt auch nicht weiter auf.

Ich ging weiter als eine Frau aus ihrem gerade wieder geöffneten Souvenir- und Eisladen herausrief: „Bonjour, chien!" Ich musste lachen, dass mein Hund hier explizit gegrüßt wurde. Ich rief „bonjour" zurück, was die Dame ihrerseits zu einem Lachen brachte und nachschoss: „Bonjour, Madame." Diese Konversation brachte uns beide zum Lachen. Ich versicherte ihr, es wäre okay für mich, dass sie Filou vor mir begrüßt hatte. Was sie noch mehr zum Lachen brachte. Ich nahm mir vor, ihr Geschäft in den nächsten Tagen aufzusuchen.

Hier in Frankreich hatten seit ein paar Tagen die Geschäfte wieder offen und es bestand keine gesetzliche Maskenpflicht. Ich dachte, ein Tag in Perpignan zur Erledigung einiger Notwendigkeiten, wäre ein schöner Ausgleich. Ein bisschen Abstand zu meinen Recherchen würde mir guttun. Am Weg zum Auto bekam ich prompt eine Nachricht meiner Freundin Sylvia, die mir vorschlug, doch einmal Pause zu machen und mich mit netten Dingen zu beschäftigen. Das fand ich lustiges Timing. Wie Recht sie doch damit hatte!

Doch für einen Einkauf in unserem südfranzösischen Dorf oder auch in Perpignan war es nun doch zu spät. Wenn wir dort ankämen, würde gerade überall Mittagspause sein, wie im Süden üblich bis 16 Uhr. Das alles fiel uns auf der Autofahrt ein. So nutzten wir die Zeit, um zum großen Supermarkt zu fahren. Uns fehlten ein paar Sachen. Am Eingang konnte man um 58 Cent eine

Einwegmaske, wie sie in Österreich gratis verteilt wurden, erstehen. „Aus Solidarität" stand auf einem Schild daneben. Mit wem sollte ich solidarisch sein, fragte ich mich. Mit den Menschen in den roten Gebieten, die noch viele Infizierte hatten? Mit den Menschen, die hier freiwillig verängstigt mit Masken herumliefen? Mit den Bakterien und Pilzen, die in Masken ein perfektes zu Hause (warmes Feuchtmilieu) fanden?

Die Wahrscheinlichkeit beim Einkaufen angesteckt zu werden, ging gegen Null. Die Menschen hier hatten noch dazu echte Ausgangssperren gehabt, das sah man auch an ihrer extrem blassen Haut. Niemand hatte irgendwelche sozialen Kontakte gehabt und wir waren in einem supergrünen Département. Außerdem war es in der Zwischenzeit bekannt, dass zumeist nicht einmal die engsten Familienangehörigen angesteckt wurden. Also die Ansteckungsgefahr allgemein viel niedriger war als ursprünglich befürchtet. Die Frage war nur, wem all das bekannt war. Wohl kaum jenen, die sich von Mainstraeam-Medien vollmüllen haben lassen.

Bald fanden wir uns in einer kleinen Gruppe wieder, die wohl Widerstand gegen die Angst und Unvernunft leistete. Wir fanden solche vor allem in der Bio-, Käse- und Weinabteilung, warum auch immer. Wir sammelten so schnell wie möglich alles ein, was wir so brauchten. Es ging mir von Minute zu Minute schlechter. Ich konnte auch ohne Maske kaum mehr atmen. Der Anblick der Menschen raubte mir die Luft. Viele Menschen gingen mit ihren Masken sogar geduckt, als würde der Virus sie absichtlich aufspüren wollen und sie ihm ausweichen müssten.

Ich habe in meiner Arbeit im Laufe der Jahre eine große Sensibilität entwickelt, in der Mimik von Menschen zu lesen. Ich las im Gesicht, was meine Kunden an einer Situation am meisten bewegte. Ich bemerkte, wenn Seminarteilnehmer etwas nicht verstanden hatten und konnte etwas dadurch nochmals und hoffentlich besser erklären. Ich erkannte Bedürfnisse nach Pausen. Oder auch wenn es Zeit war, eine praktische Übung zu machen. Ich nahm Details in der menschlichen Mimik so gut wahr, weil es ein Teil meines beruflichen Einfühlens war. So konnte ich in meinem Beruf Menschen eine gute Unterstützung in ihrem Lernen und ihrer Entwicklung sowie Begleitung sein. Plötzlich damit konfrontiert zu sein, keine Mimik mehr erkennen zu können, war für mich unerträglich.

Als ich Sylvia davon schrieb meinte sie: Ich solle doch in die Augen der Menschen schauen, denn die wären das Fenster zu ihren Seelen. Doch das war das besonders Erschreckende. In diesen Augen sah ich ausschließlich Angst und Unsicherheit. Eine vermummte Frau war gute zwei Meter von uns entfernt an der Kassa gestanden. Als wir näherkamen, schaute sie uns mit schreckgeweiteten Augen an und rannte vor uns davon, als wären wir der Teufel persönlich. Bis letzte Woche war es in Ordnung, einkaufen zu gehen. Manche Menschen hatten Masken, andere nicht. Aber seit letztem Montag durfte man in den grünen Regionen das Haus verlassen, auch ohne Grund – zumindest innerhalb von hundert Kilometern. Diese Woche gingen also vor allem jene Menschen einkaufen, die die letzten zwei Monate an die Wand oder in den Fernseher voller verstörender Bilder geschaut hatten. Viele davon, so war ich überzeugt, würden noch lange, wenn nicht sogar ein Leben lang an posttraumatischen Belastungsstörungen leiden. Vielen sah man das jetzt schon in ihrer Körpersprache an.

Ich war hart im Nehmen und konnte gut durch Situationen gehen, welcher Art auch immer. Ich hielt es im australischen Outback für längere Zeit aus. Mit Gefahren und dem Tod konnte ich ganz gut umgehen. Ja, sogar damit, dass ich nicht wusste, ob ich jemals wieder meine wirtschaftliche Existenz aufbauen konnte. Der Umgang mit unseren europäischen Rechtsstaaten machte mir Sorgen. Ich nahm jede Möglichkeit wahr, die ich als Bürgerin noch hatte. Die Unterdrückung von kritischen Experten und Wissenschaftlern war himmelschreiend. Ich tat, was ich konnte, um ihre Botschaften zu teilen. Nun aber war ich das erste Mal in dieser sogenannten Corona-Krise an einem Punkt, der mich in Verzweiflung versetzte. So viele hatten aufgehört, Mensch zu sein. Die vermummte Frau im Supermarkt, die davonlief, zeigte sicher eine psychiatrisch auffällige Handlung, wie es Dr. Bonelli immer wieder in seinen Psychologie-Videos ansprach. Sie zeugte von purer Panik. Würde jemand anderer ein Küchenmesser aus dem Regal schnappen und uns attackieren? Nur weil er glaubte, wir waren wandelnde Virusverteiler? Wo war die Grenze? Eines war klar: Ich konnte nicht mehr erkennen, ob jemand im nächsten

Augenblick ein Messer zücken würde. Denn ob Freund oder Feind sah man (rechtzeitig) nur im Gesicht eines Menschen. Und ich meine das ganze Gesicht, nicht ein maskiertes.

Genervt verließen wir den Supermarkt. Jetzt brauchte ich etwas, das aufbauend war. Noch dazu hatte es begonnen, in Strömen zu regnen. Auch wenn unser Bankkonto im Schrumpfen war, wollte ich mir die Freude machen, in einem netten Geschäft, das sich im gleichen Einkaufszentrum befand, ein paar schöne Dinge zu erstehen. Auch wenn es sich nur um Accessoires wie Servietten, Kerzen und vielleicht lustige, sommerliche Tischdekos handelte. Ich wollte einfach etwas Hübsches in unser Leben hereinholen. Das Geschäft war offen. Es wunderte mich, dass ich kaum Kunden sah. Normalerweise kauften hier viele ein.

Ich näherte mich dem Geschäft mit freudiger Erwartung und blieb plötzlich wie angewurzelt stehen. Ein Security-Mann mit schwarzer Maske stand im Eingang. Wie in meinem Unterbewusstsein gespeichert, löste dieser Anblick Angst aus. Ein Bankräuber! Im nächsten Moment schaltete sich zwar meine Vernunft ein. Aber mein Unterbewusstsein befahl mir „wegrennen". Im nächsten Moment donnerte der Mann schon, dass ich das Geschäft nicht ohne Maske betreten durfte. Ich sagte, dies war nicht vom Gesetz vorgeschrieben. Er sah mich mit bösen Augen an und sagte noch etwas Unfreundliches. Was mich meinerseits, zugegebenermaßen, zu einer unfreundlichen Geste zum Abschied animierte. Dann ging ich und mir wurde klar, weshalb kaum Kunden im Geschäft waren.

Obwohl die meisten Menschen ohnehin Masken trugen, vertrieb sie der Mann, der in unserer Kultur wohl von den meisten als Bankräuber unbewusst wahrgenommen wurde. In ein Feel-Good-Geschäft wollte dann wohl kaum jemand gehen. Spannend, dachte ich. Hier hatte ich jedes Mal zwischen siebzig und hundertfünfzig Euro ausgegeben. Jemanden anzustellen, damit er die Kunden vertrieb, war eine interessante Geschäftsentscheidung. Die Masken halfen nicht gegen den Virus, sondern dienten nur, wie selbst von der Politik manchmal gesagt wurde, dem persönlichen Sicherheitsgefühl. Oder ging es darum, mittels Masken die Angst aufrecht zu halten? Die Managemententscheidung des Geschäftes war in irgendeiner Weise auf Angst aufgebaut. Entweder aus Angst vor Krankheit oder aus Angst, das

Geschäft wieder zusperren zu müssen. Ich dachte wieder an das Sprichwort: *„42 Schlösser ziehen 42 Diebe an."* Die Angst, wirtschaftlichen Schaden zu nehmen, manifestierte sich gerade durch den „Bankräuber-Mitarbeiter", wie ich ihn für mich nannte. Er verhinderte effizient einen guten Umsatz. Angst war eben nie ein guter Ratgeber.

Ich empfand diese widerliche Zurechtweisung persönlich als emotionale Gewalt, wie sie derzeit um sich griff. Gerade bei Security-Leuten beobachtete ich oft eine Machtlust, sodass ich freiwillig gerne das Weite suchte. Auch die Lust nach Perpignan zu fahren, war mir vergangen. Was, wenn jene Geschäfte, die ich aufsuchen wollte, auch so agierten? Ich konnte nicht einmal Michaele losschicken und mich selbst, während er Besorgungen machte, in ein Café setzen. Denn in Frankreich war immer noch die Gastronomie geschlossen. Ich verstand jetzt einen Freund in Wien besonders gut. Der hatte mir letzte Woche erzählt, er ginge jetzt weniger vor die Tür als noch vor ein paar Wochen.

Zurück im Auto, machte mein Handy „Ping". Eine Freundin hatte mir ein neues Video vom mittlerweile sehr bekannten Psychiater Dr. Raphael Bonelli geschickt. Es ging genau um jenes Thema, das mich gerade so emotional beschäftigte: die Masken. Er appellierte an die Menschen, sie nur dort zu tragen, wo sie gesetzlich vorgeschrieben waren. Nur in Nebensätzen erwähnte er, dass sie ein tolles Milieu für Bakterien und Viren schafften sowie einen erhöhten CO_2-Gehalt durch die wieder eingeatmete Luft schufen.[76]

Was ihm aber vor allem ein Anliegen war: Das Schlimme an den Masken aus psychiatrischer Sicht zu erklären. Er sprach von der Gefährdung der psychischen Gesundheit der Mitmenschen. Die menschliche Kommunikation war nämlich damit weg und der Anblick erzeugte Ängste. Auch er sprach vom Bild des Bankräubers, vor allem beim Anblick von jungen Männern mit Masken. Seine Söhne hatten „Bankräuber" gerufen, als ein Auto mit drei maskierten jungen Männern vorbeifuhr, erzählte er. Es war wie Balsam auf meiner Seele, diese Worte zu hören. Ich musste zur

---

[76] Sogar Experten in Regierungsteams bekannten sich vermehrt zu dieser Aussage. Kinderärzte warnten, dass dies besonders gefährlich bei Kindern sein konnte.

Erhaltung meiner psychischen Gesundheit diese Menschen meiden. Das wurde mir klar. Nicht mit mir stimmte etwas nicht. Nicht ich war zu sensibel. Bonellis Appell wandte sich an die Maskenträger und die Politik.

Masken halfen angeblich dagegen, wenn jemand eine Person direkt anhustete oder spuckte. Wer tat aber solche Dinge? Jemand setzte eine Maske auf um andere davor zu schützen, dass er oder sie aus einer plötzlichen Laune heraus jemanden anspuckte oder anhustete? Also, ich habe so etwas in meinem Leben noch nie erlebt. Und außerdem, sich selbst schützt man überhaupt nicht, schon gar nicht gegen Viren, wenn dann nur gegen Bakterien. FFP2-Masken waren Staubpartikelmasken für die man in vielen Ländern ein ärztliches Attest brauchte um sie tragen zu dürfen, und das nur für eine sehr begrenzte Zeitspanne von wenigen Stunden. Nicht auszudenken, was all diese Inkompetenz angestellt hätte, hätten wir es wirklich mit einem tödlichen Virus wie Ebola zu tun.

Am Weg nach Hause – Filou zauberte wie immer ein Lächeln ins Gesicht der Menschen, wie er da so lässig im Cabrio aufrecht stand – entdeckte ich einige Nachrichten auf meinem Handy. Während Michaele den Jausentisch mit Köstlichkeiten bestückte, blätterte ich rasch durch die neuen Infos. Das hatte ich nicht erwartet: Viele meiner Kontakte hatten mir auf das weitergeleitete Video von Dr. Bonelli geantwortet. So viele zustimmende Nachrichten hatte noch keines meiner weitergeleiteten Nachrichten erzielt. Es schien, dass viele Menschen darunter litten, dass die Kommunikation mit Maskenträgern nicht stattfand.

In Österreich war ja ohnehin gerade aufgrund der Bilder unseres Kanzlers, der sich im Kleinwalsertal in der Menge badete und sich feiern ließ – ohne Einhaltung der Abstandsregeln und ohne Maske, die Aufregung groß. Für viele Menschen war die Situation zu Hohn, Trauerspiel, Kasperltheater und Mummenschanz geworden. Das waren Worte, die meine Freunde benutzten, um die Berichterstattung in den österreichischen Medien zu kommentieren. Für Frankreich hatte ich die Hoffnung, dass die Menschen wieder lernten zu leben. Welche Zahlen hatte mir meine Freundin Carin aus der Resilienzforschung[77] genannt?

---

[77] Der Begriff Resilienz kommt vom lateinischen Wort resilire, was so viel wie „abprallen" bedeutet.

Ein Drittel der Menschen kam unbeschadet aus solch einer Krisen/Angst-Situation. Ein Drittel hatte posttraumatische Belastungsstörungen für einige Wochen und ein Drittel musste das restliche Leben mit posttraumatischen Belastungsstörungen leben.

Ich hoffte auf ein baldiges Wiederaufleben des „savoir vivre" und sah auch in jenen Gesichtern, die nicht verhüllt waren, die Sehnsucht nach der Umsetzung des Wissens vom schönen Leben.

„Na, da hast Du aber ein trauriges Thema herausgesucht, Koala." Ich schaue auf Tag 61.

„Aber Du musst zugeben, dass auch damit die verkehrte Welt, in der Du lebst, seltsam umgeht."

„Hm", mache ich. *„Stimmt. Na gut, nehmen wir es mit hinein"* antworte ich.

Tag 61: Tod

Ich war heute etwas nachdenklich unterwegs als ich an der Promenade mit Filou spazieren ging, nachdem wir unser Baguette geholt hatten. Eine angenehme Überaschung erlebte ich, als ich sah, dass die Absperrungen zum Strand weggeräumt worden waren. Es prangten zwar immer noch einige dieser Zettel „Betreten des Strandes verboten", aber ich sah bereits Angler am Strand. Ich beschloss mit Filou direkt zum Meer zu gehen.

Vielleicht war es auch eine südfranzösische Methode um zu zeigen, es gab zwar noch das Gesetz, aber irgendwie war es auch okay, es zu brechen. Wie auch immer es gemeint war. Möglicherweise waren auch unterschiedliche Leute zuständig für das Wegräumen der Zettel und der Absperrungen. Vielleicht war es jetzt auch ganz legal, hierher zu kommen. Das Meer direkt vor Augen zu haben, die salzige Luft einzuatmen und sich in den Sand zu setzen. Das Wetter passte zwar nicht ganz, aber das war mir egal. Es gab wieder ein Stück Normalität mehr im Leben.

Warum ich so nachdenklich war, hatte einen Grund: Mich hatte eine E-Mail einer Freundin erreicht, die derzeit in Schweden lebte. Sie war halb Philippinin, halb Französin. Den Großteil meiner Französisch-Kenntnisse hatte ich ihr zu verdanken. Sie hatte geschrieben, dass ihr Onkel in Amerika an Covid-19 gestorben war und ich wusste nicht recht, was ich ihr antworten sollte. Ich konnte ihr nicht gut schreiben: *„Weißt Du ob er noch andere Krankheiten hatte? Ist er obduziert worden?"* Amerika trieb ziemlich viel Schindluder mit den Bezeichnungen im Umgang mit Corona. Im Zweifelsfall musste ein Arzt immer Covid-19 auf den Totenschein schreiben. Das wusste ich von einigen Ärzten, die sich in YouTube-Videos oder alternativen Medien in Botschaften dazu geäußert hatten.

Aber das machte alles keinen Sinn. Denn unsere Freundin trauerte ja, obwohl ich nicht wusste, ob sie ihren Onkel gut gekannt hatte. Die Familie ihrer Mutter war weit verzweigt. Die Familienmitglieder waren in unterschiedliche Länder ausgewandert, ihre Mutter beispielsweise nach Frankreich. Ich kannte die Familienverhältnisse nicht genau, aber der Tod war immer etwas Trauriges. So überlegte ich, was ich ihr schreiben konnte. Letztendlich blieben mir nur die Sätze: *„Es tut mir unendlich leid, dass Du Deinen Onkel verloren hast. Der Tod ist immer etwas Trauriges, egal woran man stirbt."* Sie hatte erst letztes Jahr ihren Vater verloren, den auch wir gekannt haben und über den wir uns kennen gelernt hatten.

Das, was jetzt passierte, war: Die Menschen waren schockiert und mitgenommen vom Tod einzelner, fremder Personen. Im Vergleich schienen mir oftmals die Emotionen seltsam. Grippetote oder Tod an Herzinfarkt wären nicht so hochgespielt worden und berührten seltsamerweise kaum jemanden. Der Tod erinnerte an die eigene Vergänglichkeit. Durch die mediale Angstmache schien dieser Effekt bezüglich Corona verstärkt. Da fiel mir ein Satz ein von der Nahtod-Forscherin Dr. Elisabeth Kübler-Ross: *„Die schlimmste Angst des Menschen ist die Angst zu sterben, bevor man gelebt hat."* Ich glaube, diese Aussage ist sehr weise, besonders in Bezug auf die heutige Zeit. Denn diese sogenannte Pandemie, die niemals eine Pandemie war,[78] erinnerte uns an die eigene Vergänglichkeit. Wenn nun jemand sein Leben gelebt hatte, egal wie alt er war, und sagen konnte: *„Ich habe wirklich gelebt. Ich habe mich entschieden, die Dinge zu tun, die sich für mich*

---

[78] Die WHO hat 2009 die Sterblichkeitsrate aus ihrer Definition einer Pandemie gestrichen. In den Köpfen der Menschen blieben aber Begriffe wie Epidemie und Pandemie mit Millionen Toten verbunden.
Selbst im WHO-Briefing Note 21 wird darauf hingewiesen, dass auf ihren Internetseiten einmal die Einschätzung zu finden war, dass eine Pandemie mit einer enormen Zahl von Todes- und Erkrankungsfällen einhergeht. Das war eine weltweit übereinstimmende Einschätzung der Gesundheitsbehörden und Influenzaexperten. Quelle: RKI, aus der Stellungnahme zum Vorwurf: Hat die WHO die Pandemiephasen-Definition geändert, damit eine Pandemie ausgerufen werden konnte? Stand: 2.8.2010

stimmig angefühlt haben, ja für mich gepasst haben. Ich habe nicht die Erwartungen anderer nur erfüllt oder gar deren Leben gelebt." Dann hätte unsere Gesellschaft wohl ein viel geringeres Problem mit dem Tod.

Wenn mich heute der Tod erreichen würde – und das konnte er immer – dann konnte ich sagen: Ich habe gelebt. Ich habe Länder bereist, in denen es Krankheiten gab, die in Europa undenkbar sind. Ich bin mit Seelöwen in Australien im offenen Meer geschwommen. Im Outback Australiens sind vor meinem Schlafzimmer hochgiftige Schlangen herumgekrochen: Das war der Grund dafür, dass ich dort wohl das tiefe „Gottesvertrauen" entwickelt habe, trotz großer Gefahr durchzukommen und zu überleben. Eine Erkenntnis, ohne die ich nicht im australischen Busch hätte sein können. Wobei ich mich niemals absichtlich in Gefahr begab. Ich habe gelernt Risiken für mich abzuschätzen und war zum Beispiel nicht in gefährlichen Gegenden in fremden Ländern zu Fuß unterwegs. Alleine schon gar nicht. Ich habe immer bestimmte Sicherheitsgrundsätze bedacht wie in Mexiko in Bezug auf Essen und Getränke. So blieb ich auf der Exkursion, im Gegensatz zu meinen Studienkollegen, von Krankheiten verschont. Ich war nämlich die einzige gewesen, die nie Eiswürfel im Getränk hatte, die immer nur Gekauftes wie Cola-Dosen oder Mineralwasserflaschen konsumierte und nicht ein offen angebotenes Gebräu. Ich blieb lieber auf der sicheren Seite. Eine andere Hilfe ist es für mich, meine Aufmerksamkeit zumeist dem Hier-und-Jetzt zu schenken. Je mehr ich das mache, desto weniger passierten mir Unfälle oder Verletzungen. Anders als zum Beispiel etwa den Menschen, die in ihr Handy starrten, während sie Straßen überquerten oder Radfahrer, die gleichzeitig telefonierten und bei Rot über die Straße fuhren.

Ich habe mich viel mit dem Tod beschäftigt, denn er ist mir in meinem Leben immer wieder begegnet. Als ich etwa zehn Jahre alt war, bin ich mit meiner Mutter im Auto gesessen. Wir sprachen aus irgendeinem Grund über den Tod und ich sagte damals mit einer Selbstverständlichkeit mit meinem naturwissenschaftlichen Denken, das ich damals schon hatte: „Es ist mit dem Tod dann einfach alles aus. Man landet dann im Sarg und das war's dann."

Meine Mutter war vollkommen entsetzt, schaute mich an und sagte: *„Nein, das kann nicht sein. Natürlich geht es nachher weiter."* Ich kann mich noch sehr gut an diesen Moment erinnern.

Das war für mich so eine Art Turning Point. Denn jemand, der so intelligent war wie meine Mutter, der konnte so etwas nicht ohne Grund sagen. Da war offensichtlich etwas dran. Bis zu diesem Zeitpunkt hatte ich das Leben nie unter diesem Aspekt gesehen. Ich dachte alle vernünftigen erwachsenen Menschen würden sagen: *„Es ist nachher aus."* Rein naturwissenschaftlich hörte der Körper irgendwann auf zu existieren und das war's dann, so dachte ich jedenfalls als zehn-Jährige. Aber es war offensichtlich überhaupt nicht so. Das begriff ich in diesem Augenblick.

Religionsstunden haben mich nie überzeugt, da das für mich nichts Greifbares war. Da hatte ich beispielsweise in der ersten oder zweiten Volksschule auch gelernt, die Kinder in Indien verhungerten, wenn ich mein Jausenbrot nicht aufaß. Was für ein Irrsinn, solche globalen Probleme auf die Schultern einer Siebenjährigen zu laden?! Aber im Moment passierte etwas Ähnliches. Die Politik machte die Kleinen dafür verantwortlich, dass ihre Großeltern starben.

Ich war Mitte zwanzig, als eine meiner liebsten Freundinnen drei Wochen nach ihrer Hochzeit bei einem Autounfall tödlich verunglückte. Zu dem Zeitpunkt, wo jeder eine Dankeskarte der Brautleute erwartete, haben wir eine Todesanzeige bekommen. Ich war nahe dran, ihren Mann oder sie selbst anzurufen, um zu fragen, ob sie sich einen bösen Scherz erlaubten.

Stattdessen rief ich eine andere Freundin an. Wir sprachen darüber und so erfuhr ich, dass die frisch Vermählte bei einem tragischen Autounfall ums Leben gekommen war. Das war das erste Mal, dass mich der Tod eines lieben Menschen so mitgenommen hat. Bei meinen Großeltern war es anders: Sie waren mir nicht sehr nahe gewesen und ich ein Kind als sie starben.

Aber für mich mit fünfundzwanzig Jahren eine in etwa gleichaltrige Freundin zu verlieren, war eine persönliche Herausforderung. Ich habe damals viel über den Tod nachgedacht. So hat meine älteste Schwester beispielsweise zu mir gesagt:

"Wenn man das zum ersten Mal so nahe erlebt, bei jemanden, der einem wirklich am Herzen liegt, vor allem wenn dieser jemand sehr jung ist, dann erinnerte dieser Tod an die eigene Vergänglichkeit." Sie hatte Recht. Es waren zwei Dinge, die mich damals beschäftigten: Das eine war das tragische persönliche Schicksal meiner Freundin, das mich sehr traurig machte. Drei Wochen nach der eigenen Hochzeit zu sterben, nachdem sie endlich den Mann gefunden hatte, der zu ihr gepasst hatte und liebevoll war. Das war schon eine Tragödie für sich. Aber ihr Tod erinnerte mich auch an meine eigene Vergänglichkeit. Das stimmte.

Jahre später erlebte ich den Tod von Kindern, die mit meinem Neffen in die Schule gegangen waren und eine sogenannte Behinderung hatten. Es waren oft fröhliche, lebenslustige Kinder, die aber dann aufgrund von physischen Geburtsschäden gestorben waren. Viele dieser Ereignisse machten mich sehr traurig. Besonders berührte mich der Tod eines Freundes von meinem Neffen, der als etwa Elfjähriger erklärt hatte: *"Ich werde jetzt Dirigent im Himmel."* Und wirklich ein halbes Jahr später war er gestorben. Er hatte für sich beschlossen, dass diese Welt nicht mehr die richtige für ihn war. Die Eltern sagten, sie konnten nichts tun. Sie hatten gesehen, wie er von Tag zu Tag ihnen immer mehr entschwand und er dabei glücklich war. Noch heute rührt mich diese Geschichte zu Tränen. Ich stelle ihn mir gerne als Dirigent im Himmel vor. Auch ich kannte diesen Burschen, der ein so liebevolles Wesen hatte und sicherlich auch ein wundervoller Erwachsener geworden wäre. Aber die Weisheit und Wahrhaftigkeit, die viele dieser sogenannten behinderten Kinder an den Tag legten, war schon sehr bewundernswert. Wer auch immer behauptete, das waren *"eh nur behinderte Kinder"*, der hatte keine Ahnung. Wo fand man noch echte Wahrhaftigkeit in unserer Welt? Wir erlebten gerade die Spitze von Macht und Gier – also das Gegenteil von Wahrhaftigem.

Auch später habe ich immer wieder den Tod von Menschen erlebt, die mir nahe waren. Auch junge Menschen, wie zum Beispiel der Bruder meiner Volksschulfreundin, der als junger Mann an Grippe gestorben war. Meine Schwester hatte einen Studienkollegen, der während einer Forschungsreise von einem Eisbären getötet worden war. Ganz schlimm war für mich immer noch die Geschichte unserer 27-jährigen Nachbarin, die diese selten tödliche Krebsart hatte. Doch unsere so liebe, fröhliche, lachende Nachbarin war genau daran gestorben. Der Tod war immer traurig. Er hinterließ immer eine Lücke. Für mich war es sehr heilsam, dass ich einen Weg gefunden und mir ein Bild geschaffen habe, das für mich passt: Ich glaubte an eine unsterbliche Seele und spürte manchmal die Nähe meiner Eltern nach ihrem Tod. Ich hatte das Gefühl, dass mein Auto, das ich mir in meiner Zielarbeit gewünscht habe, ein „Geschenk" meines Vaters war. Und der Urlaub im Februar auf den Seychellen, das war ein Geschenk meiner Mutter gewesen, denn sie hatte dort immer mit mir hingewollt.

Mir half das. Viele Menschen dachten so. Aber wie gingen die anderen Menschen mit dem eigenen Tod, mit dem Tod von Freunden, mit dem von Familienmitgliedern um? Ich wusste es nicht.

Dann wäre alles ja nur so eine Art Glücksspiel. Ich war davon überzeugt, dass es irgendwo für jeden Menschen einen Seelenplan gab (nicht unbeeinflussbares Schicksal!). Meine Freundin, die bei dem Autounfall gestorben war, hatte zuvor derart intensiv gelebt wie ich es nie zuvor oder später gesehen hatte. Sie hatte jeden einzelnen Tag intensiv verbracht, nicht im Sinne von Party feiern, sondern im Sinne von traurig sein, lustig sein, fröhlich sein. Was immer sie getan hat, es war immer voller Lebenskraft gewesen. Es war als hätte sie diese Kraft und Intensität in die 25 Jahre ihres Lebens gesteckt. Ich hatte den Eindruck, sie hatte in diesen fünfundzwanzig Jahren mehr gelebt als andere Menschen in achtzig Lebensjahren.

Ich persönlich brauchte das Gefühl, dass es so etwas gab wie eine gute höhere Macht, die möglicherweise auch in uns selbst war. Das musste jeder für sich selbst entscheiden. Ohne jeglichen Glauben, dass Erlebnisse, Schicksalsschläge, Krankheiten oder Unfälle für etwas gut waren, könnte ich weder mit dem Tod umgehen noch mit anderen tragischen Ereignissen.

Bei der Geburt meines Neffens war ich sehr traurig gewesen, dass er kein „normales" Kind, sondern behindert war. Später erkannte ich, gerade er war es, der mir die größte Lektion beigebracht hat. Nämlich die Fröhlichkeit und das Lachen in mein Leben zu bringen. Mit ihm konnte ich heute, wo er schon über 30 war, immer noch mehr Spaß haben als mit den meisten anderen Menschen. Wir lachten über die Scherze meiner Mama, die immer so lustig war. Wir gingen gemeinsam aufs Grab meiner Eltern, trauerten gemeinsam und waren uns einig, dass die beiden gut über uns wachten. Wir schauten Filme, gingen ins Theater oder kochten gemeinsam. All das war selbstverständlicher Teil des Lebens für mich.

Nun, was konnte ich also unserer Freundin antworten? Blieben mir wirklich nur diese einfachen Sätze, obwohl ich ihr so viel sagen wollte über den Tod und was sie vielleicht trösten konnte? Ich spürte, dass sie an das Szenario glaubte, dass sich die Leichen stapelten und, dass sie weniger schockiert gewesen wäre, wäre ihr Onkel an einem Herzinfarkt gestorben. So ging es vielen Menschen, die in der medialen Panikmache gefangen waren. Der Tod des Kleinkindes in Connecticut, das kurzfristig als jüngstes Corona-Opfer gezählt hatte, obwohl es nur einen positiven Test hatte, und bei einem Unfall ums Leben gekommen war, blieb ein tragischer Tod. Nur jetzt als Unfallopfer scherte sich niemand mehr darum. Oft wurde Covid-19 als Todesursache angegeben, weil dadurch Krankenhäuser mehr Geld bekamen. Aber das bekamen die meisten Menschen gar nicht mit.

Ich konnte ihr nicht gut schreiben, dass die Corona-Krise viele daran erinnerte, dass wir vergänglich waren. Allerdings nach Zahlen gemessen nicht mehr als zu jedem anderen Zeitpunkt. Wir haben immer noch keine Übersterblichkeit. Der Unterschied war die Präsenz des Themas Krankheit und Tod in den Medien. Es schien, dass dies der eigentliche Schock war, zu erkennen, dass man vergänglich war, zumindest körperlich, was viele Menschen verdrängten. War das das Thema unserer Freundin? Oder ging es ihr darum, dass wir ihre massive Kritik an Schweden teilen sollten (was wir nicht taten)?

Vielleicht war es die Angst, dass sie sterben konnte bevor sie gelebt hatte, von der Elisabeth Kübler-Ross gesprochen hatte? Dass unsere Freundin vielleicht nur die Erwartungen anderer erfüllte und nicht wirklich das machte, was ihren Fähigkeiten und Wünschen entsprach? Sie also nicht wirklich IHR Leben lebte?

Dazu fiel mir eine Geschichte meiner Familie ein: Ich war etwa elf Jahre alt als meine Großmutter starb. Sie hatte immer davon gesprochen, dass sie dann wirklich leben würde, wenn mein

Großvater tot war. Er hatte Angina Pectoris[79]. Sie ließ sich daher nicht scheiden, weil der arme Mann ja auf sie angwiesen war. Sie war ein guter Mensch (was mir aber erst Jahre später so richtig bewusst wurde) und so blieb sie bei ihm. Ihr erträumtes Leben schob sie immer mehr nach hinten. Manchmal war sie kurz ausgebrochen, zum Beispiel bei vereinzelten Reisen. Aber das wirkliche Leben, das sie sich vorgenommen hatte, hat es immer nur in ihrem Kopf gegeben. Sie ist an Gallenkrebs gestorben. In der chinesischen Medizin steht die Galle für Ärger. Sie hatte sich wohl zu Tode geärgert über meinen Großvater, der traumatisiert aus dem Krieg zurückgekommen war. Ihre letzten Worte hat wohl niemand in unserer Familie je vergessen: *„Jetzt hat er mich um mein Leben gebracht."* Was sie meinte, war ihr Leben, von dem sie immer gesprochen hatte. Ein Leben, das sie nach dem Tod ihres Mannes endlich leben wollte. Sie war erst Mitte sechzig als sie gestorben ist.

Diese Geschichte hat mich sicher geprägt. Es wurde zu meiner Philosophie „das Eigene" zu leben. Ich ging immer den Weg, der vielleicht nicht der einfachste, aber für mich der interessanteste war und mir am meisten entsprochen hat. Sonst würde ich vielleicht heute irgendwo in einem Home-Office sitzen, weil ich im Umweltministerium oder in der Bank geblieben wäre. Aber all das hätte für mich nicht gestimmt. Auch, wenn ich noch nicht wusste wie es genau weiterging. Denn Kunst und Kultur lagen in Österreich immer noch darnieder. Und damit auch meine Arbeit für diesen Bereich.

Ich saß hier in Südfrankreich am Meer und schrieb ein Buch. Das entsprach meinem Wunsch, den ich schon als Kind hatte als ich in Blockbuchstaben mein erstes Pixi-Buch[80] geschrieben hatte. Wünsche und Träume, die seinem Inneren entsprachen, führten einen dorthin, wo man hingehörte und ließen das eigene Potenzial am Leben. Die Zweifel, die Abers und die Erwartungen der anderen zu leben, das war nicht das eigene Leben. Daher konnte

---

[79] Anfallartig auftretende Schmerzen hinter dem Brustbein infolge einer Erkrankung der Herzkranzgefäße
[80] Das erste Pixi-Buch kam 1954 auf den Markt. Das kleine Buch im Format 10x10cm war eine Erfindung vom Carlsen Verlag, der immer noch regelmäßig neue Pixi-Bücher veröffentlicht. Die Bezeichnung „Pixi" geht auf den englischen Begriff „pixy" zurück, der so viel wie „Kobold" bedeutet.

ich mit gutem Gewissen sagen: „Wenn mich der Tod jetzt ereilen würde, dann hätte ich mein Leben gelebt."

Hinter allem steckte ein gewisser Sinn. Davon bin ich überzeugt. Ich bin hartnäckig und gebe nicht auf, bevor ich ihn in den verschiedenen Situationen finde. Ich brauche immer Klarheit, um den nächsten Abschnitt meines Lebens zu betreten. Ich bin davon überzeugt, mich erwischte dieser Virus nicht, denn ich habe ein gutes Immunsystem. Dafür sorgte allein schon Filou mit seinem mikrobiellen Austausch mit mir. Ich genieße die Luft des Meeres, die Sonne (die sich heute leider wieder einmal versteckt), Liebe, Genuss, Fröhlichkeit und die Natur beim Spazierengehen. Das alles hilft meinem Immunsystem und außerdem habe ich einfach nicht das Gefühl, dass mein Leben jetzt beendet war und auch nicht das meiner Liebsten.

Forscher haben herausgefunden, dass über 100-jährige Menschen eines gemeinsam haben: Sie sind lebenslang neugierig und starten immer neue Projekte. Mein Vater hätte 100 Jahre und älter werden können, wäre meine Mutter nicht gestorben. Mit achzig Jahren hatte er sich noch eine neue Küche gekauft. Mit 85 Jahren hatte er eine neue Wohnung in seinem Heimatort Klosterneuburg bei Wien bezogen. Er reiste und er betrieb Sport bis einige Monate vor seinem Tod. Nur die Trauer über den Tod seiner Frau konnte er nicht ertragen. Er hatte immer von seinen Großeltern erzählt, die sich so geliebt haben und daher im Abstand von ein paar Wochen gestorben waren. Kein Wunder, dass ich ein Doppelbegräbnis für meine Eltern organisieren musste.

Als ich vom Tod unserer jungen Nachbarin erfahren habe, überlegte ich, welche Zeilen ich an ihren Lebensgefährten schreiben konnte und entschied mich für: *„Der Himmel ist anspruchsvoll, nur die allerbesten werden als Engel rekrutiert."* Der Gedanke gefiel mir auch als ehemalige Personalchefin. Ich persönlich bin überzeugt, dass Menschen die uns im Leben ganz nahe gewesen waren, uns nie wirklich verlassen.

Ich spürte immer noch meine Eltern nahe und habe das Gefühl, sie unterstützten uns von dort wo sie waren. Der Tod gehörte zum Leben. Meine Schwester war ein paar Wochen vor der Geburt ihres Sohnes traurig gewesen. Ihr war bewusst geworden, dass sie mit der Geburt des Kindes auch das Todesurteil dieses Wesens unterschrieben hatte. So war es. Alles was geboren wurde, würde eines Tages sterben. Das war das „Rad des Lebens". Es bedeutete auch stetige Veränderung. Ich denke, es ist wichtig, das Leben, das einem geschenkt worden ist, zu nutzen. Und es nicht damit zu verbringen, die Erwartungen anderer zu erfüllen. Sondern vielmehr zur Bereicherung der Gemeinschaft durch sein gelebtes Potenzial beizutragen.

Diese stetige Veränderung war auch etwas Schönes. Wenn ich auf das Meer und die Wellen schaute, dann war auch dies Veränderung. Keine Welle glich der anderen, der Strand veränderte sich immer wieder. Und wir selbst veränderten uns auch. Loslassen war oft schwer. Festhalten machte aber unglücklich.

Ich erinnerte mich daran, als ich noch zu Hause wohnte und ich stolz auf meinen eben erstandenen Führerschein war. Der letzte Bus fuhr um 21:18 Uhr. Ich borgte mir also öfters das Auto meines Vaters. Eines Tages baute ich einen Unfall, wobei sowohl bei mir als auch beim anderen – auch ein Führerschein-Neuling – glücklicherweise nur Blechschaden entstanden war. Wochenlang borgte mir mein Vater nicht mehr sein Auto. Ich empfand das als Bestrafung und saß oft abends grummelnd alleine in meinem Zimmer. Irgendwann fasste ich mir ein Herz, um meinen Vater zu bitten, aufzuhören mich zu bestrafen.

Als ich das ausgesprochen hatte, schaute er mich mit großen Augen an. „Ich bestrafe dich doch nicht."

„Aber warum borgst du mir dann nicht mehr Dein Auto?", fragte ich ihn.

Er antwortete, er borge mir das Auto nicht, weil er Angst hatte, dass mir etwas zustoßen könnte.

Ich sagte zu ihm: „Papa, lass mich los, ich bin erwachsen. Ich möchte leben und dazu gehört auch, dass ich mit dem Auto herumfahren und Dinge alleine oder mit Freunden unternehmen kann."

Er erzählte mir, auch meine Mutter hätte das gesagt. Während ich auf meinem Zimmer saß und grummelte, hatte er also mit ihr über die Sache gesprochen, was ich aber natürlich nicht gewusst hatte. Er sagte dann, dass ich Recht hatte, natürlich müsste ich das tun.

Heute konnte ich es einfach als Liebe erkennen, die in den Gedanken meines Vaters damals gelegen waren. Spannenderweise hatte er sich niemals Sorgen um mich gemacht, wenn ich um die Welt reiste. Denn das Reisen war ja auch seine zweite große Liebe nach meiner Mutter. Letztendlich ist er mit 87 Jahren in meinen Armen gestorben und nicht ich mit 23 in seinen.

Das Wichtigste für mich, mit dem Tod umgehen zu können, war das Leben anzunehmen. Das habe ich in Australien gelernt, wo so viele Gefahren lauerten. Das beinhaltete, dass ich mich am Leben erfreute. In der jetzigen Situation war es für mich nicht passend, dass ab Mitte März Menschen – wahrscheinlich weltweit – aufgehört hatten zu lachen, weil es Corona-Tote gab. In Wien starben im Jahres-Durchschnitt 45 Menschen pro Tag. Doch trauerten nur jene, die diese Verstorbenen gekannt hatten. Würden wir mit allen mittrauern, dann könnten wir unser Leben nur weinend verbringen.

Der Virus nahm glücklicherweise nur wenigen Menschen das Leben. Nachdem wir in Österreich immer noch eine Untersterblichkeit aufwiesen, stellte sich mir auch immer wieder die Frage: Wie viele der alten und schwachen Menschen wären auch ohne Corona gestorben? Was aber fast allen Menschen ein erfülltes Leben nahm, waren die sinnlosen Verordnungen und der Fokus auf die Angst. Sie nahmen uns die Lebendigkeit und kranken und alten Menschen die Möglichkeit, in Frieden zu sterben. Ich hoffte sehr, die Angst und die wissenschaftlich unlogisch begründeten und immer unverhältnismäßiger werdenden Maßnahmen würden bald fallen.

Ich sah auf das Meer, zu meinem Hund, der sehnsüchtig zu einem Artgenossen schaute und die lachenden Kinder, die gerade auf den Strand gekommen waren. Das alles war Leben. Draußen war ein kleines Kriegsschiff unterwegs. Ob es auf der Suche nach dem Virus war? Hier auf diesem Strand war er nicht, hier war das Leben unterwegs. Und prompt tauchte erstmals seit Wochen ein Segelboot mit weißen Segeln auf, das hart am Wind fuhr. Was für ein schönes Symbol für Lebendigkeit, dachte ich mir, lächelte und rief meinem Hund zu: „Komm Filou!"

Michaele war sicherlich in der Zwischenzeit schon sehr hungrig, weil ich so lange hier am Strand gewesen war. Ich packte Filou, der die ganze Zeit um mich herumgesprungen war und ging zum Auto, wo Baguette und Schokocroissant für unser Frühstück lagen.

„Tag 66 ist eine schöne Zusammenfassung", freut sich der Koala.

„Und ein schönes Ende. Was war das für ein Tor, durch das Du da gehst?"

„Das war ein Haus, das wir uns fast gekauft hätten. Leider hat es dann doch nicht geklappt, weil wir Partner für dieses Renovierungsprojekt gebraucht haben und die sind alle abgesprungen aus Angst, wie die Zukunft aussehen könnte."

„Und deshalb sucht Ihr jetzt noch immer etwas Kleineres, das Ihr alleine herrichten könnt?"

„Ja, genau."

„Verstehe."

„Da wir noch nichts gefunden haben, müssen wir morgen in eine andere Ferienwohnung ziehen."

„Und wohin?", fragt der Koala neugierig.

„Direkt ans Meer."

Der Koala ist begeistert. „Ich war noch nie am Meer." Sein Enthusiasmus ist ansteckend.

„Na dann beenden wir diesen Teil des Buches, wie Du sagst, mit dem letzten Eintrag."

Tag 66: Die Pforte

Für mich war der 66. Tag in Südfrankreich angebrochen. 66 war die Nummer des Départments Pyrénées-Orientales, dem katalanischen Teil Frankreichs.

Ich ließ die letzten Wochen Revue passieren. Ich hatte meine Schreibblockade durchbrochen, gelernt wie man Orangenmarmelade machte und wie es sich anfühlte, einen ganzen Frühling in Südfrankreich zu verbringen, ohne Tourist zu sein.[81] Ich hatte begriffen, dass man Dinge nicht verschieben sollte, die wichtig waren – vom Einlösen von Gutscheinen bis zu Treffen mit lieben Menschen. Ich hatte so viele Glücksmomente erlebt wie noch nie zuvor, weil ich gelernt hatte, all das Schöne nicht mehr

---

[81] Ein Neujahrswunsch von mir, der genauso in Erfüllung ging wie das Überwinden meiner Schreibblockade.

als selbstverständlich zu nehmen. Ich hatte verstanden, dass ich mich immer auf meine Intuition verlassen und so die für mich richtigen Entscheidungen treffen konnte. Ich hatte Freundschaft, Willkommensein und Unterstützung in einer Art erlebt, dass es mir das Herz erwärmte.

Ich war Ceciles Idee auf den Seychellen gefolgt. Die hatte mich eingeladen, über mich selbst zu schreiben, weil mein Leben so spannend war. Und ich bin zugleich der Bitte der Frau meines Deutschprofessors nachgekommen, doch endlich wieder ein Buch zu schreiben. Ihm selbst hatte ich nach Jahrzehnten eine Antwort auf seinen Kommentar auf meine Schularbeit aus der achten Klasse Gymnasium gegeben.[82] Ich habe viele wertvolle Momente der Zuneigung und Liebe mit Michaele und Filou erlebt und hatte mich mit Wahrheitsfindung auseinandergesetzt. Ich war dahingeschmolzen beim Anblick eines Gartens und habe gespürt wie mein Herz Freudensprünge bei einem Lächeln oder fröhlicher Musik machte. Es hatten sich Herzenswünsche von mir erfüllt und Filou hatte seine Liebe zu den Orangen entdeckt.

Ich hatte gelernt, je größer das Chaos im Außen war, desto wichtiger war es, bei mir selbst zu bleiben. Das hieß, mich nicht von Wirbeln mitreißen zu lassen, sondern aus mir selbst heraus zu agieren und zu reagieren.

Mein Blick schweifte über das Meer. Um es mit den Worten von White Eagle, dem Hopi, zu sagen: *Ich war nicht in das Loch gefallen, sondern durch die Pforte gegangen.* Und die gehörte zu einem alten katalanischen Haus.

---

[82] Tagebucheintrag, der nicht Inhalt dieses Buches wurde; 8. Klasse in Österreich entspricht in Deutschland der 12. Klasse.

Am nächsten Tag geht mir immer noch vieles durch den Kopf von dem, wie ich das Leben im Frühling 2020 erlebt hatte. Manches davon war ein Lüftchen im Gegensatz von dem Sturm, den wir jetzt, zwei Jahre später, erleben. Freiheit stirbt scheibchenweise, heißt es zurecht. Auch muss ich an den Frosch denken, der im langsam heißer werdenden Wasser sitzt und den Absprung nicht schafft, wenn die Temperatur für ihn tödlich wird. Da spüre ich etwas Kuscheliges meine Hand berühren.

„*Warum bist Du traurig?*", *fragt der Koala.*

„*Weil es einfach unglaublich ist, was die Menschen mit sich machen lassen, ohne etwas zu hinterfragen*", *platzt es aus mir heraus.* „*Es ist nicht schwer, all diese Informationen zu finden, die ich herausgefunden habe.*"

Der Koala schaut mich mit seinen braunen Kulleraugen an: „*Du hast mir einmal erzählt, dass Du nie ins System gepasst hast, weil Du zuviel hinterfragt hast.*"

Ich nicke.

„*Die anderen haben damit aufgehört, damit sie ins System passen, denn das ist einfacher. Dann gehören sie dazu. Aber dafür haben sich viele verbogen und aufgehört, das zu sein, was sie wirklich sind. Nämlich lebendige Wesen mit ganz vielen Fähigkeiten und Wünschen, um die Welt reicher und bunter zu machen. Sie haben sich Eurem verkehrten System angepasst. Jetzt brauchen sie jemanden, der sich nicht damit arrangiert hat. So können sie aus dem Labyrinth herausfinden. Wir geben doch gerade diesen zweiten Teil ins Buch, damit die Menschen erkennen, wie sie in Euren momentanen Irrsinn reingerutscht sind.*"

Ich überlege und nicke. „*Stimmt.*"

„*Also, ich mache Dir einen Vorschlag.*" *Wieder einmal setzt der Koala diese feierliche Miene auf.* „*Hoffentlich will er nicht zurück in seine australische Traumzeit reisen*", *geht es mir durch den Kopf. Aber es kommt etwas ganz anderes:* „*Du und ich, wir haben so viele schlaue Gedanken. Wir schreiben den dritten Teil des Buches gemeinsam. Und da erarbeiten wir dann zusammen, ganz praktisch, wie jeder Mensch raus aus dem System der verkehrten Welt kommt. Euer System steht auf derartig tönernen Füßen, dass man es nur von seinem Podest stoßen muss. Ich glaube, dass ganz viele Menschen sich das wünschen. Sie wissen nur nicht wie sie das anpacken können. Anstatt zu sehen, dass das System Müll ist, glauben sie, mit ihnen ist etwas nicht in Ordnung. Das ist so traurig, dass wir das ändern müssen. Du und ich."*

Ich sehe ihn erstaunt an. „Das heißt, wir machen da weiter, wo wir vor vier Jahren aufgehört haben?"

„Nein", winkt der Koala gleich ab. „Damals ging es darum, weshalb ICH meinen Schwanz verloren habe. Jetzt geht es um die Menschen."

Langsam nicke ich. „Verstehe. Ja, das macht Sinn. Im ersten Teil geht es um Dich und Deine Erkenntnisse, im zweiten Teil des Buches geht es um mich ..."

„... und im dritten Teil geht es darum, wie die Menschen jetzt aus dem Schlamassel herauskommen, hinein in ein glückliches Leben", beendet der Koala meinen Satz. Und er setzt noch nach: „Das Geschenk des Lebens wirklich anzunehmen und es zu genießen und wahrhaftig glücklich zu sein, mit allem was dazu gehört. Und denen Grenzen zu setzen, die Euch das Menschsein und Eure Lebendigkeit nehmen wollen."

Ich stehe mit dem Koala am Meer und schaue auf die in der Sonne glitzernden Wellen. „Ob finanzieller oder menschlich-sozialer Existenzverlust durch Social Distancing, Masken oder der vierten industriellen Revolution, die einige Wenige noch reicher machen und uns das wahre Menschsein nehmen wollen: Es liegt immer an uns, ob wir es uns nehmen lassen oder eine Chance für uns daraus machen, das zu leben, was wir wirklich sind", denke ich.

„Was für eine wunderbare Idee, Koala", sage ich schließlich und wir lächeln beide. Doch vorher gönnen wir uns ein paar Tage Entspannung am Meer.

Teil III

Südfrankreich, Frühling 2022

Zusammenbruch und Kooperation

Für ein paar Tage sind wir wieder zurück in Pezénas. „Gut, Koala, wie machen wir jetzt nach unserem Urlaub weiter?"

Er überlegt kurz. „Naja, wohin soll denn jetzt diese Situation führen? Seit Deiner Zeit in Südfrankreich 2020 ist alles noch viel schlimmer geworden. Die Gesellschaft ist gespalten und man spricht überall von Zusammenbruch[83]. Es gibt nur mehr die eine und die andere Seite. Von ‚freundlich vermeiden' bis zum ‚den Tod wünschen' habt Ihr in letzter Zeit alles in Wien erlebt. Menschen werden ausgegrenzt, obwohl selbst die fiesesten Politiker zugeben, dass diese Betretungsverbote bezüglich eines Infektionsgeschehens überhaupt keinen Sinn machen. Es scheint, man will mit Angstmache und Ausgrenzung Menschen gegen ihren Willen zu etwas zwingen, das sehr dubios ist."

„Ja, deshalb sind Michaele und ich ja wieder nach Südfrankreich gefahren, weil ich die Stimmung in Wien nicht

---

[83] **Aktiver Zusammenbruch = Prozesse funktionieren nicht mehr,** beispielsweise aufgrund Personalmangels, Lieferschwierigkeiten, Produktionsausfällen, steigender (Energie-) Kosten, Pleitewellen, Verlust von Kunden und Knowhow durch Ausgrenzungen und Lockdowns.

Passiver Zusammenbruch

- **Kunden werden nicht mehr erreicht, sie wenden sich ab vom alten System und suchen Alternativen.** Beispielsweise weg von (Bio-) Lebensmitteln aus Konzernen zu regionalen (Bio-) Bauernmärkten. Autos können Faktoren wie Prestige oder Umweltfreundlichkeit verlieren (z. B. durch das Bewusstsein, dass der Strom doch nicht aus der Steckdose kommt) und zu reinen „emotionsbefreiten" Transportmitteln werden oder der Markt verschiebt sich (wieder) zum Fahren von Autos mit Begeisterungsfaktor, je nachdem, wo sich die Menschen hinwenden.

- **Systeme verlieren ihre Glaubwürdigkeit und das Vertrauen der Bürger wegen offen sichtbarer Profitgier in Konzernen und Korruption in der Politik.** Beispiele: Schwindelerregende Gewinne von Pharmakonzernen, die Gesunde mit intaktem Immunsystem zu „Kranken ohne Symptome" stigmatisieren wollen; Politiker, die ihr Land als reines Wirtschaftsunternehmen führen möchten und sich nur noch an die Gesetze des Marktes gebunden fühlen und zum Beispiel zulassen, dass Energie an den Meistbietenden verkauft wird anstatt die Existenz ihrer Bürger zu schützen; Inkompetenz vieler Machthaber gepaart mit Hochmut, Narzissmus, Handeln im Eigen- statt Bürgerinteresse.

mehr ausgehalten habe. Mein schönes Wien ist der Schwere zum Opfer gefallen. Jedenfalls fühlt es sich für mich so an. Seitdem wir hier sind, höre ich Menschen auf der Straße lachen und plaudern. Der Frühling hat hier in jeder Hinsicht früher Einzug gehalten."

Ich öffne das Fenster der kleinen Wohnung im historischen Zentrum und atme die warme Luft ein. Die frisch gestrichenen blauen Fensterläden und die bunten Blumen an den Balkonen der alten Häuser bekräftigen meine Aussage über den Frühling. Hier fühlt sich das Leben viel leichter an. Lachende Gesichter, Wirte, die nichts fragen, außer was man essen möchte und niemand, der sich über mich oder den Koala wundert. Leben und leben lassen, heißt es in dieser Künstlerstadt, die für einige Zeit die Heimat Molières war. Was auch an jeder Ecke hier zelebriert wird.

„Mich freut das auch", sagt der Koala. „Du weißt, ich war davor noch nie in Frankreich. Nur in London bei Darwin und bei Calvin in Genf. Ach ja und in Amerika. Aber hier noch nie, in La belle France. Ich finde es hier schön. Allerdings müssen wir uns jetzt einmal mit der Frage beschäftigen, wie die Menschen einen für sie passenden Weg aus dem Schlamassel finden. Einstein hat gesagt, dass man nicht mit den gleichen Gedanken ein Problem lösen kann, mit dem man es erschaffen hat."

Ich überlege. „Fangen wir doch damit an, worüber so viele Menschen sprechen. Nämlich dass alles zusammenbrechen soll."

„Ich weiß schon, dass viele Leute darüber reden. Aber was soll das heißen? Was soll da konkret passieren?", fragt der Koala.

„Bis vor zwei Jahren war trotz Korruption und Verbandelung von Politik und Wirtschaft unser Leben im Großen und Ganzen nett. Über die Missstände hat man sich zwar aufgeregt, aber der Mehrheit der Menschen in der so genannten westlichen Welt ging es gut. Die Demokratien waren intakt, wenn auch nicht perfekt.

Aber seit zwei Jahren kommen immer mehr menschenverachtende Wahrheiten ans Licht. Das fängt bei zugelassenen Giften bei der Landwirtschaft an und endet bei einer schlecht erforschten Gentherapie, die in den offiziellen Medien als ‚Impfung' bezeichnet wird. Und immer stecken die Interessen anderer und nicht der Bürger dahinter. Die Menschen hätten sich Hilfe gegen eine Krankheit gewünscht. Aber Medikamente wurden zurückgehalten oder schlecht gemacht. Betroffene in Quarantäne bekamen keine (medizinische) Hilfe.

Es gab ein Medikament am Markt, von dem Politik und Medien oft als Pferdemittel gesprochen haben. Niemand hat erwähnt, dass für dessen Wirksamkeit bei Menschen mit Infektionskrankheiten zwei Wissenschafter den Nobelpreis für Medizin bekommen haben.[84] Statt zu schauen, wem es helfen könnte, wurde es zum Gegenstand politischen Hickhacks. Ich meine nicht, dass das der Weisheit letzter Schluss gewesen wäre. Weltweit hat es mehrere Erfolgsgeschichten mit verschiedenen Ansätzen gegeben. Aber das ist im Fernsehen nie gebracht worden. Im Gegenteil! Alles was hilfreich war, ist schlecht gemacht oder vertuscht worden und die erfolgreichen Ärzte und Ärztinnen gleich mit. Wenn gar Alternativmedizin besser geholfen hat als unsere herkömmliche Medizin, dann wurde diese gleich doppelt verdammt. Daher haben sich diese Dinge eher hinter vorgehaltener Hand abgespielt. Traurig für jene, die sich auf die Mainstream-Aussagen verlassen haben.

Weißt Du, was ich meine, Koala? In diesen zwei Jahren war es offensichtlich, dass Politik und Industrie nicht den Menschen im Fokus hatten. Andere Interessen kamen immer mehr zum Vorschein und das wird immer mehr Menschen klar. Sie spüren, dass die Stützpfeiler unseres Lebens morsch sind. Ich spreche da von Bereichen wie beispielsweise Gesundheit, Schule, Wirtschaft, Finanzen, Politik, Medien. Es knarzt an allen Ecken und man braucht schon dicke Ohrenschützer, um das nicht zu hören."

„Das heißt, immer mehr Menschen misstrauen den Aussagen, sicher über dieses Fundament gehen zu können?", fragt der Koala nach.

Ich nicke. „Du kannst Dich noch an das darwinistische Prinzip für die Gesellschaft der Menschen erinnern?"

„Das, was eigentlich gar nicht von Darwin selbst stammte." Natürlich erinnert sich der Koala, er hat ja sogar Darwin besucht.

---

[84] 2015 erhielten der Japaner Satoshi Ōmura und der US-amerikaner William C. Campbell den Nobelpreis für Medizin für die Entwicklung des Medikaments Ivermectin gegen gefährliche Tropenkrankheiten. Es könnte auch gegen Malarie helfen und zeigte Erfolge bei der Behandlung von Corona-Infizierten.

„Genau, die Theorie vom Philosophen Spencer. Du warst auch bei Calvin, der davon ausgeht, Gott habe bereits vor der Geburt eines Menschen entschieden, wo dieser nach dem Tod landen wird. Der Parameter Geld sei ein hilfreiches Zeichen dafür, einem wohlwollendem Schicksal entgegen zu gehen, dichteten viele, vor allem amerikanische Anhänger, dazu. Erfolg ist damit an ‚viel Geld besitzen' gekoppelt. Es ist das Zeichen von Gott auserwählt zu sein und in den Himmel zu kommen. Das, wovon ich jetzt spreche, ist genau diese Geschichte: Geld ist der oberste Wert in unserer Welt und zusammen mit dem Prinzip ‚Höher, schneller, weiter' wird dann gemessen, ob man Loser oder Gewinner ist."

„Was naturwissenschaftlich gar nicht stimmt und nur an den Vorgaben in Eurer Gesellschaft gemessen wird", wirft der Koala ein.

„Exakt, aber spür' da mal rein, wie es an allen Ecken knarzt, Koala. Das merken immer mehr Menschen. Lehrer, Eltern, Ärzte, Pflegekräfte, Angestellte, Unternehmer und so weiter."

Der Koala schließt kurz die Augen. „Ja, so ist Eure verkehrte Welt aber schon länger. Aber jetzt weiß ich, was Du meinst. Es ist, als hätte jemand eine große Lupe über all das gelegt, worauf ihr Menschen Euer Leben und Eure Gesellschaft schon lange aufgebaut habt. Alles wird sichtbarer und spürbarer. Und wenn man dann genau schaut, sieht man, wie morsch und faul das Fundament ist." Er überlegt weiter. „Da gehört wohl auch dazu, dass in den letzten zwei Jahren die Superreichen noch viel reicher geworden sind und die Armen noch viel ärmer. Was mich zu der Frage bringt, ob Ihr als Menschheit dieses System aufgebaut habt oder diejenigen denen es Profit und Macht bringt. Das sind dann nur 1% der Weltbevölkerung. Die anderen 99% machen nur mit, weil sie glauben, dass Menschen eben so ticken. Der Koala sieht mich eindringlich an. „Die oben fliegen weiter in ihren Luxusjets, obwohl sie selbst Klimaschutz predigen. Sie machen bei den Corona-Maßnahmen nur offiziell auf Pressefotos mit und halten sich nicht an ihre eigenen Vorgaben. Das nennt man entkoppelte Eliten. Alle sind gleich, doch einige sind gleicher wie ich in einem Buch[85] gelesen habe."

---

[85] George Orwell, Animal Farm (1945)

„Genau um das geht es. Und alles ist unter einem Vergrößerungsglas."

„Hast Du ein Beispiel für mich? Ich bin im Moment noch etwas verwirrt. Ich glaube, wir sind jetzt doch zu schnell in das Thema eingestiegen."

Ich ordne meine Gedanken. „Also. Konzerne stört es, bei ihren Geschäften Grenzen und andere Beschränkungen zu finden. Sie wollen völlig ungestört Geld verdienen. Sie arbeiten daher daran, dass ihre internationalen Investitionen geschützt sind. Da kommt jetzt das konkrete Beispiel für Dich. Italien und wie die Investoren sich absichern wollten: Sie haben an der Mittelmeerküste Hotels und Wohnanlagen gebaut und riesig investiert. Dann kam die italienische Regierung und hat gefordert, sie müssten Reinigungsanlagen für das Abwasser zum Schutz für das Mittelmeer dazu bauen. Teure und von den Konzernen nicht geplante Anlagen. Sie haben sich dagegen gesträubt und und haben einen rechtlich bindenden globalen Rahmen zum Schutz ihrer Investitionen gefordert. Es wurde verhandelt und einiges ausgearbeitet. Allerdings haben sich immer mehr Menschen gegen solche internationalen Abkommen gestellt, da sie den Konzernen mehr Rechte als den Staaten gegeben hätten."

„Damit die Menschen und Mutter Erde nicht zu Opfern von geschäftlichen Machenschaften werden, die nur Profit im Auge haben."

„Exakt, Koala! So, jetzt haben diese Konzerne und superreichen Leute aber immer noch die gleichen Ziele. Es gibt beispielsweise einen Zusammenschluss[86] von diesen Leuten, die nennt man Weltwirtschaftsforum oder auch Davos-Gruppe, weil sie sich immer in Davos, in der Schweiz, treffen. Von dort kommt die Idee, Konzerne und Menschen zu schützen, und zwar folgendermaßen:

Die Konzerne bekommen freie Hand bei ihren Geschäften und arbeiten Hand in Hand mit den Politikern, die ihnen helfen und keine Steine in den Weg legen sollen. Die Menschen sollen dafür nichts mehr besitzen. Stattdessen soll es ein Grundeinkommen für alle geben. Das Geldsystem soll auf den so genannten Digitalen

---

[86] Weitere sind beispielsweise die Bilderberg-Gruppe

Euro umgestellt werden. Und der wiederum soll an ein Social Crediting System nach chinesischem Vorbild geknüpft werden. Alles gehört den Konzernen beziehungsweise wird von ihnen oder den Politikern in den Ländern verwaltet.

Das soll eine neue Art des Kapitalismus, zusammengepantscht mit Kommunismus werden. Das Weltwirtschaftsforum (WEF) spricht vom Sozialkapitalismus und der vierten industriellen Revolution, einer Koppelung dieser Ideen mit einer neuen Generation von Technologie, vor allem der Verbindung des Menschen mit der Technik. Der Chef des WEF, Klaus Schwab spricht seit vielen Monaten dabei vom Transhumanismus, also das ‚Hinter sich lassen' vom ‚gewöhnlichen Menschsein'. Er ließ einen Spot im Fernsehen laufen, wie er sich das so vorstellt. Dieses Video zeigt eine Frau, die Fotos schiesst, indem sie ihre Augen schließt. Sie muss nicht einmal einen Bildschirm berühren, um diese Aufgabe zu bewerkstelligen. Das Schließen ihrer Augen ist genug, wofür Normalbürger Handys benötigen. Lauter solche Sachen."

„Vom Social Crediting habe ich gelesen", wirft der Koala ein. „Da darf man bestimmte Dinge nur machen oder kaufen, wenn man gewisse Vorgaben erfüllt. Sonst muss man draußen bleiben. So wie Filou im Supermarkt. Oder Du in Restaurants in manchen Ländern oder bis vor kurzem sogar in Bibliotheken." Plötzlich lacht der Koala. „Schon lustig, ich durfte in die Bibliothek und Du nicht. Das ist schon so absurd, dass ich lachen muss. Fällt das den anderen Menschen gar nicht auf? Du hast doch sogar einen offenen Brief an die Büchereien in Wien geschickt.[87] Den könnten wir hier abdrucken, vielleicht denkt der eine oder andere dann darüber nach. Hast Du damals eigentlich eine Antwort bekommen?"

„Eine offizielle Blabla-Antwort und eine sehr schöne Antwort von einem Mitarbeiter. Aber ich gehe davon aus, dass einige mehr meine Meinung geteilt haben und sich nur nicht getraut haben, zurück zu schreiben."

Der Koala setzt nach diesem Schlenker wieder seinen Gedankenweg fort: „China hat das schon, das Social Crediting. Da

---

[87] Siehe: Anhang auf Seite 363

geht es zum Beispiel um Schulden oder Lebensweisen und alles Mögliche, was der Staat von seinen Bürgern möchte oder eben nicht möchte. Auch das mit der Impfung jetzt, ohne die man bestimmte Sachen nicht machen darf, obwohl Geimpfte genauso ansteckend sind.[88] Aber das gibt es ja hier auch. Ich habe sogar gelesen, dass China ihr technisches System dafür anderen Ländern, zum Beispiel in Europa, angeboten hat."

Der Koala schüttelt sich und redet dann weiter: „Dass dadurch die Konzerne bekommen, was sie sich wünschen, verstehe ich. Aber was bedeutet es für Menschen, wenn sie alle gleich gemacht werden? Niemand darf mehr etwas besitzen, außer die Superreichen? Keine persönliche Mobilität außer für die Superreichen? Das Ende des Menschseins mit individuellen Bedürfnissen, Wünschen und Träumen? Das finde ich schon sehr seltsam. Die großen Verlierer bei dem System sind also wir. Du als Mensch und ich als Teil der Natur. Blödsinn, was rede ich denn da? Du bist als Mensch ja auch Teil der Natur. Also der große Verlierer heißt Mutter Erde mitsamt allem, was dazu gehört. Denn was sie wirklich braucht, ist nicht Gegenstand dieser Ideen. Und auch hier werden Andersdenkende nicht gehört. Es geht wieder einmal nicht um unsere Umwelt sondern um den Gier-Virus."

„Das sehe ich genauso. Ich habe Dir nur die Ideen erzählt, von denen diese Gruppe und vor allem Klaus Schwab die ganze Zeit reden. Bis März 2022 hat das nur ein Land weltweit umgesetzt. Aber es kommt noch heftiger. Seit ersten März laufen in Genf Verhandlungen der WHO mit ausgewählten Staaten, dass die Weltgesundheitsorganisation im Falle einer Pandemie zur Weltregierung wird und die Staaten alles tun müssen, was diese Weltregierung sagt und auch, was sie ihren Bürgern in den Medien erzählen sollen."

„Das ist aber viel Macht in einer Hand", echauffiert sich der Koala. „Ich finde das beunruhigend. Die WHO hat doch die Definition, was eine Pandemie ist, nach der Schweinegrippe so abgeändert, dass es nur mehr um Ansteckung geht und verschiedene Gebiete der Erde betroffen sein müssen. Das

---

[88] Laut Bericht der US-amerikanischen Seuchenschutzbehörde CDC (Center of Desease Control and Prevention) vom August 2021 sowie eine Pre-Rrint-Studie aus Singapur (Erhebungszeitraum Juli und August 2021)

bedeutet, dass eine harmlose, leicht übertragbare Erkältung in Eurer heutigen Zeit fast immer eine Pandemie ist. Laut Definition muss es keine Toten geben, ja nicht einmal gefährlich muss die Krankheit sein. Es ist auch egal, ob es zu Engpässen in Krankenhäusern kommen könnte. Eine Krankheit muss nur noch ansteckend sein und mindestens zwei Ausbreitungsgebiete umfassen. Außerdem wäre diese ‚WHO-Weltregierung' dann von keinem Bürger der Welt gewählt worden. Man darf auch nicht vergessen, dass die WHO hauptsächlich privat finanziert wird. Derzeit zu etwa achtzig Prozent von der Pharmaindustrie. Man sagt sogar, dass die WHO, die einmal als etwas Edles von den Staaten konzipiert worden war, de facto zur Interessensvertreterin der Pharmakonzerne geworden ist. Jeder, der genug Geld hat, kann sich an der Finanzierung der WHO beteiligen und somit Mitglied dieser ‚Weltregierung' werden. Sie könnten alles anordnen, z. B. Impfstrategien. Egal, ob sie helfen oder nicht und egal wie lange die Liste gefährlicher Nebenwirkungen ist. Sie können machen, was sie wollen. Ja sogar internationale Vereinbarungen wie den Nürnberger Kodex, der Menschenversuche verbietet, könnten sie ganz offiziell außer Kraft setzen."

„Ja, Koala, genau! Es gibt auch kein Kontrollorgan, wie einen Verfassungsgerichtshof. Damit ist das Rechtssystem, wie wir es kennen und das ich studiert habe, futsch: Weltregierung gekoppelt mit Wirtschaftsinteressen großer Konzerne."

„Weißt Du", sagt der Koala traurig, „da komme ich aus dem Schütteln gar nicht mehr raus."

Er geht dann aber doch in seine Denkerpose und redet weiter: „Sie sagen auch, dass die Umwelt in Gefahr ist. Verantwortlich dafür sollen nur die einzelnen Menschen sein. Angst und Schuld werden verbreitet. Die Lösungen, die Euch schmackhaft gemacht werden, nutzen aber schon wieder nur jenen, die Profit machen wollen. Zum Beispiel Elektroautos, die so hergestellt werden, dass sie Mutter Erde und vielen Menschen schaden. Das ist so deprimierend. In Wirklichkeit geht es schon wieder nur um Geld und nicht was wirklich Mutter Erde guttut. Nämlich den Wert der Natur in sich spüren und aus diesem Gefühl heraus zu handeln."

Ich nicke. Auch ich habe einiges zu diesem Thema gelesen. „Bill Gates hat in einem Interview von Atomkraftwerken geschwärmt. Greta Thunberg, die sich angeblich für die Umwelt einsetzt, erklärt Atomkraft als Superlösung. Probleme mit Atommüll, radioaktiven Brennstäben? Einfach ins Meer kippen, wie an einigen Orten der Welt? Sicherheitsbedenken, Erdbebenzonen, Reaktorkatastrophen? Alles vergessen. Und die EU ist live dabei!"

„Und die Menschen? Mutter Erde?" fragt der Koala bedrückt und fährt fort: „Ich habe eine Rede von Prinz Charles[89] gesehen. Da hat er vor dem Weltwirtschaftsforum von immensen Energiepreisen gesprochen. Die Kosten für den Klimaschutz müssten die Armen und der Mittelstand tragen. Damit soll auch der Prozess des Sterbens kleinerer und mittlerer Unternehmen sowie die Verarmung des Mittelstands derartig vorangetrieben werden, dass das Ziel „Keine Kohlenstoff-Emmissionen" erreicht wird."

„Ja. Prinz Charles war bei diesen Ideen immer vorne dabei. Er spricht die Dinge an. Man braucht sich Leute wie ihn oder Klaus Schwab nur anhören. Es wird alles klar gesagt. Zitiert man sie jedoch, gilt man als Verschwörungstheoretiker. Schon seltsam. Wir waren schon einmal weiter in unserer gesellschaftlichen Entwicklung: Ausstieg aus Atomkraft, der Nürnberger Kodex, Rücktritte von Politikern, die entwertende Aussagen gemacht haben", stimme ich dem Koala ebenso traurig zu.

„Die Menschen machen nichts dagegen. Und dieses Mal kann ich Dir sagen, weshalb. Schau Dir die Klimakrise an."

„Nein, Koala. Nicht die auch noch ins Buch bringen."

„Liegt Dir etwas an Mutter Erde?"

„Natürlich, sehr viel sogar. Das weißt Du."

„Dann hör mir einfach nur einmal zu. Der Klimawandel ist seit Jahrzehnten ein Thema. Aber gerade als die Corona-Krise ihre Kraft verliert und die Menschen sich immer weniger Angst machen lassen – bumm – jetzt ist die Klimakrise da. Also, da ist einmal der Zeitpunkt, der irgendwie seltsam ist. Aber Schwamm drüber, wie Ihr so schön sagt. Soll sein. Aber jetzt sage ich Dir ein paar Eckpfeiler und Du sagst mir, woran Dich das erinnert. Es gibt sogenannte Klimaleugner. Die leugnen aber gar nicht, dass es einen Klimawandel gibt. Sie hinterfragen nur kritisch, ob er menschengemacht ist oder vielleicht auf Naturphänomäne oder

---

[89] Siehe: Anmerkung Seite 364

anderes zurückzuführen ist. Man weiß ja auch in der Zwischenzeit, dass es immer Schwankungen in den Temperaturen im Laufe der Jahrhunderte gegeben hat. Ich weiß nicht, ob es das eine oder das andere ist. Ich sage nur, es gibt eine Menge Wissenschaftler und einige Studien, die sich mit dem Klimawandel auseinandersetzen und auf andere Ergebnisse bei der Ursachenforschung kommen als in den Medien ausschließlich berichtet wird. Aber sie werden ausgegrenzt und es wird ihnen nicht zugehört. Der Wissenschaftliche Diskurs findet nicht statt. Ja, ist sogar verpönt. Kommt Dir das bekannt vor?"

„Das kommt mir sehr bekannt vor."

„Warte! Es geht noch weiter. Die Politik setzt Maßnahmen. Diese werden wahrscheinlich so heftig sein, dass wohl wirklich die Voraussagen von Prinz Charles eintreten werden, zumindest was die Verarmung angeht. Eine Studie von einer finnischen Universität in Zusammenarbeit mit japanischen Wissenschaftlern kommt zum Ergebnis, dass der Klimawandel nicht menschengemacht ist, sondern mit Wolkenphänomenen und dem Regenschirmeffekt zu tun hat.[90] Ich weiß nicht, ob das stimmt. Ich erzähle Dir nicht wegen des Inhalts von dieser Studie, sondern weil die Autoren die Politik dringend bitten, einen wissenschaftlichen Dialog zuzulassen, bevor sie Wirtschaft und Gesellschaft mit ihren Maßnahmen in Schutt und Asche legen. Denn es könnte sein, dass es vollkommen umsonst war.

In der Coronakrise musste man aus moralischen Gründen sein Immunsystem schwächen und grundlegende soziale Bedürfnisse aufgeben. Wer das nicht tat, war Verschwörungstheoretiker und sein Handeln moralisch verwerflich. Gleichzeitig macht Big Pharma Milliardengewinne und kann den von den Aktionären lang ersehnten Menschenversuch mit RNA-Behandlungen[91] machen. Im besten Fall handelt es sich also um Geldmache, im schlimmsten Fall um Transhumanismus. Und jetzt kommt die

---

[90] Laut Studie sind die aktuellen Klimamodelle falsch. Sie berücksichtigen nicht die Naturphänomene wie die Wirkung von tiefen Wolken, Dichte und Größe der Wolkenfelder, welche hauptsächlich die globalen Temperaturen steuern. Siehe: Helsinki Times: Finnish Scientists: Effect of human activity (14. Juli 2019)

[91] Behandlungen, deren Wirkungsmechanismus auf Ribonukleinsäure (RNA oder mRNA=Messenger RNA) beruht und ein gezielter genetische Eingriff zum Beispiel in das Immunsystem ist (Gentherapie).

nächste Parallele und weshalb mir so wichtig ist, dass wir darüber schreiben. Während Ihr frieren und alles aufgeben sollt, werden Verbrechen gegen Mutter Erde gemacht wie Fracking[92], der Plan, Atomkraftwerke im großen Stil zu bauen oder Erdgas über die Ozeane zu schippern, skrupelloser Abbau von Rohstoffen auf Kosten von Natur und Mensch. Und niemand darf etwas dagegen sagen, denn das wäre moralisch verwerflich.

Melden sich dann doch Menschen, die Bedenken dazu haben, wird ihnen als Argument ‚böses Russland' hingeworfen – und umgekehrt: Äußert man Bedenken zur Sinnhaftigkeit der Russlandsanktionen wird das Killerargument ‚Klimawandel' präsentiert. Jemand, der gesellschaftlich moralisch handeln möchte, hat also weder eine Chance sich gegen einen medizinischen Versuch mit RNA-Behandlungen zu wehren noch gegen das Ausbeuten von Mutter Erde und dem Verlust grundlegender Bedürfnisse. Dinge, die bis vor kurzem noch vehement abgelehnt wurden. Und zwar zurecht. Ach ja, und für Frieden in der Ukraine darf man sich, moralisch gesehen, auch nicht einsetzen. Egal, wie viele Menschen dort sterben und Panzer und Waffen eine Umweltkatastrophe erzeugen."

„Ich verstehe! Immer das gleiche Muster: Panik, Schuld, gefordertes moralisches Verhalten des Einzelnen, das in Wirklichkeit Macht und Geld dient und sich gegen Bevölkerung und Mutter Erde richtet."

„Woran denkst Du? Du siehst so unglücklich aus."

„Ich überlege gerade, was sich die meisten Menschen wirklich wünschen: In der Coronakrise Gesundheit und Wohlbefinden, im Ukrainekrieg Frieden und beim Klimaschutz Respekt und Hilfe für Mutter Erde?"

„Stattdessen wird ihnen der freie Wille genommen."

Ich nicke. „Koala, wenn wir das ins Buch nehmen, kommen wir in Schwierigkeiten. Bei Corona kommt schon so viel an die Oberfläche, dass wohl das, was ich hier schreibe von vielen

---

[92] Englisch: aufbrechen. Unter Einsatz von hydraulischem Druck, Wasser, Sand und giftigen Chemikalien wird Gestein unter Tage aufgebrochen. So kann über eine Vielzahl von Bohrlöchern in Gestein gebundenes Erdgas abgebaut werden.

Menschen akzeptiert oder sogar geteilt wird. Aber beim Klimaschutz?"

„Ich glaube, da irrst Du Dich gewaltig. Mein Koala-Instinkt sagt mir, sehr viele Menschen fühlen wie Du. Auch sie wollen Mutter Erde helfen. Sie wollen, dass es ihre Kinder warm haben. Sie wünschen sich ein schönes Leben. Es ist das gleiche Schlamassel und es ist der gleiche Weg, der hinausführt. Nur die Motivation, sich von diesem System abzuwenden, wird größer."

„Ich fürchte, Koala, viele bekommen dieses Gruselkabinett gar nicht mit. Im Moment dreht sich doch alles nur um das Thema Krieg, Klimaschutz und Corona. Die großen Medien berichten zum Beispiel nichts von den WHO-Verhandlungen. Obwohl man es überall nachlesen kann, wenn man möchte. Da läuft nichts geheim. Die Menschen werden so in Angst versetzt, egal ob Krieg, Corona oder Klima, dass die meisten einfach den Mainstream-Medien Glauben schenken, die ihnen sagen, was gut und was böse ist. Natürlich gibt es Menschen, die recherchieren und das daher anders sehen. Aber dafür muss man sich Zeit nehmen und viele Leute sind dafür zu sehr mit ihrem Alltag beschäftigt."

„Das Gruselkabinett bekommen sie mit. Vielleicht nicht, was dahintersteckt. Ich frage mich nur eines: Gibt es Menschen, denen so eine Zukunft gar nichts ausmacht?"

„Koala, das ist eine sehr gute Frage, die ich mir auch schon gestellt habe."

„Und bist Du zu einem Ergebnis gekommen?" fragt der Koala interessiert.

„Ich denke, wir sind damit beim freien Willen jedes einzelnen Menschen gelandet. Ich glaube, wenn das Leiden groß genug ist, nehmen die meisten ihre Ohrenschützer ab und hören das morsche Fundament knarzen. Oder, wenn sie merken, dass die Alternative zur faulenden verkehrten Welt viel schöner ist. Es ist immer eine Frage von ‚weg von' oder ‚hin zu'. Das Knarzen zu hören und davon weg zu wollen ist eine Sache, des ‚Hin zu' eine andere. Wo soll die Reise hingehen? Hin zu etwas Schönem, das sich gut anfühlt. Doch in einer verkehrten Welt als Mensch nicht untergehen zu wollen, ist sicher schon ein guter Anfang." Ich seufze. „Allerdings fürchte ich, dass es auch viele Menschen gibt, die froh sind, wenn ihnen das Denken abgenommen wird und sie keine Verantwortung (mehr) für sich zu übernehmen brauchen."

Der Koala überlegt. „Mir fällt dazu ein Zitat von Mahatma Gandhi ein: ‚*Und wenn ich verzweifle, dann erinnere ich mich, dass durch alle Zeiten in der Geschichte der Menschheit die Wahrheit und die Liebe immer gewonnen haben. Es gab Tyrannen und Mörder und eine Zeit lang schienen sie unbesiegbar, doch am Ende scheiterten sie immer. Denke daran – immer.*‘"

„Wow, schön." Ich überlege einen Moment. „Er hat Recht, wenn man sich die Geschichte anschaut. Auch jetzt ist das sicher so. Die Frage ist nur, wie lange es dauert und was es braucht, damit Wahrheit und Liebe gewinnen."

„Ich verstehe jetzt, was Du mit Zusammenbruch meinst. Nämlich, dass Wahrheit und Liebe am Schluss gewinnen, wie das Gandhi gesagt hat. Dafür muss das Alte wegbrechen. Wie soll das laufen? Beginnt es mit der Erkenntnis, dass es an jedem Einzelnen liegt, was er mit seinem Denken und Handeln unterstützt? Das knarzende alte System oder ein neues?"

Ich möchte schon antworten, da schmunzelt er: „Ist Dir aufgefallen, dass das Abkommen der WHO gerade in Genf ausgehandelt wird? Also dort, wo auch Calvin zu Hause war, von dem man sagt, dass er in gewisser Weise der Urvater des Kapitalismus war. Es gibt schon seltsame Zufälle." Plötzlich wird der Koala wieder ernst. „Was ist mit den Menschen passiert, dass so viele immer weniger mit sich und Mutter Erde verbunden sind?"

„Weißt Du, viele Menschen wollen nur ihren Lebensunterhalt verdienen und zufrieden sein – in Harmonie leben. Nur Einzelne wollten immer mehr. Mehr Reichtum, mehr Macht. Psychologen sagen, es gibt fünf Prozent Psychopathen auf der Welt. Vielleicht war das früher auch schon so. Und das waren immer schon die, die Macht ohne Verantwortung und Liebe gelebt haben. Wer weiß? Jedenfalls haben die Menschen früher Gott oder Gottheiten, die sie in der Natur sahen, verehrt. Sie brauchten etwas Größeres um im Leben einen Sinn zu finden. Dann wurden immer mehr geistige oder weltliche Führer verehrt. Und die haben sich dann in der Form weiterentwickelt, dass sie immer mehr vom Gier-Virus getrieben wurden. Die Schere zwischen Arm und Reich wurde immer größer. Nicht alle Führer waren schlecht, muss man dazu sagen. In den Geschichtsbüchern finden sich immer wieder Zeiten und Regionen, wo die Menschen in Wohlstand und Zufriedenheit gelebt haben. Zum Beispiel im katalanischen Teil von Frankreich als er zum Königreich Mallorca gehört hat.

Du kannst Dich sicher noch erinnern. Eine Begründung für ihre Machtansprüche holten sich diese ‚Eliten' zuerst von Gott. Und als das während der Aufklärung[93] nicht mehr funktionierte, verloren viele durch Revolutionen ihre Macht – oder sogar ihren Kopf. Da kam dann Darwins Theorie im neunzehnten Jahrhundert wie gerufen und voilà, fand man eine neue Legitimierung für den eigenen Reichtum und das Elend der Armen. Sehr paraktisch.

Das System – egal ob angeblich gott- oder naturgegeben – etablierte sich als Netz von Glaubenssätzen in den Köpfen der Menschen. Du weißt schon Koala, Glaubenssätze und Muster. Die haben sich dann von Generation zu Generation verfestigt und sind immer noch da. Obwohl heute weder Theologie noch Biologie von einer gott- oder naturgegebenen Gesellschaft sprechen."

„Aber immer wieder haben sich die Menschen gegen diese Mächtigen gewehrt, so wie Du sagst. Da gab es die Französische Revolution 1789 bis 1799 und diverse Revolutionen in Europa, zum Beispiel 1848", räumt der Koala ein.

„Ich bin immer wieder beeindruckt von Deinem Wissen und Erinnerungsvermögen, Koala. Ja, vor allem die kleinen Leute, Studenten und Intellektuelle haben sich immer wieder zusammengetan. Die da oben haben es einfach immer wieder so übertrieben, dass irgendwann die Leute nichts mehr zu verlieren hatten und sich gewehrt haben. Viele ‚normale' Menschen finden so manches ungerecht. Aber solange ihr Leiden nicht groß genug ist, arrangieren sie sich. In den aktuell durchgespielten Szenarien des Umbaus der Gesellschaft wird davon ausgegangen, dass sich die Menschen in etwa zehn Jahren wehren werden."

„Ich habe in der Bibliothek gelesen, dass sich Rockefeller in den USA, ich glaube irgendwann um 1900 herum , eine Änderung

---

[93] Der Begriff Aufklärung bezeichnet die um das Jahr 1700 einsetzende Entwicklung, durch rationales Denken alle den Fortschritt behindernden Strukturen zu überwinden. Epoche der Vernunft: 1720 bis 1800.

des Lehrplans der medizinischen Fakultäten erkauft hat. Die Naturmedizin wurde herausgenommen und das Wundermittel hieß nur noch Medikamente auf chemischer Basis. Damit konnte er viel Geld verdienen."

„Ja, eine unglaubliche Dreistigkeit. Und schau doch, was sich aktuell tut. Glaubst Du, es ist Zufall, dass diejenigen, die am meisten Einfluss hatten, wie mit der sogenannten Pandemie umgegangen werden soll, unter den größten finanziellen Nutznießern sind? Ich fürchte, dass die Menschen schon viel an der Nase herumgeführt worden sind. Und immer noch werden. Reichtum macht anscheinend Undenkbares möglich. Ich gebe zu, früher habe ich das auch als Verschwörungstheorien abgetan. Aber, wenn man sich historisch gesicherte Fakten anschaut oder Zitate so mancher Initiatoren findet, wird einem schwindelig und schlecht."

Der Koala legt sein Stirnfell in Falten. „Ich habe das mit den Verschwörungstheorien sowieso nicht verstanden. Vor allem, wenn es für etwas Beweise wie Dokumente, Studien oder sogar Aussagen von den Betroffenen selbst gibt. Ich habe Menschen schimpfen gehört, dass das alles nur Verschwörungstheorien sein sollen. Aber was soll daran eine Verschwörungstheorie sein, wenn man die Leute dabei ertappt, wie sie sich auf Kosten anderer bereichern? Sind wirklich so viele Menschen naiv? Woher glaubt der Normalverbraucher denn wie die Superreichen dieser Welt zu ihrem vielen Geld kommen?"

„Koala, ich glaube, dass viele Menschen diese Machenschaften nicht wahrhaben wollen, weil sie sich sonst ausgeliefert fühlen. Sie wissen nicht, wie sie da rauskommen oder haben Angst etwas zu verlieren. Sie schieben diese Dinge auf die Seite und beschimpfen die Überbringer der Nachricht."

„Aber sie haben doch schon ganz viel verloren. Gesellschaftlich und politisch hat sich seit der Französischen Revolution viel verändert. In den meisten Ländern gibt es Demokratien, zumindest bis vor kurzem. Und diese habt Ihr dem Widerstand mutiger Menschen zu verdanken. Auch nach den Weltkriegen haben viele Menschen zusammengehalten und die Welt wiederaufgebaut. Die EU hatte als Grundidee, Frieden in Europa durch ausgewogenen Wohlstand zu schaffen. Aber dann hat man sich den Gier-Virus eingehandelt. Habe ich das richtig zusammengefasst?"

„Ja, das trifft es ziemlich gut. Du hast als Außenstehender wohl einen besseren Blick, als wenn man mittendrin im Schlamassel steckt. Es hat immer das Gemeinsame und das Trennende gegeben. Ost und West war zum Beispiel etwas sehr Trennendes. Die Perestrojka unter dem russischen Präsidenten Michail Gorbatschow ab Anfang 1986 hat alles in der damalige UDSSR, was nicht zusammengehört hat, wieder auseinanderfallen lassen und anderes vereint. Weißt Du Koala, ich war kurz nach dem Mauerfall zwischen Ost- und West-Deutschland 1989 in Berlin. Ich dachte, jung und naiv wie ich war, dass es jetzt die Welt schaffen würde zu einem harmonischen Platz zu werden. Ich weiß, dass ich damals nicht die Einzige war. Im Laufe der Zeit hat sich diese Hoffnung in Luft aufgelöst. Damals wusste ich nicht so ganz weshalb. Warum haben sich immer die Falschen durchgesetzt? Heute ist es mir klar, dass sie der Gier-Virus erwischt hat. Damit gibt es immer mehr Einfluss seitens der Wirtschaft auf die Politik. Die Bürger werden zu Untertanen degradiert und der Grundgedanke der Demokratie, dass die Macht vom Volk ausgeht, wird aufgegeben. Damit sind wir bei der Frage der Legitimierung des Gier-Virus und seiner Symptome."

Der Koala nimmt seine Pfoten zu Hilfe beim Aufzählen: „Zuerst war es Gott, dann Darwins These und die Glaubenssätze, die sich daraus ergeben haben. Und jetzt?"

„Ich fürchte, wir stecken immer noch bei Darwin und den Glaubenssätzen fest. Mehr denn je. Aber wie Du so schön recherchiert hast, haben sich die Naturwissenschaften weiter-entwickelt. Es hätten meines Erachtens schon viele Menschen den Gier-Virus und die davon Infizierten hinterfragt, wenn dieses Wissen medial verbreitet worden wäre. Jene Studien und Wissenschaftler, die das natürliche menschliche Verhalten von Kooperation gegen den Egoismus stellten, wurden oft totgeschwiegen. Dabei verhält sich kein Säugetier so wie es uns für den Menschen vorgegaukelt wird. Außer in Gefangenschaft."

„Wie bei den Wölfen, ich kann mich erinnern", wird der Koala nachdenklich. „Zum Thema Wissenschaft und dem Umgang mit Erkenntnissen, die Geldgebern nicht passen, habe ich etwas gelesen."

„In der Bibliothek nehme ich an", streue ich mit einem Lächeln ein.

„Ja genau. Da gab es eine Wissenschaftlerin namens Barbara McClintock. Sie hat die Genome, also das Erbgut als hochsensibles, wahrnehmungsbegabtes Organ bezeichnet, das selbst auf äußere Umweltbedingungen reagieren kann. Sie ist dafür von der Wissenschaft belächelt worden und durfte nicht einmal in Fachjournalen darüber schreiben. Und jetzt kommt es: Im Jahr 1983 hat sie dafür den Nobelpreis bekommen, obwohl das schon Forschungsergebnisse aus dem Jahr 1948 waren. Das heißt so lange hat man sie dafür klein gehalten. Ist das zu fassen?!"

„Ja, das habe ich auch gelesen. Hätte ich nicht recherchiert, wüsste ich gar nichts davon. Gelernt habe ich das nie und im Fernsehen auch nicht gesehen. Da gibt es noch viele Beispiele von wissenschaftlichen Arbeiten, die unsere Sichtweise total umdrehen würden. Aber nein, gepusht wird, was der Gier zur Legitimierung dient. Was nicht Geld oder Macht bringt, wird nicht gefördert. Ein Wissenschaftler ohne Forschungsgelder? Der ist weg vom Fenster. Wer das Geld gibt, bestimmt über Themen und Ergebnisse. In der Medizin zum Beispiel ist das zum größten Teil die Pharmaindustrie. Deren Ziel ist es, Forschungsarbeiten zu unterstützen und zu veröffentlichen, die ihnen Geld einbringen. Sie machen sogar ihren Einfluss geltend, Forschungen zu verhindern. Zum Beispiel, dass eine Heilpflanze hilft, die sich auf jeder Wiese finden lässt, aber kein Geld in die Kassen der Konzerne sprudeln lässt."

Der Koala überlegt. „Also ist eine freie Wissenschaft, ausgenommen von einem kleinen Bereich, so etwas wie Rotkäppchen?"

„Rotkäppchen?" frage ich verdutzt nach.

„Ein Märchen."

Ich muss lachen. „Ja, ein Märchen. Aber der Unterschied zu Rotkäppchen ist, dass dieses auch als Märchen deklariert wird. Jeder weiß, es ist ein Märchen. Aber, dass die Wissenschaft frei ist, wird uns als Wahrheit verkauft."

„Das heißt", fasst der Koala zusammen, „früher wurden Menschen, die anderer Meinung als die Mächtigen waren, am

Scheiterhaufen verbrannt. Wissenschaftler, die heute Forschungsergebnisse erzielen, die nicht Geld und Macht dienen, erhalten keine Geldmittel. Sie werden mundtot gemacht oder diffamiert."

„Ja, darauf läuft es hinaus. Und ich kann Dir ein Beispiel bringen, wo es genau andersherum gelaufen ist. Also jemand sehr hofiert worden ist, obwohl er selbst seine Ideen nicht als Wissenschaft, sondern als Science-Fiction bezeichnet hat. Die Anhänger haben das Wort Fiction hinausgestrichen, geblieben ist nur Science. Und weißt Du warum?"

„Weil er eine Legitimierung für die Gierhälse geschrieben hat?" vermutet der Koala.

„Exakt!"

„Und wer ist das?" fragt der Koala nach.

„Sein Name ist Richard Dawkins. Er ist theoretischer Biologe, der behauptet, dass es ein egoistisches Gen gibt. Er hat aber nie an Genen selbst geforscht und hat seine Schriften als fingierte Wissenschaft, also Science-Fiction, bezeichnet. Beispielsweise behauptet er, Kinder, denen mittels des von ihm behaupteten „egoistischen Gens" das Lügen und Betrügen in die Wiege gelegt worden ist, einen Vorteil in der natürlichen Auslese hätten. Man sollte solch ein Verhalten im Kindesalter daher unterstützen. Auch bezeichnet er das Austragen von Down-Syndrom-Kindern als unmoralisch und verurteilt Kindesadoption. Für ihn ist der Mensch eine reine Überlebensmaschine und sonst nichts. Empirische Beweise oder das Forschen an Genen bleibt er schuldig – der Typ bekommt dafür auch noch Ehrungen! Aber was für eine Legitimierung für das Lügen und Betrügen sowie für die Gier! Das ist unglaublich, widerlich und menschenverachtend. Diejenigen, die sich nicht so verhalten, sind eben schwach, argumentiert er." Jetzt bin ich es, die sich echauffiert, nämlich über diese Entwertung des Menschseins.

„Ich habe dazu etwas Passendes gelesen", überlegt der Koala. „Die First Nation in Kanada, also die ursprüngliche Bevölkerung sagt: ,*Was können wir lernen? Wen wir schwach und wen wir stark nennen, ist die Entscheidung unserer Gesellschaft.*'"

„Genau, das bringt es auf den Punkt. Unsere Gesellschaft lässt sich manipulieren. Es wird versucht uns einzureden, dass Menschen von Natur aus schwach sind. Nur wer sich daraus befreit, sich durchsetzt und andere über den Tisch zieht, gehört zu den Guten und hat ein Recht auf Leben. Legitimierung ist das Zauberwort: Sie sind immer auf der Suche danach und lassen gegenteilige Beweise unter den Tisch fallen."

„Aber, wenn man genau schaut, funktioniert das von Dawkins nicht" erklärt der Koala. „Ich kann Dir ein Beispiel erzählen."

Es ist schön, den Koala so in Fahrt zu sehen.

„Kennst Du die Firma Enron? Das war eine Firma, die in Amerika hochgelobt wurde. Weißt Du, in Hochglanzmagazinen und so, wie Du immer so schön sagst. Und weißt Du warum hochgelobt? Weil sie ganz beeindruckend das darwinistische Prinzip gelebt hat. So voll und ganz, von A bis Z. Der Chef, Jeffrey Skilling hat deshalb die vielen Seiten Hochglanzpapier gefüllt, wegen seines Systems ,*Fressen und gefressen werden*'. Er ist dafür beklatscht worden. Mitarbeiter brüsteten sich damit, den letzten Cent aus den ärmsten Leuten gepresst zu haben. Nicht so erfolgreiche Leute wurden gnadenlos vor die Tür gesetzt. Der Rest hat angstgetrieben alles aus den Kunden herausgeholt. Konsequent haben die oberen Manager mit diesem Prinzip weitergehandelt und haben alles Geld aus dem Unternehmen genommen – auch das ihrer Kunden, Investoren und Mitarbeiter. Und plötzlich war der Aufschrei groß.

Aber was glauben denn die Leute von jemandem, der so ein ,Fressen und gefressen werden'-Denken hat? Das Unternehmen hat die Wirtschaft nicht gestärkt sondern tausende Leidtragende hervorgebracht – 22.000 Mitarbeiter und Mitarbeiterinnen, die zum größten Teil um ihre Pension gebracht worden sind, sowie Investoren, die ihr Geld verloren haben. Jeffrey Skilling wurde zu 24 Jahren Haft wegen Betrugs verurteilt. Der Firmengründer Kenneth Lay starb einen Tag vor der Verkündung seines Strafausmaßes an einem Herzinfarkt. Der CFO Andrew Fastow als Kronzeuge bekam ,nur' 6 Jahre. Außer ihm hatten sich vor Prozessbeginn alle als nicht schuldig deklariert.

Das zur Aussage von Dawkins, man möge seine Kinder zum Lügen und Betrügen erziehen. Wieso der Aufschrei? Genau das ist das darwinistische Prinzip, wie es in Eurer Wirtschaft gepredigt wird. Nur, es führt nicht in eine Aufwärtsspirale, sondern in eine Abwärtsspirale."

Der Koala hatte sich richtig in Rage geredet.

Und er fährt fort: „Wir müssen da etwas ändern! Du weißt, weshalb ich meinen Schwanz verloren habe. Lauter schwanzlose Typen, diese Wirtschaftsbosse und Politiker, die so denken."

Ich muss grinsen, wo der Koala Recht hat, hat er Recht. „Enron – ja, das ist ein Superbeispiel, dass es nicht funktioniert. Das Besondere an Enron war, dass das Unternehmen so viel Werbung damit gemacht hat, ausschließlich das darwinistische Prinzip zu leben. Es ist ein richtiges Schulbeispiel, wie man sich verhalten muss, damit man keinen Erfolg hat."

„Und wie ist das nun wirklich mit den Genen?" fragt der Koala unvermittelt.

„Ah, er ist wieder bei Dawkins", geht es mir durch den Kopf und antworte: „Dazu habe ich in der Neurobiologie einiges herausgefunden. Anfangs habe ich geglaubt: Die darwinistische These und was Dawkins noch daraufgesetzt hat, wären leicht widerlegbare Irrtümer gewesen, die versehentlich bei den Menschen und der Wirtschaft gelandet sind. Es gab eine Menge an dazugehörigen Studien und Beispielen. Die bräuchte man nur zu veröffentlichen. Aber das war ein Irrtum meinerseits. Seit den letzten beiden Jahren und besonders seit ich mit Dir auf Spurensuche gegangen bin, weiß ich: Es geht nicht um freie Wissenschaft, sondern um das Thema Legitimierung der Gier nach Geld und Macht.

Und mit Genen ist es wohl eine ähnliche Geschichte. Da gibt es einige Wissenschaftler, die Bahnbrechendes herausgefunden haben. 1990 hat der Biologe H. Frederik Nijhout von der Duke Universität zum Beispiel herausgefunden, dass Gene nicht selbstemergent sind und sich nicht selbständig an- und abschalten können. Er schreibt in einem wissenschaftlichen Artikel, dass Gene Werkpläne sind. Sie können sich nicht selbst aktivieren, sie werden vielmehr durch Signale von außen aktiviert.

Die Neuro- als auch Zellbiologie weist das auch laufend nach: Nicht die Gene bestimmen unser Leben, sondern die Umwelt, die auf die Gene wirkt. Der Neurowissenschaftler Joachim Bauer vergleicht sie in seinem Buch ‚Prinzip Menschlichkeit' mit einem Konzertflügel, der nicht von sich aus spielt. Da mag es ein noch so großartig gebautes Musikinstrument sein, erst der Pianist oder die Pianistin bringen ihn zum Klingen. Auch der Molekularbiologe Michael Nehs schreibt in seinem Buch ‚Die Alzheimer-Lüge', dass unsere Gene von unserem Verhalten und der Umwelt beeinflusst werden. So schreibt er beispielsweise über Laborratten, denen allen in einer Versuchsreihe ein Alzheimer-Gen eingepflanzt worden ist. Jene, die ein Couch-Potato-Leben führten erkranken viel öfter an Alzheimer als jene, die ein Laufrad hatten und sich ihre Futterschüssel selbst suchen mussten. Die Aufdeckung dieses Irrtums ist übrigens der Pharmaindustrie ein besonderer Dorn im Auge. Bedeutet es doch, dass wir mit unserer Lebensweise und unseren Gedanken zu unserer Gesundheit beitragen können. Und wir daher nicht gegen alles und jenes, Tabletten und Pülverchen brauchen. Man möchte uns aber weismachen, dass wir eben nicht zu den Fittesten gehören, wenn wir uns nicht an die vorgegebenen Bedingungen anpassen können. Die Pharmaindustrie bietet uns dann Medikamente an, mit denen wir Zustände wider die Natur des Menschseins aushalten können."

Der Koala bringt es wieder einmal auf den Punkt: „Die meisten Menschen sind also damit beschäftigt, mit den Vorgaben von einflußreichen und wohlhabenden Psychopathen klar zu kommen anstatt ein Leben zu führen, das Körper, Geist und Seele wohl tut. Denn dann würden einige viel weniger Profit machen."

„Genau. Um ein Beispiel zu nennen: Stell Dir Sonnenblumen vor. Dazu einen Gärtner, der kein Blumenfreund, sondern Psychopath ist. Er stellt die Sonnenblumen in den Keller um zu schauen, was sie aushalten. Die Blumen verkümmern natürlich, gehen ein. Und jetzt stell Dir vor, die Sonnenblumen würden zum Denken anfangen. Eine Gruppe fragt sich, wie sie mit dem Keller zurechtkommen können und vergessen sogar, dass sie die Sonne zum Wachsen brauchen. Aber es gibt auch eine zweite Gruppe von Sonnenblumen, die immer größer wird. Die stellt fest, dass sie eben in die Sonne gehören und der Keller eine verkehrte Welt ist. Und genau da steht die Menschheit gerade."

Der Koala überlegt: „Der Transhumanismus, also die Verbindung des Menschen mit Technologie statt mit dem was Euch als Menschen ausmacht. Ist der zum Beispiel Teil des menschlichen ‚Sonnenblumen-Kellers'?"

„Ja, Koala, die Menschheit steht auf einem Scheideweg."

„Ich habe auch etwas über Gene gelesen. Und zwar in dem Buch, das Du gerade erwähnt hast, von diesem Nehs, diesem Molekulargenetiker. Der schreibt, dass Ihr den Gedanken der Evolution missversteht. Laut Evolutionstheorie ist in den Genen nur programmiert, was der Fortpflanzung dient – jede andere Programmierung liefert keinen Überlebensvorteil. In Untersuchungen hat sich gezeigt, dass sich das menschliche Erbgut seit mindestens 50.000 Jahren kaum verändert hat. Zu glauben, dass Ihr Euch an die verkehrte Welt zu schlecht angepasst habt, wenn Ihr nicht funktioniert, sei daher ein großes Missverständnis. Wissenschaftler schlagen schon länger Alarm, da Ihr Euch immer mehr davon entfernt, Eure natürlichen körperlichen Bedürfnisse wahrzunehmen. Wie beispielsweise Ruhezeiten oder ausreichend Schlaf und damit nachhaltig sowohl Eurer Gesundheit als auch Eurer Leistungsfähigkeit schadet. Also allem, was Ihr wirklich zum (Über-)Leben braucht. Er schreibt in seinem Buch auch, dass es lediglich den Fortschritten der Akutmedizin und Therapien bei früher unheilbaren Krankheiten zu verdanken ist, dass Ihr älter werdet als Eure Vorfahren. Ansonsten hättet Ihr wahrscheinlich eine geringere Lebenserwartung. Außerdem erleben immer weniger Menschen gesund und fit ein hohes Alter.

In anderen Teilen der Welt würden Menschen, die im Einklang mit ihren natürlichen Bedürfnissen leben, ein viel höheres Alter erreichen und zwar geistig fit. So beispielsweise in Okinawa in Japan, wo die Menschen in der Regel über 100 Jahre alt wurden.[94] Dort reduzierte sich die Lebenserwartung allerdings deutlich, nachdem eine amerikanischen Militärbasis gebaut und mit ihr ein amerikanischer Lebensstil eingeführt wurde. Nehs schreibt übrigens auch, dass die außergewöhnliche Erfolgsgeschichte der Menschheit auf Kooperation und Teamfähigkeit beruht. Indem Eure Vorfahren begonnen haben, soziale Synergien zu nutzen und eine Kultur zu schaffen, haben sie sich das (Über-)Leben erleichtert. Er schließt unter anderem daraus, dass es Eurer Natur entspricht bis ins hohe Alter geistig fit zu sein. Er beweist zum Beispiel mit seinen Rattenversuchen zum Thema Alzheimer eindrucksvoll, dass die Umwelt Euch und Eure Gene beeinflusst,

---

[94] Dort wurden die alten Menschen geachtet, Lebensweise und Ernährung entsprachen menschlichen Bedürfnissen.

und Ihr nicht Sklaven Eurer Gene seid, wie beispielsweise die Pharmaindustrie Euch weismacht. Das gilt sicherlich auch für Koalas, aber wir kommen nicht auf so absurde Ideen wie die Menschen. Ein anderes Buch habe ich auch gefunden. Der Psychologe Erich Fromm schreibt in seinem Buch ‚Pathologie der Normalität', dass als normal angenommen wird, was die Mehrheit der Menschen macht. Es wird von fast allen Menschen mit dem, was natürlich ist, verwechselt. Natürlich ist hingegen, was Euer Organismus benötigt."

Ich denke über das, was der Koala gesagt hat nach und nicke dann. „Ja, das wäre wirklich toll, wenn das die Menschen erfahren würden. Dann wäre ihnen bewusst, wie sehr sie ihr Leben und ihr Wohlbefinden selbst beeinflussen können. Ich habe zu Bedingungen von Außen noch ein Beispiel aus der Tierwelt, ein sehr trauriges Beispiel. In Freiheit leben Delfine in großen Gruppen, den sogenannten Schulen. Das Sozialgefüge in diesen Gruppen ist sehr ausgeprägt. Delfine stützen ihre kranken Artgenossen und bringen sie so zum Atmen an die Wasseroberfläche. Auch betätigen sie sich als Hebammen. Sie beschützen die werdende Mutter und stoßen das Neugeborene an die Oberfläche. In Gefangenschaft, also in Delfinarien, bricht dieses hochentwickelte Sozialgefüge zusammen und reduziert sich auf ein allgemeines Mobbing. Die schwächsten Tiere werden unterworfen, gehetzt und tyrannisiert. Ihre Situation ist ausweglos. Sie können sich nicht verstecken, nicht fliehen. Eingesperrt mit ihren Widersachern leiden sie an Dauerstress. Eine Studie der International Marine Mammal Association kommt zu dem Ergebnis: Delfine in Gefangenschaft haben durchschnittlich eine Lebenserwartung von 14 Jahren, wohingegen die ihrer wildlebenden Artgenossen bei 29,8 Jahren liegt. Delfine erfahren keine Mutation, um mit diesen unnatürlichen Bedingungen umzugehen. Sie entwickeln nicht ihr Echolot zurück, auch wenn es für sie in einem Becken noch so schmerzhaft ist. Sie sterben einfach nur viel früher."

Diese Geschichte macht den Koala traurig. „Und das ist es, was gerade mit Euch Menschen passiert."

„Nicht erst jetzt, aber jetzt im ganz großen Stil. Meine Großmutter oder auch mein Vater haben bis ein paar Wochen vor ihrem Tod noch im Garten gearbeitet. Da waren beide weit über achzig. Heute spricht jeder von einem erhöhten Pflegebedarf, angeblich, weil wir jetzt älter werden. Aber was eigentlich immer mehr passiert ist, dass die Menschen früher zu Pflegefällen werden. Das sprechen aber nur die Menschen aus, die an der Basis arbeiten und keine Stimme in der Öffentlichkeit haben."

Der Koala fasst wieder einmal zusammen: „Dann sind all diese Fehlinformationen oder unterdrückten wissenschaftlichen Erkenntnisse Legitimierung, um Geld zu machen."

Ich nicke. „Ich denke, wir sollten uns auch nochmals mit dem Thema Angst beschäftigen, weil sie den Menschen sehr zusetzt. Angst vor Terrorismus, Angst vor einer Klimakatastrophe, Angst, sein Geld zu verlieren, Angst, den Job zu verlieren, Angst, seine Gesundheit zu verlieren, Angst, nicht mehr dazuzugehören, Angst, keine Pension zu bekommen, Angst, das neueste Sonderangebot nicht mehr zu erstehen und und und."

„Ja, darüber haben wir damals bei meinem Walkabout gesprochen. Wofür ist sie gut in diesem Zusammenhang?" fragt der Koala nach.

„Sie verschafft denen, die der Gier-Virus erwischt hat, wieder einmal die Legitimierung für Handlungen, die für ihren eigenen Vorteil gut sind. Angst ist in den letzten Jahren immer stärker geworden. Sie wird fast zelebriert in unserer Gesellschaft."

„Ah und die Angst, nicht moralisch zu handeln, wie in all diesen Krisen jetzt. Hast Du noch andere Beispiele dafür?"

Ich überlege, denn es gibt so viele. „Früher gab es Terroristen, die haben Flugzeuge entführt. Das war glücklicherweise nur ein kleiner Promillesatz im Flugverkehr. Seit 2001 wird bei den Sicherheitschecks auf den Flughäfen extrem kontrolliert, vom Kleinkind bis zur Neunzigjährigen. In den USA hängen bei den Kontrollen sogar teilweise Bilder vom Einsturz des World Trade Centers in New York. Das Ergebnis ist die Legitimierung für teure Sicherheitsvorkehrungen, Entwertung und Entwürdigung von Menschen. Teilweise völlig sinnlose Vorgaben, die mit Terrorismus nichts zu tun haben. Vor zwei Jahren verbrachte ich mit Michaele einen traumhaften Urlaub auf den Seychellen. Bei der Heimreise hatten wir eine Flasche ganz besonderen Rums vom Duty-Free Shop dabei. Wir hatten allerdings vergessen, dass wir in Frankfurt umsteigen mussten. Ich weigerte mich, meine kostbare Erinnerung an Palmen und Kokosnüsse in den Flughafenabfall zu werfen. Also sind wir zur Apotheke gerannt und haben den Rum in zehn 100ml Fläschchen umgefüllt. Dann durften wir durch die Sicherheitskontrolle, auch die leere Flasche konnte mit. Der Mann von der Sicherheitskontrolle zeigte uns Daumen hoch. *'Super, wie Sie das gemacht haben. Es ist einfach nur mehr absurd, wie man die Menschen quält.'* Und das aus dem Mund eines Mannes, dessen Job es ist, diese Vorgaben zu kontrollieren. Aber, was ich eigentlich sagen wollte: Seit 2001 wird das Fliegen mit Angst verbunden. Es macht keinen Spaß mehr."

„Okay, welche Beispiele noch?", hakt er nach.

„In Diktaturen werden Menschen in Angst gehalten durch Polizei- oder Militärgewalt oder auch durch Geheimdienste. Bei Demokratien funktioniert das nicht so leicht. Demokratien suchen nach Feinden im Außen zur Legitimierung von Waffen- oder Kontrollsystemen oder um beispielsweise medizinische Produkte vom Steuerzahler teuer bezahlen zu lassen. Schutzzölle beruhen auf Angst. Der Fokus richtet sich auf Kriege, Ausgrenzung von Bevölkerungsgruppen, Krankheiten. Unsere Welt beruht immer mehr auf Angst."

„Ich habe auch manchmal Angst, zum Beispiel, wenn ein Dingo kommt."

„Genau dafür ist Angst da. Sie soll uns in Gefahrensituationen dazu bringen, entweder stillzuhalten, anzugreifen oder wegzurennen, je nachdem was Dir Dein Instinkt sagt. Das Denken wird ausgeschaltet. In Notsituationen muss es ja sehr schnell gehen. Angst sollte kurz andauern. Denn sie ist für unseren Körper nicht gesund. Wenn Angst lange anhält, erzeugt sie immensen Stress. Dabei passieren Dinge in unserem Körper. Carin, die ja Psychologin ist und sich intensiv mit Gehirnforschung beschäftigt, hat mir das so erklärt: Es gibt zwei Stressachsen, eine schnelle und eine langsame. Bei der schnellen wird das Neuropeptid Corticotoprin produziert, was unsere Wachsamkeit fördert und unser Erkundungsverhalten unterdrückt. In hoher Dosierung führt dies zu Furcht oder Rückzug. Bei anhaltendem Stress kommt die zweite langsame Achse zum Zug. Dabei wird Adrenalin und im weiteren Verlauf Cortisol ausgeschüttet. Normalerweise wird damit die Stressreaktion gedämpft und es kommt zu einem negativen Feedback, d.h. wir beruhigen uns wieder.[95]

Cortisol macht dazu noch süchtig. Noch mehr schreckliche Bilder im Fernsehen bedeutet mehr Cortisol. Noch mehr leiden, noch mehr Cortisol. Die Leute können in echten Masochismus rutschen und vermeiden damit gleichzeitig eine ‚Kognitive Dissonanz'. Denn es wäre ja für sie unerträglich, eine Wirklichkeit zu akzeptieren, die nicht der entspricht, die sie leiden hat lassen. Dabei kann man absurde Dinge beobachten:

Zum Beispiel, dass gut informierte Menschen von ihren Mitmenschen als Verschwörungstheoretiker bezeichnet werden. Auch, wenn eine Sache längst augenscheinlich oder bewiesen ist. Grund dafür ist eben jene Unerträglichkeit, eine Realität zuzulassen, denen ihre (Fehl-) Annahmen nicht standhalten könnten. Daher gibt es auch das für mich verwunderliche Phänomen, dass (zum Beispiel viele geimpfte) Menschen erklären, dass sie Fakten nicht (mehr) interessieren und Andersdenkende entwerten."

Der Koala wird sehr nachdenklich. „Und bei der ganzen Thematik zur sogenannten Pandemie, da passiert genau das?"

„Ja. In jedem Seminar über Notsituationen lernst Du als erstes, dass keine Panik aufkommen soll. Ich habe das zum Beispiel gehört, als ich am Flughafen gearbeitet habe. Angst lähmt die Menschen beim Denken und dann machen sie in ihrer Panik vielleicht Dinge, die ihnen oder ihren Mitmenschen schaden, zum Beispiel während einer Notlandung eines Flugzeugs oder bei einer Evakuierung von einem Schiff kopflos herumzulaufen. Bei Corona wurde das Gegenteil gemacht. Von einem Tag zum anderen wurde Panik in der Bevölkerung verbreitet. Nach einigen Wochen ist ja sogar diese Vereinbarung zwischen Regierung und Medien aufgetaucht. Darin verpflichten sich diese, Worte und Bilder in ihren Berichten danach auszuwählen, dass sie möglichst viel Angst machen. Das habe ich schon in meinem Tagebuch geschrieben. Du erinnerst Dich sicher. Auch die Politik verwendet Worte und Gesten, die die Menschen in Angst und Schrecken versetzen sollen. Das Schlimmste für mich ist daran, dass damit weiter gemacht wurde, als Statistiker und Wissenschaftler

---

[95] Vgl. Carin Partl, Der Placebo Effekt, S 51f

Entwarnung gegeben haben. Das war im April 2020. Das war der Zeitpunkt als ich zum Recherchieren begonnen habe und endgültig gemerkt habe, dass da etwas nicht stimmen kann. Wenn Du Koala Dich fragst, wie man bei einer solchen Datenlage Maßnahmen wie Abstandregeln, Lockdowns und Masken legitimieren kann, dann lautet die Antwort: Angst. Weißt Du jetzt, was ich damit meine, dass sie zum Thema Legitimierung gehört?

Je klarer es wurde, dass die Massnahmen nicht verhältnismäßig waren, desto mehr wurde die Angst hochgedreht. Die Folgen waren Ausgrenzung, Spaltung der Gesellschaft, Verlieren der Freiheit, Neid, Missgunst, Denunziantentum und ironischerweise der Verlust der physischen und psychischen Gesundheit vieler Bürger.

Jetzt sind wir bei Omikron angelangt. Eine südafrikanische Wissenschaftlerin hat dieses Virus entdeckt. Sie hat davon erzählt, wie sehr sie unter Druck gesetzt worden ist, zu erklären, wie gefährich diese Krankheit doch sei. Glücklicherweise hat sie nicht nachgegeben und hat keine Kohlen in den Panikzug geschaufelt. Von zehn- bis fünfzigfach schwächer als eine mittlere Grippe sprechen Wissenschaftler und von einem Geschenk des Himmels, weil das jetzt eine natürliche ‚Impfung' ist. In Österreich sind 2,4 Millionen Menschen zwischen Jänner und März 2022 positiv darauf getestet worden. Experten gehen von der doppelten Anzahl an Infizierten aus, Geimpfte und Ungeimpfte gleichermaßen. Das Bild spiegelt sich auch in meinem Bekanntenkreis wider. Bei besserem Immunsystem ist es ein Jucken in der Nase oder ein Dreitagesschnupfen. Ansonsten kann es eine leichte Grippe sein. Aber für kaum jemanden gefährlich. Falls jemand im Krankenhaus deswegen (und aus keinem anderen Grund) liegt, ist dies sehr oft dem Umstand gezollt, dass in der Quarantäne niemand (medizinisch) betreut wird."

„Wie kann man da aber die Angst aufrechterhalten?" überlegt der Koala.

„Indem man das menschliche Gehirn manipuliert."

Der Koala sieht mich skeptisch an. „Ein Eukalyptuszweig ist ein Eukalyptuszweig."

Mhm, wie erklärt man einem Koala die Manipulation des menschlichen Gehirns? „Ich gebe Dir zwei Beispiele. Beispiel eins: Der ORF hat Bilder im Fernsehen gebracht von einer Intensivstation und nannte zugleich die Zahl der Neuinfektionen. Das sind zu 99,9% der Menschen, die entweder ohne Symptome oder mit einem Dreitagesschnupfen zu Hause in Quarantäne sitzen. Die meisten davon testen sich nach ein paar Tagen frei. Das Gehirn verlinkt aber das Bild Intensivstation mit der hohen angegebenen Zahl. Die tragende ernste Stimme des Moderators, das gedämpfte Licht im Studio nach den Bildern erzeugt eine klare Situation im Gehirn – und zwar eine tragische. Das ist Kopfkino, in diesem Fall inszeniertes Kopfkino. Das sind übrigens Szenenanweisungen, die weltweit in den Fernsehstudios zu finden sind. Die wurden nämlich schon vor Jahren von einer Werbeagentur erarbeitet. Kann jeder frei nachlesen. Macht kaum jemand. Es ist ja so viel leichter, sich vom Fernsehen alles vorkauen zu lassen. Und die Menschen denken, was die im Fernsehen sagen, wird schon stimmen. So legitimiert man die Einschränkung von Freiheitsrechten, das Aufhetzen eines Bevölkerungsteils gegen einen anderen und das Milliardengeschäft mit einer Impfung, die wahrscheinlich mehr schadet als nützt. Bei Omikron wurde das Nichtnützen sogar schon von offiziellen Seiten zugegeben. Das zweite Beispiel ist die völlige Fehlinformation durch den Wiener Bürgermeister, der behauptet, dass Omikron alles andere als harmlos ist und nur die Impfung schützt. Die Ungeimpften hätten viel schwerere Verläufe. Nun stell Dir vor, Du kennst auf Grund der Spaltung in der Gesellschaft als Geimpfter nur Geimpfte. Sie haben alle eine Erkältung und freuen sich, dass für sie Omikron so harmlos ist, weil sie geimpft sind. Sie wissen nicht, dass die Ungeimpften genauso wenig schwer erkranken. Außerdem werden bei den Zahlen auch diejenigen dazugerechnet, die aus ganz anderen Gründen im Krankenhaus gelandet sind und lediglich einen positiven Test haben."

Der Koala grinst plötzlich. „Das erinnert mich an eine Geschichte: *Da klatscht ein Mann auf einem Hauptplatz in der Stadt ein paar Mal in die Hände. Ein anderer fragt ihn, was er denn da macht und er sagt, er vertreibt Elefanten. Der andere sagt darauf verdutzt: ‚Aber hier sind doch gar keine Elefanten.' Der andere nickt selbstzufrieden und antwortet: ‚Sehen Sie, es nützt schon.'"*

„Das trifft unsere Situation gut. Weißt Du, meine Freundin Monika, die auch so bodenständig ist wie Du, sagt seit zwei Jahren: ‚*Schauen sich die Leute nicht um in ihrer Umgebung?*' Ja, das scheinen die Menschen nicht zu machen. Würde man die geschürte Angst umrechnen in Gefährlichkeit von Corona, müssten sich die Leichen in jeder Straße stapeln. Aber wie gesagt, Angst schaltet das Denken aus. Ich bin mir sicher, dass es Geimpfte gibt, die meinen, sie sind geschützt, weil sie ja nur einen Dreitagesschnupfen bekommen haben und übersehen, dass die Ungeimpften gleich oder sogar weniger betroffen sind.[96] Aber diese Leute müssen für sich selbst legitimieren, dass sie sich impfen haben lassen, obwohl immer mehr Informationen zu gefährlichen Nebenwirkungen auftauchen. Auch immer öfters von offiziellen Stellen."

„Und diese Propaganda heißt Angst?" fragt der Koala.

„Angst ist ein jahrtausendealtes Konzept, um die Menschen klein zu halten und zu lenken. So kannst Du sie am Denken hindern und bekommst die Legitimierung fürs Geld scheffeln und ‚Macht an sich reißen'. Denk an das Abkommen mit der WHO, das gerade verhandelt wird."

„Mit dem alle Macht der Welt in eine frei finanzierte Organisation fließen soll, wenn der nächste Dreitagesschnupfen die Welt heimsucht?", Der Koala erinnert sich. „Verstehe! Die Angst der Menschen ermöglicht erst solch ein Abkommen! Wenn die Leute sich nicht über die Financiers der WHO informieren, glauben sie auch noch, da passiert etwas Gutes. Sie können vor sich selbst rechtfertigen, ihren ... – Wie nennt Ihr diesen Körperteil? – ... also den nicht hochkriegen zu müssen und etwas gegen diese Gemeinheit zu machen. Wenn sie realisieren wie sie beschummelt wurden, ist die Tinte auf dem Abkommen schon trocken."

Ich muss wieder einmal über die Weisheit meines putzigen Freundes lachen – die sehr praktische Weisheit.

„Weißt Du, was ich vor kurzem gelesen habe, Koala? Es werden genau die Mechanismen, die im Menschen stecken, zur Manipulation benutzt. Im letzten Dezember wurde eine Studie

---

[96] Laut Studien wird das Immunsystem durch die Impfung geschwächt.

veröffentlicht, die von der Universität Yale in den USA gesponsert wurde.[97] Thema war: Wie treibt man Menschen in eine Impfung? Unabhängig davon, ob diese etwas taugt oder nicht oder gar schadet, wo es also nicht um logische Argumente geht. Und weißt Du, was sie herausgefunden haben, und zwar schon vor dem Impfungs-Rollout?

Von allen möglichen untersuchten Strategien, haben am besten jene Aussagen gewirkt, die Gemeinschaftsinteressen hervorgehoben haben. Wir sind ja von Natur aus auf Kooperation geeicht. Wir wollen, dass es unseren Mitmenschen gutgeht. Auch Scham, wie, dass man ein schlechter Mensch wäre, wenn man sich nicht impfen lässt, haben sich als sehr effektiv herausgestellt, genau wie Schuldgefühle. Menschen wollen gut sein. Daher ist es sehr wirkungsvoll, eine Impfung als moralisch korrekt zu bewerben. Außerdem haben gerade diese Strategien als Nebeneffekt gezeigt, dass sich dadurch die Gesellschaft am stärksten spalten lässt.

Alldem ist die Welt seit mehr als einem Jahr ausgesetzt. Im Artikel[98] heißt es, dass sich die CDH[99] für das Multi-Milliarden Budget für diese Studie bei den amerikanischen Gesundheitsbehörden mit den Worten bedankt: *‚Wir sind unter dem Einfluss der besten Propaganda, die man sich für Geld kaufen kann, ob sie jetzt der Wahrheit entspricht oder nicht.'"*

„Wir sind also wieder beim Geld angelangt?"

„Ja, Koala. Wir sind wieder beim Geld angelangt."

Der Koala schaut mich mit festem Blick an. „Wolltest Du mir nicht erklären, warum alles zusammenbricht? Du weißt schon, Gandhis Zitat, dass am Ende immer die Wahrheit und die Liebe gewinnt? Ich hätte gerne ein Happy End dieser grausigen Geschichte! Was hat nun der Zusammenbruch, die Angst und die

---

[97] Das Autorenteam wurde direkt unterstützt durch Institute for Global Health, Institution for Social and Policy Studies und Center for the Study of American Politics an der Yale University sowie die Studie insgesamt durch das Tobin Center for Economic Policy an der Yale University.
[98] Dr. Joseph Mercola: Crafting Messages for Vaccine Compliance. „Guilt, Anger, Embarrassement or Cowardice – What works best?", Globalresearch, 16.2.2022
[99] Amerikanische Non-Profit-Organisation: Children's Health Defense

Entscheidung jedes Einzelnen zwischen Liebe und Angst miteinander zu tun?"

„Angst ist das Gegenteil von Liebe. Angst ist das Trennende. Die Liebe ist das Verbindende. Angst kann man nicht ewig aufrecht erhalten. Bei Omikron sind viele Menschen ausgestiegen. Jetzt ist es der Krieg in der Ukraine, wobei dort schon seit acht Jahren Blut vergossen wird. Plötzlich heißt es, wir haben Krieg in Europa, auch, wenn sich an der Geografie in der Zwischenzeit nichts geändert hat. In Fernsehstationen wurden teilweise Bilder gezeigt, die aus dem Archiv und ganz anderen Ländern stammten. In Israel ist doch tatsächlich ein Ausschnitt aus einem Star Wars Film als Kampf in der Ukraine verkauft worden. In Amerika ist als erstes amerikanische Opfer in der Ukraine der gleiche Mann gezeigt worden, der angeblich im Afghanistankrieg das erste Opfer war. All diese Fernsehstationen haben sich entschuldigt für ihre Fehler. Aber das ist doch völlig absurd. Wo sind die echten Kriegsberichterstatter, die objektiv berichten? Aber vielleicht gibt es die gar nicht. Der österreichische Schriftsteller Egon Kisch wurde als Kriegsberichterstatter im ersten Weltkrieg zu zehn Tagen Arrest verurteilt, weil er dagegen verstoßen hat, Berichte im Sinne der Kriegsverherrlichung zu schreiben. Der Dichter Roda Roda ist vom Feld abgezogen worden, weil er Situationen beschrieb, die Gegner menschlich zeigten und zwischen den Zeilen immer mehr Zweifel an einem Sieg durchklingen hat lassen. Gedruckt wurden jene Berichte, die völlig aus der Luft gegriffen waren, wie etwa, dass die Soldaten jeden Abend luxuriös aßen. Wie hätte das Kaiserreich sonst Freiwillige bekommen? Jeder Krieg ist eine Tragödie. Aber der Ukraine-Krieg ist nicht nur für die Betroffenen etwas Tragisches und Lebensbedrohliches, sondern wird auch verwendet, um in Europa ganz viel Angst zu verbreiten. Und wie es aussieht, die Wirtschaft hier an die Wand zu fahren. Irgendwann werden die Menschen dann keine Zeit mehr haben, Angst zu haben, da sie ins Tun kommen um ihre täglichen Herausforderungen zu meistern. Da wandelt sich dann auch oft Angst um in Wut. Spätestens dann endet das Gelähmtsein und die Veränderung zum Guten wird zum Thema für die einzelnen Menschen. Angst hat ein Ablaufdatum. Sie kann nie auf Dauer aufrecht erhalten bleiben. Deshalb gehen auch Diktaturen unter.

Alle Systeme, die auf Angst beruhen, haben ein Ablaufdatum. Daraus erkennst du, dass die Aussage Ghandis stimmt."

„Und das Ablaufdatum für die verkehrte Welt heißt 2022?"

„In gewissem Sinne. Es ist der Anfang. Die Menschen müssen sich entscheiden, ob sie in der Angst leben wollen oder in Liebe als Mensch."

„Baumgabelung, verstehe. Und die Menschen werden sich für das Menschsein entscheiden?"

„Wenn sie sich für sich und die Natur entscheiden: ja!"

„Ich würde mich für das Koala-sein entscheiden."

„Eben", sage ich.

„Eben", bekräftigt er.

Angst essen Seele auf

Der Koala mampft gerade genüsslich an seinem Frühstück. Saftiger Eukalyptus, so wie er ihn am liebsten mag. Gerade als er die letzten Blätter genüsslich verspeist, merke ich, wie er sich für die nächste Frage wappnet. In der Zwischenzeit erkenne ich das an seiner Mimik.

„Warum können sich die Menschen nicht befreien und anders denken, damit sie endlich das Leben leben können, das ihnen entspricht? Das verstehe ich immer noch nicht ganz. Das mit der Legitimierung habe ich verstanden, aber warum machen die Leute mit? Wenn mir jemand Nüsse statt Eukalyptus geben würde, würde ich mich wehren. Warum tun nicht mehr Menschen etwas dagegen, dass sie ihr Menschsein nicht leben sollen oder ihre Fähigkeiten schlecht gemacht werden? Ich weiß schon, die Glaubenssätze und jetzt auch noch Manipulation mit Schuld und Angst. Aber so ganz praktisch verstehe ich das noch nicht."

Ich weiß, was der Koala meint und überlege: „Also Angst bringt Legitimierung und lähmt gleichzeitig."

Der Koala nickt.

Und so fahre ich mit meinem Gedanken fort: „Eine der schlimmsten Ängste der meisten Menschen, ist es, was außerhalb der Komfortzone lauert."

„Was ist das, eine Komfortzone?"

„Das ist, wenn Du auf einem Eukalyptusbaum sitzt und Dich nicht wegbewegen möchtest. Bei den Menschen ist Komfortzone meistens Wohnung oder Haus, Arbeit, das Geld, das sie mit ihrem Job verdienen, Fernsehen, gewohnte Beziehungen. Manchmal unternehmen sie etwas, auch in bestimmten Rahmen wie auf Urlaub fahren oder in Konzerte zu gehen. Das gibt ihnen Sicherheit. Das geht zum Beispiel so weit, dass Menschen, die in ihrer Arbeit unglücklich sind, an der Situation nichts ändern, nur damit sie in ihrer Komfortzone bleiben können."

Der Koala überlegt weiter. „Hm, wenn ich Dich richtig verstanden habe, heißt das nicht, dass sie in ihrer Komfortzone glücklich sind."

„Unsere Gesellschaft ist so auf Angst aufgebaut – der Angst nicht zu entsprechen, der Angst nicht gemocht zu werden, der Angst etwas zu verlieren, der Angst nicht gut genug zu sein und so weiter – dass die Menschen sich schützen wollen. Angst ist nichts Angenehmes. Als Hilfe dagegen suchen sich die Menschen eine Komfortzone. Das hat nichts mit Glücklichsein sondern mehr mit Sicherheit zu tun – der Sicherheit sich vor Dingen zu schützen, die Angst machen. Manchmal reden sie es sich ein, dass sie dort glücklich sind. Und in vereinzelten Fällen wird das auch stimmen. Aber meistens nehmen sich die Menschen damit etwas von ihren Möglichkeiten im Leben.

Oft sagen sie, dass eine Veränderung aus diesem und jenem Grund nicht möglich sei. Dabei geht es also nicht um das Ziel Glücklichsein. Ein Spruch sagt sogar *‚Besser das bekannte Schlechte, als das unbekannte Schöne.'* Sie bleiben dort, weil sie es kennen und sie Angst vor Veränderung haben. Daher gibt es auch so viel Fokus auf Probleme statt auf Lösungen. Denn mit den Lösungen verlässt Du möglicherweise die Sicherheit Deiner eigenen Komfortzone. Selbst wenn es nur um das Verlassen einer liebgewonnenen (aber destruktiven) Denkweise geht. Um gute Alternativen zu finden, muss man ins Vertrauen gehen – ins Vertrauen, dass alles gut wird. Was passiert, wenn ich meine Sicht- oder Handlungsweisen ändere? Viele Menschen fühlen sich sicherer, festzuhalten und etwas durchzustehen, anstatt neue Ufer zu erreichen."

„Veränderung ist etwas Schlechtes?", fragt der Koala verwundert.

„In einer Gesellschaft, in der Sicherheit einen so hohen Stellenwert hat, für viele Menschen schon."

Ich überlege, wie ich das dem Koala, der von Baum zu Baum in den Nächten wechselt, erklären kann. „Meinen Teilnehmern und Teilnehmerinnen in den Seminaren erkläre ich das mit der sogenannten Veränderungskurve."

Ich zeichne ihm eine Kurve auf, die wie eine verkehrte Glocke aussieht. „Also links oben fängt alles an. Da kommt eine Veränderung.

- Wenn sie von außen kommt, kann das sogar ein Schock oder Schrecken sein. Das wollen Menschen oft nicht wahrhaben und tun so als gäbe es gar keine Veränderung.
- Dann können sie es irgendwann nicht mehr verdrängen und kommen in das Tal der Tränen.
- Da unten landet man bei den Emotionen über die Veränderung, das kann zum Beispiel Traurigkeit oder Wut sein.
- Wenn man da durch ist, kann es erst weitergehen mit dem Akzeptieren einer Situation.
- Und dann mit dem Neu-Ordnen.

Jeder Mensch hat beim Durchgehen durch diese Veränderungskurve ein anderes Tempo. Bei manchen geht das ganz geschwind, bei manchen langsamer. Es gibt auch Leute, die bleiben im Tal der Tränen stecken oder sogar davor im Nicht-Wahrhaben-Wollen. Veränderungssituationen können wie ein ‚Rauswurf' aus der eigenen Komfortzone wahrgenommen werden. Viele Menschen vergessen dann vor Schreck, darüber nachzudenken, ob diese Veränderung auch eine Chance sein könnte. Oft bringen Veränderungen von Außen sogar einen (ersehnten) Energieschub, um die eigene Komfortzone zu verlassen, die ohnehin nicht mehr stimmig war. Im Nachhinein ist man dann dankbar, weil man durch eine Situation zu einem (veränderten) Handeln ‚gezwungen' worden ist."

Der Koala legt seine Stirn in Falten, was bei dem vielen Fell echt drollig aussieht. „Warum erklärst Du das in Seminaren?"

„Weil Führungskräfte die Aufgabe haben, ihre Mitarbeiter und Mitarbeiterinnen in Veränderungssituationen zu unterstützen. Sie hindurch zu führen anstatt Skeptiker oder Ängstliche zu verurteilen und ihnen weiter Angst zu machen."

„Aber, weil Eure Chefs ebenso in der Angstwelt zu Hause sind, machen sie oft genau das?"

„Ja leider."

„Okay, ich habe das jetzt verstanden. Leidensdruck kann die Menschen dazu bringen, ihre Komfortzone zu verlassen. Aber sie könnten auch rausgehen ohne den Leidensdruck. Ich klettere ja auch auf einen anderen Baum, einfach, weil es schön ist und dort die Eukalyptuszweige gut aussehen."

„Nicht, wenn es unter Dir brennt. Dann krabbelst Du auch nicht runter."

„Du meinst, ich bleibe dann auch in meiner Komfortzone? Ja, das stimmt. Das kenne ich. Manchmal wäre es aber besser runterzukrabbeln und so weit wie möglich zu laufen. Denn wenn der Baum zu brennen anfängt …" Der Koala verstummt und wird ganz traurig. „Hast Du gewusst, dass die Feuer in Australien oft von Menschen gelegt werden? Manchmal aus Dummheit, oft aber aus Gier, weil sie irgendetwas bauen wollen."

„Ja, Koala, das weiß ich." Auch ich werde ganz traurig. „Aber um wieder zum Thema zu kommen: Wenn man den Leuten glaubhaft macht, dass es gefährlich ist, vom Baum zu klettern – auch wenn keine reale Gefahr besteht – dann bleiben sie erst recht in ihrer Komfortzone."

„Da sind wir wieder bei der Manipulation der Menschen, oder? Verstehe. Damit verstärkt man noch ihre Angst, ihre Komfortzone zu verlassen. Aber außer Leidensdruck bringt sie nichts dazu, diesen Zustand zu verändern?"

„Doch, Koala. Es gibt immer zwei Möglichkeiten dabei: ‚weg von' oder ‚hin zu'. Es muss immer eine Motivation, eine Energie für eine Bewegung geben wie in der Physik, wo ich zum Beispiel Muskelkraft brauche, um etwas zu bewegen."

„Bei ‚Weg von' ist also der Leidensdruck die Energie für die Bewegung. Und was ist die Motivation bei ‚hin zu' "?

„Das kann ein Ziel sein, das man hat, eine Vision, eine Vorstellung, ein starker Wunsch, eine schöne Alternative zur Ist-Situation."

„Das klingt doch viel netter als Leidensdruck!" Der Koala schüttelt sich wieder einmal.

„Wieso schüttelst Du Dich? Das ist doch etwas Schönes", frage ich ihn überrascht.

„Ich habe wieder einmal an Manipulation denken müssen. Kannst Du Dich erinnern an das Bild in der französichen Zeitung, wo vermeintlich ein Mensch unter einem Sauerstoffzelt liegt. Darunter stand, dass irgendjemand, den man hier kennt, sich infiziert hat. Bei genauem Betrachten des Fotos konnte man sehen, dass das gar kein Mensch sondern eine Schaufensterpuppe war, der ein Arm gefehlt hat. Aber die meisten Menschen haben das Bild nicht so genau angeschaut. So macht man Angst. Das finde ich echt gemein. " Der Koala sieht mich fragend an. „Und wieso schauen sie nicht genau? Was macht denn die Angst mit den Menschen? Warum bewegen sie sich dann nicht von ihrem Baum weg? Angst fühlt sich doch nicht gut an."

„Angst lähmt, auch das klare Denken, leider. Für kurze Zeit, in der es ums Überleben geht, ist sie wichtig. So wie in deinem Dingo-Beispiel. Es wird das Hormon Adrenalin ausgeschüttet und wir bekommen einen Energieschub, das Herz schlägt viel schneller und alle nicht akut benötigten Körperfunktionen werden auf „Energie-Minimum" gestellt wie zum Beispiel auch die Verdauung oder das Immunsystem. Es geht nur darum, die gefährliche Situation zu meistern. Angst auf Dauer ist aber alles andere als gesund.

Das logische Denken ist weg, denn es geht nur um Flucht, Kampf oder Totstellen. In vielen komplexen Situationen heutzutage, die den Menschen Angst machen, bräuchten sie dringend das logische Denken. Ich kann mich an einen ehemaligen Kollegen erinnern, der ganz aufgeregt ins Büro kam, weil er einen Unfall hatte. Er war einfach weitergefahren. Klassischer Fall von Fahrerflucht. Wir haben ihn beruhigt und er hat dann bei der Polizei vorgesprochen und Selbstanzeige erstattet. Es ging glücklicherweise nur um Blechschaden. Unser Kollege hatte trotzdem noch eine Weile Schwierigkeiten mit seinem Verhalten nach dem Unfall. Klassisches Flucht- oder Kampfverhalten ohne logischem Denken. Völlig fehl am Platz in dieser Situation. Stell Dir vor, es wäre jemand verletzt gewesen und mein Kollege hätte seinem Unfallgegner nicht geholfen?"

„Das heißt, dass die verkehrte Welt auf Angst beruht. Höher-schneller-weiter. Die Angst, bei diesen Vorgaben nicht gut genug zu sein, also nicht zu entsprechen."

Ich nicke.

„Und andere haben einen Vorteil dadurch. Verstehe", fügt der Koala hinzu. „Ist Angst eigentlich ansteckend?"

„In gewisser Weise schon, Koala. Du kannst Dich an die Spiegelneuronen erinnern, Zellen, die wir im Gehirn haben?"

„Das sind die, warum es uns gut geht, wenn es anderen gut geht und es uns schlecht geht, wenn wir andere leiden sehen."

„Ja, genau", antworte ich. „Wenn andere Angst haben, kann das dann sozusagen ansteckend sein: Sie leiden mit den anderen, die Angst haben und kippen selbst hinein. Ich habe in meiner Supervisionsausbildung gut gelernt, wie man sich abgrenzt vor dem Hineinkippen in Emotionen anderer. Sonst könnte ich Menschen nicht helfen. Ich würde mit ihnen in die Traurigkeit oder Wut zum Beispiel über einen Jobverlust oder eine Ungerechtigkeit fallen, anstatt ihnen zu helfen, einen neuen Weg für sich zu finden."

„Das heißt, es müssten nicht alle Angst haben?", fragt der Koala.

„Nein, und das tun sie auch nicht. Bist Du auf Deinem Walkabout über die Resilienzforschung gestolpert?"

Der Koala überlegt. Ich glaube, in Deinem Tagebuch hast Du davon geschrieben. Aber, was war das nochmal?"

„Stimmt, im Tagebuch habe ich davon geschrieben. Meine Freundin Carin hat mir damals viel darüber erzählt. Der Begriff Resilienz kommt vom lateinischen Wort resilire, was so viel wie „abprallen" bedeutet. Dabei handelt es sich um eine Fähigkeit, die wir alle von Geburt an haben und die uns hilft, mit Veränderungen und Problemen umzugehen. Anders ausgedrückt, dass man negativen Einflussfaktoren standhalten kann, ohne eine psychische Störung zu entwickeln. Auch wenn Resilienz angeboren ist, gibt es Menschen, die später mehr davon haben und solche, die weniger davon haben. Zum Beispiel hilft Selbst-bewusstsein, eine positive Lebenshaltung, ein unterstützendes soziales Umfeld, aber auch frühere Herausforderungen, die man gut gemeistert hat, Resilienz zu verstärken. Meine Freundin Carin, die Psychologin, hat mir dazu Zahlen aus der Resilienzforschung genannt. Ein Drittel der Menschen meistert unbeschadet eine Krisen-/Angst-Situation, wie wir sie zum Beispiel seit zwei Jahren haben. Ein Drittel hat posttraumatische Belastungsstörungen für einige Wochen oder Monate. Und ein Drittel muss das restliche Leben mit posttraumatischen Belastungsstörungen leben. Das sind unter anderem psychische Krankheiten, Beziehungsunfähigkeit, Angstzustände, ja sogar Selbstmord."

Der Koala ist entsetzt. „Jetzt fällt es mir wieder ein. Aber wie ich darüber in Deinem Tagebuch gelesen habe, habe ich noch nicht richtig realisiert, dass es Menschen gibt, die sich nie wieder von diesem Irrsinn erholen werden!"

„Ja, Koala", sage ich traurig. „Ich sehe manchmal Menschen in Geschäften hinter Glas mit einer Maske, völlig alleine ängstlich herumschauend. Da sagt dann Michaele manchmal, der oder die ist wohl verlorengegangen, was auf das Konto der Politik geht. Womit er Recht hat."

„Du hast von Anfang an, nie Angst gehabt. Das habe ich bemerkt, als ich Dein Tagebuch gelesen habe", stellt der Koala fest.

„Weißt Du, ich hatte nicht so eine „happy peppy" Kindheit. Meine Mutter wurde krank, ich hatte gesundheitliche Probleme und hatte damit schon als Kind mit Ausgrenzung zu tun. Allein, weil ich eine Zeitlang nicht am Sportunterricht teilnehmen konnte. Dadurch wurde ich für manche meiner Mitschüler und Mitschülerinnen suspekt. Auch musste ich von klein auf ertragen, dass eine meiner Schwestern regelmäßig sagte, wie viel schöner das Leben meiner Familie wäre, wenn ich nicht geboren worden wäre. Ich war dreieinhalb als ich mein Transistorradio gepackt habe und mit Musik hinausmarschierte, um nach Amerika auszuwandern. Ich war dabei total glücklich, da ich sowohl überzeugt war, dass man sich in Amerika über mich freuen als auch, dass ich damit meine Familie glücklich machen würde. Meine Mutter hat mich zurückgeholt als die Musik meines Radios für sie immer leiser wurde. Ich habe diese Geschichte meinen Eltern erst knapp vor ihrem Tod erzählt. Sie waren völlig schockiert und hatten damals die Streitereien zwischen meiner um sieben Jahre älteren Schwester und mir nicht so ernst genommen.

Mein Fehler war es, meiner Schwester geglaubt zu haben. Wahrscheinlich würde das aber jedes Kleinkind tun. Heute kann ich, so seltsam das klingt, dankbar für das Verhalten meiner Schwester sein. Denn es hat mich davor gerettet, jetzt in die Falle zu tappen. Da ich schon als Kind mit Ausgrenzung und Manipulation zu tun gehabt habe, erkenne ich sie auf einen Kilometer entfernt, gegen den Wind."

Der Koala schaut nachdenklich und erzählt dann von etwas, das er gelesen hat. „Ich glaube, das war von einem Professor an einer Universität. Ich denke, in Belgien. Er hat herausgefunden, dass es drei Gruppen von Menschen gibt, die immun gegen Massenpsychosen sind, also gegen diese Ansteckung von Angst und Schrecken: Erstens die, die missbraucht wurden und misstrauisch gegenüber Manipulationsversuchen sind, zweitens diejenigen mit religiösem oder spirituellem Glauben an einen Schöpfer, die sich des Bösen bewusst sind und drittens, diejenigen, die in ihrer Familie zum Sündenbock gemacht wurden und unabhängig sind oder ein hartes Leben hinter sich haben und daher einen Sinn für das Leben haben. Da passt Deine Geschichte hinein."

Ich nicke und der Koala fährt fort: „Das heißt, Angst ist ansteckend, das heißt dann Massenpsychose, wogegen manche Leute immun sind. Und die werden dann Verschwörungstheoretiker und Rechtsradikale genannt. Diejenigen, die schließlich die Manipulation erkennen und aussteigen, wagen es nicht, dies öffentlich zuzugeben, aus Angst, ebenso zu diesen Gruppierungen gezählt zu werden. Das ist, wie wenn im Märchen ‚Des Kaisers neue Kleider' die lachenden Kinder Verschwörungstheoretiker genannt werden würden. Und die anderen Leute sich von ihnen wegdrehen und weiterhin so tun als würden sie Kleider sehen."

Ich muss wieder einmal über Koalas nette Metaphern lächeln. „Ja, genau so. In dem Märchen geht es auch um Manipulation. Aus Märchen sollte man lernen. Aber viele Menschen glauben, dass die nur etwas für Kinder sind und sehen nicht den Bezug zu ihrer eigenen Realität."

„Wenn Du Manipulation sagst, fällt mir ein, dass ich gestern ein ganz grausliches Video gesehen habe. Da hat die Frau vom neuen österreichischen Gesundheitsminister bei einer Demonstration die Menschen angeschrien. Dass sie mit Nazis gehen oder welche sind oder so. So richtig wie eine Furie. Dabei waren das ganz normale Leute, die sich gegen Maßnahmen gewehrt haben, die in der Zwischenzeit in den wenigsten Ländern noch gelten."

„Ja, Koala, und das zu einem Zeitpunkt als die Pharmabranche selbst schon offen von Gentherapie und Irreführung der Menschheit spricht. Beispielsweise sagte das der Leiter von Bayer Pharma in einem Interview. Selbst der Chef vom Pharmakonzern Pfizer erklärte öffentlich, dass es die Idee von Biontech war und nicht ihre, eine „mRNA-Gentherapie" unter die Menschen zu bringen, und weist die Verantwortung für Schäden von sich."

„Das heißt, es wird zugegeben, dass es ein Versuch ist. Und wenn Ihr Euch dagegen wehrt, Versuchskaninchen zu sein, wird man zum Nazi?"

„Ja, Koala. So wird es von den Politikern und Medien gesagt."

„Waren es nicht damals die Nazis, die Menschenversuche durchgeführt hatten? Um derartige Abscheulichkeiten zu verhindern, wurde der Nürnberger Kodex erstellt, oder?"

„Ja, Koala. Unsere Welt ist, wie Du so schön sagst, eine verkehrte Welt. Nur jetzt hat man das Verkehrte auch noch mit Leuchtfarbe angepinselt. Damit wir es besonders gut sehen."

„Aber die Leute bleiben in ihrer Komfortzone und lassen sich sogar dafür impfen. Nur damit alles bleibt, wie es ist. Selbst, wenn sie wissen, dass dieses Zeug gefährlich sein kann und sie in dieser Situation gar nicht glücklich sind. Das heißt Angst essen Seele auf", sagt der Koala nachdenklich.

„Wo hast Du denn diesen Spruch her? Das war ein Filmtitel. Aus der Bibliothek?"

„Aus Deinem Tagebuch. Der Satz hat mich sehr berührt", antwortet mein Freund aus der Traumzeit.

„Mich auch. Ich habe ihn in den letzten zwei Jahren so oft gehört. Viele Menschen sprechen das in der Zwischenzeit aus."

„Ich habe das Gefühl, dass die Angst auch die Wahrheit auffrisst. Selbst ich bekomme mit, dass viele Ärzte, Pflegekräfte, Pharmamitarbeiter oder Wissenschaftler Dinge nur hinter vorgehaltener Hand erzählen, weil sie Angst um ihren Job haben."

„Stimmt", sage ich nachdenklich. „Vor ein paar Tagen hat mir ein Medizinstatistiker an einer europäischen Universität von einem Erlebnis erzählt. Er hat an der Statistik zu Nebenwirkungen der Corona-Impfung gearbeitet. Er hat sie nochmals und nochmals überprüft. Aber er ist immer auf die gleichen Ergebnisse gekommen. Verzweifelt ging er zu seinem Professor und erklärte ihm sein Problem, dass er nämlich sein Handwerk verlernt haben muss. Die Impfung war eine Katastrophe, sagte die Statistik aus. Aber seine Zahlen fanden sich nicht in den Berichten. Dort fand sich nur das mühsam herausgeklaubte Positive. Der Professor beruhigte seinen Mitarbeiter, er habe nicht sein Handwerk verlernt. Entgeistert fragte mein Bekannter „Warum steht dann etwas anderes in den Berichten?" Der Professor antwortete: „Weil wir nicht ausgegrenzt werden wollen."

„Das bedeutet aber, wenn all diese Menschen mutig genug wären und die Wahrheit sagten, die Corona-Krise von einem Tag zum anderen vorbei wäre."

„Ja, aus die Maus", bekräftige ich.

„Welche Maus?" Der Koala schaut sich suchend um.

Das sagt man nur so. Das ist ein Spruch bei uns, wenn etwas vorbei ist."

„Und da dachte ich, ich kann schon Eure Sprache. Hm. Dann hilf mir, eine andere Wissenslücke zu füllen. Wie ist das mit dem Milgram-Experiment?"

„Wie kommst Du denn jetzt auf das Milgram-Experiment?" frage ich verwirrt nach dem abruptem Themenwechsel.

„Ich bin gestern etwas herumspaziert und Du weißt, da hängen hier in Frankreich doch lauter Wahlplakate zur Präsidentenwahl. Und über eines stand quer darübergeschrieben: Vaccine et Pass = Milgram- Expérience

„Ah verstehe." Ich krame in meinen Unterlagen. „Das habe ich mir alles aufgeschrieben. Da ist es" und ich beginne zu lesen: „Das Milgram-Experiment stammt aus 1961 und ist von Stanley Milgram an der Universität Yale durchgeführt worden. Es hat daraus bestanden, dass freiwillige Testpersonen einem Schüler, wenn er Wortpaare falsch zusammengesetzt hat, einen Stromschlag versetzen sollten. In Realität waren sowohl der Schüler als auch der Versuchsleiter Schauspieler. Nur wenige Probanden brachen den Test ab, die meisten verteilten Stromschläge, auch wenn der ‚Schüler' schon vor Schmerzen schrie und um Gnade bettelte. Ja, einige gingen sogar so weit, die Voltzahl so zu erhöhen, dass der Stromschlag tödlich war.[100]

Jahrzehntelang hat es geheißen, dass dieses Experiment der Beweis dafür sei, dass die meisten Menschen bereit waren, andere zu quälen oder zu töten. Mehr als fünfzig Jahre später haben aber andere Wissenschaftler, nämlich aus Großbritannien und Australien die Ergebnisse und Aussagen der damaligen Probanden noch einmal durchgearbeitet. Sie haben dabei Erstaunliches entdeckt: Die Testpersonen fühlten sich damals gut, weil sie sich als Teilnehmer eines wichtigen Experiments gesehen haben. Beim Austeilen der Stromschläge waren sie überzeugt, dass es Menschen in ihrer Entwicklung weiterbringen würde. Die britischen und australischen Wissenschaftler schlussfolgerten aufgrund des gesichteten Materials in den Archiven der Universität Yale: ‚*Die Probanden, die bei dem Experiment vermeintlich lebensgefährliche Stromschläge verabreichten, hätten nicht aus blindem Befehlsgehorsam heraus grausam gehandelt, sondern sind offenbar davon überzeugt gewesen, das Richtige zu tun und für eine gute Sache zu handeln. Die Versuchsteilnehmer hatten das Gefühl, eine Pflicht zu erfüllen und einem höheren Ziel gedient zu haben, zum Wohle der Wissenschaft.*'

Alex Haslam von der Universität Queensland hat dazu gesagt: ‚*Wir glauben, dass hinter jedem tyrannischen Verhalten eine Art der Identifikation steht – und damit eine Entscheidung. Milgram hat seine Versuchsteilnehmer davon überzeugt, dass es akzeptabel ist, im Dienste der Wissenschaft Dinge zu tun, die sonst unvorstellbar sind.*'

Stephen Reichert von der Universität St. Andrews argumentiert: ‚*Die Menschen sind sich dessen bewusst, was sie tun, dass sie aber glauben, das Richtige zu tun. Das kommt von einer Identifizierung mit der Sache – und der Akzeptanz, dass die Autorität ein legitimer Vertreter dieser Sache ist.*'[101]

---

[100] Den Probanden wurde mitgeteilt, dass Stromschläge ab 450 Volt in der Regel tödlich sind.
[101] Siehe „Die Welt", Artikel vom 10.9.2014: „Zweifel an Resultaten des Milgram-Experiments"; Quelle: British Journal of Social Psychology; Volume

Ich habe das deshalb aufgeschrieben, weil ich vor zwei Jahren, zu Beginn dieser absurden Zeit, über die neuen Erkenntnisse zum Milgram-Experiment gestolpert bin. In der Zwischenzeit hat sich das Quälen und Leiden vervielfacht: Aussperren und Jobverlust von Ungeimpften, erstmals Übersterblichkeit in allen Ländern mit Impfkampagnen, Ausgrenzen von Kindern. Viele Menschen werden in eine Impfung getrieben, die in einigen Ländern nicht mehr diesen Namen trägt, sondern RNA-Behandlung heißt. Dazu gibt es einen neun-seitigen Nebenwirkungskatalog und eine Datenbank, in der man nachlesen kann, welche Chargen tödlicher sind als andere. Techniker und Chemiker runzeln die Stirn und schlagen Alarm. Sie finden Inhaltsstoffe, die in einer Impfung nicht sein sollten, wie beispielsweise Graphen, ein sehr teures Material aus der Weltraumforschung. Vom psychischen Leiden ganz zu schweigen. Die Anzahl der Menschen, die sich über diesen breit angelegten Menschenversuch wundert, wird von Tag zu Tag größer.

Warum tut das ein Mensch dem anderen an? Die Frage taucht immer wieder in Gesprächen oder in Kommentaren auf. Und da heißt es sehr oft, dass man die Antwort im Milgram-Experiment findet. Ich denke, da ist etwas Wahres dran. Auch, wenn viel Korruption, Gier und Geld im Spiel ist, was sogar manchen Arzt seinen Hippokratischen Eid[102] vergessen lässt und viele aus Angst, etwas zu verlieren, keine Kritik üben. Aber die meisten, die mitmachen, glauben wohl, dass sie etwas Richtiges tun oder es sich zumindest in diese Richtung schönreden. Und da sind wir beim Milgram-Experiment. Trotzdem hat es natürlich mit der eigenen Persönlichkeit und Entscheidung zu tun, wie sich jemand verhält. Ob er auf sein Herz hört oder nicht. – oder überhaupt eines hat."

54, Issue 1, p. 55-83 vom 5.9.2014, Auswertung und Neuinterpretation der 659 schriftlichen Rückmeldungen der damaligen Versuchsteilnehmern

[102] Als Mitglied der Ärzteschaft verpflichtet man sich heutzutage auf das Genfer Ärztegelöbnis, das auf dem Hippokratischen Eid ohne religiösen Rahmen basiert. Unter anderem heißt es in der Neufassung des Gelöbnisses:
„Die Gesundheit und das Wohlbefinden meines Patienten werden für mich an erster Stelle stehen, ich werde die Autonomie und die Würde meines Patienten respektieren, ich werde den größtmöglichen Respekt vor dem menschlichen Leben wahren."

„In solchen Situationen zeigt sich das dann. Verstehe. Okay. Angst, Komfortzone, Manipulation des menschlichen Gehirns, etwas Gutes tun wollen, aber entweder versehentlich oder aus Herzlosigkeit das Gegenteil machen. Ich hab's kapiert. Das klingt ja alles wissenschaftlich logisch. Aber wie kann man dieser Falle entrinnen? Bleiben sie dann immer in ihrem Baum und alles rund um sie wird schlechter und sie sehen einfach zu? Das muss doch unbefriedigend sein. Gibt es dafür keine Lösung?"

„Doch, Koala, die gibt's."

Der Koala stellt seine Ohren auf, sodass seine Härchen obendran spitz in die Höhe stehen.

„Das, was wir vorgesetzt bekommen, kommt von Außen wie die Maßnahmen, die Propaganda. Aber wir haben die Möglichkeit auf verschiedene Weise auf Dinge zu schauen, beispielsweise, wenn man Grundannahmen in Frage stellt. Damit arbeite ich auch als Coach und Supervisorin. Ich gebe Dir ein Beispiel. Da gibt es eine amerikanische Serie, die heißt ‚Stargate'. Es handelt von einem Team, das verschiedene Planeten besucht. In einer der Episoden, landen sie in einem Krieg. Sie wollen den Menschen dort mittels Waffen und Kriegslisten helfen. Als Zuschauer nimmst Du die Perspektive des Teams ein. Plötzlich fragt der Historiker des Stargate-Teams, woher sie denn wissen, dass sie die richtige Seite in diesem Krieg unterstützen. Er stellt einfach die Grundannahme in Frage. Da geht dann das Team auf Erkundung und merkt, dass es versehentlich fast einer Art Naziregime geholfen hätte. Sie hatten die Perspektive ursprünglich nicht hinterfragt, sich keinen Überblick verschafft."

„Ich verstehe", überlegt der Koala. „Und was heißt das jetzt ganz praktisch für die Menschen?"

„Nicht alles hinnehmen, was einem präsentiert wird. Hinterfragen. Nachspüren, ob etwas stimmig ist. In meinem Beispiel hat der Historiker logisch hinterfragt. In Realität können das viele Menschen nicht mehr in einer Situation, in der manipuliert wird."

„Wieso nicht? Wegen der Angst und Verwirrung, die geschaffen werden?"

„Ja genau, Koala."

„Wenn es mit der Logik nicht mehr so einfach geht, wie kommen die Menschen dann raus?"

„Durch ihre Intuition, Koala. Fühlt sich etwas stimmig an oder nicht. So kommt man aus der Angst heraus. Dann kann man spüren, dass etwas nicht stimmt. Du hast mich vorhin gefragt, weshalb ich von Anfang an keine Angst gehabt habe. Den einen Teil, dass ich Manipulation erkenne, habe ich Dir erzählt. Aber das allein war es nicht. Es waren auch die vielen Ungereimtheiten, die mir intuitiv aufgefallen sind. Warum hat man seelenruhig Flugzeuge aus China Anfang des Jahres überall auf der Welt landen lassen, obwohl man vom Virus bereits wusste? Dafür hat man Grenzen dicht gemacht, obwohl Corona schon in ganz Europa war? Warum ließ man Leute nicht in ihre Ferienhäuser, sondern hielt sie auf engen Raum zusammen? Warum wurden Parks und Strände gesperrt, wo man in großem Abstand zueinander Vitamin D und Sauerstoff tanken hätte können? ,*Bewegungs-, Sauerstoff- und Vitaminmangel schwächen das Immunsystem*' hat es noch ein paar Tage vor dem ersten Lockdown geheißen. Das hat alles keinen Sinn gemacht. In mir läuteten von Anfang an Alarmglocken. Dann erst habe ich begonnen, mir die Sache von verschiedenen Perspektiven aus anzuschauen."

„Du redest wieder einmal davon, dass Ihr unbewusst so viel mehr wahrnehmt als bewusst? Also diese riesige Datenbank in Euch, oder?"

„Ja genau, Koala. Und, wenn Du dann noch das Quantenfeld[103] dazunimmst, ist unser intuitives Wissen so riesig, dass wir uns das gar nicht vorstellen können. Leider lernen die meisten Menschen, dass das wertlos ist. Das heißt, nur der Kopf, also die 8000 Bits pro Sekunde, die wir bewusst wahrnehmen, hätten eine Bedeutung. Wenn ich zum Beispiel meditiere, fallen mir immer alle möglichen Sachen ein, zum Beispiel Lösungen für ein Problem, Texte für eine Arbeit. Beim Meditieren bin ich im ,Hier

---

[103] Als Quantenfeld wird ein Energiefeld bezeichnet, das alles und jeden miteinander verbindet. Anders ausgedrückt: Alle Materie setzt sich aus Teilchen zusammen, die physikalisch gleichzeitig die Eigenschaft von Wellen haben und damit immer in Bewegung sind. Die Wellen beeinflussen sich gegenseitig und somit ist alles zueinander in Wechselwirkung.

und Jetzt' und höre in mein Inneres. Ich spüre dabei oft, was ich als Nächstes tun soll oder was für mich wichtig ist."

Der Koala schaut mich fragend an. Und ich überlege wieder einmal, wie ich das einfacher erklären kann. „Ich erzähle Dir ein paar Beispiele zum Thema Intuition. Vor meiner Heirat mit Michaele war ich mit vielen zynischen Bemerkungen konfrontiert. Es war eine Lebensphase, in der viele meiner Freunde gerade Scheidungen hinter sich hatten. Da habe ich dann einmal in eine Runde gefragt, ob sie alle am Tag ihrer Hochzeit gespürt haben, dass das, was sie da machen ein Leben lang andauern würde. Haben sie eine tiefe Liebe gespürt? Antwort darauf war verlegenes Murmeln. Niemand von ihnen hatte dieses Gefühl gehabt. Manche sagten, ihre Intuition hätte sie eher zum Davonlaufen gedrängt. Ich habe hingegen tiefe Verbundenheit bei unserer Hochzeit gespürt und bin immer noch glücklich verheiratet mit Michaele. Ich behaupte nicht, dass all diese Ehen halten, aber, wenn ich nicht einmal an meinem Hochzeitstag diese Überzeugung spüre? Hätte ich einen meiner Ex-Partner geheiratet, hätte ich sicher auch meine Zweifel schon bei der Hochzeit gehabt. Ich hatte ja Gründe für meine Trennungen. Mein Vorteil war, dass ich von meinen Eltern eine tiefe Liebe und Seelenbeziehung gekannt habe. Daher hatte ich auch nicht vorher jemanden anderen geheiratet.

Ein anderes Beispiel. Wir waren vor vielen Jahren zu Italiens Ferragosto an der Amalfiküste verzweifelt auf der Suche nach einer Unterkunft unterwegs. Spätabends und völlig fertig von der langen Suche, fragte mich Michaele: ‚*Rechts oder links fahren?*'

‚Rechts', habe ich geantwortet und dann mir selbst widersprochen. ‚Das ist Blödsinn, da geht es nur zu einem Restaurant.' Ich kann mich noch gut an diese Situation erinnern.

Doch Michaele antwortete zu meiner Verwunderung: ‚*Wir fahren rechts.*'

Wir landeten, wie zu erwarten, lediglich bei einem Restaurant, in einer Sackgasse. Wir hatten großen Hunger und so haben wir uns müde gesetzt, bestellten etwas zu essen und eine Flasche Wein. Die Aussicht war traumhaft. Als der Kellner mit unseren Getränken kam, erzählte Michaele ihm von unserer Suche. Der Kellner verschwand und kehrte mit einem Zettel, auf derm eine

Adresse eines Hotels stand zurück und sagte: *'Die Gäste sind dort nicht aufgetaucht. Das reservierte Zimmer ist frei.'*

Verstehst Du, Koala? Wir haben ein Zimmer gefunden, weil ich meiner Intuition gefolgt bin und nicht der Logik.

Ein weiteres Beispiel. Eine Kundin hat mir vor kurzem erzählt, sie werde von ihrer Familie extrem unter Druck gesetzt, zu dieser Impfung zu gehen. Einmal war es so unerträglich, dass sie beschlossen hatte, doch hinzugehen. Aber dann hat sie beschrieben, ihre Füße wollten sie einfach nicht zum Impfzentrum tragen. ‚*Wissen Sie, es ging einfach nicht. Alles in mir hat sich gesträubt*‘, hat sie mir erzählt. Ich habe ihr dann geholfen, mit dem Druck umzugehen. In der Zwischenzeit hat sie Frieden in der Familie."

„Das heißt, dass Intuition etwas ganz Wichtiges ist, aber viele Menschen sie nicht benutzen. Habe ich das richtig verstanden?" steigt der Koala aus seinem Zuhörmodus wieder in den Dialog mit mir ein.

„Ja, das denke ich. Alle, die ich persönlich kenne und nicht geimpft sind, haben etwas gemeinsam. Sie haben eine gute Intuition. Damit haben sie einerseits schnell gespürt, dass bei der Berichterstattung und politischen Entscheidungen etwas nicht stimmen kann. Und andererseits auch auf ihren Körper gehört, der „nein" zur Impfung sagte."

Traurig füge ich hinzu: „Die, die ausschließlich im Kopf sind, egal wie hochintelligent, waren interessanterweise diejenigen, die sich am schnellsten von der Manipulation schlucken haben lassen."

Schnell schüttle ich die Schwere ab, in die ich durch diese Erkenntnis gerutscht bin und erzähle von meiner Intuition. „Ich habe oft beim Hineinspüren in meinen Körper erlebt, was er mir mit einem Schmerz sagen wollte. Zum Beispiel mich mehr ausruhen, Wut oder Traurigkeit loslassen. Unsere verkehrte Welt gaukelt uns vor, dass nur unser Bewusstsein, also unser Kopf, uns weiterbringt. Damit schneiden sich viele Menschen sowohl vom enormen Wissensschatz ihres Unterbewusstsein als auch von ihrem Körper ab."

„Aber ist das nicht super für die Reichen und Mächtigen? Ohne innere Stimme oder Intuition sind die Menschen viel leichter manipulierbar."

Ich denke kurz darüber nach, was der Koala da gerade gesagt hat. „Ja, stimmt genau. Der Mensch ist ein ganz tolles Wesen. Wir sollten aber nutzen, was uns die Natur mitgegeben hat. Im Moment wird allerdings sogar unser Immunsystem mittels Manipulation klein geredet."

„Ja, ist das nicht seltsam?" grübelt der Koala.

„Der Pharma-Industrie sind Selbstheilungskräfte, über die der Körper verfügt, ein Dorn im Auge, obwohl diese ganz klar nachgewiesen sind. Oder vielleicht gerade deshalb. Meine Freundin Carin hat wie Du weißt ein Buch über den Placebo Effekt geschrieben.[104] Es gibt Studien darüber, dass Patienten viel höhere Heilungsquoten haben, deren Ärzte an ihre Genesung glauben.

Aber das ist für das Geldmachen mit kranken Menschen natürlich ganz schlimm. Das Ganze fällt aber leider auf fruchtbaren Boden bei den Menschen. Es ist ja doch so viel leichter, sich irgendwelche Tabletten verschreiben zu lassen, als Stress oder andere energieraubende Situationen zu verändern. So ist es leichter, in der Komfortzone zu bleiben, auch wenn das bedeutet, in krankmachenden Jobs oder toxischen Beziehungen zu bleiben. Pharmazeutische Medikamente nehmen dem Körper das Symptom, nicht die Ursache des Schmerzes. Viele Menschen hören nicht auf ihre Intuition, weil sie nicht hören wollen, was ihnen ihre innere Stimme sagt. So belächeln sie lieber andere und holen sich Rückenwind von der Industrie, die beispielsweise Essen mit chemischen Zusatzstoffen oder Medikamente an Mann und Frau bringen wollen."

„Das heißt, sie bleiben auf ihrem Baum, auch wenn es keine saftigen Blätter gibt. Die Pharmaindustrie gibt ihnen womit sie ihren Schmerz betäuben können, obwohl der Körper ihnen etwas sagen möchte. Das bedeutet, beide gewinnen. Die Industrie macht Geld. Der Mensch kann in seiner Komfortzone bleiben. Ich frage mich nur: Ist das wirklich ein Gewinn für die Menschen? Echt verkehrte Welt. Aber ich verstehe jetzt, warum das die Menschen

---

[104] Carin Partl, Der Placebo Effekt (2022)

machen." Der Koala macht eine kleine Pause und fährt dann fort: „Wenn ich Dich richtig verstanden habe, ist es aber gar nicht so schwer, in sich hineinzuhorchen."

„Die Intuition ist bei vielen verbuddelt. Es kommen beispielsweise Manager zu mir ins Coaching, um ihre innere Stimme wieder zu hören. Das geht oft sehr schnell, weil viele Menschen ihre Intuition nur wegschieben um kompetenter oder männlicher zu wirken. Irgendwann kommen sie drauf, dass sie mittels Intuition bessere Entscheidungen treffen können."

„Mit der inneren Stimme ist es also so wie mit der Resilienz. Alle haben sie bei der Geburt. Und dann wird sie entweder gefördert oder zugeschüttet."

„Genau. Den meisten Menschen wird es aberzogen, auf die eigene Stimme zu hören, zumindest in unserem Kulturkreis", stimme ich dem Koala zu.

„Gut, kommen wir wieder zurück zu unserem Ausgangspunkt. Mit Hilfe ihrer Intuition können Menschen aus der Angst aussteigen. Du hast gesagt, dass auch logisches Denken beim Aussteigen aus der Angst hilft. Hm." Der Koala hält inne und legt mittels seiner Pfote eine typische Denkerpose ein.

Langsam fährt er fort und ordnet dabei seine Gedanken. Und meine gleich mit. „Das heißt, Angst blockiert sowohl das Spüren als auch das logische Denken. Aber umgekehrt, kann ich auch die Angst mittels Intuition und logischem Denken besiegen. Beim logischen Denken muss man allerdings aufpassen, nicht in die Falle zu tappen, falsche Grundannahmen anzunehmen. Dafür muss ich alles in Frage stellen, so ähnlich wie Du mir das beim systemischen Coaching erklärt hast. Mit der Intuition kann ich wieder lernen, was Menschsein bedeutet. Und dass es etwas ganz, ganz Tolles ist, das zu sein, was man wirklich ist – egal ob Mensch oder Koala."

Ich nicke. „Wenn die Menschen auf ihre Intuition anstatt auf eigennützige Obrigkeiten hören und vom Gegeneinander ins Miteinander wechseln, dann würden sie obendrein noch mit Glückshormonen überschüttet werden."

„Wem sie vertrauen können und wem nicht, sagt ihnen ihre innere Stimme. Sie würden dann eigennützige Blender entlarven. Noch ein Punkt mehr, warum viele nicht wollen, dass die

Menschen begreifen, was für eine Schatztruhe sie da in ihrem Unterbwusstsein haben. Heiliger Eukalyptuszweig, das ist ja so traurig. Das heißt aber auch, die Menschen könnten ihr ganzes ICH leben, also Intuition und bewusstes Wissen. Es ist also nur eine Frage des Wiederentdeckens und des richtigen Einsetzens von beidem. Damit könnten sie ihre Welt so aufbauen, dass sie nicht mehr verkehrtherum ist. Und es ist gar nicht so schwer, wie sie glauben. Sie müssten nur ein paar Grundannahmen hinterfragen und geraderichten, aufhören, sich alles einreden zu lassen und ihre Pfoten vom Baum bewegen. Dann entdecken sie einen ganzen Eukalyptuswald voller Möglichkeiten. Und können ihre Welt so aufbauen, dass sie für die Menschen passt und nicht mehr für die Psychopathen."

Ich nicke langsam. Punktlandung des Koalas.

Er überlegt eine Weile nach seiner Zusammenfassung und setzt dann eine feierliche Miene auf. „Ich erzähle Dir etwas, was ich aus der australischen Traumzeit weiß. Ich bin mir nicht sicher, ob ich es Dir erzählen darf, aber ich glaube die Menschen haben dieses Wissen verdient. Es ist für mich so traurig, sie in dieser Angstwelt zu sehen, die manchen nützt, den meisten aber schadet."

Ich schaue ihn neugierig an und denke: „Von welchem Wissen spricht er da?"

Der Koala hat offensichtlich eine Entscheidung getroffen. „Also gut, ich erzähle es Dir und damit auch allen Menschen: Mutter Erde wurde in Liebe erschaffen. Sie ist der Raum für die Menschen, sich in Liebe zu entfalten. Und ich glaube nicht an einen Zufall, dass ich gerade jetzt aus meiner Traumzeit bei Dir sein soll. Ich glaube, jetzt ist der Zeitpunkt gekommen, dass die Menschen sich von der Angst abkehren und diese Liebe wiederentdecken. Und zwar, weil dies sowohl Mutter Erde als auch den Menschen entspricht."

„Und auch Dir, Koala."

„Ja, wie auch mir. Stimmt!" nickt er mir zu und beißt genüsslich in ein Eukalyptusblatt.

„Spannend, dass Du das sagst. Kennst Du die große Invokation von 1945? Es wurde der Menschheit von den geistigen Fügrern dieser Welt geschenkt. Einen Monat später war der zweite Weltkrieg zu Ende. In diesem Weltgebet geht es auch darum, dass die Erde wieder so sein soll, wie sie ursprünglich erschaffen wurde – als Planet der Liebe."

Der Koala überlegt: „Wissen die Menschen, was in diesem Zusammenhang Liebe bedeutet?"

„Hm, gute Frage. Wahrscheinlich müssen wir das noch konkret erklären. Aber morgen machen wir Pause."

Der Koala schaut mich fragend an. „Pause? Ich brauche keine Pause. Ich bin froh, wenn all diese Gedanken, die sich in meinem Kopf ansammeln, auf Deinem Papier landen."

„Mir geht es auch so. Ich träume schon von den Dingen, die wir besprechen. So sehr beschäftigt mich das alles. Außerdem bin ich immer neugierig, was Du jetzt wieder an Wissen und Erkenntnissen hervorzauberst."

„Und warum möchtest Du dann Pause machen?" fragt er mich wieder.

„Weil wir morgen übersiedeln. Dorthin, wo wir vor kurzem Urlaub gemacht haben. In dieses Appartement direkt am Meer mit der langen Fensterfront. Nur machen wir dieses Mal nicht Ferien, sondern wir arbeiten. Mit Blick auf das Meer und Spaziergängen am Strand."

Der Koala ist begeistert. Nur der kalte Wind, den wir das letzte Mal erlebt haben, lässt ihn ein wenig schaudern. „Hoffentlich bläst nicht wieder dieser Tramontana, der von den Bergen kommt."

„Das hoffe ich auch", stimme ich ihm mit einem Seufzen zu, denke aber gleich an Wellen, Strand und Meeresluft in Port-la-Nouvelle."

Der Koala offensichtlich auch. Denn er sieht jetzt richtig glückselig aus.

Kooperation und Liebe

Der Koala kaut immer noch an seinem Frühstück als ich schon am Computer sitze. Mit Blick auf das Meer überlege ich, welche Inhalte das dritte Kapitel umfassen soll. Auf den Titel haben wir uns schon gestern während unserer Übersiedlung geeinigt.

Da beginnt der Koala bereits zu reden. „Ich habe nachgedacht. Ich glaube, es ist wichtig, dass die Menschen verinnerlichen, wie sie von Natur aus ticken.

Du hast ein kleines Buch mitgenommen mit dem Titel ‚Wahrscheinlich hat diese Geschichte gar nichts mit Ihnen zu tun'.[105] Darin habe ich etwas Spannendes gefunden. Hör einfach nur zu und nachher reden wir darüber. Was ich Dir jetzt vorlese, hat sich wirklich zugetragen. Also …

Dies ist ein realer Funkspruch, der zwischen Spaniern und Amerikanern stattgefunden hat – aufgenommen von der Frequenz des spanischen maritimen Notrufs, Canal 106, an der galizischen Küste ‚Costa De Fisterra' – am 16.10.1997.

Spanier: ‚Hier spricht A-853 zu ihnen. Bitte ändern Sie Ihren Kurs um 15 Grad nach Süden, um eine Kollision zu vermeiden. Sie fahren direkt auf uns zu, Entfernung 25 nautische Meilen.'

---

[105] Ed Watzke (2008)

Amerikaner: ‚Wir raten Ihnen, Ihren Kurs um 15 Grad nach Norden zu ändern, um eine Kollision zu vermeiden.'

Spanier: ‚Negative Antwort. Wir wiederholen: Ändern Sie Ihren Kurs um 15 Grad nach Süden, um eine Kollision zu vermeiden.'

Amerikaner: (eine andere amerikanische Stimme) ‚Hier spricht der Kapitän eines Schiffes der Marine der Vereinigten Staaten von Amerika zu ihnen. Wir beharren darauf: Ändern Sie sofort ihren Kurs um 15 Grad nach Norden, um eine Kollision zu vermeiden.'

Spanier: ‚Dies sehen wir weder als machbar noch erforderlich an. Wir empfehlen Ihnen, Ihren Kurs um 15 Grad nach Süden zu ändern, um eine Kollision zu vermeiden.'

Amerikaner: (stark erregter, befehlerischer Ton) ‚Hier spricht der Kapitän Richard James Howard, Kommandant des Flugzeugträgers USS Lincoln von der Marine der Vereinigten Staaten von Amerika, das zweitgrößte Kriegsschiff der nordamerikanischen Flotte. Uns geleiten zwei Panzerkreuzer, sechs Zerstörer, fünf Kreuzschiffe, vier U-Boote und mehrere Schiffe, die uns jederzeit unterstützen können. Wir sind in Kursrichtung persischer Golf, um dort ein Militärmanöver vorzubereiten und in Hinblick auf eine Offensive des Iraks auch durchzuführen. Ich rate Ihnen nicht – ich befehle Ihnen, Ihren Kurs um 15 Grad nach Norden zu ändern!!! Sollten Sie sich nicht daran halten, so sehen wir uns gezwungen, die notwendigen Schritte einzuleiten, die notwendig sind, um die Sicherheit dieses Flugzeugträgers und auch die dieser militärischen Streitmacht zu garantieren. Sie sind Mitglied eines alliierten Staates, Mitglied der NATO und somit dieser militärischen Streitmacht. Bitte gehorchen Sie unverzüglich und gehen Sie uns aus dem Weg!'

Spanier: ‚Hier spricht Juan Manuel Salas Alcántara. Wir sind zwei Personen. Uns geleiten unser Hund, unser Essen, zwei Bier und ein Mann von den Kanaren, der gerade schläft. Wir haben die Unterstützung der Sender Cadena Dial von la Coruna und Kanal 106 als Maritimer Notruf. Wir fahren nirgendwo hin, da wir mit ihnen vom Festland aus reden. Wir befinden uns im Leuchtturm A-853 Finisterra an der Küste von Galizien. Wir haben eine Scheißahnung, welche Stelle wir im Ranking der spanischen Leuchttürme einnehmen. Und sie können die Schritte einleiten, die sie für notwendig halten und auf die sie geil sind, um die Sicherheit ihres Scheiß-Flugzeugträgers zu garantieren, zumal er gleich gegen die Küstenfelsen Galiziens zerschellen wird. Und aus diesem Grund müssen wir darauf beharren und möchten es ihnen nochmals ans Herz legen, dass es das Beste, das Gesündeste und das Klügste für Sie und Ihre Leute ist, Ihren Kurs um 15 Grad nach Süden zu ändern, um eine Kollision zu vermeiden.' "

Ich lache darauf los. „Herrlich", sage ich zum Koala und wische mir die Lachtränen aus dem Gesicht.

„Genauso ist es ganz Spanien gegangen als 2005 der Funkspruch zur Veröffentlichung freigegeben und in den spanischen Zeitungen abgedruckt worden ist. Niemand hatte Mitleid mit dem Kapitän, der seine geballte Macht den Leuchtturmwärtern entgegengeschleudert hat. Stattdessen haben sich die Leute kaputtgelacht. Würdet Ihr von Natur aus so wie dieser Amerikaner ticken, dann würde Eure Sympathie bei ihm liegen. Als normale Menschen identifiziert Ihr Euch aber mit den anderen und findet es lustig, was diesem Kapitän mit seinem Machtgehabe passiert ist."

„Spannend Koala. Ja, das ist wahr. Wir identifizieren uns mit jenen, die uns ähnlich sind. Um es mit dem Buchtitel zu sagen: Ich glaube, diese Geschichte hat eine ganze Menge mit uns zu tun."

„Wenn den Menschen das klar ist, wie sie wirklich ticken, dann würden wohl viele zum Nachdenken anfangen über die Welt, in der sie leben. Zum Beispiel, wenn sie über die Reward Systems Bescheid wüssten. Dass Menschen von der Natur mit Glückshormonen und der Stärkung ihres Immunsystems belohnt werden, wenn sie anderen helfen. Also sich gegenseitig wertzuschätzen und unterstützen, positive Auswirkungen auf Körper und Psyche hat. Aber auch, dass das Höher-schneller-weiter-System als auch die Angst, nicht mithalten zu können, der Gesundheit schadet. Liebe ist das Verbindende zwischen Menschen, Angst das Trennende, wie Du es so schön auf den Punkt gebracht hast."

Ich nicke. „Ja, da hast Du Recht, Koala. Die Natur belohnt uns für Verhaltensweisen, die für das Leben und die Entwicklung konstruktiv sind und bestraft uns de facto für destruktives Verhalten."

„Das heißt, das Trennende macht krank und das Verbindende gesund. So sagt das auch die Psychoneuroimmunologie[106]. Und die Intuition führt Euch. Ihr spürt ja, was Euch guttut. So ist das mit uns Koalas auch. Nur dass wir danach handeln und viele Menschen das nicht tun."

„Wow, Koala, Du hast auch die Psychoneuroimmunologie bei Deinen Recherchen entdeckt? Deren Forschungen sind bemerkenswert. Wüssten die meisten Menschen von den Erkenntnissen von dort, würde die Pharmaindustrie nicht so gut verdienen."

„Ja in Deinem Tagebuch."

„Ah stimmt, hatte ich ganz vergessen."

„Damit sind wir wieder beim Thema, dass dann die Menschen mehr darauf schauen sollten, was sie glücklich macht. Und das machen die meisten nicht! Vielleicht würden sie es sogar – nur erlauben sie es sich nicht", überlegt der Koala weiter. „Gut, jetzt wissen wir, wie Menschen von Natur aus ticken und wie sie am besten für ihr Wohlbefinden und ihre Gesundheit sorgen können. Und dass die verkehrte Welt ihnen genau das Gegenteil vorgaukelt, weil nur so Macht, Geld und Gier einen hohen Stellenwert haben können. Wie sieht das jetzt ganz praktisch aus? Seiner Intuition folgen und miteinander etwas aufbauen, Neues schaffen?", fragt der Koala interessiert.

Ich will antworten, als ich gerade noch rechtzeitig merke, dass dies nur eine rhetorische Frage des Koala war und er schon weiterspricht. „Bis jetzt ist immer der Fokus auf Geld gelegt worden und nicht darauf, dass es Euch als Menschen gut geht. Hast Du vielleicht Beispiele für das Neue und auch für die alte, verkehrte Welt, so als Gegensatz? Gemeinsam finden wir dann heraus, wie es die Menschen anpacken können, aus der verkehrten Welt auszusteigen und eine lebenswerte Menschenwelt aufzubauen. Klingt doch toll, oder!"

Auch ich finde den Vorschlag super, nicke dem Koala zu und lege gleich los. „Zuerst ein Beispiel für das Neue. Kannst Du Dich erinnern? In Wien waren wir in Lucias Laden." Der Koala nickt. „Also Lucias Laden, oder wie er jetzt heißt ‚Die Bioschwestern',

---

[106] Interdisziplinäres Forschungsgebiet zur Wechselwirkung der Psyche mit dem Nerven- und Immunsystem

beruht auf dem Konzept, dass nicht Geld die oberste Priorität hat, sondern es allen in diesem System gut geht, auch finanziell. Man bestellt im Webshop was man möchte, von der Karotte bis zu Fisch oder Fleisch. Das bestellen dann Lucia oder Sabine bei regionalen Bauern. Sie geben ihnen dafür das Geld, das sie verlangen und pressen sie nicht finanziell aus, wie das Supermärkte im Allgemeinen machen. Dann schlagen sie einen fixen Prozentsatz drauf, damit die Kosten gedeckt sind und die Bioschwestern ein Einkommen haben. Ende der Woche holt man das Bestellte im kleinen Geschäft ab. Damit wird nichts weggeworfen. Die Kunden zahlen nicht einen fiktiven Preis, der sich daran orientiert, was sie bereit wären zu zahlen, sondern was es braucht damit alle, die mitarbeiten, davon leben können. Damit ist, obwohl die Qualität besser ist, der Preis meistens ähnlich wie von den Bioprodukten im Supermarkt."

Der Koala nickt. „Ja, an Lucia kann ich mich erinnern. Und Supermärkte machen das anders, wenn ich das richtig verstanden habe?"

„Ja, vor allem Supermarkt-Ketten, also Konzerne machen das anders. Sie haben den Fokus auf Gewinnmaximierung. Erstens schauen sie, dass sie den bestmöglichen Preis von den Bauern bekommen. Die Bauern ihrerseits schauen dann zumeist, dass sie Kosten einsparen können, weil sie keinen großen Gewinn, aber Sicherheit durch langjährige Verträge haben. Mir hat das einmal ein Weineinkäufer einer Handelskette erklärt. Zuerst suchst Du einen guten Wein aus, dann drückt man den Preis und stellt dafür einen langjährigen Vertrag in Aussicht. Von Jahr zu Jahr wird die Qualität des Weins dann schlechter, weil der Weinbauer spart, wo er sparen kann. Die Abnahmegarantie hat er sowieso. Das geht dann meistens ein paar Jahre so. Auch bei Bioprodukten gibt es große Unterschiede in der Qualität oder Frische. Man kann den Gesetzesrahmen ausreizen und zum Beispiel mehrere Hühnerhöfe mit maximaler Größe einfach nebeneinander aufbauen. Oder aber einen kleinen Hof mit Tierhaltung haben, der ganz frisch liefert und bei dem die Tiere wirklich gut behandelt werden, ohne Transporte zum Beispiel.

Das ist der erste Teil von deren Konzept, der zweite Teil ist, dass sich ganze Abteilungen mit dem Thema Preispolitik befassen. Da geht es darum, wieviel Kunden bereit sind für etwas zu zahlen.

Also was ihnen ein Produkt wert ist. Dazu kann ich Dir ein Beispiel geben. Michaele hat vor vielen Jahren für Daimler-Chrysler gearbeitet. Die E-Klasse wurde billiger produziert als die C-Klasse, trotzdem hat man die E-Klasse teurer verkauft, weil das dem Preisgefüge und dem, was Kunden für ihren Mercedes bereit waren zu zahlen, entsprochen hat. Bei Autos gibt es immer noch gleiche Preisunterschiede bei verschiedenen Marken, auch, selbst bei identischen Motoren oder wenn die Karosserie aus fast den gleichen Bauteilen zusammengesetzt ist und aus denselben Fabriken kommt. Um Kosten geht es hier nur am Rande. Der Fokus ist auf die Preisspanne gerichtet und wie der höchste Gewinn zu lukrieren ist."

Der Koala, belesen wie immer fügt hinzu: „Oder Erdöl, da läuft alles über Waren-Termingeschäfte. Da spielt Spekulation auch eine große Rolle. Obwohl viele Experten sagen, dass es mehr als genug Erdöl gibt, wird der Preis in die Höhe geschraubt. Der Fokus liegt auf Gewinnmaximierung. Gas wird an der Börse gehandelt. Da wird mit lebenswichtigen Rohstoffen gezockt. Ich konnte es gar nicht fassen wie ich das gelesen habe. Vor zwanzig Jahren wurde in Europa mehr Gas gefördert als in Russland. Aber das wurde eingestellt, weil das russische Gas billiger war. Es spielt aber auch das Thema Macht eine große Rolle. Staaten zum Beispiel erzielen durch höhere Benzinpreise mehr Steuereinnahmen. Obwohl sie Gesetze haben, mit denen sie den Benzinpreis einbremsen könnten, geschieht dies nicht. So wie derzeit in Österreich und in vielen westlichen Ländern. Im Moment ist der Rohöl-Preis niedriger als vor einigen Jahren und der Benzinpreis trotzdem sehr viel höher als damals. In der Weltwirtschaft spielt der Petrodollar eine dominante Rolle und bringt den USA damit bedeutenden Einfluss auf die Weltwirtschaft und damit auf die Länder. Alles beruht hier auf dem Fokus Geld.

Aus diesem Griff versuchen sich gerade einige Staaten herauszuwinden und die Zahl der Expertenstimmen werden immer mehr: Die Weltwirtschaft wie sie bis jetzt lief, wird wohl ein baldiges Ende haben und dadurch wird die verkehrte Welt recht ins Wanken kommen. Ich verstehe das jetzt mit dem Fokus auf Gewinnmaximierung versus Fokus auf Lebensqualität", überlegt der Koala weiter.

„Profitgier es auch, was beispielsweise Shell dazu bringt, in der Antarktis nach Öl zu bohren, einem hoch sensiblen Ökosystem. Und da fällt mir gleich ein schlechtes Beispiel ein. Hast Du davon gelesen, von der BP-Katastrophe im Golf von Mexiko, von 2010?" Ich nicke. „Darf ich das trotzdem erzählen? Mir helfen auch die schlechten Beispiele beim Denken." Ich nicke nochmals. „Moment, ich habe das genau gelesen" ruft der Koala im Herumwuseln. „Ja, da. Ich hab's. Also, da gab es die Deepwater Horizon, diese Bohrinsel von BP, die für eine feste Zeitspanne und zu einem Festpreis geleast war. Man war aber schon mehrere Wochen in Zeitverzug, jeder zusätzliche Tag kostete BP über eine Million US-Dollar. Da der Bonus der BP-Manager sehr stark von den Faktoren Geldsparen und dem Einhalten von Zeitplänen abhängig war, ist sehr viel Druck auf die Verantwortlichen auf der Bohrinsel ausgeübt und gespart worden, wo es nur ging. Die Zeitpläne für die Durchführungen der Bohrungen wurden ständig verändert und damit das Risiko immer mehr erhöht. Da es für einen Drucktest am Bohrloch[107] keine Standards und Vorgaben der Aufsichtsbehörden und auch nicht innerhalb des BP-Konzerns gegeben hat, ist er auf ein Minimum reduziert worden zu einem reinen Pro forma-Test. Die Untersuchungskommission zum Unglück – als alles in die Luft geflogen ist – stellte fest: Die flüchtigen Vorgaben für den Test waren unzureichend, das Wissen zum Interpretieren der Testergebnisse auf der Deepwater Horizon hat gefehlt und die Bohrungen haben die kritischen Abschlusstests nicht bestanden. Die Crew übernahm aber die Meinung, der Test sei erfolgreich gewesen und alles wäre in Ordnung, trotz mancher Zweifel oder entgegen des eigenen Unwohlseins. Stattdessen herrschte geschäftiges Treiben, weil es knapp vor Schichtwechsel war. Und das wiederum hinderte die Verantwortlichen ganz massiv am (Mit-) Denken. Nach dem Motto: Nur nicht Nachdenken oder gar wahrnehmen, dass etwas nicht passt – ja sogar, Gefahr herrscht.

Langer Rede, kurzer Sinn, die Bohrinsel hielt den Druck nicht aus und flog in die Luft. 11 Menschen sind dabei gestorben, 16 wurden verletzt, die von Experten geschätzte Austrittsmenge von

---

[107] „Negative pressure test"

Rohöl hat knapp 500 Millionen Tonnen in 87 Tagen[108] betragen. Bis November 2010 sind knapp 7000 tote Tiere gefunden worden, darunter 6.000 Vögel, 700 Meeresschildkröten und 101 Delfine und Wale.[109] 2000 km Küste wurden verseucht. Es war bis dato die größte Ölkatastrophe in der Geschichte der USA.

Weiters wurden die Existenzen zigtausender Menschen in diesem Gebiet, wie in der Fischerei oder im Tourismus gefährdet oder vernichtet. Auch ist die Lebensqualität in diesem Gebiet innerhalb von Stunden aufs Minimum gesunken. Diese Menschen sind bei den oben genannten Zahlen noch gar nicht berücksichtigt. Etwa 100.000 haben geklagt. Betroffen waren insgesamt fünf amerikanische Bundesstaaten, die Schadensersatzforderungen an den Mineralölkonzern gestellt haben.

Insgesamt kostete dem Unternehmen BP die Explosion der Deepwater Horizon 62 Milliarden Dollar. Unter Berücksichtigung von steuerlichen Effekten waren es 44 Milliarden, den Rest haben die Steuerzahler, hauptsächlich die britischen, gezahlt. An Strafzahlungen musste BP 20,8 Milliarden[110] zahlen. Es war also eine Lose-lose-Situation. Jeder hat dabei verloren."

Der Koala ist offenbar noch nicht fertig mit seinem Vortrag, der mich in seinen Details völlig verblüfft. Denn er hat nur einen Teil heruntergelesen. Aber während ich das denke, fährt er langsam fort, so wie er das immer macht, wenn er gleichzeitig redet und denkt. „Die Leute haben sich nur eingeredet, dass alles okay ist, obwohl einige ein ungutes Gefühl hatten. Das heißt, sie sind nicht ihrer Intuition gefolgt. Zuerst ist also geschlampt worden, weil nur auf das Geld geschaut worden ist. Dann, als einige gespürt haben, dass es nicht passt, haben sie so getan als wäre alles in Ordnung. Fällt Dir etwas auf?"

Ich überlege. „Das klingt wie eine Zusammenfassung unserer verkehrten Welt."

---

[108] nach Berechnungen eines US-Bundesbezirksgerichts in New Orleans
[109] Diese Zahl wird jedoch von einigen Wissenschaftlern 50-Mal höher geschätzt.
[110] Nach einer Einigung mit US-Behörden auf Basis der ausgetretenen Menge an Öl (3,19 Mrd Barrel). BP stellte darüber hinaus 7,8 Mrd für mögliche Entschädigungen bereit, zahlte 10 Mrd an Geschädigte, die dafür von einer Klage absahen und musste für 14 Mrd Dollar die verseuchte Küste säubern.

Der Koala freut sich sichtlich, dass ich so schnell geschaltet habe. „Genau! Und wohin führt das? In eine Katastrophe!"

„Ja, Koala", sage ich traurig.

„Und das ist, was gerade in der Welt passiert. Fokus auf Geld und Macht. Die Leute spüren, dass etwas nicht stimmt, aber die meisten sagen nichts."

„Ja, oft muss erst etwas wirklich Schlimmes passieren, bis Menschen umdenken", gebe ich ihm seufzend Recht.

„Wie schlimm muss es noch werden?" Der Koala hat die Stimme so erhoben, dass er fast kreischt als er das sagt.

„Das ist eine sehr gute Frage, die ich mir seit zwei Jahren stelle. Dabei muss ich an das schlimmste Unglück der zivilen Luftfahrt denken." Der Koala schaut mich fragend an und ich beginne zu erzählen: „In Tenariffa sind im Jahr 1977 zwei vollbesetzte Flugzeuge zusammengekracht und zwar aufgrund von Missverständnissen und schlechten Sichtverhältnissen. Nur wenige Menschen haben dabei überlebt. Danach sind bestimmte Regeln für den Flugverkehr geändert worden. Eine davon war, dass jemand, der Zweifel an einer Situation hat, es sagen muss – egal in welchem Rang er steht. In diesem Fall war es der Flugingenieur einer der beiden Flugzeuge, der skeptisch geworden ist, ob eine Starterlaubnis erteilt worden ist oder nicht. Tragischerweise hat der Kapitän nicht auf ihn gehört. Nach heutigen Vorgaben müsste er das! Weißt Du Koala, mir fällt das jetzt ein, weil ich vor ein paar Tagen ein Video von einem kanadischen Piloten gesehen habe, in dem er dieses Unglück mit dem, was wir momentan erleben, verglichen hat. Er hat dazu aufgerufen, aufzustehen und etwas zu sagen, wenn man das Gefühl hat, dass etwas in unserer momentanen Situation nicht stimmt."

Der Koala, der angespannt zugehört hat, zieht seine Schlüsse: „Das heißt, wir müssen ganz schnell einen Ausweg für die Menschen finden. Einen Weg, den sie einfach und leicht gehen können. Damit sie verstehen, dass sie und ihre Intuition richtig sind und nicht die verkehrte Welt um sie herum."

Hm, ja, der Koala hat völlig Recht. Ich überlege gerade, wie wir also am besten weiterschreiben, als der Koala unvermittelt fragt: „Was bedeutet das Wort ‚nachhaltig'? Ich habe da gerade eine Werbung auf Deinem Handy gesehen für ein Hundefutter mit

Insekten. Und da steht: es ist nachhaltig. Nur, weil Insekten drin sind?"

„Ich würde eher sagen, beim Begriff ‚nachhaltig' steckt der Wurm drin."

„Welcher Wurm?", fragt der Koala erstaunt.

„Also nachhaltig, das ist so ein neuer Begriff, damit die Leute glauben, dass sie etwas Gutes machen, wenn sie etwas kaufen, vor allem für die Umwelt."

„Respekt vor Mutter Erde? Das passt ja gar nicht zu Eurer verkehrten Welt. Wenn Du sagst, da ist der Wurm drin, klingt mir das aber wieder mehr nach Eurer verkehrten Welt und nicht nach Respekt vor Mutter Erde."

Ich teile seine Skepsis. „Nein, mit Respekt vor Mutter Erde hat das leider überhaupt nichts zu tun. Es passt viel mehr sehr gut in unsere verkehrte Welt. Das Hundefutter mag gut für Hunde sein, aber das ‚nachhaltig' ist Marketing."

„Das heißt, irgendjemand macht damit Geld und lässt die Leute glauben, sie machen etwas Gutes für Mutter Erde", folgert der Koala blitzschnell.

Ich nicke. „So ungefähr. Alles Mögliche ist plötzlich nachhaltig. Das Sonnenblumenöl, weil man die Blumen nachpflanzen kann. Oder meine Freundin Monika erzählte mir, dass sie für ein EU-Projekt etwas zur Nachhaltigkeit von Lernen schreiben musste und hat erbost gesagt: *Und wie ich in der Volksschule schreiben und rechnen gelernt habe, das war nicht nachhaltig?*'"

Der Koala wird nachdenklich. „Irgendwie denke ich mir das auch bei den Elektroautos, dass da etwas nicht stimmt. Da wird so getan, als käme der Strom aus der Steckdose. Bei der Produktion sind diese Autos alles andere als umweltfreundlich und in Afrika passiert sehr viel Leid in den Schächten, wo das Lithium für die Batterien abgebaut wird. Mit dem Erlös daraus werden zum Teil Waffen finanziert. Auch der Strom muss produziert werden, auf die eine oder andere Weise. Das ist alles andere als ein respektvoller Umgang mit Menschen oder Mutter Erde."

Der Koala kramt wieder einmal in irgendwelchen Unterlagen und hat offenbar das Gesuchte gefunden. „Die EU hat Atomkraft jetzt sogar als saubere und nachhaltige Stromgewinnung erklärt. Ha! Nachhaltig, da ist ja das Wort wieder. Und was passiert mit den Brennstäben, dem Atommüll, der Umwelt und den Menschen, die all das in Gefahr bringt? Und die Teenager, die für Friday for Future sich laut machen und mehr Strom verbrauchen als die Generationen, die sie angreifen? Die finden das auch noch toll und bemerken nicht, dass sie von denen, die damit Geld machen wollen, benutzt werden. Also, das einzige, von dem was Du erwähnt hast, was nachhaltig sein soll, ist eigentlich nur das Sonnenblumenöl. Und das hat es schon gegeben, bevor irgendetwas nachhaltig war. Und das Hundefutter bleibt das gleiche Hundefutter."

„Ja", lache ich. Galgenhumor hilft manchmal.

Plötzlich erhellt sich das Gesicht des Koalas und er sagt mit einem Grinsen: „Wir schreiben ein nachhaltiges Buch. Ist es nicht nachhaltig, den Menschen einen Weg heraus aus der verkehrten Welt zu zeigen, damit sie nachhaltig in einer schöneren Welt leben können?"

„Und wie nachhaltig das ist!" Wir lachen beide aus vollem Hals. Als wir uns wieder einkriegen, schnappt er sich einen Eukalyptuszweig und ich mir ein Glas Wasser.

Als ich aus der Küche komme, sieht der Koala gedankenverloren aus dem Fenster hinaus aufs tosende Meer. Die Wellen überschlagen sich. Der Tramontana tobt. „Wieso haben so viele Menschen keinen Respekt vor Mutter Erde? In den meisten Städten gibt es kaum mehr Natur. Alles wird verbaut. Aber irgendwie kommt es mir vor, dass man Paradiese zerstört, um es dann toll zu finden, wenn ein Park angelegt wird, wo man sich dann an einem einzelnen Schmetterling erfreut. Was ist mit einer Begrünung von Häusern? Da habe ich auch ein Buch gelesen. Arvay hat der geheißen, der das Buch[111] geschrieben hat. Damit könnten Städte ein angenehmeres Klima bekommen. Da ging es um ein Miteinander von Mensch und Natur. Das ist doch auch Kooperation!"

Der Koala überlegt weiter: „Man könnte doch eine Betonsteuer einführen und damit Architekten und Bauherren dazu bringen,

---

[111] Clemens Arvay: Biophilia in der Stadt (2018)

mehr im Einklang mit der Natur zu bauen. Aber in der verkehrten Welt wird alles ausgegrenzt: die Natur, alte Menschen, Behinderte und so weiter. Es gibt kein Miteinander, dabei ist doch das Miteinander so wichtig!"

„Ich fürchte Koala, dass so viele Menschen keinen Respekt vor Mutter Erde haben, ist das Gleiche, weshalb sie keinen Respekt vor ihrer eigenen Natur des Menschseins haben. Außerdem heißt das heutzutage nicht mehr behindert, sondern das heißt Menschen mit besonderen Bedürfnissen."

„Haben nicht alle Menschen besondere Bedürfnisse?", fragt der Koala nach, klug wie er ist.

„Ja, absolut, ich finde es sowieso seltsam, wie mit Menschen umgegangen wird, nur, weil sie nicht so sind wie die Mehrheit der Bevölkerung. Du hast doch meinen tollen Neffen kennen gelernt, der Down-Syndrom hat. Er hat bessere soziale Kompetenzen als so manche gut bezahlte Führungskraft, die ich kenne. Von ihm kann man so viel lernen. Oder auch von der Natur oder von Tieren, seinen eigenen Haustieren, natürlich auch von Kindern oder ganz alten Menschen. Die Gesellschaft nimmt sich so viel, sie nicht einzubeziehen. Auch da sind wir beim Thema Kooperation beziehungsweise dem Mangel davon in unserer verkehrten Welt."

„Gut, jetzt haben wir aber wieder viel über das Alte gesprochen, das wo der Fokus auf Geld ist. Außer bei der Geschichte von den Bioschwestern. Wir sollten nochmals auf den Unterschied schauen", regt der Koala an.

„Letztendlich ist der Unterschied nur die Einstellung. Es braucht einen Wertewandel in jedem Einzelnen. Vor zwei Jahren haben ganz viele Menschen darüber nachgedacht, was ihnen eigentlich wirklich wichtig ist. Da haben viele gesagt: Sie haben begriffen, dass es die Menschen sind, um die es in Wirklichkeit geht. Und um die Natur, von der wir ein Teil sind, die uns so viel geben kann", erinnere ich mich.

„Wo sind diese Gedanken geblieben?" fragt der Koala. „Ich sehe eine verkehrte Welt im ganz großen Stil, in der gelogen und manipuliert wird zum eigenen Vorteil. Euer seltsamer Virus Omikron mag fast für alle eine gewöhnliche Erkältung sein. Aber der Gier-Virus tobt schlimmer denn je. Die Menschen verlieren Schwanz und Seele."

„Du hast Recht, Koala, dass der Gier-Virus derzeit tobt wie der Sturm da draußen. Aber was nicht ganz stimmt ist, dass alle, die darüber im vorletzten Jahr nachgedacht haben, das vergessen haben. Ich glaube, dass viele Leute diese Erkenntnis noch bewahrt haben. Aber leider sind sehr viele in ihrer Komfortzone geblieben und haben Wege gefunden, in dieser verkehrten Welt weiterzumachen."

Der Koala nickt. Das habe ich auch bemerkt. „Sie haben ihre Bedenken vergessen oder vergessen wollen. Sie haben sich impfen lassen, damit sie vermeintlich weitermachen können wie bisher und in die verkehrte Welt passen. Es wird als Zufall abgetan, dass es plötzlich eine Übersterblichkeit und neue Krankheiten in den Ländern mit hohen Impfquoten gibt. Auch, dass viele Menschen jemanden kennen, der knapp nach der Impfung gestorben ist. Oft bekommen sie den Zusammenhang nicht mit. Sind doch so normale Krankheiten wie Schlaganfall oder Herzinfarkt verbreitete Nebenwirkungen. Aus Angst haftbar gemacht zu werden, schweigen die meisten Ärzte. Menschen mit Nebenwirkungen erzählen, dass ihnen eingeredet wird, dass sie ein Einzelfall sind. Recherchieren sie, kommen sie darauf, dass sie ihr Leid mit vielen Menschen teilen. Wer würde sich noch impfen lassen, wenn die vielen Studien, Statistiken im Fernsehen gebracht werden würden?" Der Koala überlegt weiter: „Das heißt, sie reden sich dieses Zeugs schön, damit sie weiterhin in ihre verkehrte Welt passen?"

Ich nicke. „In ihre Komfortzone, ja. Es gibt natürlich auch die Gruppe der Menschen, die so stark in ihrer Angst gefangen ist, dass sie wirklich daran glaubt, geschützt zu sein mit dieser Impfung."

Der Koala sieht mich eindringlich an. „Aber findest Du es nicht unlogisch, dass die meisten Menschen sich nicht wegen einer Krankheit impfen lassen, sondern damit sie ihr altes Leben wieder zurückbekommen? Viele haben dabei sogar ein ungutes Gefühl. Aber sie tun es, damit alles bleibt wie es war? Also damit sie in die Welt, wo Geld das Höchste ist, weiterhin hineinpassen? Obwohl, sie vielleicht sogar begriffen haben, dass sie eigentlich etwas anderes im Leben bräuchten, um glücklich zu sein?"

„Es hat nur eine Logik, wenn Du daran denkst, was ich Dir über die Veränderungskurve erzählt habe. Viele haben mehr Angst vor dem unbekannten Neuen als vor dem bekannten Schlimmen. Aber ich glaube, dass es in der Zwischenzeit viele Menschen gibt, die eine Sehnsucht danach haben, in einer schöneren Welt ohne Panikmache zu leben. Sie sprechen dabei von Normalität. Dabei hatte sich die Welt vor 2020 ja auch schon nur um Geld und Macht gedreht. Sie war daher auch schon nicht normal im Sinne des Menschseins. Nur jetzt wird es immer offensichtlicher."

„Für viele ist die aktuelle Situation oder die Angst vor dem nächsten Herbst schon unerträglich und die Sehnsucht nach Freude, Wertschätzung und einem Miteinander groß, habe ich gesehen. Sie wissen nur nicht wie sie herauskommen. Denn das erfordert Mut", spinnt der Koala den Faden meines Gedankens weiter. „Mut, sich abzuwenden vom darwinistischen System hin zu Kooperation und Liebe. Aber, strebt nicht jedes Wesen nach Glück? Ich tue es und Euer Hund Filou tut es auch." Er grinst mich verschmitzt an. „Und Du auch."

Ich lächle den Koala an. „Viele Menschen haben das vergessen, wie es scheint. Ich muss gerade an eine Bekannte meiner Schwester denken, deren Vater ein paar Tage nach der Impfung verstorben war. Sie selbst hat dann lange gezögert, sich diese verabreichen zu lassen. Ich fragte meine Schwester, wieso sich diese Bekannte dann doch diesen experimentellen Stoff impfen ließ. Meine Schwester war perplex über diese Frage. Denn eigentlich gab es keine andere Wahl, meinte sie, mit zwei Kindern und einem Job, den sie eventuell verloren hätte. Ich habe ihr darauf geantwortet, dass ich genau solche Menschen auch kenne, und die haben ihre eigenen Wege ohne Impfung gefunden."

Ich sehe, wie sich das Fell vom Koala aufstellt. Nicht-Mitmachen in Eurer verkehrten Welt heißt Nicht-Entsprechen – was in Eurer Welt Nichtfunktionieren heißt. Da ist man dann ein Mensch zweiter Klasse. Da durchzugehen erfordert Mut. Du hast erzählt, dass Du nicht einmal in die öffentliche Bücherei durftest oder Dir einen neuen Mantel kaufen konntest. Deine ungeimpfte Freundin von der Alten Donau hat erzählt, dass ein Verwandter gesagt hat, alle Ungeimpften sollten erschossen werden. Deine herzensgute australische Freundin hat ihren Job verloren und wurde von der Verwaltung in Australien als böser Mensch bezeichnet. Andere mussten ihren Sport aufgeben oder wurden gar von Familie und Freunden aufgegeben. Schon wieder diese

Ausgrenzung. Da ist von Kooperation keine Rede. Das klingt mir mehr nach dem Milgram-Experiment, von dem Du mir erzählt hast."

„Ja Koala, das stimmt."

Und er fährt gleich fort: „Das ist ein echtes Apartheidsystem, wirklich schlimm. Aber weißt Du: Auch wenn das ganz schlimm ist und offenbar die meisten Menschen nicht aus der Geschichte gelernt haben, ist genau das auch der Schlüssel zum Weg raus aus dieser verkehrten Welt. Du hast gesagt, Du kennst viele Beispiele von Menschen, die genau deshalb, weil sie jetzt ausgegrenzt werden, sich etwas Neues aufgebaut haben. Ohne Fokus auf Angst oder Geld, sondern auf Lebensqualität und auf das, was sie glücklich macht. Sie sind quasi dazu gezwungen worden, weil sie von der verkehrten Welt ausgespuckt worden sind. Sie haben mit Hilfe ihrer Intuition und mit Vertrauen einen Weg gefunden. Das heißt, damit finden wir den Weg, wie es jeder angehen kann. Du erzählst Beispiele und anhand von denen, machen wir eine Art Wegbeschreibung, wie es hinausgeht aus der verkehrten Welt in die für Menschen richtige Welt. Das ist ein weiterer Puzzlestein nach Deinen Beispielen aus der Geschäftswelt mit den Supermärkten und den Bioschwestern."

Der Koala freut sich über seinen eigenen Einfall. „Ja, so geht es", geht es mir durch den Kopf. So können wir das machen. „Superidee!" sage ich laut und wir lächeln uns zu, glücklich über die gefundene Vorgehensweise.

„Okay, hier ein paar Beispiele. Ich ändere aber die Namen, Koala, ich stehe ja als Coach und Supervisorin unter Verschwiegenheit. Nur, dass Du es weißt. Vertrauen ist eine wichtige Sache, sowohl in meiner Arbeit als auch, wenn die Menschen raus möchten aus der verkehrten Welt." Der Koala nickt.

„Also, als erstes erzähle ich Dir von einer Managerin im Kulturbereich, ich nenne sie hier Laura. In vielen Betrieben des Kulturbereichs ist es besonders mühsam als Ungeimpfte. Laura hat mir erzählt, dass sie sich immer wie auf einem anderen Planeten fühlte, wenn sie in die Arbeit kam. Sie hat zum Beispiel erzählt, dass eine Mitarbeiterin verzweifelt zu ihr kam, weil sie nach heftigen Nebenwirkungen der Impfung keine dritte haben wollte. Und nun hatte sie Angst, ihren Job zu verlieren. Laura beruhigte sie und erzählte ihr, dass das kein Problem ist. Sie selbst sei gar nicht geimpft. Die Mitarbeiterin war ganz verwundert. Sie hatte geglaubt, sie würde ihren Job verlieren. Und sie die Einzige sei, die nicht (mehr) mitmachen wollte. Aber die Situation hat gezeigt, welcher Wind im Haus weht. Von der Familie ihres Mannes wurde Laura teilweise ausgegrenzt und sie hatte Angst vor der Impfpflicht. Außer mir kannte sie nur wenige Menschen, die die Situation so sahen wie sie. Sie ging auf die wöchentlichen Demonstrationen, um im Gefühl zu baden, nicht alleine zu sein. Wir haben eine Systemische Strukturaufstellung gemacht. Sie konnte dann ihre Intuition, ihre gute Verbindung zu ihrem Mann und zu ihren Kindern sowie ihr Potenzial spüren. Voller Vertrauen in eine gute Zukunft und viele Möglichkeiten beendete sie die Arbeit mit mir. Bereits nach zwei Wochen erzählte mir Laura, dass sie sich bei spannenden, ganz verschiedenen Jobs beworben hat und sogar schon Termine für Bewerbungsgespräche hatte. Bereits im Vorfeld wurde ihr überall versichert, dass es kein Problem sei, dass sie ungeimpft ist. Ihr Mann hatte beschlossen, sich kein drittes Mal impfen zu lassen. Plötzlich fand sie sich auch in vielen Situationen, in denen sie Menschen traf, die den aktuellen Entwicklungen sehr kritisch gegenüberstanden, viele davon ungeimpft. Ihr Chef hofierte sie, offensichtlich bemüht, sie in ihrem Job zu halten. Sie selbst nahm alles viel lockerer und sagte, sie hat sich seit Jahren nicht mehr so lebendig gefühlt. Noch eine Geschichte, Koala?" frage ich. Er nickt.

„Vor ein paar Wochen kam Barbara zu mir. Von ihr habe ich Dir schon einmal kurz erzählt. Sie war gerade in Pension gegangen und war ganz verzweifelt, weil sie von ihrer Familie immer mehr in die Enge getrieben wurde, sich impfen zu lassen. Sie war ein großer Familienmensch und völlig am Ende mit ihrer Kraft. Sie sagte, sie wäre schon so weit gewesen zum Impfzentrum zu gehen, aber ihre Füße haben sie einfach nicht dorthin getragen. Ihr wurde schlecht, ihr Körper schrie förmlich, dass er das nicht wollte. Es stellte sich heraus, dass Barbara eine sehr gute Intuition hatte und eine starke Verbindung zu ihrem Körper. Sie meditierte regelmäßig und erzählte mir, dass sie immer spürte, wann sie zu einem Arzt gehen sollte und wann etwas harmlos war. Die meisten ihrer Geschwister und Kinder sind in der Forschung gelandet und waren rein schulmedizinisch und kopflastig unterwegs. Sie wusste nicht mehr weiter. Ihr Schlüssel war es, ihr Selbstvertrauen zu stärken und ihre Selbstliebe zu spüren und danach zu handeln. Sie erzählte, dass sie ihr Leben lang damit zu kämpfen hatte. Diese Notsituation hatte sie gezwungen, dieses Thema endlich in Angriff zu nehmen. Sie spürte dann, dass sie genauso viel wert war wie ihre Kinder und Geschwister.

Dann gibt es noch die Geschichte von Patrizia, einer Freundin von mir, deren Leben vor diversen G-Regeln[112] hauptsächlich aus Sport und etwas Hundetraining bestanden hat. Sie trennte sich von ihrem Freund, der in der Corona-Angst untergegangen war. Ihre Entscheidung stand fest, sie würde nicht untergehen. Sie machte diverse Kurse und spezialisierte sich auf IT-Unterstützung, die sie aus der Ferne machen konnte. Über den Verlust von Freund und Mannschaftssport trösteten sie ihre Tiere, ein Hund und eine Katze hinweg. Sie verstärkte ihre Arbeit als Hundetrainerin und spezialisierte sich immer mehr in höchst spannenden energetischen Techniken für Tiere. Sie arbeitete nur mehr mit Menschen zusammen, denen sie vertraute und zu denen sich positive Beziehungen entwickelten. Heute arbeitet sie mit Hunden, Pferden, Katzen und in ihrem IT-Job selbständig. Es geht ihr in allen Bereichen gut. Das was sie jetzt macht, tut sie sehr gern und sie sagt, dass man wahnsinnig viel von Pferden lernen kann. ‚*Einen Hund oder eine Katze kannst Du auch mit sanften Bewegungen zu einem Verhalten bringen. Ein Pferd bleibt einfach stehen.*‘ So musste sie lernen, noch viel mehr telepathisch zu kommunizieren und fand auch andere spannende Dinge, wie zum Beispiel ihre alte Liebe zum Reiten wieder."

Der Koala grübelt. „Das sieht nach einem Muster aus. Auch bei der Geschichte Deiner Freundin Maria in Australien, die aus ihrem Job geflogen ist und ertragen musste, dass sie von ihrer Behörde, die für sie als Lehrerin zuständig war, als nicht guter Mensch bezeichnet worden ist, weil sie sich nicht impfen ließ."

„Ja, Maria, meine Seelenschwester. Für sie war es besonders heftig, denn sie verlor auch noch ihr Haus im Outback, das eine Art Dienstwohnung war. Sie stand also ohne Haus und Existenz da und hat dennoch ganz genau gespürt, dass das nun ihr Weg ist

---

[112] 2G-, 3G-, 2,5G-Regeln, die Nachweise verlangen, ob geimpft, getestet, genesen.

und der andere, den so viele gegangen sind, nicht der ihre war. Sie ist ein sehr spiritueller Mensch und hat sich letztendlich mit ihrem Mann, der Bushman ist und ihrem fast erwachsenen Sohn auf eine Art Walkabout gemacht. Nicht bewusst als Walkabout, es wurde einfach eine Zeit der tiefen Verbindung zu Mutter Erde, ein Eintauchen in den Busch und in ein Leben ohne viel Sicherheit. Aber viel Vertrauen, in dem sie sich selbst begegnete. Sie macht ihre Schritte zu einem Leben in innerer Harmonie, in einem tiefen Verständnis der Verbindung und Heilung von Mutter Erde, wie sie die Aborigines kennen. Ihr Partner ist sehr dankbar dafür, dass alle drei nicht geimpft sind. Für den 16-jährigen Sohn[113] stand das Thema sich impfen zu lassen nie zur Debatte."

„Und was ist mit Dir, was hast Du gefunden durch diese Situation?" Der Koala sieht mich neugierig an.

Ich lächle. „Ich habe sehr, sehr viel gefunden. Ich und viele andere wurden ausgegrenzt und da gab es Situationen, wo ich dachte, ich wäre im falschen Film. Doch gerade in diesen fordernden Situationen sah ich einen Teil der verkehrten Welt, der zuvor verborgen war. Eine Welt, in der ich ohnehin nicht leben möchte. Als Ungeimpfte habe ich unter meinesgleichen einen Zusammenhalt, ein sich angenommen fühlen, ein Gemeinsam-sein erlebt, wie noch nie zuvor in meinem Leben. Das war sehr schön. Ich musste meine Angst, keine Aufträge zu bekommen, loslassen und ins Vertrauen gehen. Denn meine Pläne und Strategien haben nicht mehr funktioniert. Doch genau dadurch sind völlig unerwartet sehr schöne Projekte und Begegnungen in mein Leben gekommen. Ich habe herausgefunden, dass Neid, Missgunst und Ausgrenzung in Wien viel präsenter sind als an anderen Plätzen der Welt. So schockiert und traurig mich das gemacht hat, hat es mich zur Verwirklichung eines Traums gebracht. Eines Traums, den ich seit meiner Kindheit habe, nämlich in der Nähe des Meeres zu leben und damit im Ausland. Wir befinden uns hier in Südfrankreich in einer Gesellschaft, in der es vielen ein Anliegen ist, Wege für das Gemeinsame zu finden, selbst wenn Gesetze und Verordnungen Gegenteiliges fordern. Leben und leben lassen. Damit kann ich gut zwischendurch in Wien arbeiten und mir das Schöne heraussuchen, damit es mir auch dort gut geht."

---

[113] Der zur Hälfte Aborigine ist.

„Das ist wirklich eine Menge. Und – das hast Du mir kürzlich verraten – Du hast in dieser außergewöhnlichen Situation Michaeles Nähe zu Dir besonders gut gespürt. Also diese Seelenpartnerschaft zwischen Euch. Denn merkt man nicht gerade in Veränderungssituationen, wie gut eine Beziehung ist? Zwei Deiner Freundinnen haben sich in den letzten Monaten getrennt, nicht wahr? Auch Eure Mensch-Hund-Beziehung hat sich als harmonisch und stark gezeigt. Filou macht alles gerne mit. Solange er Euch hat und rennen oder schwimmen kann." Ich nicke. Der Koala hat in alldem Recht.

„Gut, gehen wir es logisch an." Der Koala nimmt einen Stift in die Pfote.

- „Alle diese Menschen, inklusive Dir, haben einen gemeinsamen Ausgangspunkt. Sie wurden gezwungen einen neuen Weg für sich zu finden, weil der andere für sie nicht gangbar war.
- Zweitens, sie haben die Angst aus ihrem Leben rausgeschmissen und sind mutig voller Vertrauen vorangeschritten.
- Drittens haben alle den Wert Liebe als höchste Priorität genommen (und nicht Geld): Liebe zu Mutter Natur, den Menschen, die ihnen wichtig waren sowie sich selbst und dem Leben gegenüber.
- Viertens haben sie ihrer Intuition vertraut.

Als Ergebnis haben sie wertvolle Begegnungen und heilsame Situationen erlebt. Durch das Fokussieren auf das Gemeinsame statt auf das Trennende haben sie Ersteres vermehrt in ihr Leben geholt."

Ich überlege. Ja, das ist eine sehr gute Analyse und ich fasse nun für mich zusammen: „Die Menschen von denen wir gesprochen haben, haben sich mit dem Thema bewusst beschäftigt. Sie sind entweder zu mir gekommen und haben Glaubenssätze oder andere Blockaden aufgelöst oder haben sich auf andere Weise mit sich beschäftigt. Meine Erfahrung als Coach oder auch in meinem eigenen Leben ist es, dass sich beim Schließen einer Tür, eine andere auftut. Viele Menschen zwängen sich aber lieber durch den Spalt in der alten Tür, um in der verkehrten Welt zu bleiben. Dafür zahlen sie sogar den Preis, den dortigen Höher-schneller-weiter-Regeln zu entsprechen."

Der Koala runzelt seine Stirn. „Die Frage ist, was sie dazu bewegt, diese Türe endlich zufallen zu lassen? Um durch eine andere, die verkehrte Welt zu verlassen. Um glücklich zu werden und ihr Menschsein zu leben."

Ich nicke, in Gedanken versunken. Er überlegt weiter: „Sie haben ihre Arbeit, das Geld, das sie verdienen, oft Schulden, Kinder, die versorgt werden wollen, ihre Karriere. Und das ist ihre Komfortzone, mitten in der verkehrten Welt, wo weder sie als Mensch noch Mutter Erde mit Respekt behandelt werden. Sie tun Dinge, von denen sie glauben, dass sie etwas Gutes sind, weil ihnen das die Gier-Virusträger vorgaukeln. Habe ich das richtig verstanden?" Ich nicke.

„Aber", spricht der Koala weiter, „vorhin hat Dich eine Nachricht von einer Freundin erreicht. Sie hat es geschafft, den Job, den sie so gerne wollte, zu bekommen – ohne sich impfen zu lassen, was zuvor von der Firma als Bedingung gestellt worden war. Deine Freundin hatte ihre Zusage strategisch hinausgezögert bis die interne Hausregel gefallen war. Warum sagen dann so viele, es ist ihnen nichts anderes übriggeblieben, obwohl es Möglichkeiten gibt und sie unglücklich mit der Impfung waren?"

„Ja, das ist der Punkt", stimme ich dem Koala zu. „Man findet immer Lösungen und es gibt nie nur einen Weg. Aber das ist eine Frage der Wahrnehmung und des Fokus. Wenn ich glaube, dass es keine Alternative gibt, werde ich auch keine finden. Wie kann ich etwas finden, von dem ich nicht glaube, dass es existiert? Und im Fernsehen ist ja oft genug und vehement gesagt worden, es führt kein Weg an der Impfung vorbei – selbst zu Zeitpunkten, an denen andere Länder bereits ohne Impfung aus der Situation herausgekommen waren. Dafür muss man die Tür zum inneren Käfig in einem selbst aufmachen. Wenn das jemand nicht tut oder tun will, kann er nicht in die Freiheit kommen und seinen freien Willen für seine Entscheidungen nutzen."

„Ich habe eine Geschichte gefunden, die da genau dazu passt!" Zu meiner Verwunderung schnappt sich der Koala mein Handy. „Maria hat eine Geschichte geschickt." Schon interessant, denke ich mir. Der Koala kommt mehr dazu, meine Nachrichten und

Bücher zu lesen als ich. Kaum bin ich am Ende meines Gedankens angekommen, da liest der Koala schon:

Da war einmal ein Pastor in Neu England und der hatte in der Kirche einen rostigen Vogelkäfig dabei. Er erzählte, dass er einen kleinen Jungen getroffen hat und der hat diesen Vogelkäfig in der Hand gehabt, mit drei frierenden, zitternden Vögeln. Er fragte: „Was hast Du da mein Sohn?"

Der Junge antwortete: „Nur ein paar alte Vögel."

„Was hast Du mit denen vor?"

„Ich bringe sie heim und werde meinen Spaß mit ihnen haben", sagte er, „ich werde sie etwas ärgern, ihnen Federn ausrupfen und sie kämpfen lassen. Ich werde eine tolle Zeit haben."

Der Pastor fragte: „Und wenn Du nachher keine Lust mehr auf sie hast. Was wirst Du dann tun?"

„Oh, ich habe einige Katzen, die mögen Vögel. Denen werde ich sie geben."

Der Pastor verstummte und sagte dann: „Wieviel möchtest Du für diese Vögel haben, mein Sohn?"

„Huh??!! Warum? Du möchtest diese Vögel nicht haben. Das sind gewöhnliche alte Feldvögel. Die singen nicht und sind nicht einmal hübsch."

„Wieviel?", fragte der Pastor wieder.

Der Junge schaute den Pastor an, als ob er verrückt wäre, und sagte zögernd: „10?"

Der Pastor gab ihm die zehn Dollar und der Junge rannte davon. Der Pastor ging an den Ortsrand, öffnete die Käfigtür, klopfte leicht an die Gitterstäbe und ließ die Vögel frei.

Da haben die Menschen verstanden, warum er den leeren Vogelkäfig am Rednerpult hatte, aber immer noch nicht verstanden, was das mit ihnen zu tun hat. Da erzählte der Pastor eine Geschichte: „Eines Tages hatten Satan und Jesus ein Gespräch. Satan kam gerade vom Garten Eden und war voller Schadenfreude am Prahlen.

‚Ich habe gerade eine ganze Welt voller Menschen dort gefangen. Ich habe Fallen aufgestellt, sie gelockt und sie konnten nicht widerstehen. Hab' sie alle!'

‚Was hast Du mit ihnen vor?', fragte Jesus.

Satan antwortet: ‚Oh, ich werde meinen Spaß mit ihnen haben! Ich werde ihnen das Heiraten und Scheiden beibringen, wie man einander hasst und sich ausnutzt. Wie man säuft, raucht und flucht. Ich werde ihnen zeigen, wie man Pistolen und Bomben erfindet und sich gegenseitig tötet. Ich werde viel Spaß haben!'

‚Und was wirst Du mit ihnen tun, wenn Du mit ihnen fertig bist?', fragte Jesus.

‚Oh, ich werde sie umbringen', strahlte Satan stolz.

‚Wie viel willst Du für sie haben?', fragte Jesus.

‚Oh, Du willst diese Leute nicht haben. Die sind nicht gut – warum? Du wirst sie nehmen und sie werden Dich hassen, sie werden Dich anspucken, verfluchen und Dich töten. Du willst diese Menschen nicht haben!'

‚Wieviel', fragte er wieder.

Satan schaute Jesus an und spottete: ‚Dein ganzes Blut, Deine Tränen und Dein Leben.'

Und Jesus sagte: ‚Gekauft!' Und zahlte den Preis."

Die Geschichte stimmt mich sehr nachdenklich. „Wenn man es so betrachtet, sollte zumindest allen Christen klar sein, dass ihr Käfig schon geöffnet wurde und sie frei sind, sie also einen freien Willen haben."

Der Koala hakt nach: „Heißt es nicht, dass Jesus Euch erlöst hat? Das heißt, er hat die Käfigtür aufgemacht und Euch frei gelassen. Warum bleiben dann so viele Menschen im Käfig sitzen und lassen sich jeden Blödsinn von Politikern und Medien erzählen? Glauben sie echt, dass dafür Jesus gestorben ist?"

„Ich habe das Gefühl, dass Menschen die Religionen mit ihren von Menschen gemachten Regeln mit Spiritualität und Selbstverantwortung verwechseln."

„Aha, verstehe," nickt der Koala. „Die Regeln sollen wieder Angst machen. Das hat gar nichts mit dem zu tun, was Jesus gesagt oder getan hat. Für Jesus waren die Menschen keine Schafe. Eines habe ich in Eurer verkehrten Welt gelernt: Wenn Dir jemand Angst macht, solltest Du gut nachspüren, denn das passiert immer aus einem Motiv, und zwar einem niederen."

„Ja, das stimmt. Das war schon so in der Volksschule als irgendwelche groben Jungen jemanden gedroht haben, seine Bücher aus dem Fenster zu werfen. Oder Lehrer, dass man eine schlechte Note bekommt. Da fällt mir etwas dazu ein. Im Gymnasium kam ich sehr oft zu spät, so um ein oder zwei Minuten. Mein Vater hat uns immer am Weg in die Arbeit mit dem Auto in die Schule gebracht und wir waren da eben öfters auch sehr knapp dran. Jedenfalls hat mir dann unser Klassenvorstand mit einer Betragensnote für das Zu-spät-kommen gedroht. ‚*Da werden Deine Eltern schauen, wenn Du da keinen Einser hast*', hat meine Professorin gedonnert. Ich antwortete ruhig, dass es ja mein Vater ist, der mich so knapp in die Schule bringt und dass sie mir ruhig den Zweier geben kann. Es ist meinen Eltern völlig egal. Ich war mir sicher, dass sie nur darüber gelacht hätten. Von all jenen, denen eine schlechte Betragensnote angedroht wurde, war ich die Einzige, die sie nicht bekommen hat. Grund dafür war, dass ich mir keine Angst machen ließ. Es war mir egal und damit habe ich meinem Klassenvorstand das Gefühl genommen, Macht über mich zu haben."

„Das ist ein Superbeispiel", jauchzt der Koala. Ich freue mich über sein Lob. Denn es ist mir ein großes Anliegen, gute Beispiele zu finden.

Da redet der Koala aber schon weiter. Fast hätte ich durch meine Gedanken, seinen Satzanfang verpasst. „In den Religionen ist es auch so. Zum Beispiel sagt der Papst, dass man ohne Impfung nicht in den Himmel kommt und die Impfung Liebe sei. Glaubst Du Jesus hätte unter einer 2G-Regel die Bergpredigt gehalten? In der Jesus-Geschichte gibt es eine einzige Geschichte, wo Jesus wütend wurde. Mit den Händlern und Geldwechslern im Tempel. Er hat genau Eure verkehrte Welt angegriffen. Und jetzt spielen die Kirchen, die angeblich in seinem Namen handeln, das Spiel mit."

„Ja, so kann man das sagen. Aber versteh mich nicht falsch, Koala. Es gibt viele Menschen, ob Priester oder Gläubige, die mit dem Prinzip der Liebe leben. Also die zum Beispiel Menschen helfen und Gemeinsames schaffen. Ich finde zum Beispiel das Ritual schön, seinen Nachbarn in der Messe die Hand zu geben. Das wird jetzt wahrscheinlich nicht mehr gemacht und die Ungeimpften werden ohnehin ausgesperrt."

„Das heißt, Liebe, Kooperation, Toleranz und solche Werte gibt es dort, wo Menschen diese in sich tragen. Aber sie durchdringen nicht den Apparat Kirche. Wo sind dort jetzt Liebe und Toleranz, wie es Jesus gelehrt hat?"

„Meine Freundin Christine hat deshalb sogar an den Erzbischof geschrieben, weil die katholische Kirche mit dem Akzeptieren der Ausgrenzungen alle christlichen Prinzipien über Bord geworfen hat. Als ich vor Jahren aus der Kirche ausgetreten bin, habe ich einen Fragebogen bekommen und ausgefüllt. Ich habe wahrheitsgemäß geschrieben, dass ich das System von Schuld und Macht der Kirche nicht gut finde, weiterhin an Gott und die Lehre von Liebe, wie sie von Jesus stammt, glaube. Antwort bekam ich keine. Alle Menschen, die auch diesen Fragebogen ausgefüllt haben und die ich kenne, haben ähnliches geschrieben. Irgendwann habe ich jemanden von der katholischen Kirche dann im Radio gehört. Der hat gesagt, dass es traurig ist, wie viele Menschen in diesem Land ausgetreten sind, weil sie Atheisten sind. Mich hat das richtig wütend gemacht, denn es ist nicht, dass ich nicht an Gott glaube. Sondern dass ihn, meines Erachtens, die Amtskirche sehr schlecht vertritt. Sie lebt diese verkehrte Welt, die Jesus angeprangert hat. Und sie wussten es von den vielen Fragebögen. Wo war ich jetzt, Koala? Ich glaube, jetzt habe ich selbst den Faden verloren bei all diesen Ungerechtigkeiten. Ach ja! Das System, das Angst macht und so die Menschen in ihren inneren Vogelkäfigen zittern lässt – anstatt, dass sie durch ihre offenen Türen rausflattern."

„Du hast Recht", stimmt mir der Koala zu. „Wenn ich Euch in Eurer verkehrten Welt anschaue, dann sehe ich, dass fast alle Religionen Gott mit ihrer Verwaltung gleichsetzen und dadurch viele Menschen ihre Spiritualität verloren haben. Aber es ist eine Verwechslung. Sie sind auf einen Etikettenschwindel reingefallen. Spiritualität, Intuition, eine Quelle der Führung und Weisheit, also Gott in sich zu spüren, das ist etwas ganz anderes. Das ist Teil davon, dass die Welt in Liebe erschaffen wurde. Aber das passt offensichtlich der verkehrten Welt nicht in den Kram. Bei Euch ist noch viel mehr verkehrt geworden, seitdem ich das letzte Mal, damals auf meinem Walkabout, bei Euch war."

„Weißt Du, Koala, genau darüber habe ich viel nachgedacht und bin draufgekommen, dass das wahrscheinlich gar nicht stimmt. Es ist nur alles transparenter geworden. Ärzte haben zum Beispiel erzählt, dass sie schon immer unter Druck gestanden sind, Produkte der Pharmaindustrie zu verschreiben, anstatt ein Naturheilmittel zu empfehlen, das genauso nützte, aber keine Nebenwirkungen hervorrief. Diese Klarheit tut weh. Auch mir. Das ist wohl der Grund, weshalb so viele Menschen wegschauen. Sie wollen es einfach nicht wahrhaben."

„Es ist mir allerdings ein Rätsel, wie das so viele schaffen bei allem, was man jetzt so sieht. Das fällt ja selbst mir als Traumzeitkoala auf."

„Du schaust auch nicht die ganze Zeit in den Fernseher oder in Zeitungen, die auf der Mainstream-Welle schwimmen und wiedergeben, was ihnen Politik und ihre Marionettenspieler zuflüstern. Ich muss zugeben, dass ich bis vor zwei Jahren in dieser Hinsicht auch relativ naiv war. Natürlich wusste ich, dass die Pharmaindustrie keine Gesunden haben möchte. Sonst würde sie ja keine Geschäfte machen. Die Waffenlobby freut sich auch nicht über Frieden. Aber dass es so weit geht mit der Gier nach Macht und Geld wie man es jetzt sieht, erschüttert auch mich zutiefst. Ich sage Dir ganz ehrlich: Wenn es mir irgendwie möglich gewesen wäre, hätte ich das was da läuft auch gerne als Verschwörungstheorie abgetan. Nur leider geht es nicht. Ich habe zu viele Originaltexte, -dokumente und -aussagen gesehen. Ich weiß, dass mit dem Schimpfwort Verschwörungstheoretiker nur verhindert werden soll, dass sich mehr Menschen mit der Materie beschäftigen und begreifen, was läuft."

Der Koala steuert gleich noch etwas dazu bei: „Ich habe immer noch nicht begriffen, warum man als Impfkritiker Antisemit sein soll." Der Koala schüttelt den Kopf als er weiterspricht: „Die, die ausgrenzen und entwerten und ein Apartheidsystem installieren sind die Guten und die Ausgegrenzten sind Antisemiten? Angeblich seid Ihr die Dümmsten der Dummen, dabei allerdings in bester Gesellschaft mit Nobelpreisträgern, hochdekorierten Wissenschaftlern und vielen anderen hochintelligenten Menschen, viele davon Akademiker oder sonst gut informiert. Hat sogar irgendeine Universität herausgefunden, ich glaube das MIT in Massachusetts in den USA."

„Da bin ich auch überfragt, da rätseln wir schon lange darüber. Vielleicht, weil es ein Tabuthema ist. Vielleicht hätten sie uns vor dreißig Jahren Homosexuelle geschimpft." Der Koala schaut mich fragend an. „Ach, vergiss es", sage ich daher schnell. „Ich finde das alles einfach nur mehr absurd."

Der Koala schaut mir direkt in die Augen. „Wie hast Du gestern so schön gesagt? Jetzt pinselt man auch noch das Verkehrte mit Leuchtfarbe an." Ich muss lächeln. Ja, so kommt es mir wirklich vor.

Der Koala räuspert sich. „Also weiter im Text. Wie können wir jetzt den Leuten erklärlich machen, dass die Tür zu ihrem inneren Käfig offen ist?"

„Stimmt, Koala, darum geht es im Kernpunkt. Ich lasse jetzt meinen Gedanken dazu freien Lauf. Wir tasten uns gemeinsam voran, um die bestehenden Teile, also das was wir schon haben, zu erweitern."

Der Koala nickt. „Stimmt. Wir haben schon die Geschäftsmodelle bezüglich Fokus auf Profitmaximierung versus Lebensqualität und die Beispiele zu den Lösungen Ungeimpfter. Jetzt gehen wir den nächsten Teil an."

Er wird plötzlich sehr nachdenklich. „Ich habe Sorge, dass wir am Schluss des Buches zwar alle Puzzlesteine für den Weg heraus aus dem Schlamassel zusammengetragen haben, aber nicht übersichtlich genug." Er grübelt weiter. Plötzlich leuchten seine Augen auf. „Was hältst Du denn davon, ganz am Schluss eine Wegbeschreibung, vielleicht so eine Art Karte zu zeichnen, wie es hinausgeht? So wie eine Schatzkarte, wo auch vor Fallen gewarnt wird."

„Das klingt ja wie eine Schatzkarte von Indiana Jones." Ich muss lachen bei dem Gedanken.

„Aber ist es nicht genau das? Ein Schatz, den die Menschen damit finden? Eine Welt, in der sie Mensch sein dürfen, in der Mutter Erde und sie selbst respektiert werden und wo es um das Miteinander geht, also wie Ihr von Natur aus seid?"

Ich überlege. Koalas Vorschlag klingt super. Ja, heraus zu kommen aus dem Schlamassel und das alles zu finden, ist wirklich ein Schatz. „Koala, ich kann nicht gut zeichnen. Kannst Du es?"

„Ich habe auf meinem Walkabout Leonardo da Vinci getroffen." Ich mache große Augen. „Das hast Du mir gar nicht erzählt, Koala! Wow! Und er hat Dir gelernt, wie man zeichnet und malt?"

„Nein, aber ich habe zugesehen."

Da kommt mir eine Idee. „Du könntest doch noch einmal hinreisen und Dir die Karte zeichnen lassen." Der Koala schaut mich mitleidig an. „Du weißt doch, dass ich nichts Materielles mitnehmen kann von meinen Reisen. Darum muss ich ja am Ende immer ohne Umweg in die australische Traumzeit zu meinen Eukalyptusbäumen zurückkehren, weil ich keinen Proviant mitnehmen kann."

„Stimmt, das hast Du mir erzählt, habe ich ganz vergessen."

„Es gibt sicher auch Menschen in Deiner Umgebung, oder jemand kennt jemanden, der jemanden kennt, der uns die Karte zeichnen kann. So wie Du es damals mit meinem Eukalyptus gemacht hast. Das ist doch genau das Miteinander. Außerdem glaube ich nicht, dass man für eine Schatzkarte ein Leonardo da Vinci sein muss."

„Ja stimmt. Man muss nicht alles allein machen. Man ist genauso viel wert, auch wenn man etwas nicht kann. Gut, dann schauen wir hier, dass wir alles zusammentragen, was wichtig ist, um den Weg zu gehen. Danach machen wir eine Zusammenfassung, zuerst in Worten und dann eine Schatzkarte, wie man aus der verkehrten Welt in die Menschsein-Welt kommt. Einige sind ja schon dort und freuen sich auf andere, die nachkommen."

„Das ist auch so ein Trick", entlarvt der Koala die verkehrte Welt wieder einmal, „dass sie Euch Glauben machen, es gäbe nichts außerhalb davon. So wie früher, dass die Erde eine Scheibe ist und man fällt einfach runter. Oder wie der Trick aus der Werbung, dass Ihr das alles braucht, was Euch gezeigt wird, und Ihr es deshalb kaufen sollt."

„Wenn Du das sagst Koala, fällt mir eine Frau ein, die vor vielen Jahren im Coaching bei mir war. Sie war todunglücklich in ihrem hochbezahlten Job. Sie meinte aber nicht rauszukommen, weil sie so viel Geld brauchte für Frusteinkäufe, die sie machte. Und die machte sie, weil sie so unglücklich in ihrem Job war. Also ein Teufelskreis wie wir sagen. Sie hat dann einen Weg gefunden und macht heute etwas ganz anderes, was ihr Spaß macht." Ich überlege weiter. „In den letzten zwei Jahren haben viele Menschen erkannt, wie wenig sie im Leben wirklich brauchen. Zum Beispiel die ausgegrenzten Ungeimpften, die eine Zeit lang nirgends reindurften oder jene Leute, die die Masken in den Geschäften satthatten. Der Konsum von Dingen, die aus Frust, aus einer Laune heraus oder weil gerade in Mode, gekauft wurden, ist in den Hintergrund geschlüpft."

Der Koala setzt meinen Gedanken fort: „Ich habe Menschen kennen gelernt, die sich nur impfen haben lassen, damit sie weiterhin ins Theater oder Konzert gehen können, obwohl sie das jetzt gar nicht mehr tun, weil sie die Masken nicht mehr aushalten. Unter solchen Umständen kann es auch keine Begegnungen mit einem Lächeln in Liebe geben. Welcher Mensch, der sich selbst liebt, tut sich an, weniger Sauerstoff zur Verfügung zu haben, als man als Mensch braucht? Ich weiß schon. Da kommt wieder das Thema Angst dazu. Angst vor der Polizei oder anderen Autoritäten oder vor einem Virus, den nicht einmal der öffentliche Rundfunk mehr als gefährlich bringt. Ich habe gelesen, dass Angst viel mehr Präsenz in reichen Ländern hat. Die Menschen haben dort Angst, etwas zu verlieren. Sie haben ja auch mehr. Dabei verwechseln viele ein angenehmes oder vermeintlich sicheres Leben mit Lebensqualität und Liebe."

Schon glaube ich, dass der Koala seinen Gedanken zu Ende geführt hat, da fährt er doch fort. „Wissen die Menschen, was in diesem Zusammenhang mit Liebe gemeint ist? Ich habe das Gefühl, dass die meisten Menschen nur die romantische Liebe kennen. Warum tun sie sich so schwer damit? Warum können sie nicht Zuneigung oder Verbundenheit ausdrücken? Was ist mit der Liebe zu Pflanzen, einer schönen Umgebung, Tieren, in einem schönen Miteinander, in Freundschaften oder zu etwas, das man gerade macht? Liebe zu Mutter Erde und sich selbst, zu einer Quelle in sich, die man Gott nennen kann? Warum ist Liebe so etwas Verstecktes in Eurer Welt? In Amerika sagen alle gleich: ‚I love you.' Aber das ist ganz oft etwas Oberflächliches. In Europa dafür ist immer etwas Tiefes gemeint, etwas Außergewöhnliches. Ich habe Väter gesehen, deren Liebe zu ihren Kindern riesig groß zu spüren war, wenn man sie angeschaut hat. Aber die nicht über die Lippen brachten, es den Kleinen zu sagen."

Ich überlege. „In der verkehrten Welt hat Liebe keinen hohen Stellenwert. Sie passt irgendwie nicht in die Höher-schneller-weiter-Welt. Da muss man stark sein, keine Gefühle haben, über eigene körperliche Grenzen hinweg gehen, etwas durchstehen und solche Sachen. Auch Anerkennung gibt es kaum für etwas anderes."

Der Koala nickt traurig. „Ich habe einen Spruch gelesen, dass die meisten Menschen in Euren Ländern im Außen Fülle haben und in ihrem Inneren Leere."

„Da ist etwas dran", stimme ich ihm zu.

„Das ist doch furchtbar traurig!" ruft der Koala und hebt seinen Kopf fast wie ein heulender Wolf. „Du hast Dich doch mit den Spiegelneuronen und subjektiver Wahrnehmung und solchen Sachen beschäftigt. Kann es sein, dass Menschen aus Angst, nicht verletzt zu werden, Liebe, also das Verbindende, nicht zeigen oder spüren wollen? Da passt es dann ganz gut, dass sie so einen niederen Stellenwert in Eurer Welt hat."

„Auch daran ist sicher eine Menge dran", antworte ich nickend.

„Wenn ein Maler eine wunderschöne Landschaft malt, dann ist er ein Loser, den man als armen Künstler bedauert. Erst, wenn er sein Bild teuer verkauft, gilt er als erfolgreich. Aber es bleibt immer das gleiche Bild und derselbe Mensch mit seinen Fähigkeiten und Bedürfnissen."

Der Koala überlegt weiter. „Die Spiegelneuronen spiegeln mir meine Umwelt wider. Wenn sie ohne Liebe ist, spüre ich das und mache mit, um hineinzupassen und dazuzugehören. Aber es funktioniert ja auch umgekehrt. Wenn ich Liebe ausstrahle, dann tue ich ja auch etwas mit meiner Umgebung. Wenn ich lächle, bekomme ich ein Lächeln zurück. Auch das machen die Spiegelneuronen. Also, wenn ich in meiner Kraft bin, mich selbst respektiere, dann strahle ich das aus und stecke andere damit an. Wenn man zum Beispiel Freunden, Kollegen und Familienmitgliedern vermittelt, was an ihnen toll ist. Dann spüren das die Menschen und es geht ihnen gut. Wenn es ehrlich gemeint ist."

Ich nicke, aber der Koala ist so in seinem Gedankengang vertieft, dass er es, glaube ich, gar nicht bemerkt. „Wie ich in den Wald reinrufe, so kommt es wieder raus. Ist das nicht so ein Spruch von Euch? Der beschreibt eigentlich die Spiegelneuronen. Ich sehe, Du nickst." Er bekommt es also doch mit. „Das ist mir wichtig! Ich möchte, dass wir das gemeinsam entwickeln, wie die

Menschen da rauskommen." Plötzlich schaut er mich feierlich an und sagt: „Du bist mir wichtig."

Ich bin gerührt und antworte aus tiefstem Herzen: „Du bist mir auch wichtig, Koala."

„Und wie geht es Dir jetzt, wo wir uns das gesagt haben?" Er grinst dabei verschmitzt.

„Super", antworte ich wahrheitsgetreu.

„Mir auch", strahlt er über das ganze Fellgesicht. „Wir hätten jetzt auch auf cool tun können, dabei ist es so viel schöner."

Wir strahlen um die Wette.

„Das heißt", überlegt der Koala weiter, „in der verkehrten Welt sind Liebe und Kooperation stark herausgenommen worden. Immer mehr Menschen haben sich daran angepasst, was eine innere Leere geschaffen hat. Glaubst Du, sie spüren die Sehnsucht, die sie daran erinnert, dass etwas fehlt?"

„Das glaube ich schon. Aber viele versuchen diese Leere mit materiellen Dingen oder Arbeit zu füllen."

„Das habe ich auch schon bemerkt. Wenn man sich für ein Leben in Liebe und Kooperation entscheidet, also so lebt, wie die Natur das vorgesehen hat, dann strahlt man Liebe aus und verändert so die eigene Umgebung – und somit die Welt", nimmt der Koala seinen Faden von vorhin wieder auf.

Er schaut mich befriedigt an, als er plötzlich doch noch etwas hinzufügt. „Ich habe ganz vergessen, es gibt ja trotzdem Leute, die einem nichts Gutes tun beziehungsweise anders ausgedrückt, einem nicht guttun. Was passiert denn mit denen?"

Ich möchte schon etwas sagen, da hellt sich sein Gesicht auf und er antwortet selbst. „Da hilft die Intuition um zu spüren, dass sie Euch nicht guttun, nicht wahr? Ihr setzt ihnen dann Grenzen oder wendet Euch von denen ab."

„Genau, das ist ein anderer wichtiger Eckpfeiler von Ich-verändere-meine-Umwelt-durch-meine-eigene-Ausstrahlung."

„Diese Erkenntnis müssen wir als wichtigen Schritt in unserer Schatzkarte dokumentieren" sagt der Koala und schließt dabei die Augen, um sich die Karte vorzustellen. So fährt er mit seinem Gedanken fort, quasi mit der Pfote auf der Landkarte.

„Da braucht es glaube ich, noch einen Verbindungsweg von sich selbst dorthin. Ich habe das Gefühl, dass die meisten Menschen sich selbst nicht mögen. Die Narzissten klammere ich jetzt aus. Die meine ich nicht. Ich denke, die wissen nicht einmal, was echte Liebe ist. Vielleicht würden sie durch das Begreifen, was Liebe ist, merken, dass sie völlig falsch abgebogen sind und sich selbst als abgehobene Fieslinge erkennen. He, das wäre doch toll!"

„Das wäre zwar schön, Koala. Aber ich glaube, damit werden wir uns abfinden müssen, dass manche Menschen Psychopathen, Narzissten oder sonstige Giermenschen sind."

„Und von solchen Leuten lässt Ihr Menschen Euch regieren", seufzt der Koala. „Wer sich für ein Leben mit dem Fokus auf Liebe, Kooperation und damit auf Lebensqualität und echte Bedürfnisse entscheidet, der akzeptiert so eine Regierung nicht. Geschweige, dass er sie wählt."

„Absolut, Koala, da bin ich ganz bei Dir. Es heißt: ‚*Ein Volk hat die Regierung, die es verdient.*' Dieses Mal schüttle ich den Kopf vor Abscheu. Ich kann mich ein wenig damit trösten, dass in Österreich nahezu niemand, der im Moment das Sagen hat, von den Bürgern gewählt worden ist. In Deutschland haben sich durch das Abwählen der letzten Regierung nur die Namen und Fraktionen der Pappnasen, wie unsere Nachbarn abfällig sagen, geändert. Die abgewählten Inhalte sind großteils geblieben."

„Vielleicht haben doch mehr Menschen diese verkehrte Welt satt, als man von Außen betrachtet glaubt. Aber jetzt zu dem, was auf der Schatzkarte fehlt. Ich habe doch von Liebe gesprochen und dem Verbindungsweg, den wir brauchen."

„Stimmt, das habe ich jetzt fast vergessen", stelle ich erschrocken fest.

„Nicht von den Fieslingen ablenken lassen!" ermahnt mich der Koala und grinst dabei. Da sind wir uns einig. „Ich habe das Gefühl, dass viele Menschen nicht einmal mehr spüren, was sie glücklich macht. Also was für sie persönlich die wichtigen Dinge im Leben sind."

Ich denke nach und ordne beim Sprechen meine Gedanken. „Das Prinzip Liebe bedeutet sich und andere für wertvoll zu empfinden. Respekt vor eigenen Bedürfnissen als Mensch, nicht der Egoismus, der aus dem Höher-schneller-weiter-Denken kommt. Wenn man Selbstliebe empfindet, will man zum Beispiel nicht in der Angst leben, nicht gut genug zu sein, sondern möchte Wohlbefinden. Das bedeutet zum Beispiel, sich nicht selbst zu beschimpfen, auch wenn man einen Fehler gemacht hat. Da fällt mir ein, Koala, dass ich öfters mit Coachees eine Übung mache. Und die geht so: *Wenn man eine Pflanze kauft, steckt immer so ein Kärtchen drin mit der Anleitung, was die Pflanze braucht, also zum Beispiel: viel oder wenig Wasser, Sonne oder eher Schatten. Wenn es für Dich so ein Kärtchen gibt, was würde da draufstehen?"*

Der Koala schließt die Augen. „Also bei mir würde draufstehen, dass ich Eukalyptus brauche und am liebsten in einem hohen Baum sitze in leichtem Wind, in dem sich die Äste ganz langsam um mich bewegen."

„Schau Koala, Du hast mir sofort antworten können. Du spürst, was Du brauchst. Fast alle Coachees schauen mich bei dieser Frage groß an und sagen, dass sie darüber noch nie nachgedacht haben."

„Das ist traurig. Weißt Du, was es bei Dir ist?"

Ich lächle. „Ich habe es herausgefunden, denn auch ich habe ursprünglich nicht gelernt, darauf meinen Fokus zu setzen. Also: Ich brauche Menschen. Ein Zusammengehörigkeitsgefühl. Schön wäre eine Inklusionsgesellschaft, die niemanden ausgrenzt." Ich schaue hinaus in den Sturm. „Sonne, Wärme in jeder Hinsicht. Erdige Farben, wie die rote Erde, die es nicht nur in Australien gibt, sondern zum Beispiel auch hier in einigen Gegenden von Südfrankreich oder in Apulien[114]. Ich liebe Backsteinhäuser wie in Toulouse oder alte Gebäude in erdigen Farben, wie zum Beispiel in Perpignan. Sie geben mir Energie. Das ist die Quintessenz für mich: Menschen, Wärme, erdige Umgebung."

„Du sagst Menschen. Machst Du Dich da nicht von ihnen abhängig?"

„Nein, Koala. Ich tue das nicht, jedenfalls nicht mehr. Ich habe das lange Zeit gemacht. Aber gut, dass Du das erwähnst, es ist nämlich ein ganz wichtiger Punkt für unsere Schatzkarte. In der

---

[114] Italien

verkehrten Welt machen die meisten Menschen alles, um von bestimmten Menschen angenommen oder geliebt zu werden. Damit sind sie erpressbar, genau wie Du sagst. Sie machen alles dafür. Zum Beispiel arbeiten in einem Job, den sie nicht mögen, sie verbiegen sich innerlich oder lassen sich impfen – gegen ihre Überzeugung."

„Ah, verstehe! Es geht darum, nicht von bestimmten Menschen Anerkennung oder Zuneigung zu bekommen. Sondern mit Menschen zusammen zu sein, von denen Du angenommen wirst, so wie Du bist. Das heißt, Du folgst Deiner Intuition, entdeckst immer mehr, wer Du wirklich bist, was Dich ausmacht und lebst das. Damit bist Du für viele Menschen interessant. Vielleicht nicht für die, deren Zuneigung Du so gerne haben wolltest, aber für andere."

„Genau das ist es", überlege ich. „Ich habe zum Beispiel heute einen größeren und wahrhaftigeren Freundeskreis als vor einem Jahr. Manche Menschen hatte ich anders eingeschätzt und so wurde ich *ent-täuscht*. Sie passen nicht mehr zu mir und ich nicht zu ihnen. Dafür sind unverhofft andere, liebenswerte Menschen in meinem Leben gelandet, wie zum Beispiel meine beste Freundin aus der Schulzeit, die ich jahrzehntelang aus den Augen verloren hatte."

„Das passt zu Deiner Übung mit den Pflanzenkärtchen. Gut, da waren wir jetzt auf der individuellen Ebene der Bedürfnisse der Menschen unterwegs. Dann widmen wir uns jetzt dem, was Menschsein insgesamt bedeutet. Damit sie merken, dass der Käfig gar nicht passt, in den sie sich einsperren haben lassen. Und sie endlich hinausfliegen, um das zu sein, was sie als Menschen ausmacht."

„Wenn sie das wollen", streue ich ein.

Der Koala nickt, aber es bremst nicht im Geringsten seine Euphorie.

„Was bist Du plötzlich so fröhlich, Koala?"

„Weil ich weiß, wie sich Koalasein anfühlt und ich wünsche den Menschen so sehr, dass sie fühlen, was Menschsein bedeutet und sie die verkehrte Welt satthaben. In der Bibliothek habe ich einen schönen Satz gelesen: *‚Der Kopf ist rund, damit das Denken seine Richtung wechseln kann'*."

Ich lache, erinnere aber nochmals an den freien Willen der Menschen: „Wenn sie das wollen."

„Ja, wenn sie das wollen", macht er mich nach und rollt die Augen. „Ich glaube, Du unterschätzt, wie sehr sich die Menschen nach dem Gefühl sehnen, dass sie es sind, die in Ordnung sind. Nicht das Bild vom Menschen, das ihnen eingeredet wird."

Interessanter Gedanke. „Wenn ich an Menschen denke, die ich kenne, stimmt das wahrscheinlich für alle. Da könnte der Koala durchaus ins Schwarze getroffen haben. Vielleicht auch damit, dass ich das unterschätze, ja vielleicht sogar die Menschheit insgesamt unterschätze. Ob der Koala mit seiner Einschätzung viel näher der Wahrheit ist als ich?" Mit diesem Gedanken knipse ich das Licht aus und folge dem Koala in die Küche, wo Michaele ein wunderbares Menü gezaubert hat. Für uns, für Filou und den Koala. Denn wir haben ja verschiedene Grundbedürfnisse, die dennoch auf eine schöne Weise wunderbar zusammenpassen.

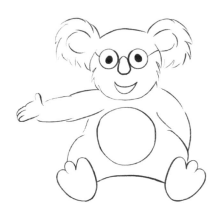

Der Mensch ist Mittelpunkt
(und nicht Mittel Punkt)

Ich lese gerade ein paar Nachrichten von meinen Freunden in Österreich und Australien als der Koala mit einem Buch in der Pfote zu mir kommt.

„Machen wir schon wieder weiter, Koala? Bist Du schon so weit? Ich habe Dich gar nicht frühstücken gesehen."

„Ja, längst alles erledigt. Wir haben doch gestern davon gesprochen, was den Menschen ausmacht. Und da habe ich dieses Buch gefunden."

„Was machst Du denn mit einem Buch über Projektmanagement?", frage ich verwundert.

„Du hast doch gestern gesagt, dass wir heute über das Menschsein schreiben." Ich nicke, bin aber noch immer verwundert.

„Na, da habe ich etwas gefunden zum Thema technische Spezifikationen. Und jetzt hör einfach mal zu. Wenn man das auf den Menschen anwendet, dann kommen zum Beispiel solche Sachen raus:

- *Selbstlernende Einheit*
- *Natürliche Intelligenz*

- *zwei Arme, zwei Beine, Hände und Füße dran, in jede Richtung beweglich*
- *Visuelle, auditive, olfaktorische Überwachung der Umwelt*
- *Selbständiges Erkennen von Gefahren*
- *Sprachmodul mit umfangreichem Wortschatz, der selbständig erweitert und erarbeitet werden kann*
- *Selbstheilung (statt Reparatur)*
- *Verschiedene Farbvarianten (weiß, gelb, schwarz, braun und so weiter)*
- *Verschiedene Designs, zum Beispiel weiße Haut mit roten Punkten, abhängig von der Farbwahl auch unterschiedliche Haarfarben*
- *Selbständig reproduzierbar*
- *Autarke Energieaufnahme und -verwertung*
- *Kommunikationsmodule, um miteinander in Kontakt zu treten wie tanzen, singen, miteinander sprechen*
- *Lebensdauer grob achzig Jahre, mehr oder weniger*
- *Lieferzeit neun Monate*
- *Erhältlich in den Ausführungen Mann/Frau"*

Ich starre den Koala an. „Wie kommst Du denn da drauf?", frage ich immer noch verwundert. „Das klingt mir mehr nach irgendwelchen Druiden aus Star Wars."

„Aber diese einzelnen Punkte stimmen, oder?"

Ich überlege mir, was ich ihm antworten soll. Denn natürlich stimmen alle diese Punkte, würde man den Menschen als technisches Ding ansehen. Aber das ist er eben nicht. „Die Punkte stimmen schon, aber da ist so viel mehr, was uns als Menschen ausmacht."

Der Koala kramt schon wieder ein Buch heraus und liest mir vor: „Transhumanismus ist die Verbindung vom Menschen mit Technologien wie Nanotechnologie, Biotechnologie, Gentechnik, Gehirn-Computer-Schnittstellen …"

Ich unterbreche den Koala: „Wir wollten doch darüber sprechen, was der Mensch ist und nicht, was der Mensch nicht ist."

Der Koala nickt. „Transhumanismus klingt grausig. Wer entscheidet dann darüber, was ins Gehirn hochgeladen wird? Da wache ich auf und plötzlich habe ich Appetit auf Ameisen und stürze mich auf diese ekligen Tiere?" Der Koala schüttelt sich.

„Die grünen sollen ganz viel Vitamin C enthalten. Ich habe einmal eine gekostet auf einer Tour mit indigenen Australiern," werfe ich ein.

Der Koala schaut mich nur angeekelt an. „Hat sie Dir geschmeckt?"

„Nein", auch mich schüttelt es bei der Erinnerung.

„Eben", sagt der Koala.

„Eben," sage auch ich. Der Koala hat völlig Recht mit seinem Einwand.

Er beendet zwar das Thema Ameisen, macht aber mit dem Transhumanismus weiter: „Bill Gates und Klaus Schwab und so andere Spinner reden doch davon, dass ihre Vision eine Verbindung zwischen Mensch und Maschine ist."

„Ja, das sind ihre Visionen und die von ein paar anderen Leuten, vor allem Superreichen. Weißt Du, Koala, manchmal überfällt mich kurz die Vorstellung, dass die das echt durchziehen. Und dann gibt es eine kleine Widerstandsgruppe, die immer noch ganz richtige, normale Menschen sind. Am Schluss befreien sie alle anderen und sie schauen lächelnd in die wunderschöne Natur."

Der Koala schaut mich komisch an. „Hast Du zuviele Science-Fiction-Filme gesehen?"

„Nein, nur ein paar. Aber die sind immer nach diesem Muster abgelaufen."

„Manche enden auch schlecht", wirft der Koala ein.

„Die schaue ich mir nicht an. Solche Inhalte. Und dann enden sie schlecht. Das packe ich nicht. Ich habe mir ein paar angeschaut, von denen ich finde, dass man etwas daraus lernen kann. Aber es geht auch dort immer darum, dass einige wenige entweder viel Geld mit grausigen Dingen verdienen, wie zum Beispiel im Film *Die Insel*. Oder es geht um Macht wie bei *Minority Report*, *I Robot* oder *Star Wars*. Wobei letzterer ja keine Science Fiction ist, sondern eigentlich ein Weltraummärchen. Allerdings werden in den alten Star Wars-Filmen geniale Gedanken ausgesprochen. Aber egal, wir schweifen wieder ab, Koala."

„Gut, also meine technische Spezifikationsliste reicht Dir nicht aus zu erklären, was Menschsein ist. Das habe ich mir eh schon gedacht. Für die Erklärung, was ein Koala ist, würde das auch nicht reichen. Ich weiß schon, Ihr seid noch viel komplexer."

Ich runzle die Stirn. „Komplexer als Du, Koala?"

„Ich bin nur ein einzelner ganz besonderer Koala. Aber auch die anderen Koalas sind komplexer als so eine technische Spezifikation. Aber ich wollte einfach die Diskussion in Schwung bringen. Damit wir am Schluss eine gute Zusammenfassung hinbekommen. Diesen Ansatz habe ich in einem Buch über Gesprächsführung gelesen."

„Okay, Koala. Nehmen wir also Deine Liste als Einstieg. Aber der Mensch besteht eben aus viel mehr."

„Zum Beispiel?"

Ich überlege, wie ich das alles jetzt gut erklären kann. „Jeder Mensch hat eine Seele, eine Verbindung zu sich und Mutter Erde. Er kann Glück empfinden, kann sich weiterentwickeln, verfügt über Humor und hat einen freien Willen. Das ist, was mir spontan dazu einfällt."

Der Koala sieht mich skeptisch an. „Hm, das mit dem Humor sieht man nicht jedem Menschen an. Vielleicht ist das dann so eine Art Behinderung, so wie manche Menschen keine gesunden Muskeln haben und nicht gehen können."

Ich muss schmunzeln, was für ein interessanter Gedanke. „Beim nächsten humorbefreiten Menschen werde ich an Deine Worte denken."

„So eine Art seelische Behinderung", ergänzt der Koala.

„Ich glaube, seelische Behinderung trifft es ganz gut. Wenn man diesen Gedanken weiterdenkt, dann kann ich mir vorstellen: Manche seelische Behinderung ist heilbar, aber manche vielleicht nicht. Denk an die Psychopathen und Narzissten dieser Welt."

„Du sagst, Menschen haben einen freien Willen und sie können sich weiterentwickeln. Also müssten all diese seelischen Behinderungen doch heilbar sein."

„Was für ein schöner Gedanke, den Du da aussprichst, Koala. Das wäre sehr schön. Liegt eben an jedem Einzelnen. Aber ich fürchte, wir verzetteln uns wieder einmal."

„Das mit dem freien Willen finde ich bemerkenswert", nimmt der Koala den Faden wieder auf. „Als Mensch kann ich mich also frei entscheiden. Warum entscheiden sich dann so viele Menschen für das Leiden? Ich habe das Gefühl, in vielen Kulturen der Menschen wird Leiden als eine besondere Fähigkeit angesehen. Man zeigt damit, dass man besonders abgehärtet ist, nach dem Motto: Nur Weicheier sind glücklich."

„Ja, das trifft es leider recht gut, was Du da sagst. Im Coaching habe ich oft Menschen, die sagen, sie laufen schon so lange mit einem Problem herum, jetzt reicht es ihnen und sie wollen es angehen. Nachdem es ihnen besser geht und das Thema gelöst ist, erkennen viele dann: *Warum habe ich mir das Leben so lange schwer gemacht?* Meine Erwiderung ist dann immer, dass sie sich mit dem Problem auseinandergesetzt haben und ich das toll finde. Es gibt für alles den richtigen Zeitpunkt. Man sollte ihn nur nicht verpassen. Zu viele Menschen schleppen ein Leben lang einen schweren Rucksack, den sie (schon früher) ausräumen hätten können."

Der Koala nickt gedankenverloren.

Daher fahre ich fort: „Stell Dir vor, Du schaust auf Ängste und die Themen Geld, Macht, Gier. Dann wird es Dir nicht gutgehen. Du glaubst aber, dass das normal ist. Einfach, weil so viele Menschen so denken und weil dies der Gesellschaft entspricht."

Der Koala schaut auf. „Wenn man sich aber von dort wegdreht: Dann sieht man plötzlich ganz andere Dinge wie einen schönen Baum, spielende Kinder, ein gutes Essen, liebe Menschen, ein wunderschönes Bild oder hört wohltuende Musik. Das ist Liebe! Es bringt Dich dazu, zu lächeln, inneren Frieden zu spüren."

„Die Frage ist: Warum drehen sich dann nicht viel mehr Leute um?" werfe ich ein.

„Wenn ich zusammenfasse, was wir bereits wissen, dann würde ich sagen: *weil sie gewohnt sind auf die Dinge zu schauen, die ihnen Angst machen*. Menschen in Angst kann man leicht führen, sie verlieren ihren Zugang zu ihrer Intuition, ihrem inneren Wissen – die 400 Milliarden Bits, die Ihr pro Sekunde unbewusst aufnehmt. Alles futsch, wenn Ihr Euch fürchtet. Und schau Dir einmal die Menschen an, die Euch regieren! Den meisten sieht man den Machtrausch und Gier-Virus an. Denen taugt es, die Menschen in Angst zu halten. Es ist interessant, wenn ein Thema ausgereizt ist, wird der Fokus auf das nächste Angst-Thema gelenkt. Nach dem Motto: *Ach, Omikron ist für die meisten nur ein Dreitages-Schnupfen? Dann schaut doch, was da Schlimmes in der Ukraine passiert!* Obwohl dort seit Jahren Schlimmes passiert wie auch in anderen Ländern der Welt."

Da hake ich ein. „Aber darüber wird ja nicht berichtet. Syrien? Oder, dass es einen schlimmen Krieg bei unseren Nachbarn, im ehemaligen Jugoslawien gegeben hat? Alles vergessen."

Der Koala pflichtet mir bei: „Es gab jetzt eine Weile nur den Fokus auf Corona und zwar nur Berichte, die Angst schürten. Wenn doch Positives zu berichten gewesen wäre, hat man irgendwelche beängstigende Daten aus dem Hut gezaubert, egal ob wahr oder nicht. Schon seltsam. Das Geschäft mit der Angst blüht, von der Sicherheitstüre bis zu kaum erforschten Impfungen oder Genmanipulationen, die auf Basis von Studien der Hersteller mit statistisch irrelevanten Daten[115] nur bedingt zugelassen sind."

„Mir hat eine Frau im Sommer 2020 erzählt, dass sie vor Corona schreckliche Angst hat und lief überall mit Maske herum. Ich sagte zu ihr, dass eine Maske doch gar nichts nützt. Und weißt Du, was sie geantwortet hat? *Dass sie das weiß! Aber das Maskentragen das Einzige ist, was ihr hilft weniger Angst zu haben.*"

„Das ist unlogisch", wirft der Koala ein.

„Angst macht unlogisch," sage ich und wiederhole mich wohl damit.

Der Koala scheint Gedanken lesen zu können: „Ja, das hast Du schon gesagt. Gut, also, es liegt an den Menschen, in die falsche Richtung zu schauen, weil man es ihnen so eingeredet hat. Der Mensch selbst würde wohl auf das Schöne schauen und auf das Miteinander. Denn so ist er von Natur aus gepolt. Dafür braucht es keine Manipulation."

---

[115] Bei 40.000 Probanden gab es bei der Gruppe der Geimpften einen Corona-Toten, bei der Kontrollgruppe drei. Der Unterschied (2 Personen bei 40.000 Probanden = 0,005%) wird in der Statistik als Zufall bezeichnet.

„Genau, so ist es." Plötzlich werde ich stutzig. „Koala, hast Du den Zusatz zu unserem Kapiteltitel geschrieben?"

„Ja, dabei ist das nicht so einfach mit Pfoten auf Deiner Tastatur."

Ich runzle die Stirn. „Unser Titel lautet: Der Mensch ist der Mittelpunkt. Was heißt das danach: *und nicht Mittel Punkt*?"

„Wenn man sich so umschaut, geht es bei Euch sehr viel darum, dass der Mensch Mittel ist, Mittel zum Zweck. Für die Wirtschaft, als Wähler, als Konsument, als Mitarbeiter, als Schüler. Es dreht sich um die Systeme. Es sollte aber umgekehrt sein und die Systeme sollten sich um die Menschen drehen. Wie müsste Politik aussehen, damit sie für die Bürger passt? Dann würde man eben deswegen gewählt werden und nicht wegen vorgegaukelter Themen während eines Wahlkampfes. Oder wie lernt man am besten? Schulen und Lehrpläne wären dann schülergerecht anstatt Politikerwünschen zu folgen. Eine Wirtschaft, die den Menschen dient, damit jeder Einzelne gut leben kann – und nicht damit einige wenige supergut leben können. Weißt Du was ich meine?"

„Ah, ja, natürlich, Koala! Das stimmt total, was Du da sagst."

Aber er ist noch nicht fertig: „Du sagst völlig richtig, dass der Mensch mit der Mutter Erde verbunden ist, mit der Natur. Daher ist die Heilung von Mutter Erde so wichtig. Je schlechter es Euch geht, desto schlechter geht es Mutter Erde und umgekehrt. Der Mensch ist nicht Mittel, er ist Mittelpunkt in Verbindung mit der Natur. Und zwar sowohl mit der Natur um ihn herum als auch mit seiner eigenen Natur. Daher ist es so wichtig, dass die Systeme sich um den Menschen drehen und nicht umgekehrt."

Ich nicke nur. „Ja, der Koala hat Recht", geht es mir durch den Kopf.

„Was denkst Du?" fragt er nach.

„Dass wir als Menschen immer Mühe mit den Systemen haben. In der Schule verlernt man die Liebe zum Lernen, in vielen Jobs die Freude am Arbeiten. Wirtschaft hat nur noch sehr wenig mit Bedürfnissen zu tun. Geld ist nicht mehr Mittel, sondern wir sind Mittel für die Geldwirtschaft."

„Genau das ist es, was ich meine und weshalb ich mühsamst mit meinen Pfoten diesen Zusatz zum Titel geschrieben habe. Und es ist daher auch kein Wunder, wenn die Stützpfeiler dieser Systeme morsch und faul sind. Denn sie sind weder von Mutter Erde noch von Liebe getragen und entsprechen daher nicht der Natur des Menschen."

Ich nicke wieder. „Du hast das echt super auf den Punkt gebracht, Koala! Wow!" sage ich anerkennend. „Aber auch traurig, findest Du nicht?"

„Supertraurig", stimmt mir der Koala zu. „Daher sollten wir jetzt weitermachen, um die Menschen zu unterstützen, genau das zu ändern."

„Ja, sehr gerne. Wo waren wir denn vorher? Beim freien Willen, oder?"

„Ja, genau. Also jeder hat einen freien Willen und viele haben nur verlernt ihn so einzusetzen, dass sie sich für ein schönes Leben entscheiden. Sehr viele lassen sich stattdessen vom System lenken. Also mein Vorschlag: Fernseher abdrehen, das Positive und Freudvolle in der Umgebung anschauen."

„Die Seele kann sich natürlich entschieden haben, Schmerz hier auf der Erde zu erleben und dadurch etwas Besonderes zu lernen", wirft der Koala ein. „Ich glaube aber, dass man sich selbst entscheiden kann, einen anderen Lernweg einzuschlagen. Die Seele wird damit klarkommen. Aber hier sind wir wahrscheinlich bei einer philosophischen Frage angelangt. Da bin ich zu sehr Koala, um sie beantworten zu können."

Ich grinse und denke: „Seit wann hat das meinen pelzigen Freund vom Philosophieren abgehalten?" Aber ich gebe ihm Recht, auch mir ist diese Frage hier zu komplex. Allerdings schätze auch ich die Seele-Freier Wille-Verbindung wie er ein. Laut sage ich: „Es ist zwar traurig, aber man lernt schon oft aus schmerzvollen Situationen. Ich habe Dir erzählt, dass ich durch meine Kindheitsgeschichte gelernt habe, Manipulation schnell zu erkennen. Dafür habe ich auch Erfahrungen gebraucht, die nicht lustig waren. Wir sind hier auf der Erde, um etwas zu erfahren und um uns weiterzuentwickeln. Aber das kann man auch durch angenehme, schöne Erlebnisse. Leider sagen viele Religionen, man muss leiden, um zu lernen."

Der Koala kontert: „Haben das diejenigen spirituellen Menschen gesagt, die als besondere Führer einer Religion anerkannt sind? Oder die Menschen nach ihnen, die die Schäfchen in Angst halten wollten? Jesus zum Beispiel hat die Menschen doch erlöst. Warum müssen sie dann noch leiden? Ich habe das nicht verstanden. Der Satz: *Liebe Deinen Nächsten wie Dich selbst*, ist genial. Mit diesem Satz kannst Du Dich und die Welt heilen. Das ist Liebe! Aber die meisten Christen glauben, dass sie den Anderen höher als sich selbst schätzen müssen und sie selbst ein kleiner Wurm sind."

Der Koala macht eine lange Pause. Aber dann redet er doch weiter und sagt für mich völlig unvermittelt: „Du lebst schon das Neue."

„Ja, Koala, ich habe mir seit langem Nischen gesucht, wie auch viele andere Menschen. Endgültig verlassen habe ich die alte Welt dann in der Corona-Krise. Die Welt zeigt sich seit zwei Jahren von ihrer grausigsten, menschenverachtendsten Seite und das hat mir geholfen, diese verkehrte Welt loszulassen. Dabei fällt es im Außen den Menschen nicht besonders auf. Ich lebe jetzt nicht autark im Wald, was ja auch eine Möglichkeit wäre auszusteigen. Da merkt man das Aussteigen im Außen. Ich habe mich einfach von dieser Welt innerlich weggedreht. Ich kann mich nicht mehr mit ihr arrangieren. Ich mache nicht mehr mit."

„Das heißt aber, dass Du den Weg, den wir auf unserer Schatzkarte zeichnen, schon gegangen bist!"

„Nicht nur ich, Koala. Schau Dich um: Michaele, Maria, Christine, Monika, Gudrun, Gerhard und viele anderer unserer Freunde und Freundinnen. Ein paar kämpfen noch und haben Schwierigkeiten mit dem Loslassen. Obwohl sie eigentlich von der Welt, wie sie derzeit aussieht, hinausgeworfen worden sind. Diejenigen, die ganz ausgestiegen sind, sind glücklicher, wie ich beobachte. Selbst denen, die zwar noch nicht ganz raus sind – aber losgelassen haben und schon am Weg nach draußen sind – geht es besser als den meisten Menschen, die bei allem mitmachen. Jene, die noch so richtig am alten System hängen, leiden noch. Sie wollen Anerkennung, Zuneigung und die Illusion von Sicherheit von jenen haben, die das Alte zelebrieren. Loslassen des Alten heißt natürlich auch, das Vertrauen haben zu müssen, danach weich zu landen."

„Bist Du weich gelandet?"

„Wie auf einem Federbett!"

„Gut", der Koala grinst. „Nächster Punkt beim Menschsein. Du hast gesagt, dass die Seele etwas ist, das den Menschen ausmacht. Ich habe in einem Kreuzworträtsel gelesen: *das Unsterbliche mit fünf Buchstaben*. Ist das die Seele?"

„Du löst Kreuzworträtsel, Koala? Das wusste ich gar nicht. Meine Oma hat ein kleines Büchlein gehabt, in dem sie sich die Antworten von den Kreuzworträtseln aufgeschrieben hat. Und da drin stand auch: *Das Unsterbliche mit fünf Buchstaben = Seele*."

„Weißt Du", unterbricht der Koala sanft meine Erinnerungen, „dass es auch Naturwissenschaftler wie Physiker oder Biologen gibt, die darüber forschen, die Seele nachweisen zu können? Zum Beispiel habe ich einmal von wissenschaftlichen Versuchen gelesen, wo man einen Sterbenden in einem speziellen Bett sterben hat lassen und gemessen hat, dass nach dem letzten Atemzug der Körper leichter wurde. Ohne dass es eine andere plausible Erklärung gab. Daher heißt es, die Seele hat ein bestimmtes Gewicht. Ich habe in der Bibliothek auch Bücher über Nahtoderlebnisse gelesen. Kennst Du die Bücher von Elisabeth Kübler-Ross? Ach, natürlich kennst Du sie. Du hast ja in Deinem Tagebuch darüber geschrieben. Da berichten Menschen, dass sie sich selbst gesehen haben als sie vermeintlich gestorben sind. Sie konnten genau über die Lebenden berichten: ihre Kleidung zum Beispiel oder was sie getan haben. Sie erzählten auch über einen Tunnel, wunderbare Musik, ein Licht und über ihnen nahestehende, bereits verstorbene Menschen, die sie auf der anderen Seite in Empfang genommen haben. Sie haben auch Botschaften bekommen. Wie zum Beispiel, wieder ins Leben auf der Erde zurückzukehren, weil es da für sie noch etwas zu erledigen gab. Viele haben auch berichtet, dass sie ihr Leben noch einmal durchlaufen sehen haben. Ich habe ein Buch von einem Physiker gefunden, der diese Erlebnisse aus der Perspektive der Physik analysiert hat und daraus schlussfolgert, dass es eine Seele geben muss. Ich kann mich leider nicht erinnern, wie er hieß."

„Ja, ich habe auch viele Bücher darüber gelesen, Koala. Ich kenne sogar selbst Erzählungen von Menschen mit Nahtoderfahrungen. Sie haben mich sehr beeindruckt."

„Das bleibt also vom Menschen. Was passiert da so?"

„Genau weiß ich das auch nicht. *Der Tod ist ein Mysterium, das für uns nicht ganz begreifbar ist*, heißt es. Die verschiedenen Religionen haben dazu verschiedene Konzepte."

Der Koala schaut mich fragend an: „Kannst Du mir ein paar Beispiele nennen?"

„Also, es gibt das Konzept, dass man entsprechend seinen Taten in den Himmel oder in die Hölle kommt. Dann glauben viele Menschen an Karma, an das System von Ursache und Wirkung, wonach je nach eigenem Verhalten das nächste Leben auf Erden geprägt sein kann. Man kann als Tier geboren werden und eventuell so sein Karma bereinigen. Der Glaube an das Prinzip der Wiedergeburt in allen Facetten liegt dem Glauben an Karma zu Grunde. Im Christentum wird das zwar abgelehnt, trotzdem glauben sehr viele Menschen daran. Beziehungsweise gibt es auch viele Stimmen, die sagen, dass das auch ursprünglich Teil der christlichen Lehre war und dann irgendwann später herausgestrichen worden ist. Soviel ich weiß, sagen das auch manche Bibelforscher."

„Ah, ist es das, was ich in der Bibliothek bei Neale Donald Walsh[116] gelesen habe, als er Gott fragt, wieviele Leben man hat? Gott antwortet nämlich, dass wir nur eines haben. Der Autor war etwas enttäuscht. Aber Gott hat ihm dann erklärt, dass der Tod eine Illusion ist und daher all die verschiedenen Leben in Wirklichkeit ein Leben sind."

„Was hast Du eigentlich nicht gelesen in der Bibliothek? Andere Menschen brauchen ein halbes Leben dafür."

„Als Traumzeit-Wesen habe ich eben besondere Fähigkeiten", grinst mich der Koala an. „Oder hast Du je einen Koala in freier Wildbahn oder in einem Zoo gesehen, der grinsen kann?"

Da muss ich lachen. „Ja, Du hast wirklich ganz besondere Fähigkeiten."

„Zum Thema, was mit der Seele passieren kann, können wohl auch Menschen mit besonderen Fähigkeiten weiterhelfen. Ich bin Leuten begegnet, die Verstorbene sehen oder spüren oder mit ihnen kommunizieren können. Das können mehr Menschen als man glaubt. Sie trauen sich es nur nicht zu erzählen, weil sie Angst

---

[116] Neale Donald Walsh: Gespräche mit Gott (2009)

haben, als Spinner dazustehen, oder?" fragt mich der Koala am Ende seines Gedankens.

„Das denke ich auch."

Da kann der Koala wieder etwas beisteuern. „Selbst Polizei und Geheimdienste arbeiten mit solchen Menschen zusammen. Es gibt eben Frauen und Männer, die Dinge spüren können, die andere nicht wahrnehmen. Das ist nicht so selten. Für viele Kinder ist das etwas ganz Normales, habe ich gelesen. Bis ihnen jemand sagt, dass das Blödsinn sei und es nur die Dinge gebe, die alle Menschen sehen können. Und dann verlieren sie meistens den Zugang zu diesen Fähigkeiten, weil sie glauben, dass das nichts Gutes ist. Darum trauen sich dann wohl auch viele Menschen nichts zu sagen, weil sie Angst haben, dass man sie für verrückt hält. Aber das hat auch mit Kulturen zu tun, oder?"

Dieses Mal erwartet der Koala keine Antwort von mir und spricht gleich weiter. „Dabei könnte man sogar alles mit dem Quantenfeld erklären. Die Menschen, die ich kennengelernt habe, die solche Fähigkeiten haben, standen jedenfalls alle mit beiden Beinen im Leben. Sie haben erzählt, dass Verstorbene alles das, was sie getan oder erlebt haben, nach ihrem Tod aufarbeiten. Auch sie haben zu mir gesagt, dass der Tod ein Mysterium ist und er über unsere Vorstellungskraft geht, so wie Du vorhin. Ist es nicht gruselig, was sich Menschen trotzdem ausdenken, was nach dem Tod passiert und es anderen einreden, wie die Atheisten oder auch Calvin zum Beispiel?"

„Ja, Koala, das finde ich auch gruselig. Aber das ist ein gutes Beispiel. Diese Ideen stammen von gewöhnlichen Menschen. Nimm Calvin als Beispiel. Grund für seine Ideen war der Ablasshandel in der katholische Kirche, dem Abkauf von Sünden. Sie hat ihre Macht damit missbraucht. Dann sind andere gewöhnliche Menschen gekommen, die in Calvins Lehre Unsicherheit über den Tod spürten. So haben sie die Geschichte mit dem Reichtum erfunden, der einem zeigt, dass man für den Himmel auserwählt wurde. Alles menschlich verständlich. Aber wo ist bei dieser Geschichte Gott? Nirgendwo. Das sind Regeln, die Menschen anderen Menschen auferlegen. Sie sind auf fruchtbaren Boden gefallen, weil sie einigen genützt haben."

Der Koala grübelt: „Also, wenn man genau hinschaut, geht es immer um Macht und Geld und die Legitimation dazu. Wenn ich schlechtes Karma in das nächste Leben mitbringe, lande ich vielleicht in einem Köper, den ich nicht mag. So wie in dem Buch *Mieses Karma*[117]. Habe ich auch in der Bibliothek gefunden. Das war aber lustig."

„In dem Buch geht es – auch wenn es lustig ist – genau um das, was der Buddhismus lehrt. Um das Lernen, sich selbst zu entwickeln. Dort geht es um *Weisheit*, auch im Islam, soviel ich weiß. Im Christentum geht es um die *Liebe*. Im Judentum geht es um *Ordnung*. Ich muss aber zugeben, dass ich mich nicht gut beim Islam und beim Judentum auskenne. Dabei hatte ich eine sehr nette muslimische Kundin. Und eine ganz liebe Freundin meiner Mutter war Jüdin. Deren Familie hat im Zweiten Weltkrieg ganz schreckliche Dinge erlebt. Ich bin immer damit aufgewachsen, dass Religion oder Glaube etwas Persönliches ist, oft zwar eine Kultur prägt, aber niemals ein Thema sein sollte, das zwischen Menschen stehen sollte."

„Woher kennst Du diese Zuordnungen Liebe, Weisheit und Ordnung?", fragt der Koala interessiert.

„Ich mache mit meinen Kunden oft Systemische Strukturaufstellungen. Da gibt es eine Form, in der man diese drei Begriffe aufstellt. Es geht darum, dass alle Drei im Leben ihren Platz und ihren Wert haben. Bei einem Thema, in dem etwas emotional geheilt werden muss, ist dann die Liebe hilfreich. Die Weisheit spielt eine Rolle, wenn aus einer Situation etwas zu lernen ist. Wenn etwas durcheinandergeraten oder komplex ist, kann innere Unruhe in Überblick und Klarheit verwandelt werden und …"

„… dazu braucht man die Ordnung", beendet der Koala meinen Satz. „Verstehe. Also beim Thema Seele kommen ganz viele Konzepte von Außen. Aber ich kann sie auch in meinem Inneren spüren. Du weißt schon, dass wir da gerade eine Menge zusammentragen. Und was ist mit Gott? Wie sieht der aus?"

„Koala, ich glaube, da wird es noch komplizierter. Aber ich fange einmal irgendwo an. Ich hoffe, das ist in Ordnung. Also bei den Christen steht, dass Du Dir kein Bild von Gott machen sollst

---

[117] David Safier: Mieses Karma (2008)

und, dass alles Gott ist und wir nach seinem Ebenbild geschaffen sind. Das heißt, dass wir uns gar kein Bild von Gott machen brauchen. Wir können nach Innen schauen auf Liebe, Intuition und unseren freien Willen."

„Aber es gibt doch Menschen, die Böses tun", unterbricht mich der Koala, völlig zurecht.

„Ja, die gibt es definitiv. Sie können dazu dienen, den Unterschied zwischen Angst und Liebe zu sehen, so wie man Licht nur als Gegensatz zu Dunkelheit erkennen kann. Um eine Entscheidung für das eine oder das andere treffen zu können. Bei den Fieslingen selbst muss auch eine Absicht dahinterstecken, zum Beispiel, weil sie bedeutsam sein wollen oder Anerkennung bekommen wollen. Das bedeutet in der derzeitigen Welt leider auch verletzen zu dürfen. Auch diese Menschen sind auf der Suche nach gelingenden Beziehungen mit ihrem Verhalten."

„Ah", hakt der Koala nach. „Oder, sie schaffen es nicht gelingende Beziehungen zu leben. Dann werden Menschen oft aggressiv – das sagt uns die Aggressionsforschung. In Eurer Gesellschaft sind Menschen, die Leute aus brennenden Häusern oder aus Bergnot retten, Freiwillige. Sie werden einmal im Jahr beklatscht, bekommen aber keinen Cent. Ein Konzernchef, der nur darauf schaut wie hoch seine Gewinnspanne ist und ausschließlich mit Blick auf die Aktionäre die eigenen Mitarbeiter hinauswirft, sitzt in einer Luxusvilla und sein Bild wird auf Hochglanzpapier gedruckt. Doch welcher von den beiden ist der, der für Euch Menschen wichtiger ist?"

„Ja, die Macher dieser seltsamen Welt gaukeln uns vor, dass Bösesein gut ist, weil es zum Erfolg führt. Aber da bist Du wieder bei den Machthabern und den Machtgebern. Letztere sind ganz normale Menschen. Die meisten spüren, dass etwas gewaltig falsch läuft. Aber entweder stecken sie in der Darwin-Falle oder sie wissen nicht, wie man aus dem Schlamassel herauskommt."

„Das heißt", überlegt der Koala, „der erste Punkt auf unserer Schatzkarte muss heißen, dass die Menschen sich selbst glauben anstatt irgendwelchen Theorien, die den Machthabern helfen. Damit sind wir wieder beim freien Willen angelangt."

„Exakt", antworte ich ihm.

„Woran erkenne ich denn, wann eine Entscheidung richtig oder falsch ist? Das kann wohl manchmal echt schwer sein, oder?"

Ich überlege mir für den Koala so eine Art Faustregel. „Entscheidungen aus der Angst heraus oder die Angst erzeugen, sind nicht brauchbar und tun uns, schon rein biologisch gesehen, nicht gut. Niemand fühlt sich wohl mit der Angst und sie blockiert logisches Denken und die Intuition, die unser bester Routenführer ist."

Der Koala überlegt. „Ja, das ist eine hilfreiche Regel! Das Gegenteil von Angst ist Liebe. Das heißt, es geht darum nachzudenken und zu spüren, aus welchem Grund man sich für etwas entscheidet. Zum Beispiel, ob ein Mensch einen Job annimmt aus der Angst heraus – ansonsten nicht bedeutsam oder sicher genug zu sein – oder weil er ihm Freude macht und ihm entspricht. Ich glaube, oft verstehen Menschen nicht, dass es ganz viele verschiedene Wege im Leben gibt, die zu mehr Lebensqualität führen", sagt der Koala nachdenklich.

„Ja, so kann man das sagen. Mir hat einmal eine sehr erfolgreiche und bekannte Österreicherin gesagt: *Wenn sie kein Geld mehr hätte, würden in ihrem Adressbuch vielleicht noch ein oder zwei Menschen als Freunde übrigbleiben.* Da sie davor Angst hatte, machte sie alles, um ihren Reichtum zu erhalten und zu vermehren. Ich habe diese Aussage zutiefst traurig gefunden. Ich glaube nicht, dass solche Menschen glücklich sind. Sie sind genauso angstgetrieben wie die, denen sie die Richtigkeit dieses Denkens durch ihre Vorbildwirkung vorgaukeln. Oft wird Komfortzone mit Lebensqualität verwechselt."

„Das heißt", rekapituliert der Koala, „dass man das Streben nach Macht und Geld nicht mehr anerkennen und schon gar nicht bewundern soll. Den Gier-Virus sozusagen aushungern. Ihm als einzelner Mensch keine Energie geben. Dein Mixer läuft auch nicht, wenn man den Stecker rauszieht."

„Du verwendest meinen Mixer?"

„Hab einmal einen Eukalyptus Smoothie probiert, abgewandelt nach einem Rezept für Spinat-Erbsen-Smoothie."

„Und hat er geschmeckt?"

„Ein bisschen unnatürlich. Aber es ging. Ich habe das aus Neugierde getan. Nicht aus Angst, dass ich … – hm, mir fällt gar nicht ein, aus welcher Angst heraus ich mich dazu entscheiden hätte können."

„Aus Angst, nicht im Trend zu sein, wenn Du weiterhin Deine Blätter kaust, anstatt einen hippen Smoothie zu trinken?"

Der Koala überlegt. „Sollte es nicht eine Entscheidung für jeden Einzelnen sein, ob er etwas mag oder nicht? Aber ich verstehe was Du meinst. Das Angstkonzept reicht bis in die Küche. Bei mir gibt es Angst nur, wenn ich einen Dingo sehe oder ein Baum brennt oder solche Dinge. Das ist dann aber nur etwas Kurzfristiges. Ansonsten habe ich jetzt das Vertrauen, dass immer alles für mich da ist. Und so finde ich dann auch alles, was ich brauche. Das habe ich auf meinem Walkabout gelernt.

Ich rekapituliere: Man soll sich keine Angst machen lassen, sondern spüren, ob und wann einem wirklich Gefahr droht und danach intuitiv handeln. Wenn Du weißt, was Du wirklich brauchst, also was auf Deinem Pflanzenkärtchen steht, dann weißt Du, was Du wirklich brauchst. Und damit nicht jeden Krempel, den Dir die Werbung einredet. Dann kommt man überall gut durch. Zum Beispiel kann sich jemand den Job suchen, den er mag und in dem er ja dann auch deshalb besser ist. Man zieht die Menschen an, die zu einem passen, also für die man interessant ist, so wie man wirklich ist. "

„Schöne Zusammenfassung", nicke ich ihm zu.

„Eines verstehe ich noch nicht ganz. Wie geht das mit den Dingen, die man anzieht, also in sein Leben zieht, die zu einem passen? Ich weiß schon, dass wir darüber gesprochen haben beim Thema Spiegelneuronen. Also rein wissenschaftlich verstehe ich es, aber mir fehlt ein praktisches Beispiel."

„Ich habe ein Beispiel, das mich selbst sehr beeindruckt hat. Michaele und ich haben in Australien geheiratet und haben unsere Hochzeitsreise auf den Cook Islands in der Südsee verbracht. Es war dort wirklich wie im Paradies. Nicht nur wunderschön, sondern auch die Freundlichkeit der Menschen war überwältigend. Sie waren ganz natürlich, fröhlich und im ‚hier und jetzt'. Als wir zurück im winterlichen Wien waren, haben wir etwas Seltsames erlebt: Alle Menschen verhielten sich superfreundlich, egal ob sie uns zugelächelt, uns in Geschäften vorgelassen haben oder uns hilfsbereit begegnet sind. Es war einfach unglaublich. Und zwar ohne Ausnahme. Wir sind niemandem begegnet, der nicht ausnehmend nett war. Nach einigen Wochen war das Phänomen verschwunden. Da haben wir begriffen, dass es an uns gelegen ist. Wir haben diese Energie der Freundlichkeit, des Lächelns, des Vertrauens und des Im-Hier-und-Jetzt-Seins mitgenommen und für ein paar Wochen ausgestrahlt. Dem entsprechend haben sich die Menschen uns gegenüber verhalten."

„Ah, genau, das machen die Spiegelneuronen. Danke für das Beispiel. Jetzt verstehe ich es. Faszinierend. Kann man so etwas auch machen, wenn man nicht gerade in der Südsee war?"

„Ja Koala, das nennt man manifestieren."

Er denkt wieder nach. „Und wie mache ich es, dass ich mir das Richtige und nicht das Falsche manifestiere?"

„Gute Frage. Das machst Du mit der Intuition. Was fühlt sich gut an? Gehe ich hingegen in die Angst, werde ich auch genau das manifestieren. Ich habe einmal eine Reise nach Peru gebucht. Bei der Vorbesprechung zur Tour war ein Pärchen, das die ganze Zeit davon gesprochen hat, wie gefährlich Diebe im Ausland sein konnten. Als es dann losging hatten wir einen kurzen Stopp in Rom. Als wir nach einem Spaziergang durch die Stadt zu unserem Flieger nach Lima gingen, sahen wir schon aus der Ferne das Pärchen aufgeregt mit der italienischen Polizei sprechen. Ihre Wertsachen haben es nicht einmal nach Peru geschafft. Schon in Rom sind sie ausgeraubt worden. Alle anderen hatten im Übrigen einen netten Nachmittag in der Ewigen Stadt verbracht."

„Also genau genommen", resümiert der Koala, „geht es nicht darum, wie man manifestiert. Denn das tut man sowieso. Es geht darum, sich das zu manifestieren, was man im Leben haben möchte und nicht das, was man nicht haben möchte."

„Genau. Wie Michaele und ich aus der Südsee zurückgekommen sind, haben wir das nicht bewusst gemacht. Wir haben einfach etwas Schönes ausgestrahlt und darauf haben andere Leute reagiert."

„Aber es passieren doch weiterhin Dinge, die Du vielleicht nicht schön findest. Zum Beispiel, dass jemand stirbt oder krank wird."

„Ja schon, aber, wenn Du meinst, dass Du dann der ärmste Mensch der Welt bist, dann wirst Du genau das erleben, eben, dass alles ganz schlimm ist. Wenn Du aber einfach traurig bist, dann triffst Du die Menschen, die Dich unterstützen oder Du findest etwas anderes, das Dir Trost gibt. Im Falle einer Krankheit bekommst Du vielleicht hilfreiche Informationen. Meinem Neffen ging es nach der Impfung ganz schrecklich. Woraufhin ich, wild entschlossen ihm zu helfen, allen Freunden und Freundinnen einen Hilferuf geschickt habe, wie man das Zeug ausleiten kann. Niemand konnte mir jemanden nennen. Als ich am Nachmittag mit Filous Hundetrainerin Nachrichten ausgetauscht habe, habe ich aus einem Impuls heraus, auch ihr meine SOS-Nachricht gesendet. Zehn Sekunden später hatte ich einen Namen und eine Telefonnummer. Vier Stunden später ging es meinem Neffen wieder gut. Ich hatte jemanden gefunden, der ihm super helfen konnte. Es war unglaublich, die Veränderung bei Felix während der Behandlung zu sehen. Albert und seine Bioresonanz sind etwas für mich und meine Familie sehr Wertvolles, die mir zugefallen sind.

„Weißt Du, Koala, ich habe keine Sekunde daran gezweifelt, dass ich einen Weg finden würde, Felix zu helfen. Das Wie allerdings ist ganz anders gelaufen als ich davor gedacht hatte. Ich hätte auf bestimmte Freundinnen getippt. Aber so funktioniert manifestieren. Du fokussierst auf etwas, was Dir wichtig ist. Dann lässt Du Dich überraschen, auf welche Weise es sich verwirklicht. Wenn sich nichts tut oder sich etwas nicht so Zielführendes zeigt, dann sind entweder Glaubenssätze im Weg – wie ‚ich bin das nicht wert' oder ähnliches. Wie sollte dann etwas Großartiges auf Dich zukommen? Dann musst Du die Glaubenssätze vorher auflösen. Oder Du möchtest in Deinem tiefsten Inneren gar nicht haben, was Du da wolltest. Ich habe eine Freundin, die sich immer durchkämpfen möchte. Wenn alle anderen schon sehen, wie viel leichter etwas gehen könnte, dann hat sie jede Ausrede parat, warum sie das nicht so machen kann. Am Schluss schafft sie auch alles, aber eben nicht auf dem netten Spazierweg, sondern mit der Machete durch das Dornengestrüpp. Aber das ist ihre Entscheidung, ihr freier Wille."

„Das verstehe ich jetzt. So und jetzt gib mir ein ganz praktisches Beispiel um in die Welt, in der nicht Geld sondern Liebe regiert, zu kommen." Dabei kritzelt er auf einem Blatt Papier herum.

Ich schaue erstaunt. „Das ist ja eine Schatzkarte!" rufe ich entzückt aus.

„Nein", grinst mich der Koala an. „Das ist unsere Schatzkarte. Michaele und ich haben das gestern spätabends gemeinsam gezeichnet. Damit wir einmal eine Rohfassung, einen Entwurf haben, um sie dann von jemandem zeichnen zu lassen, der das professioneller kann."

„Lass mal sehen. Unglaublich. Ja, das ist nett." Ich muss lachen. „Da ist eine Palme."

„Weil Du Palmen so magst, haben wir das so gezeichnet. Und um im Piraten-Genre zu bleiben. Da hat eine Sonnenblume nicht gepasst."

Ich muss wieder lachen. „Wir haben eigentlich schon ziemlich viel zusammengetragen, wenn ich mir Eure Karte so ansehe", stelle ich fest.

„Genau. Und jetzt kann ich ein Symbol für das Manifestieren einzeichnen."

„Und was soll das sein?", frage ich ihn.

„Ich weiß noch nicht." Der Koala überlegt. „Vielleicht eine Flaschenpost. Damit retten sich Schiffbrüchige. Mit dem Manifestieren eines schöneren Lebens rettet sich die Menschheit. Also: Wie sollen das die Menschen nun machen, um zum Schatz zu kommen?"

Ich kann meine Augen kaum von der mit so viel Liebe entworfenen Karte abwenden. Aber, seine Frage ist wichtig, auch für das Symbol.

„Gut", beginne ich daher, „Du hast vorhin unser Pflanzenkärtchen erwähnt." Der Koala nickt. „Da schreibst Du drauf, was Du als individueller Mensch wirklich brauchst, damit es Dir gut geht und Du gedeihst, so wie eine Blume. Dann fokussierst Du im Geiste darauf, stellst Dir zum Beispiel vor, wie sich das anfühlt und wie schön das ist, wenn Du das lebst. Es geht um das Was, nicht wie man etwas erreicht. Ich hätte zum Beispiel nie gedacht, dass ich durch unsere Hundetrainerin zur Hilfe für meinen Neffen komme. Also vergiss das Wie, das ist meistens ganz anders als wir uns das mit unserem Intellekt vorstellen können. Sorgen, Ängste und Zweifel sind übrigens Killer beim

Manifestieren. Ich habe einmal gelesen, dass Sorgen das gleiche sind wie Gebete, nur eben verkehrtrum – man tut weder anderen noch sich selbst etwas Gutes damit."

„Heißt das auch…." Der Koala überlegt. „…anstatt den Mangel zu fühlen, spürst Du nach, was Du schon alles hast und bist dafür dankbar. Dann bist Du im Gefühl der Fülle und stellst Dir vor, wie es sich anfühlt, auch das, was Du Dir wünschst zu haben.. Oder Du bist fest überzeugt und hast keinen Zweifel daran, dass etwas Realität wird. Dann strahlst Du das aus und ziehst Menschen, Situationen und Lösungen an, um auch in der Realität in diese neue Wirklichkeit zu gelangen. Und da kommt man meistens auch in die Kooperation. Habe ich das richtig verstanden? Das klingt gut", resümiert der Koala. „Gibt es noch einen Haken?"

Ich nicke. „Man muss, wie gesagt, auch loslassen, was einen noch innerlich blockiert, wenn etwas nicht funktioniert. Das kann zum Beispiel der Glaube an das darwinistische Prinzip sein. Oder, wenn sich die Bedürfnisse nicht gut anfühlen, stimmt entweder etwas an Deinem Kärtchen nicht oder Du erlaubst es Dir vielleicht nicht, glücklich zu sein. Du kannst Dir gar nicht vorstellen, Koala, wie viele Menschen sich nicht zugestehen, dass es ihnen wirklich gut gehen darf. Auch ich habe dafür einige Glaubenssätze auflösen müssen. Es kann auch sein, dass zuerst eine Situation auftaucht, die fordernd ist. Diese ‚zwingt' Dich zu dem, was Du Dir in Dein Leben holen wolltest. Als Beispiel fällt mir mein Wunsch ein, in die Nähe vom Meer zu ziehen. Es gibt viele Bücher über das Manfestieren."

„Nur warum manifestieren die Menschen sich nicht schon längst die neue Welt?" überlegt der Koala wieder einmal. „Weil sie das Gefühl haben, ohnmächtig zu sein?"

„Ich fürchte, das betrifft sehr viele Menschen. Das ist ja auch Teil der Manipulation."

Der Koala fährt erbost fort: „Das ist aber dann die schlimmste und kolossalste Lüge überhaupt, die sie den Menschen einreden. Und das glauben sie und stecken deshalb in dieser Welt fest und nur wenige finden einen Weg raus?"

„Ich fürchte, dass Ohnmacht sehr viele blockiert. Du weißt noch, wovon wir gesprochen haben? Von den Machthabern und den Machtgebern."

„Vor Kurzem habe ich einen Spruch gelesen. Der ging ungefähr so: *Ich bin ja nur ein Einzelner, was kann ich schon verändern? Dachte sich die halbe Menschheit.* Das ist so traurig. Dann liegt die eigentliche Macht bei den Machtgebern."

Ich überlege. „Ja. Wir sind Milliarden, sie sind ein paar Tausend. Es würde schon reichen, wenn ein kleiner Prozentsatz der Menschen nicht mehr an diese für uns unpassenden Systeme glaubt und eigene Wege hinausfindet. Vorbilder sind immer der beste Weg, also selbst mutig voranzuschreiten. Wenn jemand hingegen nicht aussteigen will und weiterhin alles mitmacht, dann ist das genauso in Ordnung. Nur soll es derjenige bewusst aus freiem Willen machen und nicht, weil er dazu manipuliert wurde oder sich ohnmächtig fühlt."

„Da habe ich in der Bibliothek, glaube ich, den passenden Spruch dazu gelesen: ‚*Love it, change it or leave it*' [118] – also von seinem freien Willen Gebrauch machen und sich entscheiden, ob etwas passend ist, ob man es verändern kann oder will oder, wenn beides nicht funktioniert, eine Situation zu verlassen, sei es ein Job oder was auch immer, das einen unglücklich macht. Ich habe Euer System von Ertragen und Leiden noch immer nicht verstanden. Leiden ist doch etwas Kurzfristiges, zum Beispiel ein Unwetter oder ein Feuer. Aber da versucht man auch, sich so gut wie möglich in Sicherheit zu bringen und die Leidenszeit kurz zu halten."

Ich überlege. „Hm, man kann leiden, weil man ein bestimmtes Ziel erreichen möchte, zum Beispiel bestimmte Schönheitsbehandlungen oder sportliches Training. *Ballett ist Schmerz*, sagt man zum Beispiel. Das ist dann der freie Wille. Aber da möchte man etwas Bestimmtes erreichen und da denke ich, schwingt auch irgendwo Freude über das Ergebnis mit. Vielleicht irre ich mich da und es ist in Wirklichkeit auch mangelnde Selbstliebe. Ich denke, es kann beides sein."

---

[118] Englisch: Liebe es, verändere es oder gehe weg.

„Dieses Leiden meine ich nicht", unterbricht mich der Koala. Ich meine das Leiden im Sinne von Ewigkeiten im falschen Job, in der falschen Beziehung, in der falschen Umgebung zu sein. Versuchen zu entsprechen und dabei seine echten Bedürfnisse vernachlässigen. Oder anders ausgedrückt: Wenn man als Sonnenblume sein Leben freiwillig im Keller verbringt. Weißt Du jetzt, was ich meine?"

„Ah, das meinst Du. Aber darauf kennst du die Antwort schon."

Der Koala denkt über meine Worte nach und sagt dann ganz langsam: „Wenn man glaubt, die Welt, wie Ihr sie um Euch habt, ist richtig, dann kann man nur leiden. Die verkehrte Welt der Sonnenblumen wäre der Keller. Dann würden die Sonnenblumen leiden beziehungsweise eingehen. Die Menschen haben im Laufe der Jahrhunderte gelernt, mit Leid umzugehen. Das heißt, sie haben leiden gelernt um in einer Welt zu leben, wo Liebe und Kooperation, also die Natur des Menschen, so wenig zählt."

„Ja", sage ich traurig. „Vielleicht geht es manchen – ganz wenigen – ja wirklich gut damit. Ich habe in einem Buch über Hunderassen gelesen, dass Schäferhunde Freude daran haben zu gehorchen. Aber irgendwo müssen die auch eine Grenze haben, denke ich mir."

„Wenn ich Euch Menschen anschaue, was Ihr Euch in den letzten zwei Jahren gefallen lassen habt, frage ich mich nach dieser Grenze. Obwohl sehr viele Experten zum Beispiel sagen, dass keine der von der Politik vorgegebenen Corona-Maßnahmen für die Bevölkerung hilfreich ist, verhalten sich viele Menschen wie die Schäferhunde. Nur, ich glaube nicht, dass es ihnen Freude macht: Keine Verbindung mehr durch körperliche Nähe, einen Handschlag, eine Umarmung oder ein Lächeln. Alles Dinge, die laut Biologie das Immunsystem und Wohlbefinden stärken. Man darf seine Lieben nicht mehr sehen, sich von Sterbenden nicht verabschieden, die Alten werden allein gelassen und sterben an mangelndem Lebenswillen. Sie haben nichts mehr, worauf sie sich freuen können. Kranke Menschen in Quarantäne, die keine (medizinische) Hilfe bekommen. Dann gibt es ja noch dieses Tuch im Gesicht, das die Verbindung zweier Menschen kappt und Sauerstoffmangel verursacht. Sich eine experimentelle ‚Impfung' verabreichen lassen, von der man nicht weiß, was sie im eigenen

Körper macht – nur um weiterhin ins Theater, Restaurant oder ins Fitnesscenter gehen zu können? Ist doch hirnrissig, oder? Was lassen sich die Menschen noch gefallen? Aber es ist auch nicht überall gleich", setzt der Koala fort, „hier in Frankreich habe ich kaum ein Restaurant gesehen, das kontrolliert. Abstände einhalten bei Südländern? Weißt Du, was ich meine? Es gibt Grenzen."

„Das stimmt schon, Koala, in manchen Regionen oder Ländern ist es schlimmer als in anderen. Trotzdem, Du hast Recht. Die Leidensfähigkeit und Illusion der Ohnmacht ermöglichen das alles erst."

Der Koala nimmt wieder die Schatzkarte in die Pfoten. „Gut, das mit dem Manifestieren ist also sehr wichtig und hilfreich, um Entscheidungen aus dem freien Willen umzusetzen. Dafür muss ich mir noch ein Symbol überlegen. Vielleicht ein Steuerrad. Mir fehlt noch, wie man die Glaubenssätze loswird. Oder habe ich das überhört?", überlegt der Koala.

Irgendwie habe ich das Gefühl, dass der Koala noch einem anderen Gedanken nachhängt. Irgendetwas beschäftigt ihn. Das spüre ich genau. Aber er wird es mir schon sagen, wenn er seine Gedanken geordnet hat. Das macht er oft so. Also beginne ich einfach einmal über das Auflösen von Glaubenssätzen zu sprechen: „Unser Gehirn kennt keine Vergangenheit und keine Zukunft. Das heißt, wir müssen dem Gehirn ein Ritual geben, damit es loslässt, was wir nicht mehr mitschleppen wollen. Beim Coaching verwende ich zum Beispiel Zierkissen als Symbol. Diese stehen dann für einen Glaubenssatz oder Muster. So können die Menschen alles was sie loslassen möchten symbolisch ihrer Vergangenheit zurückgeben und sich davon trennen. Ein bisschen komplizierter ist es schon. Aber das ist der Kern der Übung. Es gibt auch andere Methoden, aber immer geht es um ein kleines Loslass-Ritual. Nur im Kopf zu beschließen, dass man einen bestimmten Glaubenssatz nicht mehr haben möchte, reicht im Normalfall nicht aus. Dafür sitzen die Beliefs[119] zu tief. Wir haben sie zumeist sehr lange gelebt. Oft ohne uns dessen bewusst zu sein. Dennoch können wir sie hinter uns lassen. Wenn wir das wollen."

„Das klingt super."

---

[119] Englische Bezeichnung für Glaubenssatz

„Warum sagst Du das dann nicht fröhlicher, Koala?" frage ich erstaunt.

„Weil die Menschen bald die alte Denkweise loslassen sollten. Ich habe seitdem wir uns über Transhumanismus unterhalten haben, viel recherchiert. Das ist noch grausiger als ich dachte."

„Ich finde ihn schon genügend menschenverachtend, wenn ich an das denke, was ich bis jetzt weiß", werfe ich ein.

„Dann hör Dir an, was ich gefunden habe."

„Will ich das hören?", frage ich mich. Dieses Thema verursacht mir ohnehin Gänsehaut.

Aber der Koala fährt unbeirrt fort. „Ich hätte es auch am liebsten gleich wieder vergessen. Also zuerst habe ich einmal Wikipedia gegoogelt. Da heißt es, der Transhumanismus kommt aus dem angelsächsischen Raum. Und dass die Menschen sich laut Darwinismus anpassen sollten. Daher soll die Technik nachhelfen. Von besonders funktionellen Prothesen[120] bis zum Hochladen von irgendwelchen Inhalten in das Gehirn. Darüber haben wir ja schon gesprochen, das mit dem hochgeladenen Appetit auf Ameisen."

Der Koala schüttelt sich wieder. „Das Ganze soll ein Fortschritt sein – und jetzt kommt es – weil der Mensch nach deren Meinung nicht gut genug ist, gemäß dem Höher-schneller-weiter-Gedanken. Hauptsächlich geht es, soweit ich es gefunden habe, um Gentherapie. Die soll dem Fortschritt dienen, gleichzeitig ist es aber nicht wertschätzend, der Natur und dem Wunder Mensch gegenüber. Es entspricht interessanterweise auch gar nicht den neuesten Erkenntnissen über Gene."

Ich nicke. So weit, so klar, das wusste ich schon.

„So, und jetzt geht es aber weiter", fährt der Koala fort. „Was, wenn Du selbst als Mächtiger gar nicht mitmachst und es nicht um Fortschritt für die Menschen geht, sondern das Ganze dem Gier-Virus entspringt? Kannst Du Dich an das Video von diesem supergenauen Wissenschafter erinnern? Der hat alles so korrekt analysiert und gezeigt, was in den Impfstoffen an Verunreinigungen drin sind. Kannst Du Dich erinnern, was er in den Chargen von Millionen Dosen gefunden hat?"

---

[120] Diese mögen hilfreich sein und Menschen unterstützen.

„Graphen? Das Zeug, das viel teurer als Gold ist!" erinnere ich mich.

„Genau, und da sagte dieser Techniker, dass es wohl kein Versehen sein kann, wenn ein sauteures Material aus der Weltraumforschung in vielen Corona-‚Impfstoffen' gefunden wurde. Er hat auch gesagt, das Material ist elektrisch leitend und kann durch bestimmte Frequenzen angesteuert werden. Das ist Transhumanismus. Man weiß auch in der Zwischenzeit, dass nicht alle Chargen gleich sind. Weltweit spricht medizinisches Personal davon, dass manche Menschen gar keine ‚Impfung', sondern eine harmlose Kochsalzlösung bekommen. Von Politikern und anderen einflussreichen Leuten war oft die Rede. Außerdem wissen wir beide, dass gerade im sportlichen, künstlerischen und medizinischen Bereich sich viele Menschen mit gefälschten Impfpässen helfen. Erst recht kann sich das jeder Mächtige oder Reiche beschaffen."

Ich nicke. „Hast Du diesen Spruch auf meinem Handy gesehen, den ich bekommen habe?"

„Meinst Du den: *Würde es sich um eine echte Pandemie handeln, würde es einen Schwarzmarkt für Impfungen geben und nicht einen Schwarzmarkt für Impf-Zertifikate?*"

„Genau, Koala, den meine ich."

„Wäre das alles okay mit den Impfungen, dann wären die da oben die ersten, die mitmachen würden. Das habe ich in Eurer Welt beobachtet. Viele Angestellte von Impfstofferzeugern haben vereinbart, sich und ihre Familien nicht impfen zu lassen, damit anderen Menschen schneller geholfen werden kann. Wie heißt dieser Spruch bei Euch: *Wer's glaubt, wird selig*? Bei einer tödlichen Pandemie und einer effektiven und sicheren Impfung schaue ich doch als erstes, dass meinen Lieben und mir geholfen wird. Claro?"

„Claro!"

Der Koala wirkt als hätte er eine Professorenbrille aufgesetzt. Aber nach einmal blinzeln, sehe ich sie nicht mehr. War wohl doch mehr sein Gesichtsausdruck, denke ich mir als er weiterspricht.

„Schau mal. Wenn nun viele der Geimpften dieses sehr teure Material in ihrem Körper haben, dieses Graphen und nur wenige davon wissen, entspricht das wohl nicht dem freien Willen der

Menschen. Immer mehr Pharmachefs sprechen von Gentherapie bei der Impfung. Ich denke an das Interview mit dem Pfizer-Chef denken, in dem er Biontech die Schuld an dem Gentherapie-Versuch an Milliarden Menschen gibt. Es ist also ganz offiziell. Das sagen die Leute selbst. Und dann ist es plötzlich nicht mehr Transhumanismus im Sinne von Fortschritt, sondern dann geht es um Versuchskaninchen und im schlimmsten Fall um eine Art Unterdrückung der Menschen. Keine Ahnung, ob es bereits die Technologien gibt, um dieses Graphen in irgendeiner Weise technologisch anzusteuern. Aber es wird schon seit Jahren an solchen Technologien geforscht."

„Iiii, Koala, das klingt ja wirklich furchtbar." Ich überlege: „Ja, warum werden die Leute darüber nicht informiert? Warum erklärt der Wiener Bürgermeister, Ungeimpfte hätten einen ganz schlimmen Krankheitsverlauf bei Omikron? Zu einem Zeitpunkt als sogar die Bundes-Taskforce in Österreich zugegeben hat, dass die Impfung nicht dagegenwirkt. Warum diese vielen offensichtlichen Lügen? Oder ist das einfach Machtrausch? Ach, Koala, es schockiert mich so sehr, was mit meiner Heimatstadt gerade passiert."

Der Koala sieht mich mitfühlend an. „Verstehe, dass Du darüber entsetzt bist. Aber, wenn ich Dir weitererzähle, was ich herausgefunden habe, dann bist Du gleich wütender als schockiert. Jedenfalls geht es mir so. Im Transhumanismus spielt Eugenik eine große Rolle, die Lehre vom lebenswerten Leben."

Ich schnaube verächtlich. „Und wer bestimmt darüber, was lebenswert ist und was nicht?"

„Genau. Im Dritten Reich wurde der Sozialdarwinismus eingesetzt. Von oben wurde bestimmt, wessen Leben Wert hat und welches nicht. So und nun packe den Transhumanismus und die Eugenik in die Welt, in der das höchste Gut Geld ist. Deshalb fährt Dawkins in England herum und predigt Atheismus. Glaubt man an irgendeine höhere Macht, kann man nicht grenzenlos den Menschen technisch bearbeiten. Da kommen ethische Fragen auf. Ob man nicht Gott ins Handwerk pfuscht. Und letztendlich: Ob es nicht am Ende des Lebens doch eine Art richterliche Instanz gibt, wo man sich auf die eine oder andere Weise mit seinen Handlungen auseinandersetzen muss", schließt der Koala seinen Bogen vom Sozialdarwinismus zum Atheismus.

Plötzlich fällt es mir wie Schuppen von den Augen. „Koala, Du magst mich für naiv halten. Aber jetzt verstehe ich endlich, warum Dawkins das macht. Ich kann nachvollziehen, dass man daran zweifelt, ob es einen Gott gibt, nach dem Motto: *Ich kann ihn ja nicht sehen.* Es gibt Menschen, die sagen, *ich glaube zwar nicht an Gott, aber es wäre großartig, wenn es ihn doch gäbe. Ich würde mich gerne positiv überraschen lassen.* Laut Psychologie sind jene Menschen, die an eine höhere Macht glauben besser verwurzelt. Sie haben nachweislich mehr Resilienz bei Schicksalsschlägen. Ich habe mich immer gefragt, warum dieser Mann mutwillig Menschen ein hilfreiches Lebenskonzept wegnimmt. Wem hilft das? Jahrelang habe ich darüber gerätselt. Jetzt, Koala, wo Du das sagst, begreife ich endlich den Nutzen für Dawkins und alle Wissenschaftler, die grenzenlos forschen und probieren wollen. Deshalb wird er in Großbritannien von der Wissenschaftswelt, oder zumindest einem Teil davon, so gefeiert.

Vor vielen Jahren habe ich einmal eine spannende Dokumentation gesehen über Wissenschaftler. Sie erklärten, sie sind davon überzeugt, dass es einen Gott geben muss: Viele Dinge in der Naturwissenschaft sind so komplex, dass es unwahrscheinlich ist, dass da kein höherer Plan dahinter steht. Dass Gott die Welt in sieben Tagen geschaffen hat, war natürlich auch für sie eine Metapher. Ich fand das sehr beeindruckend und habe daher nie den Gegensatz von Wissenschaft und Gott verstanden."

„Du sprichst hier von Gott als etwas Höherem, dessen Quelle die Menschen auch in sich finden. Das hat also weder mit Religionen noch einem strafenden Gott zu tun. Gott ist mehr wie eine Art umfassende globale Klammer, die für alle Menschen wirkt?" hakt der Koala nach.

„Ja, so in etwa."

„Das bedeutet", fährt er fort. „solange es einen Funken von Glauben an etwas Höheres, Liebevolles im Menschen gibt, kann ihn die Wissenschaft nicht grenzenlos verändern. Denn was passiert mit der Seele, der göttlichen Quelle oder nach dem Tod?"

„Ja, Koala", sage ich, langsam die Tragweite begreifend.

„Das heißt weiters, die Menschen müssen sich entscheiden, ob sie ein Leben in Liebe und Kooperation gemäß ihrer Natur leben wollen. Oder ob sie die Möglichkeiten des Transhumanismus technisch so interessant finden und die Gefahr hinnehmen, dass dann das, was den Menschen eigentlich ausmacht, auf der Strecke bleibt." Der Koala macht eine kurze Pause. „Wenn der Transhumanismus auf dem Gedanken beruht, dass der Mensch nicht gut genug ist, beruht er auf Angst. Das Menschsein beruht aber von Natur aus auf Kooperation und damit auf Liebe. Mit anderen Worten, die Menschen müssen wählen, zwischen der Angst und der Liebe. Das heißt, entweder in der verkehrten Welt bleiben mit der Illusion der Ohnmacht und des ‚Nicht gut genug seins'. Oder spüren, dass der Mensch ein wunderbares Wesen ist und sich auf den Weg machen in ein Leben, das für ihn passend ist."

Ich nicke. „Ja, das ist es. Genau. Das ist die Quintessenz. Koala, ist es in Ordnung für Dich, wenn wir für heute Schluss machen? Mir dreht sich schon alles im Kopf."

„Ja natürlich. Darf ich Dir aber noch einen Gedanken mitgeben, an dem ich schon die ganze Zeit kaue wie an einem Eukalyptuszweig?"

„Ah, ich habe es richtig gespürt, dass da noch etwas ist", denke ich mir. Meine Neugierde gibt mir einen Energieschub.

„Du hast gesagt, dass es beim Manifestieren öfters passiert, dass zuerst eine schlimme Situation kommt, die notwendig ist um das, was man haben möchte, zu erreichen." Ich nicke. „Du hast erzählt, alle Menschen, die Du kennst, sagen schon lange, dass diese Höher-schneller-weiter-Welt nicht stimmig ist und sie sich damit nicht wohlfühlen. Auch mit dem grenzenlosen Kapitalismus nicht. Es gab sogar extrem ablehnende Umfragen zu diesem Thema, vor allem in Europa." Ich nicke wieder. „Ich habe nachgedacht über das, was Du in Deinem Tagebuch geschrieben hast. Mit den Wünschen und was es braucht, ein Ziel zu erreichen. Wofür diese Krise gut ist. Ich habe das Gefühl, dass die Sehnsucht nach einer lebenswerten Welt etwas sehr Starkes ist. Es könnte wirklich sein, dass dieses alte System für sehr viele Menschen so unerträglich ist, dass sie es mit ihrer Sehnsucht nach einer neuen, menschengerechten Welt zum Kollabieren bringen. Ist die Situation, die Ihr gerade erlebt, einfach was es braucht, damit Ihr als Menschheit erreicht, was Ihr Euch schon lange sehnsüchtig wünscht? Das heißt jeder Mensch kann sich jetzt seinen Wunsch erfüllen, in einer dem Menschen entsprechenden Welt zu leben, die auf dem Prinzip der Liebe, also dem Miteinander und nicht auf dem Prinzip der Angst beruht."

Konzentriert höre ich dem Koala zu. „Du hast Recht. Wenn man meinen Gedanken von damals weiterführt, dann ist das ein logischer Schluss." Meine Gedanken sind immer noch in Bewegung als der Koala weiterspricht.

„Nimm die Ziele des Great Reset oder die Manipulationen und Lügen, damit die Reichen noch reicher und mächtiger werden. Und ihre Ideen entgegen den Bedürfnissen und dem freien Willen der meisten Menschen durchsetzen möchten. Sie wollen offensichtlich, dass die bisherige Welt kaputt geht und arbeiten intensiv daran. Sie sehen auch, dass die Pfähle morsch sind. Allerdings machen sie es, um den Kapitalismus neu zu definieren und die Menschen mehr zu kontrollieren. In einem Satz gesprochen: Um die verkehrte Welt noch verkehrter zu machen. Eine Welt, in der der Mensch nur mehr als Mittel dient, ohne jegliche Werschätzung oder Liebe. Was aber, wenn ihre eigene Angst, die in der Gier steckt, sie genau dazu bringt, ihr eigenes System auch für die Zukunft zu zerstören? Und die Sehnsucht der Mehrheit der Menschen nach einer menschengerechten Welt die neue Welt entstehen lässt?"

Ich schaue den Koala an und überlege laut: „In Gier steckt die Angst, zu wenig zu haben oder nicht gut genug zu sein. Stimmt! Entscheidungen aus Angst gehen letztendlich immer schief. Das habe ich über viele Jahre beobachtet. Auch andere zerstören zu wollen, fällt letztendlich immer auf einen selbst zurück."

Der Koala nickt und spinnt den Faden meines Gedankens weiter. „Gier, Neid, Missgunst sind destruktive Gefühle. Sehnsucht ist etwas voller Liebe. Etwas sehr Kraftvolles. Jene, die die Gesellschaft im darwinistischen Sinne umbauen wollen, haben nur Geld. Damit können sie sich zum Beispiel die besten Experten für Manipulation oder Medien kaufen. Aber so etwas Kraftvolles wie Gefühle voller Liebe haben sie nicht auf ihrer Seite. Ich habe von Müttern gelesen, die Lastwagen heben konnten, um ihre Kinder zu befreien. Mit Geisteskraft. Mit Liebe. Die Menschen haben viel mehr Kraft als diejenigen, die die verkehrte Welt zelebrieren. Wenn sie aus ihrer Liebe zu ihren Liebsten, zu Mutter Erde und sich selbst heraus agieren."

„Und sich nicht von der medial verbreiteten Angst klein machen lassen", füge ich hinzu.

Der Koala grinst. „Warum haben sie es denn nötig, so viel Propaganda zu machen, um die Bevölkerung klein und ängstlich zu machen? Weil sie wissen, dass sie gegen Menschen, die in ihrer Kraft sind, keine Chance haben. Solange die aber in der Darwin-Falle sitzen, bleiben sie auf jeden Fall klein. Denn diese Denkweise erzeugt die Illusion, nie gut genug zu sein. Selbst diejenigen die in diesem System als erfolgreich gelten, nimmt sie Kraft. Denn sie handeln besonders stark gegen ihre Natur als Menschen. Deshalb sind sie abhängig von jenen, die sie entwerten. Denn damit holen sie sich Energie. Du sprichst von Energievampiren. Was, wenn ihnen niemand mehr Energie gibt?"

„Damit sind wir wieder bei den Machtnehmern und Machtgebern", sinniere ich weiter.

Der Koala stimmt mir zu. „Michaele, Du und viele andere sagen doch immer: *Am Ende wird alles gut*. Ich weiß, dass Ihr alle daran glaubt. Auch ich spüre das ganz stark. Das bedeutet, dass es jetzt an jedem Einzelnen liegt, sich zu entscheiden, ob er in einer perfektionierten Welt des Gier-Viruses leben möchte, in der der Mensch keinen Wert hat. Oder in einer Welt, in der Liebe und Kooperation das höchste Gut sind. Wie es der menschlichen Natur entspricht. Und damit leben zu können, wie es auf seinem Pflanzenkärtchen steht."

„Geben wir den Lesern und Leserinnen unsere Schatzkarte, damit sie auch den zweiten Schritt gehen können. Den ersten haben sie bereits getan. Sie haben durch ihre Sehnsucht nach einer besseren Welt die verkehrte Welt für alle sichtbar gemacht. Wer nicht wegschauen möchte, sieht jetzt, dass im alten System der Mensch nur Mittel ist, und erst recht im geplanten Sozialkapitalismus. So eine Art Kommunismus in dem weiterhin Geld das höchste Gut ist, das aber dann nur mehr in ganz wenigen Händen ist. Mit diesem Wissen kann jeder dazu beitragen, ein neues System mit dem Menschen als Mittelpunkt zu schaffen. Das heißt Zusammenbruch bedeutet nicht auf ein Niederkrachen zu warten, sondern selbst den Weg des Neuen zu gehen. Das Alte wackelt ja schon ganz gewaltig."

Ich nicke und knipse gedankenversunken das Licht aus.

Am nächsten Tag kommen Michaele und ich vollgepackt vom Einkaufen zurück. Ich erledige gerne ganz bodenständige, praktische Dinge, um meine Gedanken zu ordnen – gerade nach den aufrüttelnden Gedanken, die der Koala mir gestern Abend mitgegeben hat.

„Hallo, wie lange möchtest Du noch Pause machen? Ihr wart einen ganzen Tag unterwegs! Mich gibt es auch noch", begrüßt mich der Koala. Aber er grinst mich dabei an.

„Du wolltest ja nicht mitfahren auf den Markt nach Pezénas", erwidere ich.

„Weiß ich, dass Ihr dort Ewigkeiten verbringt? Aber", er sieht mir tief in die Augen, „Du siehst total glücklich aus!"

„Koala, das bin ich auch. Frankreich hat die Maskenpflicht aufgehoben. Haben sich ganz viele im Süden schon lange nicht daran gehalten, war es jetzt offiziell. Es war so schön, die Menschen lächeln zu sehen. Es war einfach großartig. Zuerst am Markt, dann waren wir in kleinen Geschäften und dann wunderbar essen. Auch da sind alle Restrtiktionen gefallen. Am Markt hat man gesehen, dass bei den zwei, drei Ständen, wo noch jemand mit Maske gestanden ist, kaum Kunden waren. Wichtiger als ihre Waren, waren den Leuten das Lächeln, Plaudern, miteinander Lachen, also eine Verbindung zu spüren. Dann sind wir durch die kleinen Gassen gegangen. Du kannst Dich erinnern, dass Michaele einen Teller zerbrochen hat?" Der Koala nickt.

„Also bin ich in kleine Geschäfte gegangen, um neue Teller zu finden. Zuerst kam ich in ein winziges Geschäft voller Menschen, wo es auch einen schönen Vorhang voller Palmen gab. Aber so schnell habe ich mich nicht entscheiden wollen. Also ging ich zum nächsten Laden. Dort stand eine Frau mit einer Maske hinter einer Glaswand und eine Familie, die sich überlegte, ob sie etwas kaufen sollte. Alles wirkte kalt. In jeder Hinsicht. Obwohl es hübsche Teller gab, bin ich wieder hinaus und zurück zu dem ersten Geschäft gegangen. Dort grüßte mich die Besitzerin freundlich mit ‚*Re bienvenue*'. Sie hatte sich gemerkt, dass ich hier schon kurz gewesen war. Hier fühlte sich alles warm an, im übertragenen Sinne. Ich habe mich umgesehen und blieb immer wieder mit den Augen an diesem netten Palmenvorhang hängen. Die Besitzerin ist lächelnd auf mich zugekommen, hat mir die Maße gesagt, nett mit mir geplaudert und gelacht. Was für eine Wohltat für meine maskengepeinigte Seele! Dabei habe ich selbst niemals eine getragen. Nach und nach sind mehr Menschen hereingeströmt. Wahrscheinlich wurden sie von unserem Lachen angezogen, vielleicht gepaart mit den hübschen Dingen vor der Tür. Nach ein paar Minuten habe ich noch Michaele hereingeholt, ob ich einen oder zwei Vorhänge nehmen sollte, also für einen Türbogen, den wir noch nicht haben oder ein Fenster, das wir noch nicht haben. Spontan hat er mir zwei geschenkt. Während wir uns durcheinander mit allen unterhielten, kaufte ich noch Teller und ein Geschenk für meine Freundin Christine. Mittendrin in dem Gewusel ist auch noch Filou gestanden. Es hat so viel Spaß gemacht! Jetzt weiß ich auch, wogegen Masken nützen, nämlich gegen das Geldausgeben", erzähle ich dem Koala lachend.

„Ah, Du hast die Verbindung mit den Menschen gespürt. Es gab keine Abgrenzung, keine Angst. Das heißt, Du hast viel mehr bekommen, als in dem Sack da drin ist."

„Ja, Koala, das hab' ich. Definitiv."

„Das bedeutet, mit dem Geld, das ihr ausgegeben habt, hat sich nicht jemand bereichert. Die Ladenbesitzerin verkauft ihre Waren mit menschlicher Wärme in einem einladenden Geschäft und dafür erhält sie ihren wohlverdienten Gewinn."

Er ist offenbar schon wieder bei unserem Buchthema. Ich lächle: „In alldem Gewusel hat die Dame auch noch den Vorhang aus der Auslage geholt und alle haben zusammengeholfen, dass sie auf die Leiter steigen konnte. Es war ja so ein ganz winziges Geschäft. Viel gelacht habe ich auch mit einer Frau, die Deutsch konnte und eine Kleinigkeit kaufen wollte. Ich habe sie natürlich vorgelassen. Da hat sie mich angelächelt und auf deutsch gesagt: *‚Jetzt habe ich mich ganz frech, vor ihrer Nase vorgedrängt.'* Noch mehr gelacht haben wir als sie ihren vergessenen Stock geholt hat. Sie sagte, dieses Mal auf Französisch, *dass sie jetzt glatt ihr Geschenk an ihre Jugend vergessen hat* und das ganze Geschäft hat gelacht. Alle haben etwas gekauft. Das war in jeglichem Sinne die Abwesenheit von Angst."

Der Koala strahlt: „Das ist Liebe! Die Welt, die sich für Euch Menschen gut anfühlt. Die angstfreie Verbindung zwischen

Menschen. Das Geben und Nehmen statt Übervorteilen. So wie es Euch Menschen entspricht."

„Du hast völlig Recht. Ich kann Dir noch ein Beispiel erzählen, damit wir der Sache noch näherkommen, wie man von der alten Welt in die neue wechselt. Als wir mit unseren vielen Paketen unterwegs waren, wollten wir ein möglichst nahes Restaurant finden. Die zwei unmittelbar neben uns haben mich nicht besonders angezogen. Michaele hat aber gestöhnt, er könne das alles bald nicht mehr schleppen. Ich solle doch in dieses Restaurant gehen und fragen, ob sie einen Platz frei hätten. Ich bin also in dieses kleine, kühl eingerichtete Bistro gepilgert und jemand deutete mir, oben wäre die Kellnerin. Ich musste ein paar Stufen nach oben steigen als mir eine Frau mit Tellern in der Hand und Maske bis fast zu den Augen entgegengekommen ist. Ich sagte mein Sprüchlein und sie verwies mich unfreundlich des Lokals, und zwar wegen Filou, was uns noch nie in Frankreich passiert ist. Wir haben schnell das Weite gesucht, was für Michaele mit den vielen Paketen nicht so leicht war. Als ich mich draußen umdrehte, um die Glastür hinter mir zuzumachen, hat mir diese schon die maskierte Frau vor der Nase zugeknallt. Ich habe sicher erschrocken dreingeschaut, was wiederum dazu geführt hat, dass der eine oder andere Gast des Bistro das mitbekommen hat. Da hat es mir gereicht, ich trottete mit Filou los, holte das Auto und habe Michaele und unsere Einkäufe, am Ende der Straße abgeholt. Dort stand ein mittelalterlicher Turm mit einer Crêperie. Michaele hat mich dann gefragt, wie sich dieses Lokal für mich anfühlt. Das war jetzt etwas ganz anderes als das mit der unfreundlichen Kellnerin. Selbst von Außen hat es sich angenehm angefühlt. Genauso war es dann auch drinnen: gemütlich, die Kellnerinnen superfreundlich und lächelnd. Filou bekam gleich Wasser. Wir haben gut gegessen."

Der Koala schaut mich fragend an. „Und was ist an dieser Geschichte hilfreich für die Leser und Leserinnen?"

„Ist das nicht offensichtlich?" Der Koala schüttelt den Kopf. „Also: Das erste Lokal hat sich für mich nicht gut angefühlt. Intuitiv wäre ich nicht reingegangen. Ich aber bin aus meiner Intuition raus gegangen, war also nur in meinem Kopf. Der sagte mir, ich müsse schnell ein Lokal finden, weil Michaele mit diesem schweren Zeug nicht mehr weit gehen konnte. Wäre ich bei meiner

Intuition geblieben, hätte ich mir die unfreundliche Kellnerin und die zugeschlagene Tür erspart. Ich wäre in der Straße weiter gegangen und hätte gleich die Crêperie gefunden."

„Jetzt verstehe ich was Du meinst. Man spürt es, wo das ist, was einem gut tut. Das heißt auf diese Art kann man aufhören, die Wirtschaft der alten Welt zu unterstützen. Deshalb hast Du auch das eine Geschäft verlassen und hast stattdessen die Teller im anderen gekauft. Es gibt das andere schon. Ihr habt als Konsumenten einen großen Einfluss. Es gibt die neue Welt schon und Ihr könnt sie weiterwachsen lassen und entwickeln. Die Menschen sind nicht ohnmächtig."

„Ja, man kann eine Menge beeinflussen. Im großen Supermarkt haben wir früher sehr viel mehr Geld ausgegeben. Milchprodukte kaufe ich jetzt im Käsegeschäft, Fisch, Fleisch, Wein, Gemüse und vieles mehr in kleinen Geschäften oder am Markt. Im Normalfall schmeckt es viel besser und ich bekomme ein Lächeln, ein Gespräch, eine Verbindung mit Menschen als Belohnung. Meistens gibt es beim Preis kaum einen Unterschied, denn die kleinen Geschäfte kalkulieren im Normalfall anders als große Supermärkte, wo es ausschließlich um Profit geht. Außerdem habe ich dort immer mehr eingekauft als ursprünglich vorgesehen. Wir hatten ohnehin schon unsere Einkäufe im Supermarkt drastisch reduziert, weil ich mir mit meiner Maskenbefreiung etwaige blöde Sprüche von anderen Kunden sparen wollte. Daher habe ich mir schon in Wien angewöhnt, fast nur in kleine freundliche Geschäfte oder auf dem Markt einzukaufen. In Frankreich werde ich jetzt zusätzlich kein Geschäft mehr mit maskierten Menschen hinter dem Ladentisch betreten. Ganz einfach deshalb, weil damit ersichtlich ist, dass dort Menschen Angst haben. Und das ist deren Geschichte. Sie tun mir dabei total leid. Also versteh mich nicht falsch, Koala. Ich habe auch Verständnis für diese Menschen. Aber ich mache um Angst und Ausgrenzung einen großen Bogen. Und zwar aus einem einzigen Grund: Es tut mir nicht gut."

„Wahrscheinlich niemandem, der wirklich nachspürt", fügt der Koala hinzu.

„Ja, wenn man nachspürt, merkt man, dass einem Angst nicht guttut. Da hast Du Recht."

Der Koala steht auf, läuft in die Küche, holt sich ein paar Eukalyptusblätter und kehrt kauend zum Tisch zurück. „Passt."

„Was passt?" frage ich ihn verwundert.

„Ich glaube, wir haben jetzt alles zusammen. Vielleicht etwas durcheinander. Aber wir haben alles. Jetzt brauchen wir nur noch einen Überblick über den Weg von der Welt, in der das Geld regiert in die Welt, in der Liebe regiert. Dann haben wir von unserer Seite alles getan. Es liegt dann nur mehr an jedem einzelnen Menschen, ob er Mensch mit Herz und Seele sein möchte und in einer Welt in Liebe und Kooperation leben will. Oder in einer, die dem Gier-Virus Platz gibt."

„Die Schatzkarte?" frage ich ihn.

„Die auch, aber zuerst müssen wir dieses Kapitel so beenden, dass es rund ist."

Ich nicke, das macht auch für mich Sinn.

„Darf ich versuchen, alles Schritt für Schritt zu erklären, das heißt einen Überblick geben?"

Ich nicke dem Koala zu: „Gerne."

„Also der erste Schritt ist es, innerlich zu spüren, dass mit dieser Welt etwas nicht stimmt. Und damit auch mit den Grundannahmen, also dem Höher-schneller-weiter-Denken. Nicht umgekehrt, dass mit einem selbst etwas nicht stimmt. Damit verlässt man die Darwin-Falle.

Der nächste Schritt ist es, zu realisieren, dass man einen freien Willen hat. Um sich bewusst entscheiden zu können. Der einzelne Mensch ist es, der darüber entscheidet, ob er eine Welt mit dem obersten ‚Gott' Geld akzeptiert oder sich auf die Suche macht und herausfindet, was für ihn echte Lebensqualität ist.

Der nächste Schritt ist, den Unterschied zwischen Selbstliebe und Narzissmus zu erkennen. Narzissmus ist es, wenn man unreflektiert glaubt, dass man der oder die Tollste ist, andere an allem schuld sind und man selbst erhaben über jedmöglichen Fehler ist. Also ein unrealistisches Vergaffen in sich selbst. Selbstliebe ist hingegen, wenn man sich selbst akzeptiert, wie man ist und nicht auf sich selbst losgeht beziehungsweise sich nicht klein macht. Auch respektiert man, dass Fehlermachen und Weiterentwicklung zum Leben gehören. So kann man auch andere aus diesem Blickwinkel wahrnehmen. Im besten Fall spürt man sein eigenes inneres Potential." Der Koala schaut mich fragend an und ich gebe ihm ein *Thumbs up*.[121]

„Nächster Schritt:
- Man sollte sein Pflanzenkärtchen kennen, auf dem draufsteht, welche Bedürfnisse man wirklich hat.

Dann geht es weiter:
- Nachfühlen, ob sich das gut anfühlt und sich im Leben etwas verändert.
- Das Manifestieren dessen, was man aus tiefstem Herzen möchte.
- Funktioniert das nicht, ist Loslassen von Blockaden wie zum Beispiel Glaubenssätzen oder Muster angesagt.
- Weiters sollte man nicht in die Falle der Angst tappen.
- Statt zu verurteilen geht es darum, unterscheiden zu lernen: Was tut mir gut? Was oder wer passt zu mir und wer und was nicht?

Ausstrahlen, was man in sein Leben holen möchte, zieht automatisch Gleichgesinnte an beziehungsweise verändert das Verhalten anderer, soweit es einen selbst betrifft. Die Basis wird ein Miteinander. So verändert sich das Leben nach und nach.

Ah, und eines noch: Man soll sich nicht abhängig davon machen, was bestimmte Menschen über einen denken, besonders von jenen, von denen man unbedingt Liebe und Anerkennung haben möchte. Und nicht bekommt.

Man macht sonst alles für die Anderen und bleibt unglücklich in einem Leben stecken, das nicht das eigene ist. Es gibt so viele Menschen, die ein Leben damit verbringen, von bestimmten Menschen das Gewünschte zu bekommen und es nie erhalten. Besser fühlt es sich an, Menschen anzuziehen, die einem gut tun." Der Koala macht eine kurze Denkpause.

„Dass man sich nicht vom Gier-Virus verführen lässt, gehört auch noch in unsere Schatzkarte. Wie antwortet Yoda im Film *Star Wars* auf Luke Skywalkers Frage, ob das Dunkle mächtiger ist als das Helle? Er sagt: ‚*Nicht mächtiger, nur verführerischer es ist.*'

---

[121] Englisch: Daumen hoch

Der Gier-Virus ist zwar ein extrem schlimmer und bösartiger Virus, aber die Intuition ist ein großartiges Immunabwehrsystem dagegen. Und zwar sowohl dagegen, ihm selbst zu verfallen als auch Opfer von einem Befallenen zu werden".

„Superzusammenfassung", sage ich anerkennend.

Der Koala nickt und sagt langsam: „Ja, mit dieser Anleitung hätte ich meinen Schwanz nicht verloren."

„Sehe ich da Tränen in Deinen Augen, Koala?"

Während sie dem Traumzeitkoala über das Fell kullern, sagt er nur: „Ich glaube, wir sind jetzt soweit. Wir können jetzt die Schatzkarte fertig zeichnen."

Schlusswort

Der Koala überlegt noch lange, was es noch als Hilfe beim Ausstieg aus der verkehrten Welt gibt. Er findet die Geschichte von Hase und Bär. Eine Geschichte zum Nachdenken. Sie ist Koalas Abschiedsgeschenk an die Leser und Leserinnen vor seinem (leider proviantlosen) Aufbruch in die australische Traumzeit.

Die Geschichte von Hase und Bär

Eines Tages herrscht große Aufruhr im Wald! Es geht das Gerücht um, der Bär habe eine Todesliste. Alle fragen sich, wer denn da wohl draufsteht, auf dieser Liste. Als erster nimmt der Hirsch all seinen Mut zusammen, geht zum Bären und fragt ihn: „Sag mal Bär, steh ich auch auf Deiner Liste?" „Ja", sagt der Bär, „auch Dein Name steht auf der Liste." Voller Angst dreht sich der Hirsch um und geht. Und wirklich, nach zwei Tagen wird der Hirsch tot aufgefunden. Die Angst bei den Waldbewohnern steigt immer mehr und die Gerüchte um die Frage, wer denn nun auf der Liste steht, brodelt. Der Keiler ist der nächste, dem der Geduldsfaden reißt. Er sucht den Bären auf, um ihn zu fragen, ob er auch auf der Liste stehen würde. „Ja", antwortet der Bär „auch du stehst auf der Liste." Verängstigt verabschiedet sich der Keiler vom Bären. Und auch ihn findet man nach zwei Tagen tot auf. Nun bricht die Panik bei den Waldbewohnern aus. Alle verkriechen sich oder flüchten aus dem geliebten Wald. Nur der Hase – ausgerechnet der ängstliche Hase – traut sich den Bären aufzusuchen. „Bär, steh ich auch auf der Liste?", fragt er ihn. „Ja, auch du stehst auf der Liste." Der Hase fragt mutig: „Kannst du mich da streichen?" Der Bär antwortet ohne zu zögern: „Na klar, kein Problem!"

Nachwort

Es ist ein lauer Abend, fast schon sommerlich. Das Manuskript ist bereits in Australien, wo meine Lektorin lebt. Die Menschen feiern ausgelassen. Pezénas feiert einen hier bekannten Liedermacher und Musik-Komödianten. Doch genau genommen, feiern die Menschen das Leben. Oben am Platz Gambetta angekommen, wird auf der Bühne noch einmal eine Hommage für Boby Lapointe gegeben. Die meisten Menschen haben ihm zu Ehren blau-weiß gestreifte Shirts an. Ich kann mit einer neu gekauften Weste mithalten. Michaele und ich werfen uns ins Getümmel und tanzen ebenso fröhlich wie die anderen. Es wird so enthusiastisch wie falsch mitgesungen. Küsschen, Umarmungen und Lachen werden ausgetauscht. La vie est belle! Nirgendwo ist jemand, der Geschäfte aus dem lustigen Treiben macht. Die Musik wird lauter und mich durchströmt ein Glücksgefühl. Wann habe ich das letzte Mal mit meinem Mann getanzt? Ich gebe mich ganz der Fröhlichkeit hin und muss an den Koala denken, der mich meditativ durch unser Buch geführt hat. Er hat Recht gehabt als er sagte, die Abwesenheit von Angst und Gier ist Liebe. Ich muss lächeln. Die Liebe ist viel näher als die meisten Menschen glauben.

Pezénas, 2022

Danksagung

Ich danke allen die mich bei meinen Recherchen unterstützt haben. Besonders hervorheben möchte ich dabei Carin, Maria, Marie-Luise, Monika, Margit, Christine, Albert, Ludwig, Ralf und Christian, dem ich posthum danke. Sie alle haben mich nicht nur mit Informationen versorgt, sondern auch mit Geduld und Freude meine Fragen beantwortet.

Für mich ist eine inspirierende Umgebung beim Schreiben von großer Wichtigkeit. Mein Dank geht daher an all jene, die mir ihr Haus in Südfrankreich zum Schreiben zur Verfügung gestellt haben. Das sind Catherine und Henri, Janine und Jean-Pierre, Maggy sowie Martine und Yves. Fast alle waren mir auch Inspiration und finden sich im Buch wieder. Auch dafür danke!

Im Tagebuch-Teil habe ich von Begegnungen geschrieben, die mir die fast irreal anmutende Zeit des (ersten und einzigen) Lockdowns in Frankreich angenehmer machten. Namentlich möchte ich zu den oben genannten dabei den stets lächelnden Fleischer Monsieur Roméro und Olivier, den Besitzer der Epicerie hinzufügen, die mich nicht nur mit gutem Essen, sondern auch stets mit guter Laune versorgt haben.

Mein ganz besonderer Dank geht an Maria, die mich mit meinem Buch, vom australischen Outback aus, als eine Art Seelenschwester begleitet hat und dafür gesorgt hat, dass ich stets im australischen Spirit geblieben bin. Ihr inhaltliches Lektorat hat dafür gesorgt, dass ich einiges nochmals überdacht habe und klarer formulieren konnte. Der Austausch mit ihr hat mein Buch sehr bereichert.

Martina, meine zweite Lektorin, ist akribisch falsch gesetzten Satzzeichen und Fehlerteufeln nachgejagt. Mit ihr verbinden mich viele Jahre tiefer Freundschaft im Gymnasium. Sie ist wie ein Engel gerade rechtzeitig in meinem Leben und Buchprojekt gelandet, nachdem ich sie jahrzehntelang aus den Augen verloren hatte. Würde ich an Zufälle glauben, würde ich sagen, das sei zufällig geschehen. Aber daran glaube ich nicht. Für mich war besonders spannend, dass sie jene letzten holprigen Passagen, die ich als „geht schon" stehen gelassen hatte, ausnahmslos aufgespürt hat und damit den Lesern und Leserinnen leichter lesbare Sätze geschenkt hat. Herzlichen Dank dafür.

Danke an Mankie, die viele Jahre in Australien gelebt hat und mit ihren Zeichnungen den Lesern und Leserinnen etwas vom Spirit mitgibt, gemeinsam mit einem Koala aus der Traumzeit ein Buch zu schreiben.

An einem Buch sind auch Menschen beteiligt, die nicht direkt bei der Entstehung geholfen haben, aber dennoch dazu beigetragen haben, dass Sie lieber Leser, liebe Leserin, dieses Buch in den Händen halten. Und so bedanke ich mich bei Gudrun für ihre Hilfe bei Marketing, Website und kreativen Ideen. Ich habe immer das Gefühl bei ihr, es stecke Magie dahinter.

Ich bedanke mich bei meiner Familie und meinen Freunden für die Unterstützung und schönen Stunden zum Ausgleich vom Schreiben. Bei Felix, meinem Neffen für die Fröhlichkeit und Inspiration. Filou für sein übergroßes Hundeherz, das bedingungslos liebt, auch wenn seine Familie stundenlang hinter dem Computer saß und seine ausgelassene Laufrunde manchmal erst spätabends stattfand.

Ein herzliches Dankeschön auch an meine Kunden und Kundinnen, die mich mit ihren Herausforderungen und Lösungen zu vielen Gedanken inspirieren, die sich in meinen Büchern finden.

Meinem Mann und Seelenpartner Michael(e) gebührt ein großer Sack voll Dankeschöns. Er unterstützt mich vom Computerproblem bis zum Durchkauen von unklaren Gedanken, die (noch) nicht bereit sind, niedergeschrieben zu werden.

Wichtig für mich ist auch mein Dank an Sie, lieber Leser und liebe Leserin, dafür dass Sie mein Buch in Händen halten und sich vielleicht sogar davon verführen lassen, die Welt zu einem schöneren Ort zu machen.

Und danke von Herzen, Dir lieber Koala aus der Traumzeit, dass Du mich als eine Art meditativer Führer und geistiger Co-Autor begleitet hast. Was für eine Bereicherung für mich beim Schreiben. Ich hoffe, wir sehen uns bald wieder.

Schatzkarte

Start

❶ Spüren gefragt
- ☐ Ich bin ein Mensch in einer verkehrten Welt ➲ gehe zu ❷
- ☐ Ich bin ein verkehrter Mensch in einem passenden System ➲ gehe zu ✱

❷ Freier Wille
➲ Aufgabe auf Seite 360. Ich fühle:
- ☐ Ich habe einen freien Willen ➲ gehe zu ❸
- ☐ Ich bin Opfer und kann es nicht ändern ➲ gehe zu ✱

❸ Wie soll die Welt aussehen, in der ich lebe?
- ☐ Wie das derzeitige System ➲ gehe zu ✱
- ☐ System, das Menschen in ihrer Natur entspricht ➲ gehe zu ❹

❹ Kenne ich den Unterschied zwischen Selbstliebe und Narzissmus?
➲ Siehe Seite 351
- ☐ Ich spüre Selbstliebe ➲ gehe zu ❺
- ☐ Ich bin Narzisst und bleibe es ➲ gehe zu ✱
- ☐ Ich mag mich selbst (noch) nicht ➲ gehe zu 🗝

❺ Pflanzenkärtchen
Aufgabe auf Seite 360

❻ Wie fühlt sich dessen Erfüllung an?
- ☐ Ich gedeihe wie eine Sonnenblume in der Sonne ➲ gehe zu ❼
- ☐ Fühlt sich nicht gut an ➲ gehe zu 🗝

✱ Du kannst Deine Schatzkarte schließen und das Buch weglegen oder nochmals lesen

Aufgaben für die Schatzsuche

Freier Wille

Ersetze Sätze wie
„Ich kann nicht, weil …"
durch
„Ich möchte nicht, da für mich … mehr Priorität hat"
(Beispiel: Sicherheit, Ängste, Komfortzone …)

Beispiel aus der Praxis: Ein Mitarbeiter einer großen Firma kam ins Coaching mit dem Anliegen, wie er es schafft, in der Firma besser behandelt zu werden. Er fühlte sich dabei als Opfer, da er seinen gut bezahlten Job behalten musste, um die Hypothek seines großen Hauses abbezahlen zu können. Durch Fragestellungen im Coaching erkannte er, dass es seine Entscheidung war, ein großes Haus zu besitzen und für die Finanzierung hatte er diesen gut bezahlten Job. Er war es, der sich für das große Haus entschieden hat. Er war kein Opfer. Und fühlte sich dann auch nicht mehr so. Durch seine neue Einstellung änderten sich viele Dinge in seinem Leben. Dadurch, dass er sich nicht als Opfer fühlte, wurde er auch von anderen nicht mehr so behandelt. Nach einigen Wochen wurde ihm dann innerhalb der Firma ein Job angeboten, der ihm viel mehr Freude machte.

Pflanzenkärtchen

Wenn ich eine Pflanze wäre, was würde auf meinem Kärtchen stehen? Was sind meine Bedürfnisse, durch dessen Erfüllung ich als Mensch gedeihe? Echte Bedürfnisse führen zu Zufriedenheit, Freude, Energie …

Intuition

Was tut mir gut?

Spüre in alltäglichen Situationen nach, was sich für Dich gut anfühlt und was nicht, zum Beispiel ein Geschäft, ein Restaurant, ein Treffen …

Es geht (noch) nicht darum, danach zu handeln oder ob Du die Situation im Moment vermeiden kannst. Es geht in dieser Aufgabe um das Üben, damit Dir diese Fähigkeit zur Verfügung steht. Wie Du sie einsetzt, liegt in Deinem freien Willen.

**Was sind meine Herzenswünsche?
Was will ich in meiner persönlichen
Schatztruhe finden?**

Unterschied von Herzenswünschen zu Egowünschen:

Herzenswünsche
fühlen sich warm an und erzeugen tiefe Freude.

Egowünsche
sollen eine innere Leere füllen. Dies ist eine Illusion und „funktioniert" daher immer nur für ganz kurze Zeit, weshalb auch immer „Nachschub" notwendig ist.

Anmerkungen

Anmerkung zu Seite 3:

Das Weltgebet ist ein Geschenk der geistigen Führer an die Menscheit. Es wurde 1945 verbreitet und ein Monat später war der Zweite Weltkrieg beendet. Der Wortlaut des Gebets:

Mögen Licht und Liebe und Kraft
den Plan auf Erden wieder herstellen.

Durch das Zentrum, das wir Menschheit nennen,
entfalte sich der Plan der Liebe und des Lichts
und siegle zu die Tür zum Übel.

Aus dem Zentrum, das den Willen Gottes kennt,
lenke planbesselte Kraft
die kleinen Menschenwillen
zu dem Ziel, dem die Meister wissend dienen.

Aus der Quelle der Liebe im Herzen Gottes,
ströme Liebe aus in alle Menschenherzen.
Möge der Eine wiederkommen auf Erden.

Aus der Quelle des Lichts im Denken Gottes
Ströme Licht herab ins Menschen-Denken.
Es werde Licht auf Erden.

Die große Invokation, 1945

Anmerkung zu Seite 239:

Die Rede von Prinz Charles stammt vom 7. September 2022.

Anhang

Betr.: Offener Brief an die Büchereien in Wien vom 14.1.2022

Sehr geehrte Damen und Herren der städtischen Büchereien,

es ist also doch eingetreten, was noch vor wenigen Monaten von Ihnen mit Entrüstung zurückgewiesen wurde: auch die Büchereien, eine heilige Institution der Demokratie und der sozialen Errungenschaften hat ein Apartheid-System eingerichtet. Kein Eintritt für gesunde Menschen, die nicht an einem medizinischen Menschenversuch teilnehmen wollen. Ein Menschenversuch, der sogar bereits Gegenstand einer Megaklage in Kanada ist wegen „Verbrechen gegen die Menschlichkeit" (gegen die WHO und die Davos-Gruppe) unter der Federführung von Anwälten, wie jenem, der schon gegen VW und die Deutsche Bank gewonnen hat. Laut Studien von Elite-Universitäten wie dem MIT in den USA sind es gerade die informierten, belesenen und gut ausgebildeten Menschen, die kritisch auf das aktuelle Geschehen schauen (das kann ich in meinem Umfeld nur bestätigen).

Darum geht es hier aber gar nicht. Viel mehr geht es darum, welche Rolle eine demokratische Institution und großartige soziale Errungenschaft wie die öffentliche Bibliothek in einer solchen Situation spielt. Ausgrenzung, Diskriminierung, Apartheid aus höchst seltsamen, menschenverachtenden pseudo-wissenschaftlichen Gründen – das sind Themen, die man in vielen Büchern findet, die in Ihren Regalen stehen. Was würden Mandela, Gandhi oder die vielen anderen Kritiker und Freigeister dazu sagen, dass gesunde Menschen aus der Gesellschaft ausgegrenzt werden? Der Gesundheitsminister erklärt dazu, dass 2G eine präventive Maßnahme ist und nichts mit der aktuellen Situation zu tun hat. Unsere Verfassung wird vorsätzlich mit Füßen getreten, ja ohne jeglichen Versuch, eine Erklärung zu finden – ja nicht einmal Hardliner unter den Verfassungsjuristen finden noch eine.

In dieser Situation sagt die Bücherei: „Man kann ja im Onlinekatalog sich etwas aussuchen und abholen". Jeder Liebhaber von Büchern weiß, dass das nicht dasselbe ist wie das liebevolle Berühren von Buchrücken, das Stöbern und Finden besonderer Schätze, die Inspirationen geben oder schöne Momente kreieren. Ich bin selbst Autorin und meine Bücher konnte man lange bei Ihnen entlehnen. Nur ich selbst darf nicht mehr zwischen Ihre Regale. Ich gehe davon aus, dass auch die MitarbeiterInnen der Büchereien unglücklich über die Situation sind, wie sie sich im Moment darstellt und die im Rahmen ihrer derzeitigen Möglichkeiten hilfreich und freundlich sind. Doch was heißt im Rahmen ihrer Möglichkeiten? Wer von ihnen hat eine flammende Rede über die Liebe zu Büchern gehalten bevor das Aparthéids-System 2G bei Ihnen Einzug gehalten hat? Hat jemand für die Gleichheit von BibliotheksbenutzerInnen appelliert? Ich würde mir das gerne vorstellen, aber ich fürchte, die eigene Komfortzone zu verlassen scheint heute schwieriger zu sein als in anderen Zeiten sich echter Gewalt zu stellen. Die Bücher über die aktuelle Zeit werden sich eines Tages in vielen Regalen finden – bei Zeitgeschichte, Wirtschaft, Naturwissenschaften, Gesellschaft und immer und immer wieder sicher bei Neuerscheinungen. Wie werden Sie dann über Ihre eigene Rolle als Wächter einer solch wichtigen Institution wie der öffentlichen Bücherei denken? Welche Ausreden werden Sie für sich finden, Ihren Gedanken nicht Ausdruck gegeben zu haben? Eine Institution, die Bürger in ihrer Horizonterweiterung und in ihrem freien Denken unterstützen soll, die aber Diskriminierung praktiziert und dabei auch mit den Steuergeldern der Ausgegrenzten finanziert wird? Ein Rechtsanwalt sagte vor ein paar Wochen auf die Frage: „Wann hört das alles endlich auf?" „Wenn die Menschen aufhören, mitzuspielen." In vielen Ländern der Welt ist das schon passiert. Hier in Österreich scheint es, machen immer mehr mit. Wie fühlt es sich an, eines Tages auf die Frage: „Was hast Du in dieser Zeit gemacht?", zu antworten: „Ich habe einem Teil der Bevölkerung mit voller Überzeugung Bücher über Apartheid, Diskriminierung, Ausgrenzung oder von kritischen Geistern wie Orwell oder Huxley in die Hand gegeben, während ich einen anderen Teil der Bevölkerung ausgesperrt habe."?

Mit freundlichen Grüßen,

Bücherliebhaberin und Autorin

Mag. Doris Rosendorf-Collina

Quellenverzeichnis und weiterführende Literatur

Adrian Desmond, James Moore: Darwin. München/ Leipzig: List, 1991.

Alfred Rappaport: Shareholder Value. Stuttgart: Schäffer-Poeschel, 1999.

Alfred Russel Wallace: My Life – A Record of Events and Opinions. 2 Bände. Taschenbuch. Cambridge: Cambridge Scholars Publishing, 2009.

Alfred Russel Wallace: On the Tendency of Varieties to Depart Indefinitely From the Original Type. The Alfred Russel Wallace Page hosted by Western Kentucky University. Abgerufen am 22. April 2007.

Autor unbekannt: Ausgleichszahlungen: Geschädigte der Ölpest im Golf von Mexiko erhalten 64 Millionen Dollar. Wien: DER STANDARD.AT, 20. April 2012.

Bill of Rights, 14. Zusatzartikel. Fall Santa Clara County gegen Southern Pacific Railroad Company, 1986. Leitsatz: „Die beklagten Kapitalgesellschaften sind Personen im Sinne der Klausel in Abschnitt 1 des 14. Zusatzartikels der Verfassung der Vereinigten Staaten …"

Bruce Lipton, Steve Bhaerman: Spontane Evolution – Unsere positive Zukunft und wie wir sie erreichen. Deutsche Ausgabe. Burgrain: Koha, 2014.

Bruce Lipton: Intelligente Zellen: Wie Erfahrungen unsere Gene steuern. Burgrain: Koha, 2006.

Carin Partl: Der Placebo Effekt – Kann Glaube Berge versetzen? Georgsmarienhütte: FQL Publishing, 2022.

Charles Darwin: On the Origin of Species by Means of Natural Selection, or the Preservation of Favoured Races in the Struggle for Life (1st ed.). London: John Murray, 1859. Titel der Deutschen Erstausgabe: Über die Entstehung der Arten im Tier- und Pflanzenreich durch natürliche Züchtung oder Erhaltung der vervollkommneten Rasse im Kampfe um's Daseyn.

Charles Darwin: The Descent of Man, and Selection in Relation to Sex (1st ed.). London: John Murray, 1871.

Charles Smith: Responses to Questions Frequently Asked About Wallace: Did Darwin really steal material from Wallace to complete his theory of natural selection? The Alfred Russel Wallace Page hosted by Western Kentucky University (abgerufen am 8. November 2022).

Clemens Arvay: Biophilia in der Stadt – Wie wir die Heilkraft der Natur in unsere Städte bringen. München: Goldmann, 2018.

Confessions of an Economic Hit Man, John Perkins, London: Hrsg. Ebury Press, 1st UK Paperback Edition, 2006.

Die Allgemeine Erklärung der Menschenrechte, Resolution 217 A (III) vom 10. Dezember 1948.

Doris Rosendorf: Mit dem Kopf in den Sternen und den Füßen auf dem Boden – Von erfolgreichen Frauen lernen. Wien: Goldegg, 2008.

Doris Rosendorf: Walkabout für Manager – Führen mit der Lebensphilosophie Australiens. Wien: Goldegg, 2006.

Ed Watzke: Wahrscheinlich hat diese Geschichte gar nichts mit Ihnen zu tun. Mönchengladbach: Forum Verlag Godesberg, 2008.

Edward J. Larson: Evolution: The Remarkable History of Scientific Theory. Modern Library, 2004.

Elisabeth Kübler-Ross: Sterben und leben lernen. Antworten über den Tod und das Leben. Güllesheim: Die Silberschnur GmbH, 2015.

Erich Fromm: Pathologie der Normalität: Zur Wissenschaft von Menschen. Berlin: Ullstein, 2005.

Ernst Mayr: The Growth of Biological Thought. Diversity, Evolution and Inheritance. 12th Printing Kapitel: Charles Darwin. Cambridge: The Belknap Press of Harvard University Press, 2003.

Eve-Marie Engels: Charles Darwin. Abschnitt: Entstehung der Abstammungstheorie. München: Beck, 2007.

Eve-Marie Engels: Charles Darwin. München: Beck, 2007.

Frans B. M. de Waal: Bonobos – die zärtlichen Menschenaffen. Berlin: Birkhäuser, 1998.

Frans de Waal: Chimpanzee Politics. Power and Sex among Apes. Baltimore: Johns Hopkins University Press, 2007.

Frans de Waal: Wilde Diplomaten: Versöhnung und Entspannungspolitik bei Affen und Menschen. München: Carl Hanser, 1991.

Franz Wuketits: Darwin und der Darwinismus. München: Beck, 2005.

Friedrich Engels: Das Begräbnis von Karl Marx, MEW, Band 19, S. 335-339.

Friedrich Torberg: Die Tante Jolesch oder Der Untergang des Abendlandes in Anekdoten. Köln: Anaconda, 2011.

George Lucas (Regisseur), Irvin Kershner (Regisseur), Richard Marquand (Regisseur): Star Wars – Trilogie, Episode IV-VI. Hollywood: Paramount Pictures Twentieth Century Fox Home Entertainment (Vertrieb), 2004.

George Orwell: Farm der Tiere (Original: Animal Farm, 1945), Köln: Anaconda, 2021.

Hans Christan Andersen: Des Kaisers neue Kleider. Stuttgart: Thienemann-Esslinger, 2011.

Herbert Spencer: Die Prinzipien der Biologie. 2 Bände. Stuttgart: Schweizerbart, 1876 (Bd.1), 1902 (Bd.2).

https://www.animal-public.de/zoo/delfinarien-ein-todliches-vergnugen/ (abgerufen am 27.10.2022).

https://www.bigbrotherawards.org (abgerufen am 30.10.2022).

https://www.helsinkitimes.fi/finland/finland-news/domestic/16562-finnish-scientists-effect-of-human-activity-on-climate-change-insignificant.html (abgerufen am 06.11.2022).

https://www.indigenous.gov.au/reconciliation/apology-australias-indigenous-peoples (abgerufen am 31.10.2022).

https://www.kinderschutz-preis.at/projekt/how-to-live-school/, MYKI-Gewinnerin 2014 „How To Live School" (abgerufen am 30.10.2022).

https://www.nytimes.com/2010/12/26/us/26spill.html?pagewanted=all, Artikel von Barstow, Rohde, Saul: Deepwater Horizon's Final Hours. New York: New York Times (abgerufen am 30.10.2022).

https://www.sciencedaily.com/releases/2019/07/190703121407.htm, Science News of Kobe University, Japan: Winter monsoons became stronger during geomagnetic reversal (abgerufen am 06.11.2022).

https://www.spiegel.de/spiegel/spiegelgeschichte/d-68812757.html, Artikel: Die Revolution frisst ihre Kinder (abgerufen am 30.10.2022).

https://www.unisg.ch/de/wissen/newsroom/aktuell/rssnews/forschung-lehre/2012/juli/ratingagenturen-eurokrise-studie-fgn-hsg-29juni2011 (abgerufen am 30.10.2022).

https://www.zeit.de/2003/50/Kapitalismus, Artikel: Gesetz des Dschungels (abgerufen am 30.10.2022).

J. R. Lucas: Wilberforce and Huxley: A Legendary Encounter. In: The Historical Journal. Band 22, Nr.2 Seiten 313–330, Cambridge: University Press, online gestellt am 11.02.2009.

Janet Brown: Über Charles Darwin: Die Entstehung der Arten. München: dtv, 2006.

Janet Browne: Charles Darwin: Voyaging: Volume I of a Biography. Princeton: University Press, 1995.

Joachim Bauer: Arbeit: Warum unser Glück von ihr abhängt und wie sie uns krank macht. München: Blessing, 2013

Joachim Bauer: Das Gedächtnis des Körpers: Wie Beziehungen und Lebensstile unsere Gene steuern. Taschenbuch. Frankfurt am Main: Piper Eichborn, 2013.

Joachim Bauer: Das kooperative Gen: Evolution als kreativer Prozess. Taschenbuch. München: Heyne, 2010.

Joachim Bauer: Prinzip Menschlichkeit – Warum wir von Natur aus kooperieren. 5. Auflage, aktualisiert 09.2008. Hamburg: Hoffmann und Campe, 2011.

Joachim Bauer: Warum ich fühle, was Du fühlst: Intuitive Kommunikation und das Geheimnis der Spiegelneurone. Hamburg: Hoffmann und Campe, 2005.

John Perkins: Confessions of an Economic Hit Man: The shocking story of how America really took over the world. (Englisch) Taschenbuch. London: Ebury, 2006.

John Wilson: The Forgotten Naturalist: In Search of Alfred Russel Wallace. Arcadia: Australian Scholarly Publishing, 2000.

Jörg Feddern (V.i.S.d.P.): „Deepwater Horizon" – ein Jahr danach. Hamburg: Greenpeace e.V. Pressestelle, April 2011.

Dr. Joseph Mercola: Crafting Messages for Vaccine Compliance. „Guilt, Anger, Embarrassement or Cowardice – What works best?", Globalresearch, 2022.

Konstantin Wecker: Die Kunst des Scheiterns: Tausend unmögliche Wege, das Glück zu finden. Taschenbuch. Frankfurt am Main: Piper, 2009.

Michael Nehs: Die Alzheimer-Lüge: Die Wahrheit über eine vermeidbare Krankheit. München: Heyne, 2014.

Michael Shermer: In Darwin's Shadow: The Life and Science of Alfred Russel Wallace: A Biographical Study on the Psychology of History. New York: Oxford University Press, 2002.

Neale Donald Walsh: Gespräche mit Gott (Vollständige Auflage), München: Arkana, 2009.

Nick Cullather: Secret history. The CIA's classified account of its operations in Guatemala, 1952–1954. 2. Ed.. Stanford, Calif.: Stanford University Press, 2006.

Nora Barlow (Hrsg.): The Autobiography of Charles Darwin 1809-1882. With the Original Omissions Restored. Edited and with Appendix and Notes by his Grand-daughter Nora Barlow. 1958.

Peter J. Bowler: Alfred Russel Wallace's Concepts of Variation. In: Journal of the History of Medicine and Allied Sciences. Band 31, 1976.

Peter Raby: Alfred Russel Wallace: A Life. Princeton: University Press, 2002.

Prof. Dr. Wilhelm Dominik: Golf von Mexiko: Der große ‚Blow-out'. Interview mit dem Explorationsgeologen, TU Berlin.

René Coscinny: Ruhe, ich esse! Humoresken. Zürich: Diogenes, 2008.

René Goscinny, Albert Uderzo: Asterix 23: Obelix GmbH & Co. KG. Gebundene Ausgabe. Köln: Egmont (ECC), 2013.

Richard Dawkins: Das egoistische Gen. Unveränderte Auflage 2007. Berlin: Springer, 2014.

Robert M. Sapolsky: Mein Leben als Pavian - Erinnerungen eines Primaten. Hildesheim: Claassen, 2001.

Ross A. Slotten: The Heretic in Darwin's Court: The Life of Alfred Russel Wallace. New York: Columbia University Press, 2004.

Sabine Czerny: Was wir unseren Kindern in der Schule antun … und wie wir das ändern können. München: Südwest, 2010.

Sarah Murgatroyd: Im Land der grünen Ameisen: Die erste Durchquerung Australiens. Taschenbuch. München: Goldmann, 2003.

Sigmund Freud: Eine Schwierigkeit der Psychoanalyse, Band XII, S. 6-8. Frankfurt: Fischer, 1999.

Sigmund Freud: Vorlesungen zur Einführung in die Psychoanalyse, Band XI, S. 294f. Frankfurt: Fischer, 1999.

Tobias Plettenbacher: Neues Geld – Neue Welt: Die drohende Wirtschatskrise – Ursachen und Auswege. Taschenbuch, 12. überarbeitete Auflage. Wien: Planet, 2008.